国学研究丛书
编辑委员会

顾问

（以姓氏笔画为序）

冯天瑜　邢福义　朱　雷　刘献君　杨叔子　张岂之
张勇传　韩忠学　宗福邦　葛剑雄

主编

罗家祥

副主编

程邦雄　雷家宏　李耀南

执行主编

夏增民

编委

（以姓氏笔画为序）

王兆鹏　邓小南　华学诚　刘真伦　李传印　杨　果
吴根友　冻国栋　张三夕　赵国华　郭齐勇　黄朴民
黄树先　阎步克　董恩林

国学研究丛书

華中國學

2020年·春之卷（总第十四卷）

主　　编 ◎ 罗家祥
执行主编 ◎ 夏增民

中国·武汉

图书在版编目(CIP)数据

华中国学.2020.春之卷:总第十四卷/罗家祥主编.—武汉:华中科技大学出版社,2021.12
(国学研究丛书)
ISBN 978-7-5680-7829-0

Ⅰ.①华… Ⅱ.①罗… Ⅲ.①国学-文集 Ⅳ.①Z126.27-53

中国版本图书馆 CIP 数据核字(2021)第 271764 号

华中国学 2020 年·春之卷(总第十四卷) 罗家祥　主编
Huazhong Guoxue 2020 Nian · Chun zhi Juan

策划编辑：周晓方　钱　坤	
责任编辑：王青青	
封面设计：原色设计	
责任校对：张汇娟	
责任监印：周治超	
出版发行：华中科技大学出版社(中国·武汉)	电话：(027)81321913
武汉市东湖新技术开发区华工科技园	邮编：430223
录　　排：华中科技大学惠友文印中心	
印　　刷：湖北恒泰印务有限公司	
开　　本：787mm×1092mm　1/16	
印　　张：15.5　插页：2	
字　　数：391 千字	
版　　次：2021 年 12 月第 1 版第 1 次印刷	
定　　价：88.00 元	

本书若有印装质量问题，请向出版社营销中心调换
全国免费服务热线：400-6679-118　竭诚为您服务
版权所有　侵权必究

总序
General preface

近30年来,尤其是进入21世纪以来,我国社会发生了翻天覆地的变化。举世震惊的经济成就,日新月异的科学技术巨大进步,飞速发展的国力提升,迎来了史诗般的中华民族伟大复兴的曙光,也为实现中华民族几千年文化的伟大复兴与飞跃发展提供了历史性的契机。神州大地蔚为大观的"国学热",正是在这一宏伟的背景下出现的。

中华民族固有的文化之所以重新得到如此热烈的关注,原因就在于其本身具有不可估量的独特价值。纵观人类文明发展史,世界上唯有古老的中华文明经过数千年风雨坎坷,非但没有消亡,而且从未中断,成为当今世界人类共同珍视的宝贵财富和智慧源泉,这不能不说是人类文明史上的奇观!之所以如此,传统中华文化起了极为关键的作用。

中华文化又具有哪些独特价值?以中华原典中最具代表性的《老子》和《论语》为例,虽然它们具有的价值取向似乎有所不同,即所谓出世与入世,但却有着共同内核,这就是"和"的理念。在中华民族数千年历史长河中,这一理念在不同的历史阶段产生过积极的作用;而当代中国要构建和谐社会,《老子》和《论语》无疑也是最重要的本土的思想宝库。中华文化向来注重以人为本的"天人合一",强调主观世界和客观世界的自然一体;讲究在认识和改造客观世界时遵循"相反相成,物极必反"和"守弱居柔"的规律;信守中庸之道,深怀忧患意识以及"不争"与"无为","不争"即"天下莫能与之争"的"不争","无为"即"无所不为"的"无为",这些文化特质所表现出的整体观、变化观、本质观都是中华文化贡献给人类社会的宝贵财富。生物得到稳定的延续靠的是基因的遗传,又靠基因的变异得到发展,而人类社会的"基因"则是文化。文化本质上就是人化,即以文化人,以人化物。过去留下的东西就是文化,这里既包括有形的,又包括无形的,人类社会就是靠文化的传承才得以延续,又靠文化的创新才得以进步。民族文化是民族的基因。中华文化所凝现的民族精神蕴涵着丰富而深刻的民族文化哲理,在中华民族的发展历程中一直产生着巨大的作用,成为中华民族生生不息、团结奋进的不竭动力。

如今,中华民族以崭新的雄姿迈入21世纪,弘扬中华优秀传统文化便显得尤为迫切。从某种意义上讲,中华民族固有的优秀传统文化可以说是中华民族的身份证,是中华民族的根基。因为一个民族的特性不取决于遗传的自然基因,而是取决于人文文化,只有人文文化才能彰显一个民族的身份。如果一个民族遗弃了自己固有的文化,丢失了自己的传统,那将只是一个种族,不能称之为民族。在科学技术与物质文明高速发展和高度发达的今天,一个国家、一个民族如果没有先进科学,没有现代技术,就会落后,一打就垮,痛苦地受人宰割;然而,没有民族文化,没有人文精神,就会空虚和异化,则会不打自垮,甘愿受人奴役。因此,没有科学技术进步就绝没有社会进步,但只有科学技术进步,那这个社会就是很危险的;一个社会的精神文明很落后,这个社会也是很野蛮落后的;如果一个社会科学技术很进步,而精神文明非常落后,这个社会将是灾难性的。毫无疑问,科学技术是第一生产力,但是,人文文化是第一生产力的动力源、方向盘。中华民族要全面而迅速地实现伟大复兴,在新的历史条件下继承与弘扬中华民族固有的人文与传统,其意义不言而喻。

人们可能要问,在如火如荼的现代化进程中,中华优秀的传统文化是否能与现代社会兼容?中外无数事例表明,中华文化的独特价值、人文精神和智慧不仅不会与现代社会产生冲突,而且还会在新的历史条件下产生奇特的效果,即令在市场经济条件下,中华传统文化也可发挥出巨大作用。日本明治维新后,有一位著名企业家涩泽荣一,一生创办了500多家企业,被称为日本企业之父、金融之王,他80多岁退下来之后,在日本财团开办的讲习班上专门讲他如何用《论语》来办企业,堪称毕生将中华文化、《论语》与西方的资本主义经济完美结合的典范,也是中华原典在市场经济条件下发挥巨大作用的经典案例。直至今日,他的五世孙、日本著名的投资者涩泽健还在强调他的哲学名言:"商业的发展必须以社会伦理为根基,否则会把人引入歧途。企业赚钱的目的不是为了中饱私囊,而是为了给社会创造财富。"这是利与义多么紧密的结合。此外,我国台湾地区、新加坡以及其他东方国家和地区的成功经验也充分说明,古老的中华文化与现代社会之间并不存在不可逾越的鸿沟。我们完全可以做到既背靠五千年历史文化,又坚持三个面向。

在未来的世界格局中,中华民族要形成强大的竞争力,要在世界民族之林中有更大的作为,就必须具备强大的创新能力;而要具备强大的创新能力,拥有大量的创新型人才和健全而良好的国民素质就是最基本的前提。在这方面,人文教育与科学教育相辅相成,缺一不可。我认为,人文对科学至少有三大作用。首先,人文为科学发展指引方向。科学求真,但科学不能保证其方向完全正确。无数的事例证明,20世纪科技的高速发展在给人类带来巨大福利的同时也产生了许多严重负面影响。科学求真,人文求善,科学需要人文导向,人文的提升当然也需要以科学为基础。其次,人文为科学提供了动力。事实证明,只有将人文教育与科学教育进行完美的结合,才能结出符合现代化建设事业需要的高素质、复合型人才之果。在我国近代化进程中,这样的范例不胜枚举。我国老一辈科学巨子如华罗庚、苏步青、茅以升、李国平、杨振宁等以及美籍华人李政道、陈省身、丘成桐等在国学方面均有极高的素养,这不仅深刻影响着其人格风貌、精神境界,也在一定程度上促成了他们在科学领域的巨大成功;而著名物理学家吴健雄教授,则将其在物理学领域取得的巨大成就直接归因于国学大师胡适。第三,人文为科学开辟原创性源泉。科学讲逻辑,讲分析、解决问题,但科学中最重要的是发现问题,提出问题,这就需要直觉和灵感,需要丰富的想象力。直觉、灵感、想象力从哪里来?科学教育固然有其重要的一面,但更多则来自人文教育。人文教育可以培养出高尚的人性和高级的灵性,科学创造是离不开人的人文素养的。因此,中华民族优秀的传统文化在我国现代化进程中应该占有重要地位。

从处于转型过程中的我国社会现实需要看,通过汲取中华优秀传统文化来建设当代文化、构建当代中国的核心价值体系已刻不容缓。江泽民同志、胡锦涛同志近20年来在不同场合曾一而再、再而三地强调传统文化、民族文化的重要性,强调中华民族文化对创新的重要性,如在2006年1月,胡锦涛在全国科学技术大会上谈到人文文化和科学文化的关系时,深刻阐明了中华文化与创新的关系,提到中华文化含有丰富的创新内容,强调"天行健,君子以自强不息"。2006年11月,胡锦涛同志在全国文联、作协代表大会上的讲话中指出,社会每一次飞跃、文明每一次升华,无不镌刻着文化烙印。不管从理论上还是从实践上看,中华文化对增强民族创造力、自信心和凝聚力,对促进中华民族的伟大复兴具有不可替代的功能与作用。

我国国民的思想道德素质、科学文化素质和我们的传统文化是紧密联系在一起的,随着社会转型的加速和中国社会主义现代化建设事业的纵深发展,社会上许多十分严重的隐忧与显忧正受到越来越多的关注,当代中国的道德建设和核心价值体系构建显得极为重要和空前迫切,而中华文化中的许多精华养分则是亟待继承、弘扬的。举例来说,我国几千年来强调信守仁、义、礼、智、信,这显然是可以纳入现代社会的价值体系,予以继承和弘扬的。所谓"大忠大爱是为仁,大孝大勇是为义,修齐治平是为礼,大恩大恕是为智,公平合理是为信",对社会的和谐稳定,对当前的诚信建设与道德建设显然特别有着无可置疑的积极意义。何况,通过弘扬优秀中华文化,陶冶国民感情,启迪国民智慧,提升国民素质,增强国民的凝聚力与创造力,其意义非同一般。

以上所讲只是我个人的一些体会与感受。当然,挖掘几千年中华优秀传统文化的内在价值,并使之产生积极影响,这需要社会各界的共同推动与共同努力,需要大批专业工作者扎扎实实的辛勤耕耘。同20世纪初比,当代意义上的国学具有更为丰富的内涵,它不仅指中华传统文化本身,而且还应包含近代以来借鉴西方学术、特别重要的是马克思主义对中华传统文化进行研究的成果,这也需要本学术领域的专家学者具有更开阔的视野、更博大的胸襟、更深远的抱负,肩负起继往开来、推陈出新的责任和使命,为当代我国的文化建设付出更多的努力。

近10年来,我校国学研究队伍不断壮大,整体实力不断增强,已成为一道亮丽的学术景观;2009年4月,华中科技大学国学研究院宣告成立,本学科的发展更进入了一个新的历史时期。"潮平两岸阔,风正一帆悬。"值此凝聚着大家心血的《华中国学》问世之际,谨致衷心的祝贺,更寄以深厚的期望!

最后应声明一点,我只是一名工科教师,由于种种原因,介入了国学研究之内,然而毕竟大非内行,所讲的不对之处,希望读者特别是本领域专家批评指正,我不胜感谢。

是为序。

中国科学院院士
华中科技大学学术委员会名誉主任

二〇一二年九月一日

前言
Preface

　　华中科技大学于 2008 年正式发文成立国学研究院后，所有同仁便有一心愿，即编辑出版国学辑刊，使之成为反映国学研究成果的园地。最初的想法是分门别类，逐年一辑。于是，2008 年岁尾，国学研究院即组建国学辑刊编辑委员会，出版过一部主要反映我校历史学研究成果的集子，冠之以"中国历史文化论集——华中科技大学国学研究院辑刊第一辑"，由香港华夏文化艺术出版社出版。后来经过多次商议，编委会调整了原有思路，遂将辑刊改名为"华中国学"，自 2015 年起，每年春秋各出一卷，为半年刊，篇幅在 20 万字左右；在内容方面，除我校同仁的论文之外，也适当吸纳国内外学者的研究成果。

　　收录在这本集子的论文，鉴于目前学界对"国学"一词内涵和外延的诠释见仁见智，故未按经、史、子、集研究予以分类，也未按时下通行的学科领域进行处理，而是根据诸位同仁的学术专长、根据此次所辑论文的内容进行了大致的划分。若干篇近现代史研究的成果，因系本校历史所教师劳作的产物，也一并收录。这些成果中有些已在相关刊物上发表，有的则是作者提供的近作。如果这些作品能得到学界各位师友、各位同仁的关注、批评与指正，将不胜欣慰与荣幸！

　　从国学研究院的成立到《华中国学》的编辑出版，我们要深深感谢一批具有远见卓识的学界前辈、学校领导和学校有关职能部门对人文学科的关心、爱护、支持与扶持。我校国学研究院成立庆典举行于 2009 年 4 月 11 日，中国科学院院士、原华中理工大学校长、校学术委员会主任杨叔子先生当时正在北京参加中国科学院院士评选，为参加这一活动，退掉原先订好的返程机票，重新订票，赶回学校时已是凌晨，并在当天的成立大会上做了主题讲话；校党委书记路钢教授从百忙中抽出时间，参加成立大会并发表高屋建瓴、热情洋溢的致辞；校长、中国工程院院士李培根教授因 11 日要赴京参加中国工程院院士的遴选，于 10 日专门打电话到我家中对国学研究院成立表示祝贺，并对他不能与会表示歉意；原校党委副书记、对我校文科发展作出卓越贡献的刘献君教授更是全程参加了成立大会,并发表重要讲话;时任中国人民大学校长的纪宝成教授,原西北大学校长、哲学家、历史学家张岂之教授,复旦大学历史学家葛剑雄教授,武汉大学历史学家朱雷教授,武汉大学哲学家萧汉明教授,武汉大学语言学家宗福邦教授,华中师范大学语言学家邢福义教授,历史学家熊铁基教授等近70名著名专家学者或发来贺信,或莅临大会发表重要演讲;中国工程院院士、我国著名水电能源学家张勇传先生则欣然为国学研究院题写了院名。没有他们各种形式的关心与支持,我校人文学科是不可能发展到如今这一局面的。

在这里,我们要特别感谢一位德高望重、具有非凡人格力量的学界前辈,一位深具战略眼光和充满人文情怀的教育家,一位一辈子并不以人文学科为工作对象但又时时刻刻对人文学科念兹在兹、一往情深的卓越科学家,这就是前文已经提及的中国科学院院士杨叔子先生。杨先生毕生耕耘于机械工程领域,在微电子技术、计算机技术、信息技术、网络技术等新兴技术领域的交叉研究中,特别是先进制造技术、设备诊断、信号处理、无损检测新技术、人工智能与神经网络的应用等方面均有独创性的贡献,在我国现代化建设事业中居功甚伟,1991年获选中国科学院院士。但是,他对人文学科、对中华优秀文化的传承与弘扬始终倾注了满腔的热忱,真正是不遗余力地以各种形式予以关心和支持。除前述参加国学院成立大会的感人事迹外,杨先生为本辑刊的出版所展现的人格风范、人文情怀与高尚情操更使我们增添了难以言表的感戴之情。卷首这篇3500字的"总序"是杨先生在抱病卧床的情况下断断续续完成的,其间数易其稿,初稿及二稿上到处是密密麻麻的改动文字。须知,先生已是81岁的老人,且此类不情之请不仅不是他应做的工作,也为撰写"总序"时的健康状态所不容许,是完全可以避开的。先生独特的人格风范、宽广无私的胸襟、对弘扬中华优秀传统文化的满腔热情和古道热肠实在是摄人心魄,令人永远难以忘怀!

《华中国学》得以顺利出版,还得感谢华中科技大学出版社领导和编辑给予了大力支持,没有他们对中华传统文化的关注、热爱以及注重发展本校人文学科的情怀,这套辑刊纳入出版社的出版计划并如期问世,是不可能的。此外,辑刊的执行主编夏增民博士、研究生邓航玲在论文整理归类、规范体例、编辑文本以及联系出版事宜等诸多方面也做了大量工作,谨此一并致谢。

华中科技大学国学研究院院长

罗家祥

二〇一二年九月三日
二〇一四年九月十日修订

目录 Contents

特稿

历史学研究的学术规范 …………………………………… 李振宏(1)

古典文献研究

两宋笔记系年考证 …………………………………………… 李裕民(15)
两汉魏晋南北朝古籍字频统计与分布研究 ………… 刘根辉 刘金柱(78)
"丧家狗"与思想建构：汉、晋间文本的考察 ……………… 王 刚(92)
《经义考》卷六六著录易类典籍辨证……………………… 陈开林(123)

中国史研究

东汉后期诏令引经衰歇的原因 …………………………… 张梦晗(138)
孙吴荆州的"王化"与"蛮化"析论——从吴简所见"叛走"现象
谈起 ………………………………………………………… 周能俊(146)
宋元常州祠祀中杨时形象的变迁 ………………………… 洪国强(154)
明中叶理学学说与仕宦表现的互动——以王道与湛若水的师徒
关系变化为例 ……………………………………………… 刘 勇(161)
祁彪佳《救荒全书》之荒政思想再论 …………………… 陈 慧(180)
清代金妻制度初探 ………………………………………… 刘雨洁(187)

古代文学研究

《金瓶梅》中"瓜子儿"功能性符号论 …………………… 李东东(197)
再论"文学区"——《论文学区》商榷兼谈学术概念的推广与
创新 ………………………………………………………… 夏 军(203)

史学短札

陈寅恪与中国宗教史研究 …………………………………… 曹旅宁(211)

谭其骧:悠悠长水,滋润大地 …………………………………… 雷家宏(215)

谢谢您,邹逸麟先生 …………………………………………… 孟　刚(219)

书评与综述

李唐的"马基雅维里时刻":陆扬《清流文化与唐帝国》的意义与
限度 ………………………………………………………… 刘　顺(223)

历史书写与田野考察的双重考量——评张安福《唐蕃古道:重走
文成公主西行路》 ………………………………………… 段　伟(229)

《晋书地理志汇释》评介 ………………………………………… 黄学超(233)

关注中国历史的海洋面向——读谢湜《山海故人:明清浙江的
海疆历史与海岛社会》 …………………………………… 翟　佳(235)

历史学研究的学术规范

李振宏

河南大学历史文化学院　河南大学黄河文明协同创新中心

摘　要：对于学术规范，学界讨论的更多是技术规范和道德规范层面的问题，其实历史学研究规范最主要的问题在于研究规范，这才是最核心的内容。历史学的研究规范，要重点强调四方面的内容，即明确问题意识、确认相关研究的差异性、选择研究方法与途径、与学术界对话。

关键词：历史研究　学术研究　学术规范

很高兴能够在华中科技大学历史研究所与同学们交流，今天讲座的题目是"历史学研究的学术规范"，实际上就是如何做研究、如何写论文的问题。

在20世纪90年代，史学界开始讨论学术规范问题，直到今天也有人不断地提到这个问题。但是，学界讨论的更多是技术规范和道德规范层面的问题：技术规范包括文章的命题、注释的格式问题等，道德规范的主要内容是指不抄袭、不剽窃等。其实史学研究规范最主要的问题在于研究规范，这是最核心的内容。

所谓研究规范，也就是怎么做研究才是合格的、规范性的、能做出有效学术成果的一种规范——针对我们的具体研究应该具备哪些要素，有了这些要素才能做出好的成果。这些问题往小了说就是如何写论文的问题。大家都是硕士研究生，在我看来，研究规范主要讲四句话。

第一句话：明确问题意识。

问题意识是指要解决的一个什么问题。"问题意识"大家都在使用，一讲到写作都要说"问题意识"，至于什么是问题意识，很少有人解释，总觉得是一个我们可以意会、可以理解的东西。其实按照我的说法，关于选题价值的理性自觉，这就是问题意识。选择一个问题的时候一定首先要明白这个问题，而不是说看到一个问题，关于它目前的研究是空白的就去盲目选择。没有研究过的问题并不意味着一定要去研究。过去也就是我们年轻的时候，前辈老师（包括一些编辑部的主编）讲写作，强调"三新"，想要发表文章，"三新"至少具备"一新"。第一个是新观点，第二个是新材料，第三个是新方法。文章的写作，"三新"必具其一，最好是三者都有，才有发表的价值。其实在我看来，"三新"还是不够的。新的东

收稿日期：2018-11-26。

作者简介：李振宏，河南大学历史文化学院、河南大学黄河文明协同创新中心教授，主要从事史学理论、中国古代史、中国文化史研究。

附记：本文由华中科技大学历史研究所研究生郑爽根据李振宏教授2018年11月26日在华中科技大学历史研究所"国故新知"第15期讲座的现场录音整理，已经作者审定；发表时有删节。

西,哪怕是一个新的观点,真的就一定有价值吗?我做了《史学月刊》主编十六年,从主编位置退下来以后又做了六年的编辑,经常在出去开会的时候碰到一些年轻人说自己的文章下了很大的功夫、包含某个新问题或者新观点,结果却被退稿。我想说的是,文章研究的是一个没有人涉足的新问题,应该分为两种情况:一种情况是别人确实没有发现这个问题,你发现了,这确实是一个独到之处;另一种情况是别人曾经也发现过,却认为没有什么研究的价值。如果是第二种情况,那就不能仅仅因为别人没有研究过而认为有价值。所以选题这个问题,一定要考虑到选题价值。

什么是问题意识?就是关于选题价值的理性自觉。我为什么要研究这个问题?这个问题的价值何在?我在跟同学们讲论文写作的时候,讲到三句话。这三句话是从一开始选题到写作,再到文章写完,一直都需要思考的。第一句话:我提出的是一个什么问题。也就是说,首先要明白自己说的是个什么问题。现在存在一种现象,就是年轻人找不到选题,抓到一个问题就写,看到一个问题就兴奋,不考虑这个问题是什么,认为只要别人没写过,那就是一个新问题。要明白自己提出的问题是什么、它属于什么学科范畴、它是在怎样的学术背景下提出来的,等等,要心里有数。第二句话:我为什么要研究这个问题。现在学界有很多论文没有明确的问题意识,原因就在于这些文章不是真正为了学术,而是为了功利。作为教师需要评职称,作为学生需要毕业、拿奖学金等,所以很多人抓到问题就去做,而不考虑问题的价值何在。第三句话:这个问题的解决将产生什么影响。如果一个问题被认为有价值,那么这个问题解决之后,在学术界会产生什么影响,它会影响到哪些人,哪些人看了就痛快,哪些人看了会不高兴……文章一定要有影响力,人们只有真正了解文章的价值、文章将会产生什么影响,才会真正地被它激励起来。我觉得,写作对学术有所建树,是一件非常有意义的事情,所以不能不考虑它的价值。历史研究是为了活人而不是为了死人,我们要研究它,就是因为它依然影响到今天,研究它会对今人产生什么影响,使今人有所借鉴,这是历史研究的目的所在。我不赞成过去有些学者"为历史而历史"的说法,那是自欺欺人。历史上留下来的任何伟大的作品,都有着对现实人类命运的深切关怀,这些作品中一定跳动着现实的脉搏。这样的作品才能激荡现实人的心灵,才会有生命力。

选题有两个标准,一个是社会价值,一个是学术价值,一般都是这样讲的。所谓社会价值,就是这个研究为现实人类提供了借鉴,能够给人以启发。前些年我做过居延汉简相关研究,发表了十几篇文章,出版了两本著作,但这些在我看来是没有什么意义的,因为这些研究距离现实很远。除此之外的研究,我个人觉得都是出于对现实的思考和关怀。我在2016年发表的关于"秦至清皇权专制社会说"的一组文章,回答秦到清这两千多年中国社会究竟是个什么状况,我简单地把这一时期叫做"皇权专制社会"。人们对其常识性的认识也是专制社会,我就要论证为什么把它称为"专制",专制体现在哪些方面,于是从理论上、思想上等方面写了五六篇文章来解决这个问题,这个问题的解决也确确实实有一定的影响。如果大家想要再看我的文章,可以看2013年我在《中国史研究》上发表的《汉代儒学的经学化进程》。如果我这一生要选出来一个代表作,这篇文章我觉得是可以作为代表作,它反映了我对治学的一种理念。其实历史学家,或者说只要是从事历史学研究的学者的问题都来源于现实。真正的历史研究都来源于现实,从现实中获得启发,再由这种启发去回溯历史,从历史的相关事实研究中寻找现实的答案。其实,正如英国学者卡尔说的,历史研究就是研究者与研究对象之间的对话,是现在跟过去之间的永无止境的问答交谈。我们代表现实,现实与历史对话,这就是历史研究。离开现实,我们就没有选题;远离现实的选题,在我看来很多都是无病呻吟。大家现在刚读研究生,对学术界的状况可能还没有多少了解。实际上,我对中国的学术现状并不乐观。我在2006年上海的一次学术会议上发言,讲到现在的学术研究,评价它是"三无"史学,即无理论、无个性、无灵魂,这一说法引起哗然。有些文章对于社会、对于学术,可有可无。我不是在故意贬低我们当代史学,而是我自己的真心感受。

文章不是随便写的,解决一个具体问题一定要有它的社会价值,除了社会价值这样一种判断以外,还有一种文章不可能直接关系到社会现实,因为史学大厦的建构是需要一块一块砖积累起来的,是需要有深厚的基础支撑的。整个历史学的功能是关乎现实的,但不能要求每一项具体的历史学研究都直接与现实挂钩,所以第二个标准是学术标准。除了社会价值、社会标准以外,还有学术价值、学术标准。这个学术标准不是很随意的,比如前边说到的"别人没写过的就是有学术价值的"。这个学术标准是指研究的问题一定是一个学术链条中的节点。比如某一个问题在学界已经有了多年的研究,但是还有许多缺环,你的研究补充了其中一个缺环,这样就可以称之为学术价值。如果研究的问题与学术史没有关系,不属于任何学术领域、任何学术链条中的一环,完全是孤零零的一个具体的历史现象,那么它的研究对现实、对学术没有任何意义,这样的选题就没有什么意思。过去讲写作选题,人们经常举这样的例子:有人研究洪秀全到底有没有胡子,这个问题对于历史博物馆悬挂洪秀全画像到底怎么画胡子可能有意义,但是画不画胡子都是洪秀全,其实没有多大意义;有人研究杨贵妃入宫前到底是不是处女,这样的研究有什么意义呢?一个人老是做这样的文章,你即使发表了上百篇乃至几百篇文章,大概也无法成为专家,充其量是个杂家。所以研究的问题要么具有社会价值,要么具有学术价值。如果有社会价值,就一定有学术价值;如果不能保证有社会价值,那么一定要有学术价值。这两者是判断选题是否有意义的重要标准。

同学们现在都想写论文,选题从哪里来?大家可能很希望从别人那里得到一个题目。题目从哪里来,我觉得没有多少好的途径或办法。大体上说,一个是我刚说到的选题要具有现实意义,我们可以从现实中寻找灵感,这就提倡我们都要关注社会现实,要有很强的政治使命感,为现实人类服务。这个政治使命感,是为了现实人类的命运,比如中国要走向文明、民主、法治,要走向人的解放,要实现人类的命运,就要尊重人的个性,培养真正的独立人格等。这才是关注现实,而不是说关注现实政策。如果我们从现实中获得启迪,那么我想写出来的文章是有价值的。之前提到的我的代表作、反映我学术理念的文章——《汉代儒学的经学化进程》,这篇文章的灵感就来源于现实。马克思主义传到中国,在中国化的进程中,曾达到教条主义、公式化的地步,给中国民族带来如此之大的灾难,为什么?马克思主义是科学,而且我非常尊崇、敬仰马克思和恩格斯这两个人。我专门为这两个人写过一本书——《伟大的人格》,主要写马克思、恩格斯的人格精神,这本书于1992年出版。我非常佩服这两个人,但我是把他们作为学者、科学家、探索者来佩服的,至于他们的思想理论如何,则另当别论。探索是一个过程,有可能得到的东西非常符合历史化的进程,但是也有可能并不符合,这些是次要的,关键是真正的探索。马克思、恩格斯的理论成果在中国的命运为什么走向了教条主义?我就在思考这些问题。我总觉得,马克思主义在中国走向这样的地步是有一定原因的,一定是有违背学术发展规律的因素干扰了它。在秦汉史研究中,我看到汉代儒学变成经学,恰恰就是这样一个过程,是一个很悲惨的命运。孔子创立儒学,任何人都可以对它进行解释,孟子、荀子都对它有进一步的发展,因而在战国时期的儒学,作为一种可以被发展的学术就有着鲜活的生命力。但当汉代"独尊儒术",儒学变成国家意识形态以后,它就成为一种非批判性的学术。真正的学术本质是批判的,而经学的本质是非批判的。两千年至今的经学是怎么做的?它的方法论就是名物训诂、制度考据,而不是一种批判性的学问。后人对经学典籍只能校勘、注释、解释,而不能怀疑和批判,不能有任何带有否定性的发展。《汉代儒学的经学化进程》一文大概有四万字,发表以后有一定的影响,大家一看就知道我的立意何在。

文章发表以后,我还没有收到杂志,读者就已经看到了。当时第一个给我打电话的是安作璋先生,他是秦汉史大家,安先生讲到:"振宏啊,你这文章写得啊,建国以后政治与学术的关系如何如何,你这篇文章说得很透彻啊!"我相信我写的文章在座的你们都能读得懂,我的文字绝对不是艰涩的,肯定能读懂。我觉得我20世纪90年代以后搞的秦汉史研究没什么无病呻吟的东西,灵感都来源于现实。包括上大学时我写的东西,都是关怀现实的。

说实在话,上大学时写文章非常激动,觉得自己在同一个世界作战。我在大学二年级发表第一篇文章《封建时代的农民是"革命民主主义者"吗?》,是与河北大学著名教授、宋史学界的权威学者漆侠先生商榷过了的。他认为农民是革命民主主义者,但我认为农民不是革命民主主义者,我在写作中很清晰地意识到自己不是在针对漆侠先生,而是在与整个学术界作战、与整个左倾思想作战。农民怎么是革命民主主义者?这都源于我内心一种很强烈的现实情感,做这个选题就是在参与现实政治生活中对左倾路线的清算。我上大学时提出一个课题叫做"西汉官吏立法研究",当时确实没有人提出过这个问题。这个问题很大,所以我就在毕业的时候做了一个"西汉贵族官吏坐罪问题考证"研究,是这个大题目中的一个小问题。毕业以后我开始做史学理论,秦汉史的研究暂时搁置。20世纪90年代末,安作璋先生出了一本书《秦汉官吏法研究》。其实这些问题都来源于现实,现在的学生基本不关心政治、不关心现实,这样是不行的,必须有一种政治的敏感性,没有政治的敏感性和感悟力,是没有办法做学术的,是不会提出有价值的选题的。

关于获得选题的第二个途径,我想大家可以直插学术前沿。即使大家只是本科生,也可以直插学术前沿,关注学界目前正在讨论的问题。我们与理科比较的优越性在于哪里?举个例子来说,理科的话,不懂初等数学就不太容易懂高等数学,它们之间的逻辑联系性很强。但是文科不同,只要认字就可以了。所以再大的学者写的文章,读者也能够看得懂,看了就能理解,理解了就有问题可以讨论。只要是学术界讨论的热点问题就是争鸣,只要有争鸣,就有漏洞可以钻。为什么会出现争鸣呢?那就是对同一个问题有不同的看法,不同的看法有不同的逻辑,哪怕使用的是同样的材料,有同样的理论指导。就像过去学界讨论的"五朵金花",都是以马克思主义作为指导思想,都是使用基本相同的材料,却引起了一段时间的争论。所以遇到这样的情况,大家就看他们讨论问题时有没有漏洞,只要有漏洞,都可以成为选题的来源。其实我有一些文章就是直接介入前人的讨论,比如我刚才说到的同漆侠先生商榷的那篇文章,其影响是较大的。那篇文章在《文史哲》1980年第1期发表以后,《光明日报》《解放军报》《新华月报》(文摘版)等报刊都进行了报道,但是大家都不知道我是一个大学二年级的学生。

我在《历史研究》发表的第一篇文章是1986年第3期的《"终极原因"与"相互作用"》。那篇文章就是一个前沿问题。我可以吹嘘一下,那篇文章可以说在《历史研究》的历史上,是除了约稿文章以外,自然来稿文章中发表速度最快的一篇。3月初投给他们,6月的第3期就登出来了。《历史研究》如此迫切地想要发表这篇文章的原因在于,1980年金观涛、刘青峰在当时的《贵阳师院学报(社会科学版)》发表了一篇文章——《中国历史上封建社会的结构:一个超稳定系统》,讨论中国古代社会长期延续的原因。他们用控制论、系统论的思想方法来研究中国古代社会长期延续的问题。文章发表后,他们又于1984年在湖南人民出版社出版了《兴盛与危机:论中国封建社会的超稳定结构》一书。该书又被压缩成八九万字的一个小册子,题目叫《在历史的表象背后》,在四川人民出版社出版。金观涛夫妇用现代科学的研究方法研究历史,有一种新鲜感,作品一发表,一下子就影响了史学界,青年人一看就跟着走了,但是年龄稍大的人不易接受。金观涛那个时候也就30多岁,血气方刚,不知道把话说得圆润、平和一些。他文章开头提出"要让现代科学之光照进晦暗迷人的历史研究领域",他的意思是只有现代科学才能照亮历史研究。当时一下子引起了讨论的热潮,年轻一代的人支持新的研究方法,另外一些人则公开写文章批判金观涛对唯物史观的否定。

当时我做史学理论研究,也很关注这个问题。我研究发现:唯物史观本身就包含了相互作用,唯物史观寻找终极原因是不错,但是唯物史观寻找的终极原因是生产力,生产力是整个历史的基础。然而生产力本身是由生产工具、生产资料、劳动者三要素的相互作用形成的,并不是单一因素作用的结果,正是三要素的相互作用形成了终极原因。再向前看,其实"相互作用"是个古老的思想,哲学讲相互作用,到了近代以后,黑格尔把"相互作用"提得很高,他有一句话叫"事物在相互作用之外什么都不是",就是说,所有的事物都是相互作用的结果。马克思、恩格斯就吸收了古希腊哲学以至黑格尔哲学的相互作用思想,并将其纳入自己的方法论体系。所以不能用"相互作用"理念排斥唯物史观,唯物史观本来就包含相互作用。问题在于,马克思讲的"相互作用"是把黑格尔的"相互作用"提升到更加辩证的水平,这是马克思的推进,但是他的"相互作用"仍然停留在比较初级的阶段,因为马克思所处的时代自然科学发展得不够充分,他依靠的自然科学成果无非是当时的三大发现——进化论、细胞学说、能量转化。这种自然科学的水平与今天相比相差得太远,所以当时的"相对作用"只发展到辩证的水平,再加上马克思的注意力并不在这个问题上,这个研究也就没有完全展开。现代科学出现后,重新强调"相互作用",把"相互作用"的形式完全展开化、丰富化、具体化、可操作化,应用的可能性变得更大。所以拿现代科学方法来丰富和发展唯物史观是一件非常好的事情。我们唯物史观为什么要排斥它呢?唯物史观应该吸收"相互作用"思想来丰富自己,在吸收它的时候再去注意这种新的现代科学方法的局限性,优秀的部分要吸收过来,变成自己内在的方法论。

我的文章把原本斗争激烈的双方融合起来,为学术界的讨论提供了一种新的思考,所以《历史研究》非常迫切地想要发表这篇文章。当时我只是一名普通的青年教师,但是我发现这个问题,抓住一个前沿性的问题,就有可能做出别人想不到的成果,这是完全可以的。所以选题要直插学术前沿,要关注社会动态。不要觉得自己现在没有能力与学术界对话,不存在这个问题。有些事情不一定要等到自己非常丰满、非常成熟的时候再去做,有多少水平说多少话就可以了。以前没有网络的时候,我给本科生上课,要求大家每个月一定要进图书馆一次,把图书馆最新期刊翻阅一遍,翻阅一遍就能了解自己关心的问题和目前学术界的研究现状。现在网络非常方便,中国知网就可以解决这一问题,所以大家要主动关心这些事情,从学界的讨论中寻找问题。

第三个获得选题的途径是自己平时的积累，主要是读书、思考的积累。读书要讲究方法，我一直说读书要带着批判的眼光读，读书就是找毛病的，不要把读书当做一种被动的学习，当你找毛病的时候获得的东西要比被动读书获得的东西多得多。只有带着批判的眼光读书，才能真正读出东西来，才能发现问题、积累问题。

我读大学的时候，在《中国史研究》发表的第一篇文章是《两汉地价初探》。那是在大学三年级的暑假，我没有回家，读了一套《汉书》后在《汉书·李广传》中发现一个问题：汉武帝在位时的丞相李蔡，武帝赐给他二十亩地，结果他盗取三顷，最后治罪，坐赃四十万钱。我一想三顷土地四十万钱，那么一亩地就是一千三百钱，但是我学秦汉史的时候说到地价都是讲"亩价一金"。一金在汉代是一万钱，但是我看到的这个例子中一亩地值一千三百钱，两者差距太大了，而且这个赐的土地又是好土地，所以我就对地价产生了怀疑。然后我再去翻阅《汉书》，寻找是否还有与地价相关的材料，就发现一则材料讲到汉元帝的时候有一个叫贡禹的人，在地方上很有名，皇帝召他进京。贡禹家里很穷，有一百多亩地，但是土地非常贫瘠，在山东琅琊一带。他为了进京见皇帝，需要准备一套马车，所以《汉书·贡禹传》说他"卖田百亩以供车马"，这一百亩值多少钱呢？我就根据他置办的马车来推算，那种马车在汉代叫轺车，有驾一匹马的，有两匹马的，也有四匹马的，我就估算贡禹应召进京晋见皇帝乘的轺车应该是几匹马，再根据汉代一般情况下马的价格、轺车的价格，估算出一亩地大概是几百钱。我再用汉代牛车与马车的大致比例推算，得出的结果也是一亩地几百钱。这样我就有了直接材料、间接材料，否定了"亩价一金"的说法。现在只有一条半材料，我就去请教我的老师该怎么去写文章。朱绍侯先生说近代以来出土过一些买地券，可以尝试从这些出土材料中找找，看有没有新材料。我就通过一些"特殊手段"进入资料室，在半个月的时间里把所有近代以来的考古资料都翻阅一遍，找到了大概20多条材料，这就是汉代的地价资料。我最后考证的结果是汉代地价（好的土地，水浇地）在一千多钱到两千钱之间。虽然这个问题不是具有直接现实关怀的问题，但这个问题是学术史链条上的一个节点。当时学界讲到汉代土地兼并很迅速，既然要讲土地兼并的问题，如果连地价、土地如何交换这些内容都不知道，那就没有办法继续研究，所以地价的考证是有意义的。我在1981年初写出这篇文章，投到《中国史研究》，6月就发表了，8月我拿到了刊物。当年9月西安成立全国秦汉史研究会，朱绍侯先生去开会，本来想把我的文章带去，但是想到已经发表就不再带去了。在那次会议上，《中国史研究》编辑李祖德先生（李先生后来做了《中国史研究》的主编）问朱先生：你们学校的李振宏先生怎么没有来？朱先生说我是学生，没有资格参会。李祖德就很好奇，一个学生怎样能够写出这样的文章，他就拜托朱先生，让我与他进行联系，从此我就与李祖德先生建立了联系。半年以后我毕业了，留校教史学概论，没有再做秦汉史研究，我就把这些情况向李先生汇报。时隔一年，史学理论研究会开始筹备建立，全国第一届史学理论研究会在武汉东湖召开，李祖德因为跟我有联系，知道我是做史学理论研究的，刚好他在筹备这个会议，于是就给我发了邀请，所以我就走进了史学理论研究领域。一篇文章，因缘际会，在会议上结识了很多的朋友，学术圈子就逐渐建立起来了。

问题的积累是靠读书，读书时思考问题、寻找问题，暂时解决不了但是有意义的问题，就可以把它记下来。青年人往往是一开始不自信，自己想到了问题，却把自己的思想火花掐灭，非常可惜。大家有了想法就记录下来，日积月累，即使这个问题暂时无法成为选题、无法被解决，随着知识的积累、学识的增长，回头看的时候这个问题就很有可能成为选题，选题就是这样积累出来的。想法是无形的,假如不及时记下来,一旦消失就再也没有了。

选题的来源我想大概无外乎以上几种情况,当然不排除一些研究生导师会为大家的选题提供思路,这都是有可能的。此外,我想跟大家交流一下做什么样的题目适合我们硕士生,这里有一个说法叫"大题目"和"小题目"。该怎么处理大题目和小题目的关系?像你们这些年轻人,按照你们的学识、积累和基础,是适合做小题目的。就材料的范围、问题的架构来说,小题目易于驾驭。但是问题在于,你们胜任小选题,却只能看见大选题,因为你还没有走进去,没有进入研究领域。就像我们在外边看一座大楼,只能看到这座楼的外观,有几层、有多高,至于里边的结构怎么样,就必须要走进去才看得到。

比如我上本科的时候,面临毕业论文的选题,有的同学说那就写中国古代史吧,你说要具体一点,他就说那就写农民战争吧。这样的题目如此之大,如何写?造成这种现象的原因就是没有走进去,当然找不到小题目。现在的问题就是大家还没有进去却需要开始写文章,适合小题目但是发现不了小题目。这种情况下怎么办?我的主张是写大选题下的小选题。大家既然看到了大选题,那么可以把大选题做一个逻辑分解,化整为零,一直化到可以做为止。我读书的时候发现官吏立法研究前人确实没有做过,我认为当世一些官员的做法太不合适,却也没有关于官员的立法,而我看到汉代的官员管理非常严格:一个官吏今天来值班,叫做"视事",中午没有回家吃饭,那你在官署里吃了什么饭,吃了哪几个菜,每个菜几个钱,都要记录得清清楚楚的。我们到了一九八几年才有了一个党员生活准则,立法上更不完善。所以我研究这个问题确实是想为现实提供借鉴。但是这么大一个问题怎么做?我把汉代官吏立法分为刑事立法和行政立法,先划分这两大块,然后考虑汉代官吏做什么事情是犯罪、罪名是什么,先把法律本身考订出来,这就是一个需要做的大工作。之后讨论这个立法贯彻了什么精神,官吏立法有没有立法原则、立法精神。古代官吏被罢官、免职之后复出是很正常的现象,不像现在官员复出很难,老百姓也不接受。实际上,培养一个干部成本很高,干部犯了错误,停职几年有所反省再干是正常的。汉代的官吏经常复出,有的人甚至可以复出三四次,但是牵扯到赃罪,也就是经济犯罪,他就不能复出了。所以立法的原则是值得研究的。另外,官吏犯法和老百姓犯法,量刑一样吗?官吏有没有特权?这个也可以研究。这些都是刑事立法方面可以考虑的问题。行政立法涉及的问题就更多了,依旧可以由大化小,再去处理。把大选题中分解出来的小选题一个一个解决,最后再建构起来,那就是一本书,你就成专家了。如果一个人一辈子做了很多零零碎碎的小问题,问题之间都没有联系,那你就不足以称之为专家。

做大选题里的小选题是可以构成知识体系的,所以硕士阶段最后的论文不一定做得很小,可以宏观一点,尝试一下大的选题。有些人认为大的选题年轻人无法驾驭,我不这样认为,大家可以大题小做、大题简做。几万字可以把一个大问题做一个框架性的解决,可能细节问题不能够得到一一解决,但是这个问题大的脉络、主干是可以解释清楚、构成框架的。论文完成就相当于把这个问题的各个方面都进行了思考,这就为下一步的研究奠定了一个很好的基础。用现代话说,我们的选题是要具备"可持续发展"特性的,如果一篇硕士论文、博士论文写完后再也没有研究的空间,那这样的选题有什么意义呢?我们看到有些人的本科学位论文到硕士论文,再到博士论文是构成体系的。所以我觉得选题还是要选择相对宏观的题目,然后做大选题中的小选题。

第二点是"生题"和"熟题",也可以做一个比较性的思考。所谓"熟题",就是大家都在做的、经常辩论的题目。这样的题目由于大家都在做,所以做起来的难度就像我们打攻坚战一样不容易;好处在于大家争论了很长时间,基本的资料都已经被掌握,不用自己再去创建一个资料体系,借用他人的资料就可以了。另一点是大家使用的概念已经比较成熟,也就不用再创立概念。熟题的好处还在于大家的观点已经比较成熟,你只要有一点点新的看法,围绕这个看法写文章,那就是对这个问题的贡献。但是难度就在于大家讨论得很充分,想要有一点新的看法谈何容易!不过我们青年人思想敏锐,指不定就在哪个地方发现了新问题。"生题"就是从来没人做过的题目。既然是从来没人做过的题目,那就像是开荒、拓荒。本来是一片不毛之地,随便拿锄头刨几下,种子一撒,第二年就会长出苗来。生题的话,既然没有做过,那么就算做得不够好,只要问题本身有价值,那也是该问题研究的最高水平。这种情况下,提出问题本身就是贡献,启发学界关注、研究这个问题,就有发表的价值。但是生题做起来的难度也是可想而知的。解决这样的问题,资料要靠自己搜集、要创造一个资料体系;其次,解决这个生题没有其他文章可供参考,解决的路径、方法都要自己来设计,更麻烦的是有些时候可能要提出新的概念,创造概念是相当不容易的事情。

就我的体会来说,生题就是拓荒,熟题就是攻坚,我的想法是与其"攻坚"不如"拓荒"。我做的《两汉地价初探》就是一个生题。那个生题的资料全部是我摸索出来的,那篇文章中我还创造了概念,因为当时我把这个地价考证出来以后,按说这个问题是完成了,但是我不甘心。因为下了这么多功夫,万一我的文章刚发表,有一个人在家挖红薯窖,挖出来一个买地券,发现地价是两万,就把我的研究推翻了。我不能被轻易否定,所以我要对汉代地价进行一个理论研究——根据汉代的生产力水平、物价水平、汉代的政治特点,大概地价也是如我所考证的那样。我要在理论上解决这个地价问题,我考证的这个问题是个一般性问题,如果出现别的差距较大的证据,那只能说明是个例,个例否定不了一般。于是,我提出一个"封建地价"的新概念。"封建地价"这个概念从哪里来,没有人说过这个话。马克思《资本论》讲到资本主义地价是个公式,地租除以利息率。封建地价没人讲过,后来我经过了艰辛的过程还是把这个问题解决了。解决了这个问题,这篇文章就有了特色,就不是停留在考证阶段。所以想告诉大家我的体会:在写作中都会遇到困难,在你认为实在解决不了的时候,那就该高兴才是,因为文章要出彩了,创新的东西可能就要出现了。如果一篇文章轻而易举就完成了,那别人一定也会想到的。所以写文章必须遇到困难,实在解决不了的时候也不要退缩。就我几十年写文章的经历来看,没有到最后都解决不了的问题。只要想解决,就一定能解决,这是我想给大家的信心。

解决问题有时候是需要灵感的,灵感从本质上来讲是不期而至的东西,灵感不仅仅属于文学创作,实际上好多研究都需要灵感。虽然灵感是不期而至的,但是我认为我们可以创造迎接灵感的环境。这个环境就是对问题执着的思考,持之以恒的、坚持不懈的、长时间的定向思维。假如可以很长时间一直思考这一个问题,头脑一直处于高度受激的状态,那么就有可能被一件什么事情莫名其妙地激活了灵感,甚至一片树叶的掉落也能使你获得灵感。现在我们文章写不好,问题在哪?就在于没有深度思考,没有把问题想清楚,没有想透彻,在那里憋出来的几句话是不顺畅的。你们现在不知道过去我们写文章的过程,一万字的文章要写三千字的提纲,再修改提纲,以促使思考进一步成熟,修改完三千字的提纲还不动笔,我要再写三千字的提要,把最想表达的文章的主体部分集中地表达出来,通过这个表达检验思维是否成熟。提纲是个线索式的逻辑结构,提要是主体部分的简要阐述,到这个时候,才觉得整个文章完全了然于心,思考得非常成熟才开始动笔。在过去不花半年以上的时间,就难以写出一篇真正的文章。现在有的同学一两个星期就想写出一篇文章,真是太天真了!当你真正思考成熟的时候,又知道你解决的是什么问题、问题的解决将带来多大的影响,这个时候将会有巨大的力量激励着你,自己就会忍不住想要去表达了。一旦提笔,思如泉涌,文章写起来一气呵成,非常有气势。文章不是写出来的,是从心底里流出来的,它是思维的成果。只要思考得成熟,当然就能写出好文章,这个时候才能出文采。

以上是我讲的选题的问题,其实做文章就是做选题,我做《史学月刊》编辑这么多年了,不怕打击大家的积极性,其实编辑很多文章都没看就退稿了,很多时候就只看一个题目,只有选题有意义才会继续看文章,所以大家要在选题上下功夫。

我现在讲第二句话:确认相关研究的差异性,就是确认你自己的研究和前人研究的差异性。

当你有了问题意识,认为这个问题有价值,确定这个选题的时候,你需要做的第一步工作就是查阅相关的学术史,梳理在你选定的这个问题上,前人做了哪些工作。大家应该对前人所做工作有完全的了解:他们在理论上、思想观念上达到了什么程度、提出了哪些观点;在资料运用上使用了哪些史料;在方法论上使用了什么样的研究方法……把这些统统做分析,然后开始考虑自己想要研究的东西;想达到的最后成果;和前人相比,区别度在哪里、不同于前人的地方在哪里。区别度越大,你的研究越有价值;没有区别度或者区别度根本不显著,那就不要再继续研究了,这是没有价值的。所以一定要搞清楚自己的研究与相关研究的差异性。这是要做的第二步工作,也是一篇文章能够成立的一个最重要的基础。文章再有价值,前人研究过了,那么你的选题就不成立了。做学问是站在前人的肩膀上往前推进的,所以你必须要有区别于前人的地方。这是第二点要求。

我要讲的第三句话:选择解决问题的方法与途径。

考察前人的成果后,觉得自己的选题区别于前人、有价值,选题就可以成立了。接下来就该考虑选择什么样的方法来解决这个问题,要有自觉的方法意识。我觉得中国学者的方法论观念较为淡薄,不少学者以唯物史观为最高的方法论,认为有了它就可以解决所有的问题。其实,它只是一个最高的原则的方法论,结合到具体研究,每个问题的解决都应该有针对这个具体问题的特殊的研究方法,有自己特殊的方法论问题要考虑。方法是由内容决定的,内容是方法的灵魂。任何一个选题都有特定的历史内容,对于特定的历史问题的解决,针对特定内容应该有相应的方法,所以做学问解决问题都要考虑方法论。然后是解决问题的途径,从哪些角度或者从哪几个层次去论证这个问题,其实就是文章的结构问题,这也是非常重要的问题。对于如何组织自己的文章结构,要研究解决这个问题需要从哪几个方面着手,是横向的、逻辑性的文章结构,还是纵向的、层层递进的逻辑结构,采用哪种结构解决这个问题才是最为合理的。所以要在结构问题上多下功夫。天下所有的文章都是讲究结构的,诗歌、散文都是有结构的,所以我认为要养成自觉的结构意识,如何去组织文章结构就是如何去表达,把这个问题立起来。研究同一个问题可以有不同的结构方式,但是一定有一种结构方式是最适合的,一定要找到最适合表达这一主题的结构方式。其实文章的结构问题也就是文章意识,有没有文章意识就是有没有结构意识、会不会组织文章结构。希望大家通过训练,可以做到只要给一个题目,马上就知道这个问题该怎么解决,必须从哪几个方面入手。尽管对问题涉及的材料还不甚明了,但是离开这几个方面的论证,文章就立不起来。到了这一步,就相对来说比较成熟了。这些事情都应该落实到平时的阅读中去,平时看书不要总看别人写了什么,要多关注作者是怎么表达的,看他的研究方法、逻辑结构,这都是应该在平时的学习中培养出来的一种自觉意识。

第四句话:与学术界对话。

不和学术界对话的文章不是真正的学术文章,是不合格的学术成果。大家可以看西方的学术论著,大都在和别人讨论问题,自己的思想是在和别人讨论问题的过程中确立起来的,这就是和学术界对话。现在很多中国学者是不习惯这种模式的,通篇文章都是自说自话,好像一篇文章几万字或者一本书几十万字都是作者自己的,完全没有参考别人的成果。西方学术界瞧不起中国文科的东西,有一部分原因在于,别人看你的文章或者书,不知道哪些是你自己的,哪些是别人的,人家不可能相信这些都是你自己的成果,没有人是这样写文章的。几十万字的书都是作者别出心裁,文章的思想观念没有借鉴他人,都是作者构造出来的,这是不可相信的事情。加之不做注释,不和他人对话讨论,所以别人不相信我们成果的真实性和可靠性。到目前为止,这个情况还没有得到根本性的改善。这些年我也经常到一些学校主持硕士、博士论文答辩,我看到很普遍的情况是,一篇硕士论文后的参考文献列举了一百多种,博士论文列举了二三百种,多得吓人,但一看文章,他却并没有引用到这些参考文献,只是在文章前边的综述中提到哪些人写过什么。这些人写过的东西你都是赞成的吗?难道不应该是不赞成然后才来研究这个问题的吗?正是因为前人研究得不够,才留下了继续探讨的空间。既然前人的研究不充分,那你怎么不与前人对话呢?为什么不把他们的研究内容引用到自己的文章中进行讨论呢?所以现在的文章不能够保证质量,这是很大的一个原因。其实学术的深入就是在不断对话中获得的,当你发现别人的研究不够好,这个观点靠不住,或是因为引用的材料不是最关键、最根本的材料,或是因为对材料的解读出现了偏差,或是因为文章布局结构出了问题,或是因为对方的理论思想不够。你在批评他、和他讨论的过程中,就把自己引向深入了。有一个学者说过,一篇博士论文二三十万字,假如在论文中没有看到引用近二十年来出版的著作的话,仅此一条就可以判断文章是不合格的。博士学位论文是一个比较宏观的选题,不可能学界近二十年都没有相关研究,即使不是直接关注的这个问题,相关的问题也一定关注过,肯定有讨论的空间,结果你没有讨论,那么就是无视学术界的成果,你就不知道怎么做学术。仅此一条就判断你不合格,我觉得这样的话并不过分。其实文章后边的参考文献,大部分是要用到文章中去的,在文章中讨论,这样文章本身很鲜活,文风也很好,也能够把自己的研究推向深入,锻炼自己逻辑思维的能力。前人没有把这个纳入学术规范,我把这一条纳入研究规范,不这样做就不是规范的研究,研究都应该是和别人讨论问题。

以上就是我所讲的研究规范的四句话:明确问题意识、确认与相关研究的差异性、选择研究方法与途径、与学术界对话。如果四个要素都具备了,那就可以产出具有真正学术意义的研究成果。

接下来我稍微讲一下学术写作规范,因为我看写文章经常在这方面出问题。

写作方面第一个涉及的是学术史的评述,一篇文章必须要有学术史评述,因为它是为自己的研究提供合法性的。写出来的评述不是为了给别人看,而是为了自己。一个选题的相关研究,前人已经做了一些工作,你有什么理由再做这个选题?这是因为你认为前人的研究不够,再经过评述指出他们存在什么问题、在观点上有哪些可商榷之处、资料是否全面、方法论的运用是否得当,所以你要继续研究这个问题。如果别人的研究已经很透彻了,那也就没有必要继续做了。所以学术史的评述重在评,要在充分尊重他人成果的基础上,指出问题、评论问题,而不是单单介绍前人的成果。这样既为自己的研究提供了合法性,也为自己的研究指明了方向。现在我们看到的学术史评述普遍做得不够好,一种情况是回避这个问题,说这个问题前人从来没有研究过,这种情况是不允许的。我们讲的是相关研究成果,比如说我要研究汉武帝的历史贡献,如果前人确实没有研究过,那怎么办?没有人研究过汉武帝,那有没有研究过秦始皇,有没有研究过孔夫子?研究汉武帝和秦始皇、孔夫子有什么关系?因为做的都是人物评价,人物评价从哪些角度切入、人物评价有什么方法、评价历史人物应该坚持什么标准,在这些方面都是相关的,所以不存在前人没有研究过这种说法。第二种情况是简单罗列前人的研究成果,缺乏评述。仅仅是在文章下边做注,注明所有的前人研究成果,这样做也是不合格的,应该把重心放在对前人的评述上,做一个比较完整的评述。写一个比较好的学术史评述并不容易,2004年高等教育出版社出版了一本由杨玉圣、张保生主编的书《学术规范导论》,那本书里分了十几个学科来分别讲其相应的规范问题。历史学方面收录了三篇,一个是历史学的,一个是中国史的,一个是世界史的,其中历史学的规范是我写的,它就涉及学术史的评述怎么写的问题。当时我需要举两个例子,这就把我搞得很为难。我翻阅了很多刊物,包括《史学月刊》的文章,一篇一篇地看,却很难找到典范性的可以拿来当做例子的学术史评述。最后找到两篇文章,一篇是《史学月刊》曾经发表的南开大学张思的文章,他的1000多字的评述写得很好,从前人取得学术研究的结论,到资料的使用、方法论的思考,都有评述,非常完整。另一篇是《历史研究》发表过的台湾学者梁其姿的文章,当时她做了一个关于传染病,大概是麻风病人隔离问题的研究,她的这个研究前人确实没有做过,虽然麻风病人隔离的问题没有人专门研究过,但与之具有同一类性质的其他疾疫则有不少成果,不同疾疫问题的研究,在其社会意义、文化意义、医学史意义以及研究方法上都有相同或可借鉴之处。对相关研究成果及其研究方法、研究视角的反省和检讨,有助于新的研究的拓展。作者正是在对学术史内容的梳理中,找到了研究疾疫问题的新视角。这篇文章的学术史评述就写得很好。所以我就举了这两个例子。这本《学术规范导论》将来你们可以参考,因为都是讲学术写作规范的。

  第二个是关于历史资料征引的问题,由于时间关系,资料征引的要求我就不再具体讲,我简单说一下现在存在的最大问题是什么。一个是连篇累牍地堆砌史料。靠电子检索得到的资料太多了,作者自己不做阐释,大量征引。历史研究是历史学家拿材料来说话,我们写文章是我们自己在说话,说话要取信于人,所以征引材料。但是现在经常是作者让材料自己来说话,对材料不加阐释,这个问题很普遍,我觉得是要避免的,这样的文章没人看,编辑看这样的文章也很头疼,更不会采用这样的文章。我曾经到一个名牌大学主持答辩,看到了一篇古代史研究的博士论文,这篇文章将近30万字,里边的资料我估量占了百分之七十,到处都是引文,这算是什么文章呢?我们一定要自己来说话,引用材料一定要有阐释:材料的本身含义是什么,你是从哪个角度来引用它,它的价值何在……第二种情况是,我们现在的年轻朋友不会取舍材料,征引很长的一段文字,真正和文章相关的可能只有两三句话而已。古人写文章不可能考虑到后人的引用,文章一气呵成,看似无法截断,大家可能就觉得没有办法取舍。我告诉大家一个办法,这个时候还是只能引用两三句有用的材料,可以用自己的话把这一大段话的语言背景做一个交代,这样就不会出现大段文字征引、冗长累赘的情况。大量的文字征引会破坏读者阅读的流畅性,影响作品的效果。大家现在看古代史的文章,可能看到引用的材料就跳过去了,本专业的人都不读,那非历史专业的人就更不会关注了。这是因为我们自己做得不好,其实好的文章表达应该做到夹叙夹议,形成一个属于自己的流畅的作品。

最后讲一个大家一定要考虑到的文前文后的问题。文前就是摘要和关键词。我看现在很多人不会写摘要。摘要的功能有两点:一个是大家都知道的,读者通过摘要可以直接了解这篇文章的基本观点;第二个是经常被大家忽略的文献储存功能。有些学者在做文献的基础性工作,比如一个大的专题研究需要做一个工具书,这个工具书要供后人检索、参考、使用。如果把与这个研究相关的成果全部收集起来,体量太大,难以完成。这个时候就可以把摘要拿出来,把所有的摘要都收入这个工具书里,这就可以作为文献储存了。为了满足这两个功能,摘要的写作有几点需要强调。第一点是简要而完整地表达论文的主题、基本思想,而且摘要要能够不依赖原文而存在,如果需要联系全文才能理解摘要,那这样的摘要是无法满足文献储存需要的;第二点是摘要必须直抒文章观点,不能使用第一人称的写法,凡是用"本文如何""笔者怎样这样"的说法,大都是在进行自我评价;第三点,摘要的用语必须是规范的学术用语、学术概念,在新兴学科、新的学术领域,这个用语也必须是相关学术群体中公知公用的语言;第四点,摘要中不能出现数学符号、数学公式和解释性的东西,我曾经见过有些人在摘要中还做了注,如果摘要还要做注的话,那就不成其为摘要了;第五点,注意摘要的字数限制,期刊论文摘要的字数应该控制在三百字以内,一般是两百字到三百字,但是特殊情况需要特殊对待,硕士学位论文的摘要,我认为可以有八百字到一千二百字左右,博士学位论文可以在一千五百字到三千字之间,当然,需要根据选题的实际情况作调整。

关键词的功能就是被检索,所以关键词的要求,第一点是概念的规范性;第二点,关键词必须是名词和实词,不能用形容词、副词,这是绝对不可以的。关键词的数量在三到八个,一般期刊论文三五个、五六个都可以,大的选题的话可以用到七八个,最多不能超过八个。关键词的选择就是文章的中心概念和文中反复出现的基本概念,文章的标题中可以选取一两个关键词。摘要、关键词就是文前部分。

文后部分就是参考文献、注释。广义上说的参考文献包括注释,严格来讲,参考文献和注释是有区别的。参考文献指的是文后列出来的参考书目,就是在研究过程中参考过的书目,包括与选题相关的主要的原始文献和现代研究著作,尽量不要有遗漏。这些不一定在文中引用过,只要是参考过的都要列上去。实际上,参考文献不能有大的遗漏,有遗漏就说明研究不规范。其实好的参考文献就等于给读者提供了一个简要的学术史。注明文章中引用到的资料文献,一般来说就是注释,注释有两种情况。一种简单的就是文中征引的文献或是引用现代人的成果,注出出处,作者、书名、出版年代、出版社等各个要素要完整。另外一种是真正的注释,真正的注释是对正文内容的补充性说明。有些东西要在正文中提到,提到它又不能展开,展开会显得累赘,不交代又显得突兀,读者会有疑惑,这个时候就需要做个注释补充说明,这个东西是真正的注释。有的期刊论文不要求列出参考文献,但是学位论文要有。期刊论文要求的主要就是注释和注明出处,至于格式就按照不同期刊的要求,国内执行的标准不一样,给谁投稿就按照谁的格式就可以了。这是文后部分。

我要说的就是这些了!大家不用受时间局限,有问题就可以提问。

（附现场问答内容）

同学1：老师好！说到做什么样的毕业论文题目，您提到生题和熟题，说"与其攻坚不如拓荒"，但是有时候我们面对生题，做着做着发现了新材料，就把之前的观点否定了，这个时候该怎么办呢？

李振宏教授：看来这个同学是有所体会，我也曾经碰到过。要解决一个问题需要使用大量的材料，这些材料都是可以证明你的论点的，但突然发现一条或者两条材料与你的观点相反，但是只有一两条材料，不足以说明问题，不足以否定你原有的观点。如果遇到了大量的材料都与你预设的观点相反，那就不要再做了，要尊重历史。个别与你的观点相悖的材料还不足以影响你的观点的成立，我的解决方案就是不回避。如果能够对这些材料做出解释，那就在文中说明你在哪里看到了什么材料、这个材料为什么会出现异常情况，这是最上乘的办法。如果解释不了——因为我们可能不清楚这个材料整个的历史背景，这个时候也不要回避，就在文章下边注出来，说明在研究过程中看到了一条材料，这个材料表面看和我们的观点正好相反，但是就目前来看，我们仅此见到一条或几条，这还属于个别现象，不足为据，暂时存疑。切记，千万不要回避。

同学2：老师，您刚才说读书的时候带着批判的眼光读，我觉得以我们的能力好像并不能达到，您能不能具体讲一下这个问题？

李振宏教授：这不存在能力达得到、达不到的问题。虽然你可能不具备高于这本书的作者的能力，但"批判"是一种思维方式，纵然整体水平不够批判它，但是你毕竟有你的角度，哪怕自己的角度有失偏狭，但也有怀疑的权利。你有自己的思考，这就是你批判他的理由。这是一种读书方法。我们怀疑、批判，并不意味着别人不对，但是我们怀疑他的时候就会想办法推翻他，可能最终也没有推翻他，反而认可了，但经过这个努力去获得认可的过程，相信我们对这个问题也有了一个清晰的、而不是盲目的把握。所以带着批判的眼光读，一定是最好的、收获最大的读书方法。

同学3：老师，我想问一下，带着批判的眼光读书，是指读的论著吗？如果读的是史料，也需要这样做吗？

李振宏教授：读史料就是审查啊，我可以说读任何东西都带着批判的眼光。"批判"两个字不要解读成打人，批判其实就是一种思考、分析、评判，就是以分析的态度面对自己看到的东西，而不是盲目地接受。对史料也是这样，任何历史著作都是人写的，所有人记载历史的时候都把自己的主观想法注入笔下，都需要以今天的眼光去判定它的价值。所以对所有的历史资料都要带着批判的眼光。

同学4：老师，我有一个疑问，论文写到最后的结论部分时，发现结论就是对前边叙述的一个总结、重复，没有升华，我想请教老师怎么解决这个问题。

李振宏教授：严格来说文章的结语部分有三种情况，一种情况就像你刚才说的，简单总结，不用升华，只是帮助读者把握你的学术思想或学术观点，这是最简单的一种情况。这种情况不能被视为不合理，不能说是重复，它可以帮助读者直接、简单地总结全文。第二种情况是,你做的这个问题是一个具体的问题,但这个具体问题有可能是某一个宏观的大问题中的小问题,很多文章往往都是这样。当你写结语的时候,你把前边做一个总结,如果你有能力的话,就可以把这个结语稍微引申一下,把它延伸到更宏大的问题中去,这就对文章做了升华,两三句话就可以了,把这个小问题和更大的问题连接起来,提升了文章的境界。第三种情况是从你讨论的问题引申开来,对一些相关的问题发出议论。这些议论不需要展开,一两千字即可,这些议论可以使人产生联想,人们把这样的东西叫做"余论"。结语部分的写作,大概就是这几种情况了。

两宋笔记系年考证

李裕民

陕西师范大学历史文化学院

摘　要：北宋前期的笔记，基本上沿袭唐代写法，主要记录朝野遗闻轶事。到后期，出现了明显的变化，一是以沈括《梦溪笔谈》为代表，知识面大大拓宽；二是以司马光《涑水纪闻》为代表，专为修史提供材料，每条材料都注明出处。到南宋时期，又有新的变化，表现为：其一，纠误之风大盛；其二，出现了一批专作考据的笔记；第三，出现诸如洪迈《夷坚志》之类的鸿篇巨著。

关键词：北宋　南宋　笔记

上篇　北宋笔记系年考证

我的导师邓广铭先生曾提出研究历史必须掌握四把钥匙，其中之一便是年代。所谓年代是指鉴别历史资料的写作年代，确定其是第一手资料，还是第二手资料。要复原历史真相，最要紧的是寻根究底，找到最可靠的第一手资料。如果不顾年代早晚，拿来就用，离真理会越来越远。

举个例子。我们要评价宋代人物田登，如果凭明代出现的成语"只许州官放火，不许百姓点灯"，必然会认定他是十恶不赦的坏人。如果按年代早晚去追溯，就不一样了。明人用的是陆游《老学庵笔记》的记载，书中说田登脾气很坏，不许下属说登字（包括同音字），许多下属因此被打板子。正逢上元节，按惯例放灯三日，下属贴布告说成"放火三日"。此书作于绍熙三、四年间（1192—1193），它离田登之事80来年，不是第一手资料。再往前，有作于绍兴二十七年（1157）的蔡绦《铁围山丛谈》，更早的还有作于绍兴三年（1133）的庄绰《鸡肋编》，记载到下属贴布告将"放灯三日"，说成"放火三日"，都没有说打下属，而称之为"名家""贤者"。对这些记载作比较研究，就会知道，上述故事与宋代避讳习惯有关，州官的下属不得直呼州官的大名，点灯只能说点火，如果正确地归纳，应该是：只许百姓说放火，不许说放灯。明人的归纳完全走了样。如果再寻找更早的北宋资料，就会发现田登名声还是不错的，当时，蔡京等一大帮人打着继承王安石改革的旗号，大肆抢官捞钱、祸国殃民，早把王安石忘在脑后，田登没有贪污受贿的劣绩，相反诏书中称赞他"习于治郡（即管理地方有方），能体德音"（翟汝文《田登除鸿胪少卿制》，《翟忠惠集》卷三，

收稿日期：2019-12-12。

作者简介：李裕民，陕西师范大学历史文化学院教授、博士生导师，主要从事宋史研究。

第 18 页)。宋代第一个纪念王安石的祠堂,还是他修建的。举此一例,即可知考订文献写作年代之重要。

迄今为止,还没有人系统考证宋代文献的写作年代,我很想弥补这一缺憾。自知非常费时,而且得反复推敲,进展甚慢,何时才能完成,很难说。目前只考虑分类,一篇一篇作去,本文即是其中之一,希望能引起同仁重视。

"笔记"一词用作书的名称始于北宋,嘉祐六年(1061)宋祁撰的《景文公笔记》三卷,其次是卷上释俗,卷中考订,卷下杂说。建中靖国元年(1101)苏轼《仇池笔记》二卷,均距今将近有1000年。南宋时有陆游《老学庵笔记》、龚颐正《芥隐笔记》、刘昌诗《芦浦笔记》、谢采伯《密斋笔记》。以上各笔记,都是随意书写所见所闻,或作考订,或作评论,不拘一格,各段独立成篇,其间并无联系,与今天的笔记或随笔含义相似。此类笔记,命名并不固定,或称随笔,如洪迈《容斋随笔》;或称笔谈,如沈括《梦溪笔谈》;或称笔录,如王曾《王文正公笔录》、魏泰《东轩笔录》、杨彦龄《杨公笔录》;或称杂记,如郑熊《番禺杂记》、吴处厚《青箱杂记》、王巩《甲申杂记》、黄朝英《缃素杂记》、孔传《东家杂记》、吕希哲《吕氏杂记》、周必大《淳熙玉堂杂记》、李心传《建炎以来朝野杂记》、张淏《云谷杂记》;或称记闻,如司马光《涑水记闻》、林之奇《道山记闻》;或称记事,如范镇《东斋记事》等。其内容广泛,上至天文,下至地理,文史哲、数理化、三教九流、医学、卜算,无所不包;写法各异,记叙文、论述文、诗词歌赋,应有尽有;时代地域不限,囊括古今中外;涉及人物,上自帝王将相,下至平民百姓(工农商,僧道巫婆,妓女、盗贼、地痞流氓)。既可补正史之不足,又可作茶余饭后谈资,是古籍中拥有读者最多的一类。由于其内容庞杂,在四部分类法中最难掌握分寸,同一本笔记,或置于史部杂史类,或置于子部杂家类、小说家类。今打破旧的分类法,统称为笔记。

如何鉴别笔记的写作年代?在这里,我简单谈一点心得体会。

宋人笔记大致可分有序跋和无序跋两类,现在分别讨论如下。

第一,有序跋之笔记,其写作年代比较容易确定。但必须注意两点:其一,有的是先写书后作序,这自然可直接确定写作时间。有的先写序,后写书,写序的时间只是开始写作的时间,而非完成的时间。要确定成书的时间,必须从该书中寻找证据,这个难度就比较大了。其二,有的书写成后又作增订。要确定增订时间,必须对全书作细致的考察。如王辟之《渑水燕谈录》,元祐四年(1089)初稿,绍圣元年(1094)增订。王巩《甲申杂记》,崇宁四年(1105)写成,大观元年(1107)增补。又如沈括先写成《梦溪笔谈》二十六卷,后增订为三十卷,其后又写《续笔谈》三卷。今二十六卷本与《续笔谈》存,而三十卷本已亡。今只能以二十六卷本的成书年代,定《梦溪笔谈》的写作年代。

第二,无序跋的笔记,此类笔记占了大多数。考证难度大。

(1)首先要确定本书的上限和下限。找出本书记载最晚的年代,以此确定本书写作年代的上限。如《珍席放谈》称近时黄师是之徒皆待制,考黄师是初为待制在崇宁元年(1102),据此,可以判断此书上限为崇宁元年。

确定下限的办法主要有:考证作者的卒年,其卒年应是著作的下限;考察何书著录过,或最早何书引用过,该书的写作年代是其下限。

确定成书的范围,还可考察书中是否有"今上"二字,宋人称在位的皇帝为今上,应当结合书中年人确定这位今上指哪一位皇帝,如称宋仁宗为今上,则必作于仁宗时。若称宋哲宗为今上,则必作于哲宗时。

(2)在确定笔记的成书范围(上下限)后,应尽可能缩小范围。如秦再思《洛中纪异》称宋太祖为"今上",知必为太祖在位时所作,又记宋平蜀事,此事发生于乾德四年(966),则本书应作于乾德四年(966)至开宝八年(975)间。

要关注书中的"今"字,它有助于确定更具体的年代。《渑水燕谈录》卷九第103页云:"(秦)武公之初年,距今千有七百八十八年矣。"秦武公元年为前697年,下数1788年,则"今"为1094年,即绍圣元年是其最后增订的时间。

在考证年代时,一定不要忘记:不同作者的写作习惯不同,不同书的情况不同,不可简单地用同一种办法处理。以"今"字为例,上举之例,利用一个"今"字,即可一锤定音。下列二例就不然了。如《道山清话》记"自明道元年(1032)十二月改此名,今得七十年"。按:自1032年下数70年为1102年(崇宁元年),是否据此定其写作年代为崇宁元年呢?不能,因为书中还记载了崇宁五年之事。从明道到此年为74年,为何却说成70年?因为古人有取整数的习惯。

又如范镇《东斋记事》称"今六十有六",考范镇生于大中祥符元年(1008),六十六岁当为熙宁六年,是不是可以下结论:此书作于熙宁六年(1073)?不能。因为是书不是一口气写成的,而是先后作了多年,书中称王安石为"王荆公",考王安石封荆国公在元丰三年(1080)九月,可见,此书自熙宁六年至元丰三年(或稍晚)间陆续修订而成。

总之,各书情况复杂,证据又不可能一下子找到、找全、找准,需要经历一个不断修改、逐步完善的过程。近300种宋人笔记,我花了好几年工夫考订其著作年代,虽然修改多次,仍然不尽人意,现在公诸于世,希望得到读者的指正,以便作进一步修订。

本文体例,分系年与考证两部分。系年是将考证的结果按年排列,以便查阅。考证列于系年之后。能确知写作年代的,则书该年号,括号为公元。只能考知大体年代的,则书某年至某年,或某年前,某年后。

所收笔记均为现存的,也适当收录一些虽已散佚,但尚有佚文传世的笔记。

附带说明一下,本文收录范围,与戴建国主编的《全宋笔记》有所不同,如《宣和奉使高丽图经》《岳阳风土记》《辰州风土记》《游城南记》等应属于地理类。又如各种日记(《温公日录》《曾公遗录》等),都是固定模式按日记事,基本上属于编年体,此类书数量颇多,自可分成一小类,独立成编。以上诸书,本文均不予收录。

一　系年

建隆元年(960),赵普《皇朝龙飞记》一卷。
乾德二年(964)至五年(967),孙光宪《北梦琐言》三十卷。
乾德二年(964)至开宝五年(972),周羽翀《三楚新录》三卷。
乾德三年(965),耿焕《野人闲话》五卷。
乾德四年(966)至开宝八年(975),秦再思《洛中纪异》十卷。
开宝元年(968)至六年(973),徐铉《稽神录》十卷。
开宝三年(970)前,陶谷《清异录》二卷。
开宝三年(970),张洎《贾氏谈录》一卷、曹衍《湖湘马氏故事》二十卷。
开宝三年(970)至七年(974),《灯下闲谈》二卷。
开宝四年(971)后,丁璹《马氏行年记》。
开宝四年(971)至六年(973),郑熊《番禺杂记》三卷。

太平兴国二年（977），郑文宝《南唐近事》三卷。

太平兴国四年（979）至至道三年（997），吴淑《江淮异人录》三卷。

雍熙元年（984），耿焕《牧竖闲谈》三卷。

雍熙三年（986），乐史《广卓异记》二十卷。

雍熙三年（986）后，《五国故事》二卷。

至道二年（996），吴淑《秘阁闲谈》五卷。

至道三年（997），李宗谔《先公谈录》一卷。

咸平四年（1001）前，王禹偁《建隆遗事》一卷。

咸平六年（1003），张君房《乘异记》三卷（大中祥符元年至七年增补）。

景德二年（1005），张齐贤《洛阳搢绅旧闻记》五卷。

大中祥符三年（1010），郑文宝《江表志》三卷。

大中祥符四年（1011）至六年（1013），郑文宝《江南余载》二卷。

大中祥符五年（1012），陶岳《五代史补》五卷。

天禧元年（1017）前，陈彭年《江南别录》一卷。

天禧二年（1018），钱易《洞微志》十卷。

天禧二年（1018）后，龙衮《江南野史》十卷。

天禧三年（1019），黄鉴《杨文公谈苑》八卷。

天禧五年（1021），黄休复《茅亭客话》十卷。

天禧五年（1021）至天圣三年（1025），钱易《南部新书》十卷。

天圣二年（1024），欧靖《圣宋掇遗》一卷。

天圣二年（1024）前，潘汝士《丁晋公谈录》一卷。

天圣二年（1024），祖士衡《西斋话记》一卷。

天圣五年（1027），上官融《友会谈丛》三卷。

天圣五年（1027）至景祐元年（1036），钱惟演《金坡遗事》三卷。

天圣七年（1029）至康定元年（1040），胡讷《见闻录》。

景祐元年（1034）至宝元元年（1038），王曾《王文正公笔录》一卷。

康定元年（1040），聂田《祖异志》十卷。

庆历三年（1043），王素《王文正公遗事》一卷。

庆历八年（1048），李畋《该闻录》十卷。

皇祐元年（1049）至二年（1050），田况《儒林公议》二卷。

皇祐四年（1052）后，佚名《寇莱公遗事》一卷。

嘉祐元年（1056），李上交《近事会元》五卷。

嘉祐二年（1057）至七年（1062），王洙《王氏谈录》一卷。

嘉祐三年（1058）至六年（1061），武珪《燕北杂录》。

嘉祐五年（1060）前，梅尧臣《碧云騢》一卷。

嘉祐五年（1060），江休复《嘉祐杂志》一卷。

嘉祐六年（1061），宋祁《宋景文公笔记》三卷。

嘉祐七年（1062）后，赵槩《见闻杂录》二卷。

治平元年（1064），夷门君玉《国老谈苑》一卷。

治平三年（1066），欧阳修《归田录》二卷。

治平四年(1067),詹玠《唐宋遗史》四卷。

熙宁元年(1068)至元丰六年(1083),曾巩《南丰杂识》一卷。

熙宁二年(1069)至三年(1070),沈括《清夜录》一卷。

熙宁三年(1070)至十年(1077),宋敏求《春明退朝录》三卷。

熙宁四年(1071)至九年(1076),刘斧《青琐高议》前集十卷、《后集》十卷、《别集》七卷。

熙宁九年(1076),文莹《湘山野录》三卷。

熙宁十年(1077),岑象求《吉凶影响录》十卷。

熙宁十年(1077),张师正《括异志》十卷、张师正《倦游杂录》十二卷。

元丰元年(1078),文莹《玉壶清话》十卷。

元丰元年(1078)至八年(1077),朱定国《归田后录》十卷、《幽明杂警》三卷。

元丰三年(1080)前,李复圭《纪闻》一卷。

元丰三年(1080),毕仲荀《幕府燕闲录》一卷。

元丰四年(1081)至七年(1084),范镇《东斋记事》六卷、补遗一卷。

元丰五年(1082)至元祐元年(1086),龚鼎臣《东原录》一卷。

元丰六年(1083),司马光《涑水记闻》十六卷。

元丰八年(1085),庞元英《文昌杂录》六卷、补遗一卷。

元祐元年(1086),刘斧《翰府名谈》二十五卷。

元祐二年(1087),吴处厚《青箱杂记》十卷。

元祐三年(1088)至四年(1089),沈括《梦溪笔谈》二十六卷。

元祐四年(1089),王辟之《渑水燕谈录》十卷(绍圣元年增订)。

元祐四年(1089)左右,王谠《唐语林》八卷。

元祐五年(1090),孔平仲《谈苑》四卷。

元祐五年(1090)至七年(1092),莫君陈《月河所闻集》一卷。

元祐七年(1092)至崇宁三年(1104),孔平仲《珩璜新论》四卷。

元祐七年(1092)至八年(1093),沈括《补笔谈》三卷。

元祐八年(1093)至绍圣三年,沈括《续笔谈》一卷。

绍圣元年(1094),魏泰《东轩笔录》十五卷、《续东轩笔录》一卷。李廌《师友谈记》一卷。

绍圣四年(1097)前,王子韶《鸡跖集》。

元符元年(1098),陆元光《回仙录》、张耒《明道杂志》一卷。

元符元年(1098)至大观元年(1107)间,程颐《家世旧事》一卷。

元符二年(1099),苏辙《龙川略志》十卷、《龙川别志》二卷。杨彦龄《杨公笔录》一卷。

元符三年(1100),张舜民《画墁录》一卷。

建中靖国元年(1101),刘延世《孙公谈圃》三卷。苏轼《东坡志林》五卷、《仇池笔记》二卷。陈师道《后山谈丛》四卷。

建中靖国元年(1101)至崇宁二年(1103),王巩《闻见近录》一卷。

崇宁元年(1102)至政和六年(1116),吕希哲《吕氏杂记》二卷。

崇宁二年(1103),高若晦《珍席放谈》二卷。

崇宁三年(1104)前,孔平仲《续世说》十二卷。

崇宁四年(1105),王巩《甲申杂记》一卷(大观元年(1107)增补)。

崇宁四年至大观元年(1105—1107),罗畸《蓬山志》五卷。

崇宁五年至大观元年(1106—1107),李某《道山清话》一卷。

大观元年(1107)至四年(1110),晁说之《晁氏客语》一卷。

大观四年(1110),王巩《随手杂录》一卷。

大观四年(1110),王得臣《麈史》三卷。

政和元年(1111),李献民《云斋广录》九卷。

政和元年(1111)至八年(1118),马永易《实宾录》十四卷。

政和二年(1112),苏籀《栾城遗言》一卷。

政和三年(1113),章炳文《搜神秘览》三卷,陈正敏《遁斋闲览》十四卷。

政和四年(1114)至宣和七年(1125),王举《雅言系述》十卷。

宣和元年(1119),朱彧《可谈》三卷。

宣和二年(1120),唐庚《文录》。

宣和二年(1120)至七年(1125),惠洪《冷斋夜话》十卷。

宣和三年(1121)至五年(1123),孙宗鉴《东皋杂录》十卷。

宣和五年(1123),叶梦得《石林燕语》十卷,叶梦得《玉涧杂书》一卷。

宣和五年(1123)至绍兴五年(1135),彭某《墨客挥犀》十卷,《续墨客挥犀》十卷。

宣和七年(1125),胡舜申《乙巳泗州录》。

宣和七年(1125)至靖康元年(1126),方勺《泊宅编》(三卷本)。

靖康元年(1126),黄朝英《缃素杂记》十卷。

靖康二年(1127),夏少曾《靖康朝野佥言》二卷,丁特起《靖康纪闻》二卷。

二 考证

赵普《皇朝龙飞记》一卷,建隆元年

《皇朝龙飞记》,《国朝二百家名贤文粹》卷一一五收录,书末署:"建隆元年岁次庚申三月初十日,谏议大夫、枢密学士、赐紫金鱼袋赵普记。"至太宗即位后,赵普又略作修改,增加陈桥兵变时太宗之建议。四库提要以为伪,顾宏义辨其为真,甚是。见其所著《赵普龙飞记考略》(载《徽音永存:徐规教授纪念文集》,华东师范大学出版社,2012年)。

此书亦名《龙飞日历》(赵希弁《郡斋读书后志》卷一,《玉海》卷四七)、《飞龙记》(《宋史》卷二〇三,第5118页,中华书局点校本;李焘《续资治通鉴长编》卷一,第2页,中华书局点校本,下引简称《长编》)、《宋世龙飞故事》(《通志》卷六五)、《龙飞故事》(《玉海》卷五一)。

孙光宪《北梦琐言》三十卷,乾德二年至五年

今存二十卷,缪荃孙辑逸文四卷,有贾二强点校本(中华书局,2002年),补辑一卷(21条)。

《郡斋读书志》卷三下小说类:"《北梦琐言》三十卷,右荆南孙光宪(约896—968)撰。取传敚于江南之梦,以其为高氏从事,在荆江之北,故以命篇。记唐至五代及十国杂事。"逸文卷三,第410页:"高季昌,唐末为荆州留后……李载仁……不离高氏门馆……保勖嗣袭,辟李为掌书记。他日,录其长息为子婿,第三子皆奏官。"按:高保勖嗣袭在建隆元年(960)八月,则书必作于此年以后。书中直呼其主高从诲(第453页)、高季昌(第411页)、

高保勖(第413页),应为乾德元年(963)二月荆南亡后之语,当作于964年至967年(其卒之前)间。然以上数条均为《太平广记》转引,也有可能是入编《广记》时所改。

周羽翀《三楚新录》三卷,乾德二年至开宝五年

周羽翀《三楚新录》三卷,有俞钢点校本(《全宋笔记》第1编,大象出版社)。记马殷、周行逢、高继冲事。卷三记高继冲用孙光宪之谋,降宋,太宗大悦,"就除继冲徐州节度使,便道赴任"。《长编》卷四,第110页:乾德元年(963)十二月癸未,"荆南节度使高继冲为武宁军节度使"。《宋史》卷八五,第2110页:"徐州,大都督,彭城郡,武宁军节度。"此书必作于964年后。《长编》卷一四,第311页:开宝六年(973)十一月甲子,"武宁军节度使、赠侍中高继冲卒"。书中未记高继冲之卒,则是书当作于972年以前。

耿焕《野人闲话》五卷,乾德三年

陈振孙《直斋书录解题》卷一一:"《野人闲话》五卷,成都景焕撰。记孟蜀时事,乾德三年序。"有"乾德三年乙丑岁三月十五日序"。原书已佚,今存节本一卷,有《说郛》本,收序及内容7条,此外尚存佚文34条(参李剑国《宋代志怪传奇叙录》,南开大学出版社,1997年,第9页)。

秦再思《洛中纪异》十卷,乾德四年至开宝八年

《郡斋读书志》卷三下:"《洛中纪异》十卷,右皇朝秦再思记五代及国初忓应杂事。"此书书名及卷数,《崇文总目》卷六、《通志》卷六五、《宋史》卷二〇六与郡斋同。惟《类说》本作《纪异录》,《说郛》本作《洛中纪异录》。

原书已佚,今存节本,有《类说》本,收43条,王河另辑得22条(《宋代佚著辑考》,江西人民出版社,2003年)。按:其末5条均非此书之文,应删。第52、53两条均称宋太祖为"今上",知必为太祖在位时所作。第38条及第54条,均记宋平蜀事,事在乾德三年(965),则本书应作于乾德四年(966)至开宝八年(975)间。

徐铉《稽神录》十卷,开宝元年至六年

《郡斋读书志》卷三下:"《稽神录》十卷,右南唐徐铉撰。记怪神之事。序称自乙未岁至乙卯凡二十年,仅百五十事。杨大年云江东布衣蒯亮好大言夸诞,铉喜之,馆于门下,《稽神录》中事多亮所言。"初稿为六卷,作于南唐保大十三年(955)。其后增补为十卷。今有白化文点校本(中华书局,1996年)收入六卷169条,又拾遗一卷、补遗一卷、再补一卷64条。

约定稿于开宝元年至六年(968—973)。书中记及乾德五年事(卷五刘威条),又卷一第17页"陆洎"条乙丑(乾德三年)事,下记明年陆洎死。又记李"承嗣后为楚州刺史,卒葬于洎墓之北云"。既称"后为",至少应在第二年,如果在任二年卒则应在967年,则徐记其事最早也应在968年。此书载入977年所编《太平广记》,最晚应在976年以前。书中称南唐初为"国初",则作于974年徐铉归宋以前,即书应作于968至973年之间。

陶谷《清异录》二卷,开宝三年前

《遂初堂书目》"小说类":"《清异录》。"陶谷(903—970)撰。有俞钢点校本(《全宋笔记》第1编2册)卷下第119页记"开宝中"事,知是书为其晚年所作。是书或疑为伪托。考书中屡提及"余"交游事,与陶谷生平相合。如卷上"边幼节"条:"余为笋劝傅休奕作墓志曰:边幼节,字脆中,晋林琅玕之裔也。以汤死,建隆二年三月二十五日立石。""云英麨"条:"郑文宝云英麨,予得食酷嗜之。""翰林虀"条:"右补阙崔从授余翰林虀法。"卷下"秋声馆":"余衔命渡淮入广陵界,维舟,野次纵步,至一村圃,有碧芦,方数亩,中隐小室榜曰秋

声馆,时甚爱之,不知谁家之别墅,意主人亦雅士也。""览骥亭"条:"周初枢密王峻会朝臣,予亦预吏引坐,览骥亭,深不喻其名,呼吏问之,曰太尉,暇日悉阅厩马于此为娱玩焉。""芭蕉袴"条:"余在翰苑,以油衣渐,故遣吏市新者,回云马行油作铺目录入朝,避雨衫,芭蕉袴一副二贯。""剡溪小等月面松纹纸"条:"先君蓄白乐天墨迹两幅,背之右角有方长小黄印。""金棱玉海"条:"武昌节度掌书记周彬公,余同僚。""丑未觔"条:"余开运中赐丑未觔法,用雍酥栈羊筒子髓置醇酒中,暖消而后饮。"书中有少数条目记南唐亡国后事,当为后人所掺入,但未见太宗以后事,则增修者应是太宗时人。

张洎《贾氏谈录》一卷,开宝三年

《郡斋读书志》卷三下:"《贾氏谈录》一卷,右伪唐张洎(934—997)奉使来朝,录典客贾黄中所谈三十余事,归献其主。"有四库本、《类说》本,凡 26 条。自序:"庚午岁,予衔命宋都舍于怀信驿,左补阙贾黄中,丞相魏公之裔也,好古博雅,善于谈论,每欸接,常益所闻,公馆多暇,偶成编缀,凡六(此当有误)条,号曰《贾氏谈录》,贻诸好事者云耳。"按:庚午岁为宋太祖开宝三年(970)。

曹衍《湖湘马氏故事》二十卷,约开宝三年

《宋史》卷二〇四,第 5167 页《艺文志》:"曹衍《湖湘马氏故事》二十卷。"《能改斋漫录》卷一一,第 333 页:"曹衍,衡阳人。太平兴国初,石熙载尚书出守长沙,以衍所著野史缴奏之,因得召对。袖书三十章上进……太宗大喜,召试学士院,除东宫洗马、监泌阳酒税。"此野史当即《湖湘马氏故事》。《资治通鉴考异》引 12 条。《诗话总龟》卷二二引 1 条。《资治通鉴》卷二九二,第 9542 页考异:显德三年(956)二月癸巳"周行逢据湖南,仕进尚门荫,衍屡献文章,不得调,退居乡里教授。及张文表叛,辟为幕职,事败,逃遁,会赦,乃敢出,穷困无以自进,采撷旧闻,撰《湖湘马氏故事》二十卷,如京师献之,太宗悯其穷且老,授将作监丞。衍本小人,言词鄙俚,非有意著书,故叙事颠倒,前后自相违背,以无为有,不可胜数,素怨周行逢,尤多诬毁,不欲行逢不预叔嗣之谋,乃妄造此说,凡载行逢罪恶之甚,皆出于衍云。"

《宋史》卷二六三,第 9102 页《石熙载传》:"太宗即位,复以左补阙召。同知贡举。时梅山洞蛮屡为寇,以熙载知潭州。召还,擢为兵部侍郎。"按:梅山洞蛮为寇在太平兴国二年七月。知潭州后召还在四年正月(赵昌言《石公墓志铭》)。则其知潭在太平兴国二年七月至三年底。曹衍至京应在太平兴国三年,或四年初随石进京。周行逢病卒在建隆三年九月,十月张文表自称权留后事(《长编》卷三,第 72 页)。乾德元年(963)正月讨张文表,斩之(同上卷四,第 81 页、82 页)。曹即逃遁,会赦后始著书,则作于乾德二年(964)以后、太平兴国二年(977)以前。此姑定于开宝三年(970)。

无名氏《灯下闲谈》二卷,开宝三年至七年

有宋人小说本,无撰人。《说郛》本作江洵撰,不知何据。卷下"代民纳税"条记郑冠卿,乾宁初(894)授临贺县令。考满,于桂林遇仙,归三年,"服已阕,后冠卿退居冯翊,一百四岁无疾而卒"。以 30 岁为令计,其生卒为 870—973 年,以 35 岁为令计,其生卒为 865—969 年。其书必作于郑冠卿卒之后,故暂定作年在开宝三年(970)至七年(974)间。

丁璹《马氏行年记》,开宝四年后

《秘书省续四库书目》第 342 页:"丁璹撰《长沙王行年记》三卷。"《资治通鉴考异》引 3 条,作《马氏行年记》。丁璹,宋初人,司马光以为是书受曹衍《湖湘马氏故事》影响而成,当略晚于曹书。应在开宝四年(971)后。书已佚。

郑熊《番禺杂记》三卷，开宝四年至六年

《宋史》卷二〇三《艺文志》，第5122页著录。原书已佚，今存节本一卷，有《说郛》本引8条；《类说》卷四引23条，与《说郛》同者6条；《锦绣万花谷前集》引3条，与《说郛》同者2条；方信孺（1177—1223）《南海百咏》引13条；《舆地纪胜》引2条；大德《南海志》引2条；《南村辍耕录》卷七引1条，已见《类说》。去其重复，凡得30条。《能改斋漫录》卷一五，第441页、第444页引3条。方信孺《南海百咏》引云："国初前摄南海簿郑熊所作《番禺杂记》"云云，又云："熊为潘美客。"按：潘美开宝四年（971）克广州，任山南东道节度使，至七年（974）平南唐。熊为其客应在开宝四年至六年间。大德《南海志》所引称南汉为伪刘，则此书确作于为潘美客时。

郑文宝《南唐近事》二卷，太平兴国二年

《郡斋读书志》卷二下："《南唐近事》二卷，右皇朝郑文宝编。纪李氏二主四十年间杂事之可纪者。"前有郑文宝（953—1013）自序，称"太平兴国二年岁次丁丑夏五月一日江表郑文宝序"。有张剑光点校本（《全宋笔记》第1辑第2册，大象出版社）。书后附佚文20则。

吴淑《江淮异人录》二卷，太平兴国四年至至道三年间

《直斋书录解题》卷五"伪史类"："《江淮异人录》二卷，吴淑撰。所纪道流、侠客、术士之类，凡二十五人。"太平兴国二、三年，吴淑（947—1002）参与编的《太平广记》中，未收此书，必作于其后。姑定于太平兴国四年（979）至至道三年（997）间。参李剑国《宋代志怪传奇叙录》第13页（南开大学出版社，1997年）。

耿焕《牧竖闲谈》三卷，约雍熙元年

《郡斋读书志》卷三下："《牧竖闲谈》，右皇朝景焕撰。多记奇器异物。焕自号玉垒山闲吟牧竖云。"《文献通考》卷二一六："《牧竖闲谈》三卷，晁氏曰：皇朝景焕纂十九事，景焕，蜀人也。"《宋史》卷二〇六《艺文志》"小说类"，第5229页："耿焕《牧竖闲谈》三卷。"《文渊阁书目》卷二："景焕《牧竖闲谈》一部一册。"则明初尚存。今仅《类说》《说郛》各收一卷，凡十事，《永乐大典》收一条，尚缺八事。参李剑国《宋代志怪传奇叙录》第11页。其书称太祖为"先皇帝"，应作于太宗时。雍熙初，耿焕尚在世（黄休复《茅亭客话》卷九），此姑置于雍熙元年（984）。

又叶庭珪《海录碎事》卷一一下引此书，所记为仁宗时事，据《类说》卷五二，此条实出《翰府名谈》。

乐史《广卓异记》二十卷，雍熙三年

《直斋书录解题》卷一一："《广卓异记》二十卷，乐史子正撰。"《玉海》卷五七："《崇文目》：《广唐卓异记》三卷，雍熙三年正月上。"有张剑光点校本（《全宋笔记》第1编第3册）。

佚名《五国故事》二卷，雍熙三年后

《直斋书录解题》卷五："《五国故事》二卷，不知作者，记吴、蜀、闽、汉诸国事。"有张剑光点校本（《全宋笔记》第1编第3册）。此书避钱镠讳，"留从效"作"娄从效"，应作于吴越时。此书后有增补，卷下记及陈洪进"太宗即位，乃修朝觐……终赠中书令，谥曰忠顺。"按：洪进卒及赠中书令均在雍熙三年（985）三月（《宋会要》礼四一之四九，仪制一一之二），《宋史》卷四八三本传作"二年"，乃误。知书必增补于雍熙三年之后。

吴淑《秘阁闲谈》，约至道二年

《郡斋读书志》卷三下："《秘阁闲谈》五卷，右皇朝吴淑撰。记秘阁同僚燕谈。"原书已

佚,今存节本一卷,有《类说》本,收 12 条。另有佚文 14 条。王沇辑本共收 29 条,其中第 4、5 条实为一条,第 11、20 条属误辑。书中称"参政张洎","枢密副使钱若水",张为参政在至道元年四月至三年正月,钱为同知枢密院事在至道元年(995)正月至道三年(997)六月。(《宋史·宰辅表》)书约成于至道二年(996)。参李剑国《宋代志怪传奇叙录》第 24 页。

李宗谔《先公谈录》一卷,至道三年

原书已佚,今存节本,有《类说》本,收 8 条。《说郛》本(宛委)6 条,总共 16 条。李宗谔(965—1013)序云:"宗谔二毛之年丁先公忧,既卒哭,朋友勉以毁不灭性之道,虽苟延残喘,奈无以度于朝夕,因追录先公昔所常谈,号泣而书焉,总而谓之曰《先公谈录》。"按:李宗谔父昉卒于 996 年,序称卒哭后作,则应作于 997 年。

王禹偁《建隆遗事》一卷,咸平四年前

《玉海》卷五一:"《建隆遗事》一卷,翰林学士王禹偁(954—1001)述太祖事迹十四条。"书已佚,予辑得 11 条。最早绍兴二年(1132)《邵氏闻见录》卷七引 7 条。李焘力辨此书为伪作,见《文献通考》卷一九六。顾宏义《王禹偁〈建隆遗事〉考》辨其为真,仅有少量后人掺入的文字。

张君房《乘异记》三卷,咸平六年

《郡斋读书志》卷三下:"《乘异记》三卷,右皇朝张君房撰。其序谓乘者载记之名,异者非常之事,盖志鬼神变怪之书,凡十一门七十五事。"原书已佚,今存节本,有《类说》本收 11 则,《说郛》本、《绀珠集》本收 4 则。有咸平癸卯(六年,1003)序,(《直斋书录解题》)书中记及咸平元年、二年事("渔妇李氏"条)。书似应作于咸平六年。然《默记》卷下第 52 页云:"其书同年白稹之死事。"考君房,景德二年(1005)中进士,白稹早卒,有文集行世。以中举三年后卒,其卒约在大中祥符时。八年(1015),此书于杭州刊行,君房被白稹子殴击,被迫毁板。则其书最终之成,应在大中祥符元年(1008)至七年间。或咸平六年为初稿,祥符时作增补。

张齐贤《洛阳搢绅旧闻记》五卷,景德二年

《直斋书录解题》卷一一:"《洛阳搢绅旧闻记》五卷,丞相曹国张齐贤师亮撰。所录张全义治洛事甚详也。"有俞钢点校本(《全宋笔记》第 1 编第 2 册,大象出版社)。前有"乙巳岁夏六月营丘张齐贤序",乙巳,景德二年(1005)也。

郑文宝《江表志》三卷,大中祥符三年

《直斋书录解题》卷五:"《江表志》三卷,郑文宝撰。序言徐铉、汤悦所录,事多遗落,无年可编,然前录固为简略,而犹以年月纪事,今此书亦止杂记如事实之类尔,近事称太平兴国二年丁丑,今称庚戌者,大中祥符三年也。"有张剑光等点校本(《全宋笔记》第 1 编第 2 册,大象出版社)。前有自序,末署:"庚戌岁(大中祥符三年)闰三月二十三日。"

郑文宝《江南余载》二卷,大中祥符四年至六年

《直斋书录解题》卷五:"《江南余载》二卷,不著姓名。序言徐铉始奉诏为《江南录》,其后王举、路振、陈彭年、杨亿皆有书,大概六家皆不足以史称,而龙衮为尤甚。熙宁八年得郑君所述于楚州,其事迹有六家所遗或小异者,删落是正,取百九十五段,以类相从,郑君者,莫知何人,岂即文宝也耶!"有张剑光等点校本(《全宋笔记》第 1 编第 2 册,大象出版社)。

《四库提要》卷六六:"振孙谓郑君者,莫知何人。考郑文宝(953—1013)有《南唐近事》二卷,作于太平兴国二年丁丑,又《江表志》三卷,作于大中祥符三年庚戌,不在此序所列六

家之内,则所称得于楚州者,当即文宝之书。检此书所录杂事亦与文宝《江表志》所载互相出入,然则所谓删落是正者,实据《江表志》为稿本矣。"据此,知本书作者为郑文宝,作于《江表志》以后。故定写作年代为大中祥符四年(1011)至六年间。

陶岳《五代史补》五卷,大中祥符五年

《宋史》卷二〇三《艺文志》别史类,第5095页:"陶岳《五代史补》五卷。"一作《五代补录》。《昭德先生读书后志》卷一:"《五代补录》五卷。右皇朝陶岳撰。祥符壬子(五年,1012),岳以五季史书阙略,因书所闻得一百七事。"有黄宝华点校本(《全宋笔记》第8编第8册,大象出版社)。

陈彭年《江南别录》一卷,天禧元年前

《郡斋读书志》卷二上:"《江南别录》四卷,右皇朝陈彭年(961—1017)撰,伪吴、伪唐四主传也。"今存节本一卷,有常易安、陈尚君点校本(《全宋笔记》第1辑第4册,大象出版社)。

钱易《洞微志》十卷,天禧二年后

《郡斋读书志》卷三下:"《洞微志》十卷,右皇朝钱希白述。记唐以来诡谲事。"原书已佚,今存节本,见《绀珠集》卷一二、《说郛》卷七五。按:钱希白(968—1026),名易。李剑国《宋代志怪传奇叙录》第56页采得佚文44条,此外可补《圣朝名画评》卷一引"僧元蔼"一条。佚文中最晚记天禧元年(1017)事("钱丕得官"条)。当作于天禧二年以后。

龙衮《江南野史》十卷,天禧二年后

《郡斋读书志》卷二下:"《江南野史》二十卷,右皇朝龙衮撰。凡八十四传。"有张剑光点校本(《全宋笔记》第1辑第3册,大象出版社)。附佚文16则。本书卷七称陈彭年为"故参政彭年",则必作于彭年卒(1017年)以后。(参张剑光点校说明)

第198页:"颍川陈省躬……故参政彭年者乃其子萧六也,彭年于大中祥符初与内翰晁公、今相王君四人同知贡举,省榜将出入奏试卷,天下举人壅衢而观其出省,诸公皆蹙额其容,独彭年扬鞭肆目有骄矜贾炫色,及榜出,其甥不在选中,遂怒入其第……遂抱勅入奏,真宗见而悦之,因释其罪。彭年好势附宠,尝与丁相树党不顾已,因人释褐,复更例场体式,妄立法制,考覆程试,结怨士人,后虽数月而卒。"《长编》卷八九:"天禧元年二月,参知政事陈彭年……己亥,卒。"

《杨文公谈苑》八卷,约天禧三年

《郡斋读书志》卷三下:"《杨文公谈苑》八卷,右皇朝宋庠编。初杨公亿里人黄鉴哀撰平生异事为一编,庠取而删类之,分为二十一门。"书已佚,予作《杨文公谈苑》辑校本(上海古籍出版社,1993年),后又收入《全宋笔记》第8辑第9册。此系黄鉴录杨亿(974—1020)语,其所录均杨亿生前语,故定杨亿卒年天禧三年(1019)为此书写作年代。

黄休复《茅亭客话》十卷,约天禧五年

《郡斋读书志》卷三下:"《茆亭客话》十卷,右皇朝黄休复撰。茆亭其所居也,暇日宾客话言及虚无变化谣俗卜筮,虽异端而合道旨属惩劝者,皆录之。"黄休复,景德年曾作《益州名画录》。本书有赵维国点校本(《全宋笔记》第2编第1册,大象出版社),最晚记及天禧庚申(四年)岁事(卷五,第45页"龙女堂"条),当为天禧五年或稍晚时所作。参李剑国《宋代志怪传奇叙录》第46页。

钱易《南部新书》十卷,天禧五年至天圣三年

《直斋书录解题》卷七:"《南部新书》十卷,钱易希白撰。倧之子也。所记多唐遗事。"

梁太济《南部新书溯源笺证》(中西书局,2013年)另辑得佚文22条。按:此书前有嘉祐元年钱易(968—1026)之子明逸序,云:"先君尚书,在章圣朝祥符中,以度支员外郎、直集贤院宰开封……得一善事,疏于方册,旷日持久,乃成编轴,命曰:《南部新书》。"癸集记载:皮子猷"字仲卿,祥符八年(1015)御前进士。"乙集称杨侃(964—1032)为"今刑部郎中、直集贤院"。考侃大中祥符八年四月以兵部员外郎、直集贤院知越州(嘉泰《会稽志》卷二)。天禧四年(1020)知常州,其前后任知常州者均为员外郎,杨侃此时之官亦应为员外郎,其为郎中必在此年之后。又欧阳修称侃为直集贤院凡二十七年,自咸平三年(1000)直集贤院,至天圣四年(1026)迁集贤殿修撰、知应天府(欧阳修《欧阳文忠公文集》卷六一《杨大雅墓志铭》)。而同年正月钱易去世。此书之作当在天禧五年(1021)至天圣三年(1025)间。

欧靖《圣宋掇遗》一卷,天圣二年

《文献通考》卷一九六:"《圣宋掇遗》一卷,晁氏曰:皇朝欧阳靖撰。记国初至仁宗君臣美事,以备史阙。"《长编》引作"欧靖《圣宋掇遗》"。有《续谈助》本、《类说》本。《续谈助》卷三云:"右钞《圣宋掇遗》,其首云:天圣纪元甲子(二年,1024)秋八月哉生明海陵序。"

潘汝士《丁晋公谈录》一卷,天圣二年前

按:此记丁谓(966—1037)之语。《长编》卷九九,第2293页:真宗乾兴元年(1022)七月己卯,"降工部员外郎、直集贤院、权判盐铁勾院潘汝士知虔州。汝士,谨修子,丁谓女婿也。"韩琦《三兄(琚)司封行状》:"公讳琚……天圣……二年(1024)……出通判虔州……时郡守集贤潘公汝士卒官,公权郡踰年……四年春召还充职。"(《安阳集》卷四六)据此,汝士之卒应在二年冬,则《谈录》必作于是年之前。有百川学海本。

祖士衡《西斋话记》一卷,天圣二年

《宋史》卷二〇六《艺文志》,第5230页:"祖士衡(990—1025)《西斋话记》一卷。"收入祖无择《龙学文集》卷一四,凡35条,书中记"真宗"庙号,则必作于仁宗时,士衡卒于天圣三年三月十五日(祖无择撰《墓志铭》,《全宋文》第22册,第327页),则是书约作于天圣二年。

上官融《友会谈丛》三卷,天圣五年

郑樵《通志》卷六八《艺文略》:"友会谈丛三卷,上官融撰。"《直斋书录解题》卷一一:"《文会谈丛》一卷,题华阳上官融(995—1043)撰。不知何人,天圣五年序。"按"文"乃"友"之误。有宛委别藏本。卷首有天圣五年(1027)七月朔自序,称:"得在人耳目者六十事。不拘诠次,但厘为三卷,目之曰《友会谈丛》。"

钱惟演《金坡遗事》三卷,天圣五年至景祐元年

《郡斋读书志》卷二下:"《金坡遗事》三卷,右皇朝钱惟演(962—1034)撰。载国朝禁林杂仪式事迹并学士名氏,文元公述真宗礼待儒臣三事,附于卷末。"《直斋书录解题》卷六:"《金坡遗事》三卷,学士吴越钱惟演希圣撰。题名自建隆至天圣四年,凡四十七人,自开元而下合三百一十五人,其它典故视前记详矣。"原书已佚,今存节本一卷,有《类说》本、《说郛》本。《长编》卷一一五,第2690页:景祐元年(1034)秋七月乙巳,"随州言崇信军节度使钱惟演卒。"其书所载内容止于天圣四年,则是书当作于天圣五年(1027)至景祐元年间。

胡讷《见闻录》,天圣七年至康定元年

胡讷《见闻录》,未见著录。《类说》收此书,凡24条,未题作者。考其中第13、15、21条,亦见于《纬略》《古今事文类聚后集》《新安志》,前二者题作者为胡讷,后者题胡纳。"纳"乃"讷"之误。考胡讷乃胡瑗(993—1059)之父,卒于康定元年(1047)。(蔡襄《太常博

士致仕胡君(瑗)墓志》,《蔡忠惠集》卷三三)《玉海》卷五八:"天圣七年七月己卯,泰州泰兴簿胡讷上所著《孝行录》二卷、《贤惠录》二卷、《民表录》三卷。"本书当作于天圣七年至康定元年(1047)间。

王曾《王文正公笔录》一卷,景祐元年至宝元元年

《直斋书录解题》卷七:"丞相沂公王曾孝先(978—1038)撰。记开国以来杂事,凡三十六条。"有百川学海本,所载为三十五条。书中称真宗庙号,必作于仁宗时。

聂田《祖异志》,康定元年

晁公武《郡斋读书志》卷三下:"《祖异志》十卷,右皇朝聂田撰。田天禧中举进士不中第,因记近时诡闻异见一百余事。"陈振孙《直斋书录解题》卷一一:"《祖异志》十卷,信陵聂田撰,康定元年序。"马端临《文献通考》卷二一六:"《祖异志》十卷。晁氏曰:皇朝聂田撰。田天禧中进士不中第,至元祐初,因记近时诡闻异见一百余事,天禧至元祐七十余年,田且百岁矣。康定元年序。"《宋史》卷二〇六《艺文志》,第5230页作"聂田《俱异志》十卷。""俱"疑为"祖"之误。

原书已佚,今存节本,有《类说》本(卷二四收2条)、《永乐大典》可补4条。至于《说郛》卷一一八所收6条均伪。(见李剑国《叙录》第72页)

王素《王文正公遗事》一卷,庆历三年

此为王素记其父王旦(957—1017)遗闻逸事之笔记,有自序称:"公捐馆,素未成人,洎从官立朝,或闻于搢绅,或传于亲友,或得之故吏,或存诸遗稿,史官未备、理文未悉者,窃自记录,仅乎成编……幼子素序。"第58条:"后诸公修先帝实录,翰林刘公筠语素曰……"有张其凡点校本(中华书局,2017年),以百川学海本为底本,末附佚文3则,辑自《五朝名臣言行录》。《直斋》卷七作《王文正家录》一卷。

李畋《该闻录》一卷,庆历八年

《郡斋读书志》三下:"《该闻录》十卷,右皇朝李畋撰。畋,蜀人张咏客也。与范镇友善。熙宁中致事归,与门人宾客燕谈,衮衮忘倦,门人请编录,遂以该闻为目,又有杂诗十二篇系于后。"按:"熙宁中"当为明道二年(1033)之误。

是书,或作六卷(《读书后志》卷二)。原书已佚,今存节本一卷,《说郛》卷三九。《类说》卷一九(引作《骇闻录》)收21条。又《重修政和经史证类本草》收1条(作《该闻集》)。

《新编古今分门类事》卷一八"郑珏吉凶"条:"孙六丈妙于推步,长谓畋曰,一生吉凶需逢三即变,后如其言。年十三有诗名,二十三丁先考忧,三十三值李顺叛。"按李顺造反在淳化四年(993),上推其生年为961年。(《宋代佚文辑注》第80页作960年有误,乃以实岁推算所致。)又云:"八十三病革不死,今又五年矣,不知此去复何如也。"则应撰于李畋八十八岁时,即1048年。享年九十(《渑水燕谈录》卷一八),则其卒在1050年。

田况《儒林公议》二卷,约皇祐元年

《儒林公议》二卷,田况(1005—1063)撰。有张其凡点校本(中华书局,2017年)。书中记庆历事颇多。卷上第2页:"庆历甲申(四年,1044)岁予既平保塞叛卒",第22页"太宗志奉释老崇饰宫庙,建开宝寺灵感塔……创上清宫……自景祐初至庆历中,不十年间,相继灾毁,略无遗焉。"卷下第96页:"庆历四年秋,三殒携嬖妾偕一子投广信军",第121页"庆历中有宋禧者为侍御史"。是编最晚记"予皇祐初(1049)守成都"(卷下第125页"武侯祠柏"条)。

佚名《寇莱公遗事》一卷,皇祐四年后

有历代小史(卷七二)本,《遂初堂书目》《直斋书录解题》著录,均置于王素《王文正公遗事》之后。文中称:"范文正公为诗歌之。"必作于范仲淹(989—1052)死得谥文正之后,则是书作于皇祐四年(1052)后。

李上交《近事会元》五卷,嘉祐元年

《直斋书录解题》卷一〇:"《近事会元》五卷,李上交撰。自唐武德至周显德杂事细务皆纪之。"钱曾《读书敏求记》曰:"上交退寓钟陵,寻近史及小说杂记之类,凡五百事,厘为五卷,目曰《近事会元》。"有虞云国等点校本(《全宋笔记》第1编第4册,大象出版社)。卷首有自序,末署:"时丙申嘉祐改元(1056)长至日也"。

《王氏谈录》一卷,嘉祐二年后

《直斋书录解题》卷一一:"《王原叔谈录》一卷,翰林学士南京王洙之子录其父所言。"有夏广兴点校本(《全宋笔记》第1编第10册,大象出版社)。王洙(997—1057)之子记其父言行之书,知必作于王洙卒(1057)后。考王洙之子凡五,长叟臣早卒,次为力臣、钦臣、陟臣(1037—?)、曾臣(见欧阳修《文忠集》卷三一《王洙墓志铭》)。《宋史》仅载其较著名的三子钦臣(1036—1102)。实际上,其弟陟臣(1037—?)地位与钦臣相当。陟臣字希叔(《麈史》卷二),元丰元年(1078)时为检正中书吏房公事(《长编》卷二八八,第7050页,二月壬午),九月,以祠部员外郎任权发遣两浙路提点刑狱(《长编》卷二九二,第7135页)。二年五月,落职冲替(《长编》卷二九八,第7243页)。四年四月丁未,复为度支判官(《长编》卷三一二,第7577页)。元祐二年(1087)六月自吏部郎中为右司郎中(《长编》卷四〇二,第9776页)。三年(1088)三月戊子为起居郎(《长编》卷四〇九,第9969页)。此书之记录者既可能是钦臣,也可能是陟臣,尚难确知,书中"小篆奇古"条称仁宗为今上,云"今上景祐徽号玉册",则此书之成,其下限必在嘉祐八年(1063)仁宗驾崩之前。

武珪《燕北杂录》,嘉祐三年至六年

《直斋书录解题》卷五:"《燕北杂录》五卷,西征寨地图附,思卿武珪记,嘉祐六年宫苑使知雄州赵(此阙一字。民按:当作滋)进于朝,珪自契丹逃归。事见国史传。"

程大昌《演繁露》卷三:"《燕北杂录》载契丹兴宗重熙年间,衣制仪卫打围射鹿钩鱼等事,于景祐五年十月撰进,不书撰人姓名,而著其所从闻,曰:思乡人武珪,在辽十余年,以善歌隶帐下,故能习辽事详悉,凡其所录,皆珪语也。达鲁河钩牛鱼,辽中盛礼,意慕中国赏花钓,鱼然非钓也,钩也,此之所记于辽为道宗清宁四年(1058),其甲子则戊戌正月也。"按:辽道宗清宁四年即宋嘉祐三年。"景祐五年十月撰进",据《直斋》,景祐应作嘉祐。《长编》卷一九三,第4672页:嘉祐六年五月己亥注:"赵滋,四月甲戌,领忠州刺史、知雄州。"《宋史》卷三二四,第10497页本传:"滋在雄州六年"。据此,知本书写作年代应为嘉祐三年至六年。

原书五卷,今仅存节本,有《类说》本,收19则,予据《岁时广记》补辑1则。

梅尧臣《碧云騢》一卷,嘉祐五年前

《郡斋读书志》卷三下:"《碧云騢》两卷,右皇朝梅尧臣圣俞(1002—1060)撰。碧云騢,马名,以旋毛贵,阴诋范文正公。"邵博、晁公武认为真,王铚、李焘、张邦基、《四库提要》以为魏泰伪作,叶梦得、周辉、陈振孙、马端临则两说并存。孙云清列举证据断为真品,其说可信。见《宋史研究集刊》(一)第341-367页。有储玲玲点校本(《全宋笔记》第1编第5册,大象出版社)。

江休复《嘉祐杂志》一卷,嘉祐五年

《直斋书录解题》卷一一:"《嘉祐杂志》三卷,修起居注陈留江休复邻几(1005—1060)撰。"或作《江邻几杂志》《醴泉杂志》《江氏笔录》。有储玲玲点校本(《全宋笔记》第1编第5册,大象出版社)。书中最晚记嘉祐四年十二月十四日事,欧阳修《江邻几墓志铭》:"嘉祐五年(1060)四月乙亥(十七日)以疾终于京师。"(《文忠集》卷三三)可推知当为嘉祐五年(1060)春所作。

宋祁《宋景文公笔记》三卷,嘉祐六年

《郡斋读书志》卷三下:"《景文笔录》三卷,右皇朝宋祁(998—1061)撰。皆故事异闻嘉言奥论可为谈助,不知何人所编,每章冠以公曰。景文,乃祁谥也。"有百川学海本。卷下有其自作墓志铭曰:"祁之为名,宋之为氏。学也则儒,亦显其仕。行年六十有四,孤操完履。三封之南,葬从孔子。"据此,知其作于嘉祐六年(1061)。

赵槩《见闻杂录》二卷,嘉祐七年后

《宋史》卷二○六《艺文志》"小说家类",第5227页:"赵槩(996—1083)《见闻录》二卷。"原书已佚,今存节本,有《类说》本、《说郛》本,凡9条。《类说》本作《见闻杂录》。是书载宋景文公(宋祁998—1061)遗戒,则必作于嘉祐七年(1062)后。

夷门君玉《国老谈苑》二卷,约治平元年

《直斋书录解题》卷一一:"《国老谈苑》二卷,夷门君玉撰,不知何姓。"今百川学海本署:"夷门隐叟王君玉编。"此书记及仁宗庙号,应作于英宗时,故暂系于今年。

欧阳修《归田录》二卷,治平三年

《直斋书录解题》卷一一:"《归田录》二卷,欧阳修撰。或言公为此录未传而序先出,裕陵索之,其中本载时事及所经历见闻,不敢以进,旋为此本,而初本竟不复出,未知信否。"有李伟国点校本(中华书局,1981年)。书前有治平四年九月乙未欧阳修自序,序云:"《归田录》者,朝廷之遗事,史官之所不记,与士大夫谈笑之余而可录者,录之以备闲居之览也。"卷二,第28页:"仁宗初立今上为皇子,令中书召学士草诏。"按:"今上"指宋英宗,《宋史》卷一二,第249页《仁宗本纪》:嘉祐七年(1062)八月己卯,"诏以宗实为皇子。癸未,赐名曙"。此称英宗为"今上",则书必作于英宗在位之时。英宗死于治平四年正月。《归田录》卷一,第17页:"自景祐元年已后,至今治平三年,三十余年十二榜。"可证此书之作在治平三年(1066)。成书后一年才作序,其时英宗已死,但欧阳修并未改称其谥号。

詹玠《唐宋遗史》四卷,治平四年

《玉海》卷四七引《书目》:"《唐宋遗史》四卷,治平四年(1067)詹玠撰。"原书已佚,今存节本,《绀珠集》卷五、《类说》卷二七、《说郛》卷六(改名《遗史记闻》),合各书所引,共43条。参李剑国《宋代志怪传奇叙录》第116页。

曾巩《南丰杂识》,熙宁元年至十年

《遂初堂书目》"本朝杂史":"《曾南丰杂职》。""小说类":"《曾南丰杂志》。"按:二者实为一书,"职"乃"识"之误。《三朝名臣言行录》《五朝名臣言行录》《宋文鉴》诸书均引作《南丰杂识》。书已佚,今存佚文8则,内称英宗庙号,此号系治平四年(1067)所定。此书应作于熙宁年间(1068—1077)。

沈括《清夜录》一卷,熙宁二年至三年

《直斋书录解题》卷二一:"《清夜录》一卷,沈括撰。"书已佚。余辑得5条。《宋会要》瑞异三之三四引《清夜录》:"熙宁元年河北霖雨、地震,城壁皆圮,发卒数十万治之。"知必作于熙宁元年以后。《永乐大典》卷一三一三九《清夜录》,称"王御史子韶之族祖父,少田家也。"按王子韶为监察御史里行在熙宁二年至三年(《宋会要》职官五二之一一,仪制九之一六),三年四月罢知上元县,迁湖南转运判官。五年十月,贬知高邮县(《长编》卷二三九,第5807页)。九年升太常丞。元丰三年又升知礼院兼太常寺丞(《长编》卷三一〇,第7525页)。此称其为御史而不及其后更高之官职,则其书应作于熙宁二年至三年间。

宋敏求《春明退朝录》,熙宁三年至十年

《郡斋读书志》卷三下:"《春明退朝录》三卷,右皇朝宋敏求次道撰。多记国朝故典,其序云熙宁三年,予奉朝请于春明里,因纂所闻见。"有诚刚点校本(中华书局,1980年),前有熙宁三年十一月自序,此为始作本书之时。考卷中第30页称"熙宁五年,建中太一宫"。又卷上第14页称"邓中丞润甫",邓任御史中丞在熙宁九年十月至元丰元年四月(《宋会要》职官一七之二四、六六之二),可证此书系熙宁三年至十年间(1070—1077)陆续修订、增补而成。

刘斧《青琐高议》前集十卷、后集十卷、别集七卷,熙宁四年至九年

《通志》卷六八《艺文略》:"《青琐高议》十八卷,刘斧撰。"《郡斋读书志》卷三下:"《青琐高议》十八卷,右不题撰人,载皇朝杂事及名士所撰记传,然其所书辞意颇鄙浅。"刘斧今本分为前集十卷、后集十卷、别集七卷,系南宋人重编。有李国强点校本(《全宋笔记》第2编第2册,大象出版社),附有程毅中辑佚文34则。

前集有资政殿大学士孙副枢序,称:"刘斧秀才自京来杭谒卢……复出诣上器数百篇。予爱其文,求予为序。"按:孙副枢名沔,至和元年知杭州,除枢密副使,嘉祐元年加资政殿大学士,治平三年四月卒。此序应作于嘉祐元年至治平三年间,其时,《青琐高议》初稿已修成。

熙宁时作修订,卷四,第49页记"任愿"记熙宁二年事;卷一,第13页《葬骨记》记熙宁四年事;卷三,第37页《娇娘行》记熙宁丙寅事,按:熙宁无丙寅,当为甲寅(七年)或丙辰(九年)之误。

高承《事物记原》卷一〇云:"熙宁中,刘斧撰《青琐集》则谓事由明皇杨贵妃,而天下谓之曰儿钱。"此条,今见前集卷六,第59页。高承,元丰中人,其说当有来历。

以上说明前集最后成书在熙宁四年以后至九年间。

后集十卷,卷二,第121页"范文正"条称范纯仁"后至丞相"。按:纯仁为相在元祐三年四月,后集应修于元祐三年或稍晚(参李剑国《宋代志怪传奇叙录》第182页)。

文莹《湘山野录》三卷、《续录》一卷,熙宁九年

《郡斋读书志》卷三下:"《湘山野录》四卷,右皇朝熙宁中僧文莹撰。记国朝故事。"有郑世刚等点校本(中华书局,1884年)。卷上第4页"张乖崖成都还日"条有质剂之法,"始祥符辛亥,今熙宁丙辰(九年,1076),六十六年,计已二十二界矣"。知必作于熙宁九年。

岑象求《吉凶影响录》十卷,熙宁十年

《郡斋读书志》卷三上:"《吉凶影响》十卷,右皇朝岑象求编。熙宁末闲居江陵,披阅载籍,见善恶报应事,辄删润而记之,间有闻见者,难于备载,亦采摘著于篇。"曹学佺《蜀中广记》卷九五引作《吉凶影响录》。《宋史》卷二〇六《艺文志》"小说类",第5228页:"岑象求《吉凶影响录》八卷。"原书已佚,今存节本,有《绀珠集》卷一一、《说郛》卷三,他书亦有佚文,共7条。《宋史翼》卷四《岑象求传》:"熙宁中累官梓州提举常平。(施注苏诗)"考熙宁九年冯山为梓州提举常平(《长编》卷二七三,第6683页),岑象求当为其前任,熙宁九、十

年时已闲居。故置于熙宁十年。

张师正《括异志》十卷，熙宁十年

《直斋书录解题》卷一一："《括异志》十卷，《后志》十卷，襄国张师正（1016—1079后）撰。"《郡斋读书志》卷三下："《括异志纂》十卷，右皇朝张师正撰。师正游宦四十年，不得志，于是推变怪之理参见闻之事得二百五十篇。"今存133则，有白化文等点校本（中华书局，1996年），另据《说郛》辑得7则。书中最晚记熙宁九年事（卷一，第13页"大名监埽"条）。元丰元年《玉壶清话》卷五已提及此书已成，则应作于熙宁十年（1077）。

张师正《倦游杂录》，熙宁十年

《郡斋读书志》卷三下："《倦游杂录》八卷，右皇朝元丰初张（师）正撰。序言倦游云者仕不得志聊平生见闻，将以信于世也。自以非史官，虽书善恶而不敢褒贬。"书已佚，予有辑佚本（上海古籍出版社，1993年）。其友文莹称："不疑晚益深，经史沿革，讲摩纵横，文章诗歌，举笔则就。著《括异志》数万言，《倦游录》八卷。观其余蕴，尚盘错于胸中。"（《玉壶清话》卷五，第54页）《玉壶清话》作于元丰元年（1078），《倦游杂录》应作于是年以前。此暂定于熙宁十年。

文莹《玉壶清话》十卷，元丰元年

《郡斋读书志》卷三下："《玉壶清话》十卷，右皇朝僧文莹元丰中撰。自序云：文莹收国初至熙宁中文集数千卷，其间神道、墓志、行状、实录、奏议之类，辑其事成一家言。玉壶，隐居之潭也。"有郑世刚等点校本（中华书局，1884年）。书前有元丰元年（1078）八月十日自序。

朱定国《归田后录》十卷，元丰元年至八年

《直斋书录解题》卷一一："《归田后录》十卷，朝请郎庐江朱定国兴仲撰。熙丰间人，窃取欧公旧录之名，实不相关也。"《宋史》卷二〇三，第5121页："朱定国《归田后录》十卷。"杨杰《故朝散郎致仕朱君墓志铭》："君讳定国（1001—1089），字兴仲，姓朱氏，其先成都人……母傅氏……挈诸孤寓无为郡之庐江，君方八岁……庆历二年中进士第……以元祐四年七月初一日终于私第之正寝，享年七十有九……著《归田后录》，皆耳目所接朝野可载事，以备史氏之遗，士大夫多传之。又取近世祸福之应，其理可推者百余事，次之以警俗，谓之《幽明杂警》云。"（《无为集》卷一三）按：是书亦名《续归田录》，见元袁桷《修辽金宋史搜访遗书条列事状》（《清容居士集》卷四一），书已佚，今存佚文11条。

朱定国《幽明杂警》三卷，元丰元年至八年

《遂初堂书目》"小说类"："《幽明杂警》。"《宋史》卷二〇六，第5227页："《幽明杂警》三卷，题退夫兴仲之所纂，不著姓。"按：兴仲乃朱定国（1011—1089）之字。其写作年代当与《归田后录》约略同时。原书已佚，今存佚文一则，见《永乐大典》卷二一三一〇。

李复圭《纪闻》一卷，元丰三年前

《直斋书录解题》卷一一："《纪闻》一卷，集贤殿修撰李复圭审言撰。淑之子也。"李复圭《纪闻》亦名《记闻》。已佚，予辑得其佚文9条，见《长编》《续考古编》《演繁露续集》《太平治迹统类》《清波杂志》《西溪丛语》等书。复圭名审言，《宋史》卷二九一有传，曰："为盐铁副使，以集贤殿修撰知荆南卒。"《长编》卷二九七，第7236页：元丰二年四月丙寅，"盐铁副使、工部郎中李复圭为集贤殿修撰、知沧州，候二年与谏议大夫，寻改知邓州"。其卒当在元丰三年左右。此书应作于是年之前。

毕仲荀《幕府燕闲录》一卷，元丰三年

《郡斋读书志》卷三下："《幕府燕间录》十卷，右皇朝毕仲询景儒撰。仲询元丰初为岚州推官，纂当代怪奇可喜之事为二十门。"原本已佚，今存节本一卷，有《类说》本，《说郛》本。程大昌《演繁露》卷七"行香"条曰："元丰三年毕仲荀作《幕府燕闲录》"。按：洪迈《夷坚三志甲序》作"元年"。考朱正□《吕仙诗碣记》："岚州推官毕仲荀景儒编排保甲于潞城东山白鹤观，因篆此诗，命刻诸石，以传永久。元丰五年八月一日，登州防御推官、知县事朱正□记。"（《山右石刻丛编》卷一四）以一任三年计，其为岚州推官当在元丰三年至五年间，则元年时尚未在任，当以三年作书之说为是。作者之名，《类说》本、《说郛》本作毕仲询，与《郡斋》同，按当从写作年代最早之石刻作毕仲荀。

范镇《东斋记事》六卷、补遗一卷，元丰四年至七年

《郡斋读书志》卷三下："《东斋记》十卷，右皇朝范镇景仁元丰中撰。序言既谢事日于东斋燕坐，追忆在朝时交游言语，与夫俚俗传记，因纂集成一编，崇、观间以其及国朝故事禁之。范镇撰。"原本已佚，今存四库馆臣辑本六卷、补遗一卷，凡177条，有汝沛点校本（中华书局，1080年）。另有佚文23条。《郡斋读书志》云："元丰中序。"今书前有自序，未署年月，当为后人传刻时脱去。今本第49页补遗"疥有五德"条称"今六十有六"，范镇生于宋真宗大中祥符元年（1008），"点校说明"作景德四年，误。六十六岁当为熙宁六年，足证此书至迟在熙宁六年（1073）已开始写作。

该书卷四，第37页记熙宁乙卯（八年）事。卷一，第3页云："天圣中……其后，今太皇太后为皇后，太皇太后姓曹氏。"按：曹氏为仁宗后，死于元丰二年十月（《宋史》卷一五《神宗本纪》，第298页），此条称"今太皇太后"，不得晚于元丰二年十月。

卷五，第41页称薛向为"今三司使"，按：薛向于熙宁四年权三司使，七年二月知定州，此条应作于熙宁四年至六年间。

卷一，第9页称王安石为"王荆公"，考《长编》卷三○八，第7486页与《宋史》卷一六，第303页，《神宗本纪》封荆国公在元丰三年九月，则《宋史》卷三二七《王安石传》，第10550页作元丰二年，非。此条应作于元丰三年后。

总之，此书自熙宁六年至元丰三年（或稍晚）间陆续修订而成，最后未统一笔调，故记事中的"今"，含意各不相同。

司马光《涑水记闻》十六卷，元丰六年

《直斋书录解题》卷五"杂史类"："《涑水记闻》十卷，司马光撰，此书行于世久矣，其间记吕文靖数事，吕氏子孙颇以为讳，盖尝辨之，以为非温公全书，而公之曾孙侍郎伋季思遂从而实之，上章乞毁板，识者以为议。"今存三种版本：二卷本、八卷本、十六卷本。后者有邓广铭、张希清点校本（中华书局，1989年），是目前较善之本。本书为司马光自仁宗以来，随时记录所见所闻，每条均注出处。不同说法均予收入，为将来修《资治通鉴后编》作资料准备。生前未汇编成书，南宋初，范冲据其手稿编成十册。今传本，卷一四记元丰五年（1082）九月永乐之败。故暂定是书最后截止时间为元丰六年。

龚鼎臣《东原录》一卷，元丰五年至元祐元年

《东原录》一卷，龚鼎臣（1010—1087）撰。宋、元书目未载，最早为《长编》卷一九一引用。明《文渊阁书目》卷二著录。有黄宝华点校本（《全宋笔记》第8编第9册，大象出版社）。第185页记："张舜民为高遵裕幕客，元丰辛酉（四年1081）岁随遵裕至灵州，回，题诗于石峡……为李察劾之，降为务郎、郴州监酒"。知应作于元丰五年（1082）至元祐元年

(1086)间。

庞元英《文昌杂录》六卷、补遗一卷，元丰八年

《宋史》卷二〇三《艺文志》"故事类"，第5106页："庞元英《文昌杂录》七卷。"有四库全书本作六卷、补遗一卷。卷末云："余自壬戌(元丰五年，1082)五月入省，至乙丑(元丰八年，1085)八月罢，每有所闻见，私用编录，岁月浸久，不觉滋多，官在仪曹，粗记故事，今厘为六卷，名曰《文昌杂录》。"又卷四："户部王员外言：昔年作一梦甚奇，一布牓大书云：七元均气，丁丑人作相。后数年，今右仆射蔡公拜，公丁丑生，实契此梦。"按：蔡公即蔡确，元丰八年五月为右仆射(《宋史》卷一七，第319页)。知此书写成于元丰八年。《补遗》一卷应在其后不久。

刘斧《翰府名谈》二十五卷，约元祐元年

《通志》卷六八"小说"："《翰府名谈》二十五卷。刘斧撰。"原书已佚，今存节本，有《类说》本收15条，他书多有引文，共存50余条。余有辑本。最晚记"元丰中"(《三洞群仙录》引"泽民燕堂")，当作于元祐初。参李剑国《宋代志怪传奇叙录》，第190页。

吴处厚《青箱杂记》十卷，元祐二年

《直斋书录解题》卷一一："《青箱杂记》十卷，朝散郎吴处厚撰。知汉阳军，笺注蔡确诗者也，后亦不显。"有李裕民点校本(中华书局，1985年)。书前有元祐二年(1087)正月自序。

沈括《梦溪笔谈》二十六卷，元祐三年至四年

《郡斋读书志》卷三下："《笔谈》二十六卷，右皇朝沈括存中撰。括好功名，城永乐，不克，贬死，而实高材博学，多枝能，音律星历尤邃。自序云：退处林下，深居绝过从，所谈者唯笔砚而已，故以命其书，凡十七目。"有胡道静《新校正梦溪笔谈》本(中华书局，1957年)，认为："大部分是于元祐三年定居于润州梦溪以后写的。"按：此书写作时只名"笔谈"，自序："予退处林下，深居绝过从，思平日与客言者，时纪一事于笔，则若有所晤言，萧然移日。所与谈者惟笔砚而已，故谓之《笔谈》。"显然，这是沈括于元丰五年十月因永乐城失陷，被免职，"随州安置"，相当于软禁，无人与之交往，于是开始作此书，元丰八年徙秀州安置，直到元祐四年任便居住，有了人身自由，迁往润州居住，此时已可与客下棋、闲谈，情况才完全改变。可知必是元祐四年以前所作。从本书内容看，最晚的是元祐初，没有晚于元祐二年的记载。卷一五第264条"蒲传正帅浙西"，指其知临安府、浙西安抚使。据乾道《临安志》卷三"牧守"记载，蒲任此职在元丰八年(1085)七月至元祐二年(1087)十一月。其成书年代应在元祐三年至四年间。

王辟之《渑水燕谈录》十卷，元祐四年初稿，绍圣元年增订

《郡斋读书志》卷三下："《渑水燕谈》十卷，右皇朝王辟(之)绍圣间撰。渑水其退居之地也，辟从仕四方，与贤士大夫燕谈，有可取者，辄纪之，久而得三百六十余事。"

有吕友仁点校本(中华书局，1981年)，辑佚文17条，按：其中9条实非佚文。

书前有元祐四年(1089)十二月满中行序，云："王辟之圣涂，余同年进士也。从仕已来，每于燕闲得一嘉话，辄录之。凡数百事……元祐四年，予来守蒲，圣涂方为邑河东，因得其录而观之。十二月朔，昌邑满中行思复碧莎厅题。"又有绍圣二年(1095)二月自序，称"闲接贤士大夫谈议，有可取者，辄记之，久而得三百六十余事，私编之为十卷"。

满、王二序时间相差五年，夏敬观跋以为"是书作于元祐前，至绍圣二年，始序而刊行之矣"。此说有误，实际情况应是元祐四年初稿写成，绍圣元年增订定稿。其证有六：

1. 卷六,第 79 页载元祐四年十月满(点校本"满"误作"蒲")中行守蒲,明年春病卒事。此在满作序后一年。

2. 卷四,第 39 页载元祐八年(1093)范祖禹奏旌奖支渐事。

3. 卷九,第 103 页记元祐末僧智和死事。

4. 卷九,第 102 页记元祐六年事。

5. 卷九,第 103 页云:"(秦)武公之初年,距今千有七百八十八年矣。"秦武公元年为前 697 年,下数 1788 年,则今为 1094 年,即绍圣元年。

6. 卷六,第 79 页云:"今丞相顷尝问之,卦影画水边一月,中有十口。未几,除知湖州。又卢龙图秉使占,卦已亦同,乃除知渭州。"卢秉知渭州在元丰二年十一月。在此前知湖州而今为丞相者唯有章惇,章于熙宁八年十月知湖州,绍圣元年四月至元符三年九月为丞相。

以上证明,此书元祐四年以后陆续作了增订,最后定稿在绍圣元年四月至年底,绍圣二年正月作自序。

王谠《唐语林》八卷,约元祐四年

《郡斋读书志》卷三下:"《唐语林》十卷,右未详撰人。效《世说》体分门记唐世事,新增嗜好等十七门,余仍旧云。"《直斋书录解题》卷一一:"《唐语林》八卷,长安王谠正甫撰。以唐小说五十家,仿《世说》分门三十五,又益十七为五十二门。《中兴书目》十一卷,而阙记事以下十五门,又云一本八卷,今本亦止八卷,而门目皆不阙。"有周勋初《唐语林校证》本,附辑佚 20 条。《宋会要》职官六一之四一:"元祐四年(1089)七月二十四日,新除国子监丞王谠改为少府监丞。宰臣吕大防子婿,谏官言其不协公论,而大防亦自请改除故也。"其作书约在此年左右。

孔平仲《谈苑》四卷,元祐五年

《郡斋读书志》卷五上:"《孔氏谈苑》五卷,右孔平仲毅父(约 1046—1104)记录之文也。毅父,清江人,文仲、武仲之弟,有《续世说》行于世。"

有池洁点校本(《全宋笔记》第 2 编第 5 册,大象出版社)卷二,第 309 页:"叶康直……今以龙阁作帅秦州"。考《长编》卷四〇三,第 9820 页:元祐二年七月辛未,"朝奉大夫、直龙图阁、知河中府叶康直知秦州。"《长编》卷四四四,第 10679 页:元祐五年六月辛酉,"龙图阁、知秦州叶康直为宝文阁待制、知熙州。"则此书应作于元祐二年七月至五年六月间。而卷三第 2255 页又记及"元祐五年,(杜)彬子焯在金陵"事,则此书更可确定作于元祐五年上半年。此书颇多抄录它书的内容,当为后人所掺入。

莫君陈《月河所闻集》一卷,元祐五年至七年间

是书宋、元书目未见著录。有夏广兴点校本(《全宋笔记本》第 1 编第 10 册,大象出版社)。君陈字和中,吴兴人,与苏轼为同年进士,官至少府监(《施注苏诗》卷二八《与莫同年雨中饮湖上》)。此书乃元祐年间陆续作成,文中称"今左丞晦叔",按晦叔乃吕公著之字,吕为左丞在元丰八年五月,至元祐元年四月即升为右相,则此条必作于元丰八年五月至元祐元年四月间。文中又云:"黄安中……今以大龙知会稽"。安中名履,其知会稽在元祐元年四月至二年(1087)四月,则此条作于是时。在上条之后,可见本书非一时所作。第 29 条"太皇、皇帝临韩康公之丧"。韩康公即韩绛,卒于 1088 年。太皇即太皇太后高氏。第 31 条范尧夫自同知枢密遣右撰。范尧夫即范纯仁,迁右相在元祐三年(1088)四月。第 80 条元祐四年(1089)明堂赦。第 67 条"元祐六年新作浑仪",按:"六年"疑为"四年"之误。

《长编》卷四二三,第10238页:元祐四年三月己卯,"详定制造水运浑仪所奏:太史局直长赵齐良状:伏睹宋以火德王天下所造浑仪,其名水运,甚非吉兆,乞更水名以避刑克火德之忌……乞特赐名,以称朝廷制作之意。诏以元祐浑天仪象为名"。书中称哲宗为"今上",则必作于哲宗时,书中提及太皇太后而未言其卒,考太皇太后卒于元祐八年九月,其书应作于元祐五年至七年间。

孔平仲《珩璜新论》四卷,元祐七年至崇宁三年

赵希弁《郡斋读书志》卷五上:"《孔氏杂说》一卷,右孔平仲毅父之记录也,图志谓之《珩璜论》。"有池洁点校本(《全宋笔记》第2编第5册,大象出版社),附佚文3条。卷四,第276页:"元祐六年,东南岁铸钱二百七十五万"。这一年的数字,第二年才能统计出来,此书必作于元祐七年后,其下限可至其卒前。考崇宁二年九月和三年六月(《长编拾补》卷二二、卷二四)两次公布的元祐党人名单中,孔文仲、武仲下均注明"故",平仲下则未注,知其时尚在世,而崇宁五年正月追复和叙复名单中再没有提及他,其卒应在崇宁三年(1104)下半年至四年间。

沈括《补笔谈》三卷,元祐七年至八年

有胡道静《新校正梦溪笔谈》本(中华书局,1957年)。按:《梦溪笔谈》二十六卷本成书后,又扩编为三十卷(今已失传),本书为补三十卷本而作,原稿每条前均注明补某卷前,共补三十卷。卷三,第322页:"予尝为《守令图》。"考《守令图》,元祐二年作,三年二月投进(沈括《长兴集》卷一六《进守令图表》)。据此,则本书必作于元祐三年以后。卷三,第323页又云:"蒋颖叔为河北都转运使日,复为从伍论奏。"颖叔名之奇,《长编》卷四二九,第10375页:元祐四年(1089)六月癸亥,"宝文阁待制蒋之奇为河北路都转运使"。《长编》卷四六六,第11134页:元祐六年(1091)九月癸卯,"宝文阁待制、河北路都转运使蒋之奇为刑部侍郎……寻命之奇知瀛州"。文中称"为河北路都转运使日",味其意,当为迁官后追述前事,则书应作于元祐六年九月以后。卷二,第314页:"章枢密子厚善书。"按:章子厚名惇,元丰六年知枢密,元祐元年罢,绍圣元年(1094)四月为宰相。此称章枢密,必在元祐八年(1093)前。

沈括《续笔谈》一卷,绍圣元年至三年

《遂初堂书目》著录。有胡道静《新校正梦溪笔谈》本(中华书局,1957年)。收11条。予补辑2条。按:此为沈括在《补笔谈》以后续有所得而作,应作于沈括(1032—1096)卒以前,即在绍圣元年(1094)至三年(1096)间。

魏泰《东轩笔录》十五卷,《续东轩笔录》一卷,绍圣元年

《郡斋读书志》卷一三:"《东轩笔录》十五卷、《续录》一卷,右皇朝魏泰撰。泰,襄阳人,曾布之妇弟,为人无行而有口,颇为乡里患苦。元祐中记其少时公卿间所闻成此编。"《宋史》卷二〇六《艺文志》"小说家",第5228页:"魏泰《东轩笔录》十五卷。"有李裕民点校本(中华书局,1983年)附佚文16条。前有元祐九年上元日临汉隐居魏泰序。按此时已为绍圣元年,魏泰在外地,大约不知已改元,故未书新年号。

《续东轩笔录》一卷,已佚,今存佚文一条,见《东轩笔录》点校本附第181页。应在《东轩笔录》成书后不久所作,今暂系于今年。

李廌《师友谈记》一卷,绍圣元年

《郡斋读书志》卷三下:"《师友谈记》一卷,右皇朝李廌方叔撰。多记苏子瞻、范纯夫及四学士所谈论,故曰师友。"有孔凡礼点校本(中华书局,2002年),书中记载元祐八年四月

十二日陈祥道为太常博士(《长编》卷四八三,第11483页),又记"宣仁上仙",按:宣仁卒于元祐八年八月,十二月己巳(26日)谥宣仁(《宋史》卷一七《哲宗本纪》,第337页),则此书应为绍圣元年(1094)所作。

王子韶《鸡跖集》,绍圣四年前

本书作者主要有二说:王子韶、宋祁。《通志》卷六九:"《鸡跖集》二十卷。"从此说者有《施注苏诗》(卷二二、卷二三、卷二四)赵希弁《郡斋读书附志》:"《宋景文鸡跖集》二十卷,右宋景文公祁所集也。《读书志》云:《鸡跖集》十卷,未详撰人。希弁所藏二十卷,题曰《宋景文鸡跖集》,有建炎元年黄邦俊序。"从此说者有《瓮牖闲评》(卷五)、景定《建康志》(卷四六)。今以主王子韶说者年代在前,故从其说。此书已佚,今存节本。有《说郛》(宛委)本48条,《类说》本29条。《说郛》(商务)本,全部见于上述二书。

《宋史》卷三二九本传,第10613页:"拜集贤殿修撰、知明州,卒。崇宁二年,子相录元祐中所上疏稿奏于朝,诏赠显谟阁待制。"按:知明州在绍圣三年十月。其卒约在次年。此书必作于绍圣四年之前。

陆元光《回仙录》,元符元年

载《苕溪渔隐丛话后集》卷三八。记熙宁元年湖州沈东老遇回仙事。记至五年八月十九日沈东老死。苏轼熙宁七年给晋陵遇东老子偕,得知其事,作和诗。陆元光,湖州长兴人,熙宁六年(1073)进士。元符元年知晋陵县,至建中靖国元年(咸淳《毗陵志》卷一○)。考沈偕,元丰二年进士,嘉泰《吴兴志》卷一七进士条,亦载咸淳《毗陵志》卷一○进士条,显然,前书载之是因为他父亲是湖州人,后者记之是因为他徙居晋陵,故苏轼与他相见的地点是在晋陵。元光知此事,有两种可能性,熙宁五年或元符元年。按陆元光熙宁六年初考进士,五年必须赶赴开封,如果熙宁五年沈东老死时,其时尚未离家赴京考试,有可能听沈家说。然而此时其子"已赴京师干荐",显然指考进士,此时元光也应至京赶考,故此种可能性可以排除。剩下只有一种可能性,即应是元符元年知晋陵期间听沈偕说而作的。

张耒《明道杂志》一卷,元符元年

《明道杂志》一卷,张耒(1054—1114)撰。有查清华等点校本(《全宋笔记》第2编第7册,大象出版社)。第16页:"余自罢守宣城,至今且二年"。第6页:"余绍圣丙子(三年,1096)罢守宣城"。则至今二年必为绍圣五年。书中内容最晚记至是年。第21页:"蕲州一日有赦书至,乃绍圣五年五月朔受传国宝赦也。"第19页:"绍圣戊寅岁(五年),余在黄州。"按是年六月改元元符。此书应为元符元年(1098)所作。

程颐《家世旧事》一卷,元符元年至大观元年间

《家世旧事》一卷,程颐(1033—1107)撰。有《说郛》本(宛委山堂本五○下),最晚记绍圣四年(1097)谢景温(字师直)知河南府(洛阳)时与程颐相见事,应作于元符元年以后至大观元年(1107)间。

苏辙《龙川略志》十卷,元符二年

《郡斋读书志》卷三下:"《龙川略志》六卷,《龙川别志》四卷,右皇朝苏辙撰。元符二年夏居循州,杜门闭目,追惟平昔,使其子远书之于纸,凡四十事。其秋复记四十七事。龙川,循州地名。"《宋史》卷二○六《艺文志》,第5227页:"苏辙《龙川志》六卷。"有傅增湘影宋抄本,有自序,末二句作"六卷。元符二年孟夏二十九日"。

其后增为十卷,自序末句改为"十卷,命之《龙川略志》"。有涵芬楼本、《百川学海》本。俞宗宪点校本(中华书局,1982年)以涵芬楼本为底本。此本完成时间,考订如下。

卷七，第 45 页云："元符元年秋，河又东决……明年河遂北流。"《长编》卷五一一，第 12170 页："元符二年六月己亥（二十八日）河决内黄口，东流断绝。"七月戊申（7 日），曾布"再对，因言黄河已北流"。（曾布著，顾宏义点校《曾公遗录》卷七，第 67 页，中华书局，2016 年）则此书之作应在元符二年七月或稍晚。

卷一〇，第 64 页云："塞序辰……元祐末，自天坛来，予问之曰……今不见拱辰六年矣。"自元祐末下数六年，即为元符二年。

卷一〇，第 65 页云："予自门下侍郎谪居汝州……徙筠，自筠徙雷，自雷徙循……予流窜患难已六年矣。"辙知汝州在绍圣元年（1094）三月（《宋史》卷二一二《宰辅表》，第 5507 页），至元符二年，恰合"流窜患难已六年"之数。这与元符二年孟秋作《龙川别志》云"今谪居六年"相同。此序又云："寓居龙川为《略志》……今为《龙川别志》"。此《略志》作于《别志》之前，当为元符二年孟夏所作的六卷本。十卷本《略志》则作于元符二年七月至十二月间。

苏辙《龙川别志》二卷，元符二年

有俞宗宪点校本（中华书局，1982 年）。卷前有元符二年孟秋二十二日自序。

杨彦龄《杨公笔录》一卷，元符二年

四库提要曰："《杨公笔录》一卷，宋杨彦龄撰。彦龄里居未详，书中自称元丰中为山阴尉，又曰任隰州司户。又曰：元丰八年秋为滏阳令。又曰为虢倅，又曰：自江宁上元移宰常州武进，而卷首题曰朝奉郎致仕。"按：知武进县在元祐八年三月，至绍圣元年（1094）十月已更换为孙勉，则其致仕即在此时。有黄纯艳点校本（《全宋笔记》第 1 编第 10 册，大象出版社）。书中最晚记及元符元年冬事："元丰八年，高丽国王令弟佑臣世僧统入朝，求法回，其国母感恩，命工金书法华经三本，寄杭州南山惠因院传教净法师处，上祝圣寿。元符元年冬，再遣使尹瓘等入贡，又舍银一千三百两，乞于本院特创经殿安置"（第 140 页）。则其书应完成于元符二年（1099）或略晚。

张舜民《画墁录》一卷，元符三年

有汤勤福点校本（《全宋笔记》第 2 编第 1 册，大象出版社）。《画墁录》第 200 页第 15 条："绍圣二年冬，予至陕府。三年冬，移潭州，在任二年半。"《宋会要》选举三三之二〇："元符元年（1098）三月十三日，朝散郎、直秘阁、知潭州张舜民为直龙图阁、知青州。"据此，本书之作必在元符元年以后。《画墁录》第 209 页第 65 条："太祖……至今百四十年。"按：自建隆元年（960）下数 140 年为元符三年（1100）。

刘延世《孙公谈圃》三卷，建中靖国元年

《直斋书录解题》卷一一："《孙公谈圃》三卷，临江刘延世录高邮孙升君孚所谈。升，元祐中书舍人，坐党籍谪汀州。"刘序云："绍圣……公一人迁于临汀，四年（1097）夏五月单车而至……余时侍亲守官长汀，窃从公游，闻公言皆可以为后世法，亦足以见公平生所存之大节，于是退而笔之，集为三卷，命曰《孙公谈圃》……公在汀二年，竟以疾终，明年岁在庚辰（元符三年，1100），天子嗣位，尽还公官职……余辱公之知且久，而公之语亦尝嘱予记矣。建中靖国元年正月初四日，临江刘延世述之引。"（《孙公谈圃》卷首）有赵维国点校本（《全宋笔记》第 2 编第 1 册，大象出版社）。

苏轼《东坡志林》五卷，建中靖国元年

有孔凡礼点校本（《全宋笔记》第 1 编第 9 册）。此书系苏轼死后，后人将其散见之作汇编而成。非一时所作，从其自署写作时间即可看出。卷三，第 59 页"冢中弃儿"条为嘉祐六年作。卷三,第69页"单骧孙兆"条为元丰五年三月作。卷二,第40页"请广陵"条云:"今年吾当请广陵,暂与子由别",作于元丰七年(1084)。卷一,第34页"别文甫"条为元丰七年三月九日作。卷三,第67页"记与欧公语"条为元祐三年闰八月十七日作。卷二,第51页"记道人问真"条为元祐六年十一月二日作。卷二,第50页"付僧惠诚"条为绍圣二年三月二十三日作。卷一,第34页"别姜君"条为元符三年三月二十一日作。卷一,第12页"记过合浦"条为元符三年七月四日作。卷一,第23页"记三养"条,卷二,第46页"记苏佛儿"条为元符三年八月作。卷二,第45页"赠邵道士"条作于元符三年九月二十一日。卷三,第58页"故南华长老"条为元符三年十一月十九日作。卷四,第12条为元符四年四月五日(此据《东坡全集》卷一〇三)作。按元符四年即建中靖国元年,盖苏轼远在外地,尚不知已改元,故仍用旧年号。据此,其最晚之作在建中靖国元年(1101)四月五日。

苏轼《仇池笔记》二卷,建中靖国元年

有孔凡礼点校本(《全宋笔记》第1编第9册)。书与《东坡志林》相同,非一时所作,均为苏轼死后,他人整理遗稿而成,其最后成书也应在建中靖国元年(1101)。

陈师道《后山谈丛》六卷,建中靖国元年

《文献通考》卷二一七"小说家":"《后山谈丛》六卷。"《宋史》卷二〇三《艺文志》,第5124页作"陈师道《后山居士丛谈》一卷"。按此卷数当有误。今存两种不同版本。其一,六卷本,有明弘治《后山文集》本(卷二一至卷二六)、适园丛书本。其二,四卷本,有明宝颜堂秘籍本、四库全书本。李伟国点校本(《全宋笔记》第2编第6册,大象出版社)即以适园丛书本为底本。卷六,第121页第43条:"眉山公卒,太学生侯泰、武学生杨选,素不识公,率众举哀"(四卷本在卷四,第66条)。眉山公指苏轼,卒于建中靖国元年(1101)七月,而陈师道卒于同年十一月,则此书必作于此年七月至十一月间。

高晦叟《珍席放谈》二卷,崇宁二年

《文渊阁书目》卷二:"高晦叟《珍席放谈》一部一册。"四库馆臣自《永乐大典》中辑出是书,分为二卷。有孔凡礼点校本(《全宋笔记》第3编第1册,大象出版社)卷上第178页:"近时,梁材叔、胡师文、黄师是之徒皆待制,并赐杂学士带,亦优礼也。"考黄师是即黄寔,《宋史》卷三五四《黄寔传》:"崇宁元年(1102)擢宝文阁待制、知瀛州。"知必作于崇宁元年之后。此暂置于崇宁二年(1103)。

王巩《闻见近录》,建中靖国元年至崇宁二年间

《闻见近录》一卷,王巩撰。《宋史》卷二〇六《艺文志》,第5229页著录。有宋刻本。全书87条。第16条称哲宗庙号,则必在元符三年(1100)四月得谥之后。第81条"予宗正丞尝建言……自予罢丞今十余年"。按:其罢宗正丞在元祐元年(1086)十一月(《长编》卷三九二,第9527页),至"今十余年",则最多为十九年,即作书时在崇宁三年(1104)以前。

吕希哲《吕氏杂记》二卷,崇宁元年至政和六年间

《文渊阁书目》卷二:"《吕原明杂记》一部一册。"书久佚,四库馆臣自《永乐大典》辑出,编为二卷。有夏广兴点校本(《全宋笔记》第1编第10册,大象出版社),卷下第300页"入内都知张留后茂则"条末记:"壬申年书"。壬申年即元祐七年(1092),卷下第299页"子进居先公之丧"条末"戊寅年记",戊寅年即元符元年(1098)。可见此书非一时所作,卷下第294页又记"建中靖国六月洵武进一爱莫助之图",其最后定稿为一书,应在崇宁元年(1102)后,至政和六年(1116)希哲卒前。

孔平仲《续世说》十二卷。崇宁三年前

《直斋书录解题》卷一一："《续世说》三卷，孔平仲毅父（约1046—1104）撰。"按：文献通考引作"十二卷"，考《记纂渊海》卷四二引"本朝《续世说》第四卷"，知此书必不止三卷，"三"应为"十二"之误。有池洁点校本（《全宋笔记》第2编第5册，大象出版社）。前有绍兴二十七年秦果序，知其必为孔平仲生前所撰。

王巩《甲申杂记》一卷，崇宁四年，大观元年增补

《甲申杂记》一卷，王巩撰。《宋史》卷二〇六《艺文志》，第5229页著录。有宋刻本。《长编》引作《甲申杂见》，"见"当为"记"之误。甲申即崇宁三年（1104），应为《甲申杂记》始作之年。全书41条。第16条称："今年乙酉"乃崇宁四年，当为其成书之年。第30条称："周秩重实，大观元年九月得吉州守，过高邮。"则此书大观元年又作增补，其定稿应在此年或稍晚。

罗畸《蓬山志》五卷，崇宁四年至大观元年

《直斋书录解题》卷六："《蓬山志》五卷，秘书少监剑川罗畸畴老撰。凡十五门，崇宁四年（1105）序。"原书已佚。有王河辑本，均辑于《宋朝事实类苑》（上海古籍出版社，1981年），凡41条（《文献》2000年第1期）。所记有大观元年（1107）八月事（《类苑》卷三一、第400页）。据此，崇宁四年当为始作之年，大观时又作了补充。今定为崇宁四年至大观元年作。

李囗《道山清话》一卷，崇宁五年

《直斋书录解题》卷一一："《道山清话》一卷，不知何人跋语，称大父国史在馆阁久，多识前辈，著《馆秘录曝书记》，与此而三，兵火散失，近得此书于曾仲存家，末题朝奉大夫暐，亦不著姓。"有百川学海本。书中最后一条，记崇宁五年（1106）彗星见。此事发生于是年正月（《宋史》卷二〇《徽宗本纪》，第375页）。则必作于此年正月之后。第105条"自明道元年（1032）十二月改此名，今得七十年。"按：自1032年下数70年为1102年，下数74年方为崇宁五年，举其整数，故称七十，则此书当作于崇宁五年，如著作年代在此后数年，则应言八十或近八十矣。第92条："元祐五年先公为契丹贺正使"，哲宗称之为"李某"，则作者为李姓无疑。书后有跋，署名为："建炎四年岁在庚戌，孙朝奉大夫、主管亳州明道宫、赐紫金鱼袋暐"。

晁说之《晁氏客语》一卷，大观元年至四年

《直斋书录解题》卷一〇："《晁氏客语》一卷，晁说之以道撰。"有百川学海本。书中记及"崇宁初，纯夫子冲见栾城先生于颍昌"。则书当作于大观间。

王巩《随手杂录》，大观四年

《直斋书录解题》卷一一："《清虚居士随手杂录》一卷，王巩定国撰。"有四库全书本。全书凡33条。第9条、18条称哲宗庙号，第30条称："张相……商英……被召拜相。"按：张商英为相在大观四年（1110）六月（《宋史》卷二〇《徽宗本纪》，第384页）。则此书应作于大观四年或稍晚。

王得臣《麈史》三卷，大观四年

《郡斋读书志》卷五上："《麈史》三卷，右王得臣（1036—1116）字彦辅所记也。"有黄纯艳点校本（《全宋笔记》第1编第10册，大象出版社）。有政和五年（1115）自序："予年甫成童，亲命从学于京师，凡十阅寒暑，始窃一第。已而宦牒奔走，辙还南北，而逮历三纪，故自师友之馀论，宾僚之燕谈，与耳目之所及，苟有所得，辄皆记之，晚逾耳顺，自大农致为臣而

归,阖扉养痾,日益无事,发取所记,积稿猥多,扵是重加刊定,得二百八十四事,其间自朝廷至州里,有可训可法可鉴可诫者,无不载入,病其艰于讨究,逐类以相从,别为四十四门,总成三卷,名曰《麈史》。盖所出夫实录,以其无溢美无隐恶而已,虽小道必有可观者焉,览之者幸无我诮。时行年八十,皇宋政和岁在乙未中元日追为之序,凤亭子王得臣字彦辅。"四库提要卷一二〇:"书中称予在大农,忽得目疾,乞宫观,已而挂冠,年六十二。以政和五年乙未逆推,其至六十二时为绍圣四年丁丑,成书当在其后。"

按:卷下第1376页"杂志":"近时士大夫多因病笃致仕,予在大农,忽得目疾,乞宫观,已而挂冠,年六十二矣。"又卷下第1371页"占验"称"元符己卯(二年,1099)",卷下第1375页"杂志"称"哲宗陵曰永泰",则成书必在建中靖国元年之后。卷下第1371页"占验":"大观戊子仲夏,安陆雁自北而南,羣燕委雏而去,不知何祥也。戊子(二年,1108)五月五日夏至,安陆老农相谓曰夏至连端午,家家卖男女,秋稼不登,至冬艰,食果卖子以自给,至有委于路隅者。明年己丑(三年,1109)大旱……"是此书自绍圣四年开始陆续写作,最晚记至大观三年。其成书当在大观四年。至政和五年乃追为之序。

李献民《云斋广录》八卷、后集一卷,政和元年

《郡斋读书志》卷三下:"《云斋广录》十卷,右皇朝政和中李献民撰,分九门,记一时奇丽杂事。"今存八卷6门,有程毅中等点校本(中华书局,1997年)。卷前有自序,末署:"政和辛卯(元年)五月八日,廪延李献民彦文序。"

马永易《实宾录》十四卷,政和元年至八年

《宋史》卷二〇七《艺文志》"类事类",第5300页:"马永易《实宾录》三十卷。"四库馆臣自《永乐大典》辑出,编为十四卷。《文献通考》卷一九六:"《元和朋党录》一卷,陈氏曰:池州石埭县尉维扬马永易明叟撰。自元和三年牛李对策,以至大中十三年令狐绹罢相,唐朋党本末具矣。永易尝著《唐职林》、《实宾录》等书,崇观、政和间人也。"既称"崇观、政和间人",则书当作于政和间。

苏籀《栾城遗言》一卷,政和二年

《栾城遗言》一卷,苏籀撰。有百川学海本。此书系苏籀(1091—约1165)记其祖苏辙(1039—1112)之言。其中云:"籀年十有四,侍先祖颍昌,首尾九年,未尝暂去侍侧……公曰……所闻可追记者若干语,传诸笔墨,以示子孙。"可见此书是奉苏辙之命而记的,又云"公令籀作诗文,六五年后,忽谓籀曰……",事在1109年。又收《渔家傲》一首,云:"七十余年真一梦"。按:苏辙享年七十四,此应作于卒前不久。此书当是奉苏辙之命后陆续写成,一直作至苏辙之卒。故系于政和二年(1112)。

章炳文《搜神秘览》三卷,政和三年

《直斋书录解题》卷一一"《搜神秘览》三卷,京兆章炳文叔虎撰"。有续古逸丛书本,有政和癸巳(三年,1113)自序。

陈正敏《遯斋闲览》十四卷,政和三年

《郡斋读书志》卷三下:"《遯斋闲览》十四卷,皇朝崇、观间陈正敏撰。"原书已佚,有节本,《类说》本收122条。《说郛》本(商务)44条(均见《类说》本)。王沇另辑得28条,共150条。其第148条记刘屏山(1101—1147)倅莆时诗,事已在建炎四年至绍兴二年间(《朱文公集》卷九〇)。考此条辑自《莆阳比事》卷七,原文末注:"《遯斋闲览》、郡志。"则刘诗可能出自郡志。不能以此判断其必作于南宋初。考《类说》本称王安石为王荆公者7条,而第44条则称之为舒王,则应作于政和三年(1113)王安石初封舒王之时。

王举《雅言系述》十卷,政和四年至宣和七年

《宋史》卷二〇六"小说类",第5230页:"王举《雅言系述》十卷。"书已佚,予自《诗话总龟》《能改斋漫录》《竹庄诗话》辑其佚文46条,其中第37条称王安石为"舒王"。则应作于政和三年(1113)封舒王后至靖康元年(1126)罢舒王之谥以前。

朱彧《可谈》三卷,宣和元年

有百川学海本。《直斋书录解题》卷一一:"《萍洲可谈》三卷,吴兴朱彧无或撰。中书舍人服行中之子。宣和元年(1119)序,萍洲老圃其自号也。"书中所记最晚为宣和元年。卷一第62条改僧为德士,在宣和元年正月。卷一第14条改宣和殿为保和殿,在是年二月庚辰。(《宋史》卷二二,第403页)。

唐庚《文录》,宣和二年强行父记,绍兴八年追书

有明万历刻夷门广牍本,四库全书存目丛书据此收入集部415册。强行父序云:"宣和元年,行父自钱塘罢官如京师,眉山唐先生同寓于城东景德僧舍,与同郡关子东日从之游,实闻所未闻,退而记其论文之语,得数纸以归,自己亥九月十三日,尽明年正月六日而别……自己亥距今绍兴八年戊午,而十年矣,旧所记,更兵火无复存者,子东书来属余追录……乃为书所记,凡三十五条。"据此,可知初记于宣和二年(己亥),毁于兵火后,于绍兴八年追录。

惠洪《冷斋夜话》十卷,宣和二年至七年

《郡斋读书志》卷三下:"《冷斋夜话》六卷,右皇朝僧惠洪撰。崇、观间记一时杂事,惠洪喜游公卿之门,后坐事,配隶岭表。"按此六卷本当为初稿,今传本为十卷,为增订本。

有黄宝华点校本(《全宋笔记》第2编第9册)。卷一〇,第140条云:"陈莹中谪通州……明年,予还自朱崖……馆于高安大愚。莹中自台州载其家来漳浦,过九江,爱庐山,因家焉……后三年,予客漳水。"考陈莹中贬通州在大观四年二月(元陈宣子《陈了翁年谱》,宋人年谱丛刊本,四川大学出版社,2003年,第3473页),明年即政和元年,家九江在政和六年(见《陈了翁年谱》第3477页),后三年已是宣和元年,则其书必作于宣和二年(1120)后。书中称王安石为舒王,必在王安石封舒王之后,靖康元年(1126)罢舒王之谥以前。故定此书之写作时间在宣和二年至七年(1120—1125)间。

孙宗鉴《东皋杂录》十卷,宣和三年至五年

《遂初堂书目》"小说类":"《东皋杂录》。"《宋史》卷二〇六《艺文志》,第5229页:"孙宗鉴《东皋杂记》十卷。"按宋人引此书均作《东皋杂录》。《苕溪渔隐丛话后集》卷五等。《能改斋漫录》卷一五等、《山谷外集诗注》卷五、《示儿编》卷二一、《野客丛书》卷一六、《夷坚支志》景卷六、《舆地纪胜》卷六四等、《学林》卷六、《纬略》卷六、《诗林广记后编》卷五、《岁时广记》卷一、《竹庄诗话》卷一八。或简称《东皋录》,如《泊宅编》卷中、《苕溪渔隐丛话后集》卷三〇、《能改斋漫录》卷四。原书已佚,今存节本一卷,有《说郛》(商务本),收19条。学海类编本改名《西畲琐录》,而不言所据,当属误改。所收16条,除第1条见《苕溪渔隐丛话后集》,另15条均见《说郛》本。

按:许翰《朝奉大夫充右文殿修撰孙公(宗鉴)墓志铭》:"宣和之初元(1119)……明年(1120)……时寇方警吴越,公念役不亟罢,且生变,即强起视事,以便宜罢之。""寇"指方腊造反,时在宣和二年十月,十二月派兵镇压,罢役当在此时。"还第三岁而终,享年四十有七",则卒于宣和五年(1123)。"既退居,号其山林曰东皋"(《襄陵文集》卷一一),书以东皋命名,则必作于1121至1123年退居时。

叶梦得《石林燕语》十卷，宣和五年

《直斋书录解题》卷一一："《石林燕语》十卷，叶梦得少蕴撰。宣和五年所作也。"有侯忠义点校本（中华书局，1984年）。叶梦得（1077—1148）宣和五年八月自序。最晚记至绍兴六年（1136），乃后来增补。

叶梦得《玉涧杂书》一卷，宣和五年

《直斋书录解题》卷一一："《玉涧杂书》十卷，叶梦得撰。考其中所记，亦当在宣和时所作。"玉涧者，石林山居涧水名也。今存《玉涧杂书》一卷，有《说郛》（宛委卷二〇上）本，书中三处记宣和五年余在山间事，当作于宣和五年寓居下山时。

彭某《墨客挥犀》十卷，《续墨客挥犀》十卷，宣和五年至绍兴五年

有孔凡礼点校本（中华书局，2002年）。二书均引惠洪《冷斋夜话》，《冷斋夜话》作于宣和二年至七年（1120—1125）间，绍兴六年《类说》收此二书，统称《墨客挥犀》，则本书约作于宣和五年至绍兴五年间。前者应略早于后者，可能前者编于北宋末，后者成于南宋初。

胡舜申《乙巳泗州录》，宣和七年

胡舜申《乙巳泗州录》，全文见《玉照新志》卷四，后人析出单行。四库全书存目。乙巳，宣和七年（1125）也。

方勺《泊宅编》（三卷本），宣和七年至靖康元年

此书有三卷本和十卷本两种，有许沛藻等点校本（中华书局，1983年）。三卷本所载宣和事共8条，最晚为卷中第82页记宣和乙巳（七年）春朱勔事。《提要》称"所载皆元祐迄政和间朝野旧事"，与事实不副。三卷本称王安石为舒王、蔡京为蔡太师，安石于建炎二年（1128）削王爵，蔡京于靖康元年（1126）三月被贬，七月死。书中载李遘其人，不避赵构讳，赵构于建炎元年五月即位，则三卷本应为宣和七年（1125）至靖康元年间所记。十卷本载靖康、建炎、绍兴事，卷六，第34页记陈与义死，时在绍兴八年（1138）十一月二十九日（胡稚《简斋先生年谱》），卷九，第53页载方勺"绍兴壬戌（十二年）"游径山事，则此书应作于绍兴十二年后，书中所记舒王、蔡太师均已改为王安石、蔡京。可证三卷本应为原刊，十卷本为改编本（参许沛藻等点校说明，吴泰：《泊宅编的成书年代及其版本》，《南开学报》1980年第3期）。

黄朝英《缃素杂记》十卷，靖康元年

《郡斋读书志·后志》卷二："《缃素杂记》十卷，右皇朝黄朝英撰。所记二百事。朝英，建州人，绍圣后举子也，为王安石之学者，以赠之以芍药为男淫女，贻我握椒为女淫男，前辈尝以是为嗤，朝英独爱重之，他可知也。"《直斋书录解题》卷一〇："《缃素杂记》十卷，建安黄朝英士俊撰。有陈与为之序，言甲辰六试礼部不利，盖政、宣中士子也。其书亦辨正名物而学颇迂僻，言诗芍药握椒之义，鄙亵不典，王氏之学，前辈以资戏笑，而朝英以为得诗人深意，其识可见矣。""甲辰"，宣和六年（1124）也。书中所引《西清诗话》，宣和四、五年间作。程大昌《演繁露》卷三："《湘（当作缃）素杂记》，靖康间，闽人黄朝（英士）俊所作也。"今据此定写作年代为靖康元年。有宝颜堂秘籍本、四库全书本，所收仅90则，比原书少110则，有陈金林点校本（《全宋笔记》第3编第4册，大象出版社），辑佚文27则。

夏少曾《靖康朝野佥言》二卷，靖康二年

《直斋书录解题》卷五："《朝野佥言》二卷，不著名氏，有序建炎元年八月，《系年录》称夏少曾，未详何人。"徐梦莘《三朝北盟会编》卷九七："夏少曾《朝野佥言》曰：'余生值靖康丙午之难于都城，自敌人衅成祸结始末之由，余偶知之详审，乃今欲稽考祸乱之由……'"

陈规《靖康朝野佥言后序》："绍兴己酉(三年,1129)春三月,朝廷既复河南,规自祠官被命知顺昌府,夏五月到官,行及期年,暇日会同僚语及靖康之难,汝阴令云:尝收《东斋杂录》一编,中有《靖康朝野佥言》,具载金人攻城始末,规得之熟读,痛心疾首,不觉涕零。"今仅存节本,有陈金林点校本(《全宋笔记》第3编第4册,大象出版社)。《三朝北盟会编》所载可补其阙。

丁特起《靖康纪闻》二卷,靖康二年

《直斋书录解题》卷五"杂史类":"《孤臣泣血录》三卷,拾遗一卷,丁特起撰。"一名《孤臣泣血录》。有许沛藻点校本(《全宋笔记》第4编第4册)。书前有靖康二年五月自序。

下篇　南宋笔记系年考证

本篇作罢,回顾两宋笔记内容,大致可以看出一些发展变化的轨迹。

北宋前期的笔记,基本上沿袭唐代写法,主要记录朝野遗闻轶事。而到后期,则出现了明显的变化,一是知识面大大拓宽,以沈括《梦溪笔谈》为代表,上至天文,下至地理,人文、社会科学无所不包,知识面窄者则沦为笑柄。二是以司马光《涑水纪闻》为代表,专为修史提供材料的,每条材料都注明出处,研究者据此可以判断其可靠程度。诸如江邻几《嘉祐杂志》、吴开《漫堂随笔》、侯延庆《退斋笔录》、王明清《挥麈录》、洪迈《夷坚志》、袁褧《枫窗小牍》、郭彖《睽车志》等,书中都注明了材料是由何人提供的。

比至南宋时期,在此基础上又有了新的变化。其一,受司马光《资治通鉴考异》纠误的影响,纠误之风大盛,后出笔记经常纠前人笔记之误。以纠《梦溪笔谈》之误为例,即有十多种笔记:马永卿《懒真子》、朱弁《曲洧旧闻》、王观国《学林》、朱翌《猗觉寮杂记》、王灼《碧鸡漫志》、姚宽《西溪丛语》、吴曾《能改斋漫录》、葛立方《韵语阳秋》、程大昌《演繁露》、洪迈《容斋随笔》、程大昌《考古编》、袁文《瓮牖闲评》、王楙《野客丛书》、张淏《云谷杂纪》和赵与旹《宾退录》等。

其二,在此考据之风影响下,出现了一批专做考据的笔记,如王观国《学林》、程大昌《考古编》、袁文《瓮牖闲评》、王楙《野客丛书》、李心传《旧闻证误》、叶大庆《考古质疑》和史绳祖《学斋占毕》等。

其三,在笔记写作中出现了鸿篇巨著,如洪迈的《夷坚志》,全书420卷,今存200余卷,100余万字,全书超过200万字,几乎相当于北宋笔记的总和。此书专记逸闻轶事,最初推出20卷,颇受读者欢迎,于是不断续作,风行于世。此种盛况当与南宋工商业发达、市民阶层兴起和社会有此需求有关,因此该书是研究社会史、风俗史的宝库。

本文体例与《北宋笔记系年考证》相同,分两大部分,一为系年,二为考证。凡不注版本者均为四库全书本。

一　系年

建炎二年(1128),赵令畤《侯鲭录》八卷。
建炎元年(1127)后,吴开《漫堂随笔》一卷。
建炎三年(1129),胡舜申《己酉避乱录》一卷。

建炎四年(1130),吴坰《五总志》一卷。

建炎四年(1130)至绍兴元年(1131),胡珵《苍梧杂志》。

建炎四年(1130)至绍兴八年(1138)间,钱伯言《澹山杂识》。

绍兴二年(1132)前,赵子崧《朝野遗事》一卷。

绍兴二年(1132),邵伯温《邵氏闻见录》二十卷。

绍兴三年(1133)至九年(1139),庄绰《鸡肋编》三卷。

绍兴四年(1134),孔传《东家杂记》二卷。

绍兴四年(1134)后,侯延庆《退斋笔录》《退斋雅闻录》。

绍兴五年(1135)前,曾纡《南游记旧》一卷。

绍兴五年(1135),叶梦得《避暑录话》二卷,王若冲、蔡絛《太上道君北狩行录》一卷。

绍兴六年(1136)后,董弅《闲燕常谈》三卷。

绍兴七年(1137),马永卿《懒真子》五卷。

绍兴七年(1137)后,曹勋《北狩见闻录》一卷。

绍兴七年(1137)至十四年(1144),王铚《默记》三卷。

绍兴九年(1139)至十三年(1143),廉布《清尊录》一卷。

绍兴十年(1140),徐度《却扫编》三卷。

绍兴十年(1140)至十二年(1142),朱弁《曲洧旧闻》十卷。

绍兴十年(1140)至十五年(1145),吕本中《师友杂志》一卷。

绍兴十一年(1141)前,赵叔问《肯綮录》一卷。

绍兴十一年(1141),谢伋《四六谈麈》一卷。

绍兴十一年(1141)至十八年(1148),陈长方《步里客谈》二卷。

绍兴十二年(1142),马纯《陶朱新录》一卷,王观国《学林》十卷。

绍兴十二年(1142)后,张知甫《可书》一卷。

绍兴十三年(1143)前,郑厚《艺圃折衷》六卷。

绍兴十三年(1143),洪皓《金国文具录》一卷,吕荣义《上庠录》十卷,何薳《春渚纪闻》十卷。

绍兴十三年(1143)或稍晚,方勺《泊宅编》(十卷本)。

绍兴十五年(1145)前,吕本中《紫微杂说》一卷。

绍兴十五年(1145),徐度《南窗纪谈》。

绍兴十六年(1146)前,陈善《窗间纪闻》一卷。

绍兴十六年(1146),叶梦得《岩下放言》三卷。

绍兴十六年(1146)至十七年(1146),施德操《北窗炙輠录》二卷。

绍兴十七年(1147),孟元老《东京梦华录》十卷。

绍兴十八年(1148),朱翌《猗觉寮杂记》二卷。

绍兴十八年(1148)至二十五年(1155),张邦基《墨庄漫录》十卷。

绍兴二十年(1150)至三十二年(1162),钱康功《植杖闲谈》。

绍兴二十三年(1153),姚宽《西溪丛语》二卷,范公偁《过庭录》一卷。

绍兴二十四年(1154)前,曾慥《高斋漫录》一卷。

绍兴二十五年(1155),释晓莹《罗湖野录》四卷、《云卧纪谈》二卷。

绍兴二十六年(1156),万俟卨《皇太后回銮事实》一卷。

绍兴二十七年(1157),陈善《扪虱新话》二集八卷。

绍兴二十七年(1157),蔡絛《铁围山丛谈》六卷,吴曾《能改斋漫录》十八卷,邵博《邵氏闻见后录》三十卷。

绍兴二十九年(1159),王明清《投辖录》一卷。

绍兴三十一年(1161),洪迈《夷坚志·甲志》二十卷。

绍兴三十二年(1162),皇都风月主人《绿窗新话》二卷,康与之《昨梦录》一卷,曹勋《宣政杂录》一卷。

乾道元年(1165),钱世昭《钱氏私志》一卷。

乾道二年(1166),袁褧《枫窗小牍》二卷(嘉泰二年(1102)增补),王明清《挥麈前录》三卷,洪迈《夷坚志·乙志》二十卷。

乾道六年(1170),李元纲《厚德录》四卷。

乾道七年(1171),洪迈《夷坚志·丙志》二十卷。

淳熙元年(1174),沈作喆《寓简》十卷,曾敏行《独醒杂志》十卷(十一年其子整理)。

淳熙二年(1175),范成大《桂海虞衡志》一卷。

淳熙三年(1176)前,林之奇《道山记闻》二卷。

淳熙三年(1176),张镃《仕学规范》四十卷。

淳熙四年(1177),洪迈《夷坚志·丁志》二十卷。

淳熙五年(1178),周去非《岭外代答》十卷(淳熙八年(1181)补)。

淳熙七年(1180),程大昌《演繁露》十六卷,洪迈《容斋随笔》十六卷。

淳熙八年(1181),程大昌《考古编》十卷。

淳熙八年(1181)至嘉定十年(1217),巩丰《后耳目志》。

淳熙九年(1182),龚明之《中吴纪闻》六卷,周必大《淳熙玉堂杂记》三卷。

淳熙十年(1183),洪迈《夷坚志·戊志》二十卷。

淳熙十年(1183)稍晚,郭彖《睽车志》六卷。

淳熙十一年(1184)至绍熙三年(1192),吴箕《常谈》一卷。

淳熙十四年(1187)前,韩元吉《桐阴旧话》一卷。

淳熙十五年(1188),程大昌《演繁露续集》六卷。

绍熙元年(1190),程大昌《考古续编》十卷,袁文《瓮牖闲评》八卷,洪迈《夷坚志·己志》二十卷、《夷坚庚志》二十卷。

绍熙二年(1191),洪迈《夷坚辛志》二十卷。

绍熙三年(1192),洪迈《容斋续笔》十六卷,李如篪《东园丛说》二卷,周辉《清波杂志》十二卷,费衮《梁溪漫志》十卷。

绍熙三年(1192)至四年(1193),陆游《老学庵笔记》十卷。

绍熙四年(1193),陆游《家世旧闻》二卷,洪迈《夷坚壬志》二十卷。

绍熙五年(1194)前,罗点《闻见录》。

绍熙五年(1194),洪迈《夷坚癸志》二十卷、《夷坚志支甲》十卷,韩淲《涧泉日记》,王明清《挥麈后录》十一卷(庆元元年(1195)增订)。

绍熙五年(1194)后,陆游《老学庵续笔记》一卷。

庆元元年(1195),洪迈《夷坚志支乙》十卷、《夷坚志支景(丙)》十卷,王明清《挥麈第三录》三卷。

庆元二年(1196),周辉《清波别志》三卷,王明清《挥麈余话》,洪迈《夷坚志支丁》十卷、《容斋三笔》十六卷、《夷坚志支戊》十卷、《夷坚志支己》十卷、《夷坚志支庚》十卷。

庆元三年(1197),洪迈《夷坚志支辛》十卷、《夷坚志支壬》十卷、《夷坚志支癸》十卷、《容斋四笔》十六卷、《夷坚志三志甲》《夷坚志三志乙》《夷坚志三志丙》《夷坚志三志丁》《夷坚志三志戊》。

庆元四年(1198),洪迈《夷坚志三志己》十卷、《夷坚志三志庚》《夷坚志三志辛》十卷、《夷坚志三志壬》十卷、《夷坚志三志癸》,王明清《玉照新志》五卷。

庆元五年(1199)至嘉泰元年(1201),洪迈《容斋五笔》十卷。

庆元六年(1200),陈晦《行都纪事》一卷,俞成《萤雪丛说》二卷(嘉泰元年增补)。

嘉泰元年(1201),龚颐正《芥隐笔记》一卷,《续释常谈》二十卷。

嘉泰二年(1202),李心传《建炎以来朝野杂记》甲集二十卷,周必大《二老堂杂志》五卷,王楙《野客丛书》三十卷。

开禧元年(1205),孙奕《示儿编》二十二卷,邢凯《坦斋通编》一卷。

开禧二年(1206),赵彦卫《云麓漫抄》十五卷。

开禧二年(1198)后,沈俶《谐史》。

嘉定元年(1208)后,李心传《旧闻证误》十五卷,倪思《经鉏堂杂志》八卷。

嘉定元年(1208)至十三年(1220),《朝野遗记》。

嘉定二年(1209)前,陆游《避暑漫抄》一卷,陆游《斋居纪事》。

嘉定三年(1210)后,金盈之《新编醉翁谈录》八卷。

嘉定四年(1211),桂万荣《棠阴比事》二卷。

嘉定五年(1212)前,高文虎《蓼花洲闲录》。

嘉定五年(1212),张淏《云谷杂记》四卷。

嘉定六年(1213),刘昌诗《芦浦笔记》十卷。

嘉定七年(1214),岳珂《愧郯录》十五卷,李俊甫《莆阳比事》七卷。

嘉定八年(1215),岳珂《桯史》十五卷,许观《东斋记事》。

嘉定九年(1216),李心传《建炎以来朝野杂记》乙集二十卷。

嘉定九年(1216)后,陈鹄《西塘集耆旧续闻》十卷。

嘉定十三年(1220),周守忠《姬侍类偶》一卷。

嘉定十四年(1223)赵珙《蒙鞑备录》一卷,陈录《善诱文》一卷。

嘉定十六年(1223),何坦《西畴老人常言》一卷。

嘉定十七年(1224),赵与时《宾退录》十卷,赵善璙《自警编》九卷,吴枋《宜斋野乘》。

宝庆元年(1225),赵汝适《诸蕃志》二卷。

宝庆元年(1225),庞元瑛《谈薮》。

宝庆二年(1226),叶大庆《考古质疑》六卷,高似孙《纬略》十二卷。

宝庆二年(1226)至绍定四年(1231),魏了翁《古今考》一卷。

宝庆三年(1227),王栐《燕翼诒谋录》五卷。

绍定元年(1228),张世南《游宦纪闻》十卷(七年增订)。

绍定元年(1228)后,蒋津《苇航纪谈》。

绍定三年(1229),沈氏《鬼董》五卷。

绍定四年(1231),赵崇绚《鸡肋》一卷。

端平元年(1234),戴埴《鼠璞》一卷。

端平元年(1234)至三年(1236),吴子良《林下偶谈》四卷。

端平时(1234—1236),《白獭髓》一卷。

端平二年(1235),曾三异《同话录》。

端平二年(1235)后,叶绍翁《四朝闻见录》五卷。

端平三年(1236),赵升《朝野类要》五卷,魏了翁《经外杂抄》二卷。

端平三年(1236)后,陈昉《颍川语小》二卷,陈郁《藏一话腴》四卷。

嘉熙元年(1237),许景迓《野雪锻排杂说》一卷。

嘉熙三年(1239),李心传《道命录》十卷。

淳祐元年(1241),谢采伯《密斋笔记》五卷、《续记》一卷。

淳祐元年(1241)至六年(1246),张端义《贵耳集》三卷。

淳祐三年(1243),俞文豹《吹剑录》《吹剑续录》。

淳祐四年(1244),施清臣《东洲几上语》一卷,杨伯嵒《臆乘》一卷。

淳祐五年(1245),施清臣《东洲枕上语》一卷。

淳祐八年(1248),俞文豹《吹剑三录》,罗大经《鹤林玉露甲编》六卷。

淳祐十年(1250),俞文豹《吹剑四录》,史绳祖《学斋占毕》四卷(宝祐元年增补)。

淳祐十一年(1251),罗大经《鹤林玉露乙编》六卷。

淳祐十二年(1252),罗大经《鹤林玉露丙编》六卷。

宝祐三年(1255)后,何光《异闻》三卷。

景定元年(1260)(约),俞文豹《清夜录》一卷。

景定二年(1261)后,顾文荐《负暄杂录》三卷、补遗一卷。

景定三年(1262)前,叶寘《坦斋笔衡》一卷。

景定、咸淳间,廖莹中《江行杂录》。

咸淳元年(1265)后,江悙教《影响录》,佚名《豹隐纪谈》。

咸淳二年(1266)前,赵葵《行营杂录》一卷。

咸淳三年(1267),叶寘《爱日斋丛抄》五卷。

咸淳三年(1267)至十年(1274)间,罗烨《新编醉翁谈录》二十卷。

咸淳四年(1268),李之彦《东谷所见》一卷。

咸淳四年(1268)至十年(1274),赵溍《养疴漫笔》一卷。

咸淳十年(1274),吴自牧《梦粱录》二十卷,车若水《脚气集》二卷。

二 考证

赵令畤《侯鲭录》八卷,建炎元年或稍晚

本书有孔凡礼点校本(中华书局,2002年)。赵希弁《郡斋读书志》卷五上:"《侯鲭录》八卷,右聊复翁赵令畤德麟之说也。取王氏五侯鲭之义而名之。"赵令畤(1061—1134)字德麟,《侯鲭录》卷七,第173页:"崇宁中,特奏名状元徐遹……亦二十年前进士也。"按:徐遹中特奏名进士在崇宁五年(1106),下数二十年为靖康元年(1126),卷六,第149页"遍地桃并桃"条:"上方织绫,谓之遍地桃……至金贼犯阙,无贵贱皆逃避,多为北贼虏去。"金兵入开封抢劫时在靖康二年,则其书之作应在建炎元年或稍晚。

吴开《漫堂随笔》一卷，建炎元年后

本书有赵龙点校本（《全宋笔记》第9编，大象出版社）。尤袤《遂初堂书目》"小说类"："《漫堂随笔》。"吴开，字正仲，全椒（今安徽全椒）人。据吴氏所撰《宋桂州永福县丞赵君墓志铭》（道光《来安县志》卷一三）之"赵晦叔长予十岁""晦叔以疾不起，时政和五年正月二十五日也""享年五十八"等语推算，开生于英宗治平四年（1067），卒年不详。元丰（1078—1085）中，与兄并、弟兹同举进士。绍圣四年（1097），与兹中博学宏词科，为士林所颂。政和三年（1113），为宗正少卿，坐言者论罢。靖康初，为翰林学士承旨。使金被留，奉金人意，次年三月，为同知枢密院事。六月，以拥立张邦昌，责授昭化军节度副使、永州安置。再移韶州。绍兴二年，再贬南雄州；十四年，寓居虔州，约卒于十七年、十八年间。

道光《福建通志》卷一二八："曾慥字端伯，晋江人……金人陷京师……知慥娶吴开女，令充事务官……绍兴九年秦桧当国……开以赦还居赣上，秦桧怜开无依，除慥知虔州以安之。开卒，移知荆南。"按：《建炎以来系年要录》卷一五二，第2596页："绍兴十四年九月丁卯，秘阁修撰、提举洪州玉隆观曾慥知虔州。初，责授昭化军节度副使吴开既以赦还，内惭不敢归，寓家赣上，秦桧怜之，故命慥为守。"（辛更儒点校，上海古籍出版社，2018年，下引本书简称《要录》）《要录》卷一五八，第2724页：绍兴十八年十一月戊戌，"秘阁修撰、知虔州曾慥移知荆南。"

本书记及宋钦宗事，当作于建炎元年永州安置以后，绍兴十七年以前。

胡舜申《己酉避乱录》，建炎三年

《己酉避乱录》。己酉为建炎三年。全文见《玉照新志》卷四。

吴坰《五总志》一卷，建炎四年

本书有黄宝华点校本（《全宋笔记》第5编，大象出版社）。前有建炎庚戌（四年，1130）上巳前一日序。记事最晚为靖康初（1126）"后数年"。尤袤《遂初堂书目》"小说类"："《五总志》。"

胡珵《苍梧杂志》，建炎四年至绍兴元年

《遂初堂书目》"小说类"："胡珵《苍梧杂志》。"有《说郛》（宛委卷二六下）本，收3条，予辑得佚文7条。苍梧指梧州，此书所记为在梧州之见闻，当为贬居梧州时所作。元《无锡县志》卷三上："宋胡珵（？—1139），字德辉，本晋陵人。建炎间以避地，始居无锡之甘露。宣和三年举进士，调开德府仪曹掾，后迁至秘书正字。布衣陈东上书攻六贼，言者谓珵尝润色其书，贬梧州。岁余蒙恩自便。绍兴初召试馆职，复除正字，迁著作郎兼史馆校勘……著为《护道录》并所述《苍梧志》并行于世。"按胡珵被夺官送梧州编管在建炎二年二月（《要录》卷一三），"岁余蒙恩自便"，应在四年。随后，又任参议官。《要录》卷五二，第945页：绍兴二年三月戊戌，"参议官、迪功郎胡珵主管机宜文字。"是书之作应在建炎四年至绍兴元年间。

钱伯言《澹山杂识》，建炎四年至绍兴八年间

有《说郛》（商务、宛委）本。原题作者为钱功。按：第3条载"余为海州太守"，考钱氏为此职者唯有钱伯言，时在宣和七年。《宋会要辑稿》兵一二之二九："宣和七年三月十二日，中奉大夫、徽猷阁待制、知海州钱伯言奏事。"（中华书局影印本，下引此书简称《宋会要》）《宋会要》职官六九之一七："宣和七年四月二十一日，徽猷阁待制、知海州钱伯言落职，提举亳州明道宫。"则此作者钱功当为钱伯言（？—1138）之误。伯言字逊叔，会稽人，父勰（1034—1097）。作者称钱景直为族叔，书当作于靖康元年至绍兴八年间。第4条记

"自充守罢,遂筑室于扬,亦既五年",兖州后改袭庆府,钱氏任此职者亦仅钱伯言一人。《宋会要》职官六九之一一:"宣和四年(1122)十二月三日,徽猷阁待制、知袭庆府钱伯言落职,提举南京鸿庆宫。"在扬州五年,则为1127年,又云"不二年,一城丘墟矣"。指建炎三年二月扬州被金兵焚毁(《宋史》卷二五《高宗纪》,第461页)。可见此书应作于建炎四年至绍兴八年间。

赵子崧《朝野遗事》一卷,绍兴二年前

《郡斋读书志》卷五上赵希弁《附志》:"《朝野遗事》一卷,右赵子崧伯山(?—1132)所著,记中兴以前凡一百二十有五事,自号鉴堂居士,终于延康殿学士、右中奉大夫。淳熙中周益公帅长沙,命项安世、丁朝佐、杨长孺雠校而刻之。"

书已佚,予辑得佚文14条。元脱脱《宋史》卷二四七,第8745页《宗室传》:"谪居南雄州。绍兴二年赦,复集英殿修撰,而子崧已卒于贬所。"(中华书局点校本,1977年)

邵伯温《邵氏闻见录》二十卷,绍兴二年

《郡斋读书志》卷六"杂史类":"《邵氏闻见录》二十卷,右皇朝邵伯温子文撰。记国朝杂事,迄绍兴之初。序言早以其父之故,亲接前辈,得前言往行为多,类之成书。其父雍也。"

有李剑雄等点校本(中华书局,1983年)。书前有绍兴二年十一月十五日自序。

庄绰《鸡肋编》三卷,绍兴三年至九年

杨士奇《文渊阁书目》卷二:"庄绰《鸡肋编》一部一册。"有萧鲁阳点校本(中华书局,1983年)。书前有绍兴三年二月九日自序。其卷中第33条记"绍兴三年七月朱胜非以右仆射丁母忧",第48条记绍兴三年八月孟忠厚事,第54条记"绍兴三年八月浙右地震",第64条记绍兴四年二月席益罢参政,第93条记"绍兴四年大飨明堂"。卷下第3条记绍兴四年温州事,第13条记"绍兴四年夏,韩世忠自镇江来朝",第17条记"绍兴四年六月二十三日申未间太白在日后昼见",第28条记"绍兴四年十二月二十九日三十日洪州连大雷电雨",第35条记"范季平子妇……绍兴六年春卒于临川",第38条记绍兴六年事,第54条记"余守南雄州,绍兴丙辰(六年,1136)八月二十四日视事"。卷下第63条记绍兴丁巳(七年,1137)事,第18条记"绍兴八年,余在鄂州",第77条记"马鹭父名安仁,绍兴八年知衡州",第69条、71条记绍兴九年事,第74条记绍兴九年秋冬之间湖北牛马皆疫,第100条记及绍兴九年十二月李光罢参知政事。则是书作序之时只作了卷上及卷中之一部分,其后屡有续作,最晚记至绍兴九年十二月,其最后完成之年当在此时或稍晚。

孔传《东家杂记》二卷,绍兴四年

《郡斋读书志》卷八:"《东家杂记》二卷,右皇朝孔传撰。孔子四十七代孙也。纂其家旧闻轶事于此书。"有朱凯等点校本(《全宋笔记》第3编,大象出版社)。有绍兴甲寅(四年,1134)三月辛亥自序。

按:孔传为孔子47代孙,卷下世系记至53代孙洙。末有淳熙五年50代孙拟后序。其所记49代"瓒,终朝请郎、知和州"。考瓒知和州在绍兴二十九年闰六月辛酉(《要录》卷一八二,第3223页)。又所记:"五十代搢,字季绅,袭封衍圣公,知建昌军,终浙西参议。"按:《宋会要》职官七二之三〇:"淳熙八年八月十六日,前知建昌军孔缙(当作搢,其字季绅,义相应也)降两官。"此已在孝宗时。至于所记五十三代,则已是宁宗至理宗时。可知此书在孔传作后,有其他人陆续作了补充。

侯延庆《退斋笔录》,绍兴四年后

有明李栻《历代小史》本(卷五四江苏广陵古籍刻印社,1989年影印本)。收4条。高文虎《蓼花洲闲录》有佚文一则。侯延庆,政和六年(1116)进士。书中记:"建炎二年戊申,杨渊守吉州……癸丑,吕源来守下车即修城,不史月,壁垒皆立。"癸丑为绍兴三年,《吉安府志》:"吉安府城……绍兴三年,太守吕源增垒浚濠,城池始备。"(解缙《永乐大典》卷八〇九二,中华书局,1986年影印本第22页)知本书当作于是年之后。

侯延庆《退斋雅闻录》,约绍兴四年后

有《说郛》(商务本卷四八,宛委本卷一七)本,收12条,疑与《退斋笔录》实为一书之异名。暂置于此。

曾纡《南游记旧》一卷,绍兴五年前

陈振孙《直斋书录解题》卷一一:"《南游记旧》一卷,曾纡公衮(1073—1135)撰。"有《说郛》(宛委卷五〇下)本,收11则。此外,予辑得佚文6则。

叶梦得《避暑录话》,绍兴五年

《直斋书录解题》卷一一:"《避暑录话》二卷,叶梦得(1077—1148)绍兴五年所作。"有徐时仪点校本(《全宋笔记》第2编,大象出版社)。前有绍兴五年六月十一日自序,时年五十九。考卷下称"吾年六十,犹思预植良材",时为1136年,在序后一年,但"年六十"也可理解为大概之数,书中未见年六十或其后之事,故此仍以作序之年为作书之年。

王若冲、蔡鞗《太上道君北狩行录》一卷,绍兴五年

文见《三朝北盟会编》卷二一一。《碧溪丛书》卷四收是书,当录自《会编》,四库全书本《会编》"差孝骞仲暑"下书"阙",丛书本作"御名",则犹保持原貌。

《会编》本:"谓蔡鞗曰天祚吾宋,宋必有主,今圣虑若此,定膺昭格(阙),文章理胜。"丛书"吾"作"大","文章"作"文华","文"上无缺字。《会编》本:"按班贝勒之夫人",丛书本作"谙板勃极烈夫人"。均胜于《会编》本。

熊克《中兴小纪》卷一八:绍兴五年四月,"先是,道君尝命随行王若冲录北迁事迹,未克成书。丙寅,渊圣申命若冲,以谓先王嘉言善行不可无纪,乃许随行官吏各具见闻,送若冲编修,仍令蔡鞗提点,未几书成,即所谓《太上道君北狩行录》是也。"

董弅《闲燕常谈》三卷,绍兴六年后

《遂初堂书目》"小说类":"《闲燕常谈》。"《直斋书录解题》卷一一:"《闲燕常谈》三卷,董弅令升撰。取士相与谈仁义于闲燕之义。"原书已佚,今存节本。凡21条。有唐玲点校本(《全宋笔记》第9编第2册,大象出版社),辑佚文1则。第3条:"绍兴乙卯(五年1135)夏大旱,车驾在临安府。"据此,应作于绍兴六年以后。

马永卿《懒真子》五卷,绍兴七年

《宋史》卷二〇六,第5227页"小说类":"马永卿《懒真子》五卷。"

有查清华等点校本(《全宋笔记》第3编,大象出版社)。考黄朝英《靖康缃素杂记》卷二:"《懒真子录》谓世之所谓长命面,即汤饼也。恐亦未当。"此语见《懒真子》卷三,第180页。据此则靖康元年(1126)前,本书已流行于世。然本书卷一,第156页记:"绍兴癸丑岁(三年)"。卷五,第202页记"绍兴三年夏六月"事,卷五,第204页:"绍兴六年夏,仆与年兄何元章会于钱塘江上。"据此,则今本乃绍兴年间增补之本,其最后定稿应在绍兴七年或稍晚,今暂系于七年。

曹勋《北狩见闻录》一卷,绍兴七年后

《直斋书录解题》卷五"杂史类":"《北狩闻见录》一卷,干当龙德宫曹勋功显撰。勋扈从北狩,以徽庙御札间道走行在所,以建炎二年七月至南京。"有朱凯等点校本(《全宋笔记》第3编,大象出版社),书中称徽宗为"徽庙",按此庙号定于绍兴七年九月(《宋史》卷二二《徽宗本纪》,第417页),知本书必撰于此时之后。

王铚《默记》,绍兴七年至十四年

《遂初堂书目》:"王惟(当作性)之《默记》。"《文渊阁书目》2:"王性之《默记》一部一册。"有朱杰人点校本(中华书局,1981年)。性之乃王铚之字。此书所记均北宋事,最晚为宋徽宗政和中事(见《默记》卷下第45页)。书中称赵佶为徽宗、徽庙,应作于绍兴七年九月定徽宗庙号(《宋史》卷二二,第417页)之后。

其子王明清《挥麈前录·自跋》:"先人弃世,野史之禁兴,荐绅之风炽,荐绅重足而立。明清兄弟居蓬衣白,亡所掩匿,手泽不复敢留,悉化为烟雾。"按:王铚绍兴十四年三月为湖南安抚司参议官时,以献《祖宗八朝圣学通纪论》迁一官(《要录》卷一五一,第2576页)。四月秦桧乞禁野史(《要录》卷一五一,第2577页)。绍兴十七年有人告发李光家藏野史,光家即将万卷藏书付之一炬(《要录》卷一五六,第2698页),明清母亲闻讯,即将王铚("先人")之书"悉付回禄"。则王铚应卒于绍兴十五、六年间。

据上所论,《默记》应作于绍兴七年至十五年间。

廉布《清尊录》一卷,绍兴九年至十三年

有《说郛》(宛委卷三四)、《说海》(卷一〇一)本,凡10条。《挥麈后录》《余话》引3条廉布佚文。当出是书。书中记:"雷申锡者,江西人,绍兴中一举中南省高第,廷试前三日,客死都下,捷音与讣踵至乡里。"按:《江西通志》卷五〇:"绍兴八年戊午黄公度榜,雷申锡,建昌人。"据此,知必作于绍兴九年以后。书末有跋:"右《清尊录》,廉宣仲布所撰。或谓陆公务观所作,非也。盖二公同时,后人因误指耳。至大改元三月华石山人识。"参李剑国:《宋代志怪传奇叙录》,南开大学出版社,1997年,第260页)。《挥麈后录》卷五引陆游《清尊录》一则,不知所引有误,或陆游作有同名之书。

徐度《却扫编》三卷,绍兴十年

《直斋书录解题》卷一一:"《却扫编》三卷,吏部侍郎睢阳徐度敦立撰。"是书作于绍兴十年,卷中第97条云:"刘公拜相,实元祐五年庚午(1090),距今绍兴十年庚申五十年矣。"此称"今绍兴十年",必作于是年。

卷上第34条:"近岁孟郡王忠厚以使相守镇江,亦称知,后改婺州。会高开府世则亦守温州称判,而孟亦改判婺州云。"按:《要录》卷一三五,第2260页:绍兴十年夏四月丁卯,"镇潼军节度使、开府仪同三司、知镇江府、信安郡王孟忠厚知明州、兼管内安抚使"。《要录》卷一三六,第2281页:绍兴十年六月丙午,"镇潼军节度使、开府仪同三司、新知明州、信安郡王孟忠厚复为醴泉观使"。第2286页:"已未,感德军节度使、开府仪同三司、充万寿观使高世则为景灵宫使、判温州,主奉本州岛神御。"第2292页:"闰六月丙子,镇梓军节度使、开府仪同三司、醴泉观司、信安郡王孟忠原知婺州。"《要录》卷一四〇,第2364页:绍兴十有一年夏四月乙亥,"镇潼军节度使、开府仪同三司、判婺州、信安郡王孟忠厚判绍兴府、兼照管昭慈圣献皇后攒宫"。据此,本书应作于绍兴十年下半年。

朱弁《曲洧旧闻》十卷,绍兴十年至十二年

《直斋书录解题》卷一一:"《曲洧旧闻》一卷,《杂书》一卷,《骫骳说》一卷,直秘阁新安朱弁少章撰。弁于晦庵为从父,建炎丁未使金,留十七年既归而卒。《骫骳说》者,以续晁无咎词话,而晁书未见。"朱弁(？—1044)撰,本为三卷,见朱熹所撰《行状》,其书在金时已修成。

有孔凡礼点校本(中华书局,2002 年)。卷七,第 184 页:"真定康敦复尝谓予曰:河东见所在酒垆,皆饰以红墙,询之父老,云:相沿袭如此,不知其所始也。后读《李留台集》有《怀湘南旧游寄起居刘学士诗》云:老情诗思关何处,浑是湘南水岸头。残白晚云归岳麓,浓香秋橘满汀洲。静寻绿迳煎茶寺,偏上红墙卖酒楼。西洛分台索拘检,绣衣不得等闲游。据此诗,则湖南亦有之,不独河东也。但留台不著所出为可恨也。又谓予曰:典籍自五季以后,经今又不知几厄,秉笔之士所用故寔,有淹贯所不究者,有蹈前人旧辙而不讨论所从来者,譬侏儒观戏,人笑亦笑,谓众人决不误我者,比比皆是也。敦复抵掌曰:请为我于《曲洧旧闻》并录之。敦复字德本,事亲孝,为吏廉,积学绩文,孜孜不辍,见书必传写,其家所藏,往往皆是手自抄者,近时服膺儒业,罕有其比焉。"其后当续有所作,后人以其续作并采取他书,如徐度《南窗记谈》,扩编为十卷,即今通行之本,朱弁于绍兴十三年六月南归,书应作于是年之前。

卷八,第 202 页:"予书定光佛事,友人姓某见而惊喜曰:'异哉！予之外兄赵盖宗王也。'丙午年春同居许下,手持数珠,日诵定光佛千声。予曰:'世人诵名号多矣,未有诵此佛者,岂有说乎？'外兄曰:'吾尝梦梵僧告予曰:世且乱,定光佛再出世,子有难,能日诵千声,可以免矣,吾是以受持。'予时独窃笑之,予俘因十年,外兄不知所在,今观公书此事,则再出世之语昭然矣。"

"予俘因十年"自建炎元年计,应为绍兴六年。

吕本中《师友杂志》一卷,绍兴十年至十五年

《郡斋读书志》卷五上:"《东莱吕紫微杂说》一卷,《师友杂志》一卷,《诗话》一卷,右吕本中字居仁之说也。郑寅刻之庐陵。"《直斋书录解题》卷九:"《师友杂志》一卷,杂说一卷,吕本中撰。"

有查清华等点校本(《全宋笔记》第 3 编第 6 册,大象出版社)。吕本中(1084—1145)撰,所记凡 119 条。其内容大致自元祐记至靖康。第 68 条记田亘元邈"靖康间,召为密院编修,知事不可为,即求致仕去。与粹中俱死江南"。

按:《兰亭考》卷七记康惟章官定武,与宇文粹中、苏叔党、田元邈、刘无言论兰亭。知田亘与宇文粹中为知交。此粹中必指宇文粹中,考粹中卒于绍兴九年(1139),是书既记其卒,则必作于 1140 年后至 1145 年前。

赵叔问《肯綮录》一卷,绍兴十一年前

《遂初堂书目》:"赵彦从《肯綮录》。"《千顷堂书目》卷一二:"赵叔向《肯綮录》一卷,凡四十三则。叔向自号西隐野人。"按:《说郛》(商务卷二六)本收此书,作者为"赵叔向",号西隐野人,与《提要》作赵叔问不同。考书中称引欧阳修《归田录》、沈括《笔谈》、刘世延《孙公谈圃》、吴正仲《漫堂随笔》、山谷法帖。吴正仲名开,靖康元年,为翰林学士承旨。次年为同知枢密院事。建炎元年六月,以拥立张邦昌责永州安置。绍兴二年,再贬南雄州;十四年,寓居虔州(《要录》卷一五二,第 2596 页)。其书记及钦宗事,应作于建炎元年以后。叔问引其书,则当为南宋绍兴间人。考《宋史》卷二四七有赵叔向,乃魏王廷美之后,建炎元年六月在京城置救驾义兵,却被告以谋反,诛死(《要录》卷六,第 165 页)。时代与本书内容不合,必非本书作者。《说郛》之"赵叔向"当为"赵叔问"之误。

叔问(1089—1142),名子昼(《北山小集》卷二),此书应署名为赵子昼,信安人。宋太祖之六世孙,大观元年中进士,为宗子第一。宣和元年(1119)差充详定九域图志所编修官,会书局例罢,知密州,召对为刑部员外郎。建炎四年迁左司员外郎。绍兴元年除徽猷阁待制、枢密都承旨。明年迁兵部侍郎。四年九月知秀州(《要录》卷八〇,第135页),五年二月知平江府(《吴郡志》卷一一),七月,提举江州太平观,寓止衢州,凡七年,十二年四月卒,享年五十四(程俱《北山小集》卷三三《宋故徽猷阁直学士左中奉大夫致仕常山县开国伯食邑九百户赠左通奉大夫赵公(子昼)墓志铭》,)。其书应作于绍兴十一年前。

谢伋《四六谈麈》一卷,绍兴十一年

《宋史》卷二〇六《艺文志》小说家类,第5227页:"谢伋《四六谈麈》二卷。"《直斋书录解题》卷二二:"《四六谈麈》一卷,谢伋景思撰。"有百川学海本。卷前有绍兴十一年五月十三日自序。

陈长方《步里客谈》二卷,绍兴十一年至十八年

《宋史》卷二〇六《艺文志》小说家类,第5227页:"唯室先生《步里客谈》一卷。"按,胡百能《陈唯室先生(长方)行状》:"父佖,故左宣教郎、洪州司录事。母林氏,故太仆卿旦之女。公生而英爽,髫龀记诵过人,十有四岁而孤。……升左从政郎、授江阴军学教授……未行,以疾终,享年四十有一。母夫人林氏以六十之年哭其息子。"(《唯室集》卷五)考佖(1069—1121)卒时长方年十四(《唯室集》卷三《墓志铭》),知应生于1108年,享年四十一,则卒于1148年。知其书必作于是年之前。又该书卷下引绍兴十年之《却扫编》,知必作于是年之后。

王观国《学林》十卷,绍兴十二年

《遂初堂书目》"小说类":"王氏《学林》。"有清抄本、四库全书本、湖海楼丛书本。有作者绍兴壬戌(十二年,1142)九月后序。

马纯《陶朱新录》一卷,绍兴十二年

《遂初堂书目》小说类著录。有程郁点校本(《全宋笔记》第5编第10册,大象出版社)。书前有绍兴壬戌(十二年)孟夏自序。然第164页"俞判官庙"条记绍兴癸亥(十三年)事,第171页"苏庠"条记绍兴甲子(十四年)事。则作序后二年仍有补充。

张知甫《可书》一卷,绍兴十二年后

《文渊阁书目》著录。有孔凡礼点校本(中华书局,2002年)。第427页"绍兴间罕见天象"条云:"绍兴庚午季冬十月……庚申、辛酉岁皆然。"按:辛酉即绍兴十一年,故此书应作于绍兴十二年后。

郑厚《艺圃折衷》六卷,绍兴十三年前

《郡斋读书志》卷四下:"《艺圃折衷》六卷,右皇朝郑厚,莆阳人。绍兴中举进士第一,坐台评废于家。"

《要录》卷一四九,第2533页:"绍兴十有三年五月辛未,诏:左从事郎郑厚自今不得差充试官及堂除,厚尝著书号《艺圃折衷》,其言有诋孟轲者,驾部员外郎王言恭言于朝,诏建川(民按当作州)毁板,其已传播者皆焚之。"知必作于是年五月之前。今仅存《说郛》(宛委卷八下)本一卷,凡8条,予自他书中辑得10条。

洪皓《金国文具录》一卷,绍兴十三年

洪皓《金国文具录》一卷,四库全书存目丛书史部第45册,碧溪丛书本第八卷,文末云:"绍兴十三年九月洪皓谨记。"

洪皓《进金国文具录札子》："臣所编金国行事,以其仿中国之制,而不能力行,徒为文具,故号为《文具录》。谨缮写成二册,本欲今日朝见进呈,为臣连日抱病,不曾前期投下牓子,不获俯伏阙庭投进,干冒宸严,臣无任战栗俟命之至。"(《鄱阳集》卷四)

洪适《题金国文具录》："右《金国文具录》一卷,贾生五饵,计亦匪疏;尚父六韬,愧未能习。以今概古,非人力之所能致。宇文氏既为蕞其书,力强先君同污新秩,初有翰林直学士之命,又有中京副留守之命,最后有承德郎留司判官之命,先君以死自誓,文章衔袖,至于再三,卒拒不受。壬春二月,家弟遵迈接踵召对,上谓先君与宇文虚中同时作使,宇文受伪命,先君独执节不屈,且道秦桧毁隔之说,所以不得大用。呜呼渊衷不忘,旧编具在,揽涕涉笔,存之左方。"(《盘洲文集》卷六二)

吕荣义《上庠录》十卷,绍兴十三年

《直斋书录解题》卷七:"《上庠录》十卷,光州助教吕荣义撰。杂记京师太学故事。"

周辉《清波杂志》卷一二,第 517 页:"政和三年,温陵吕荣义著《两学杂记》凡七十二条,所书皆太学辟雍事也……绍兴十三年再兴太学,荣义尚在,累举得光州助教,乃摭旧记,益未备为八十一条,更名《上庠录》投进。"知此书初稿名《两学杂记》,凡 71 条,作于政和三年(1113)。至绍兴十三年,增补 10 条,改名《上庠录》。有《说郛》(宛委卷五一)本,存 1 卷 8 条,予另辑得 10 条。

何薳《春渚纪闻》十卷,绍兴十三年

《直斋书录解题》卷一一:"《春渚纪闻》十卷,浦城何薳撰。自号寒青老农,东坡所荐为武学博士,曰去非者其父也。"有张明华点校本(中华书局,1983 年)此书所记最晚为绍兴十二年事(见《春渚纪闻》卷五,第 77 页)。卷八,第 122 页:"元祐初,余为童子,侍先君居武学直舍中。"以是年十岁计,何薳约生于元丰元年(1078),至绍兴十二年已六十五岁,此书为其晚年所作,时在绍兴十三年左右。

方勺《泊宅编》(十卷本),约绍兴十三年

有许沛藻等点校本(中华书局,1983 年)。卷九,第 53 页记:"绍兴壬戌(十二年),始游径山。"知是书应作于绍兴十三年或稍晚,是年方勺年已七十八岁。

吕本中《紫微杂说》一卷,绍兴十五年前

《遂初堂书目》"小说类":"《吕紫微杂说》。"赵希弁《郡斋读书志》卷五上:"东莱吕紫微杂说》一卷,《师友杂志》一卷,《诗话》一卷,右吕本中(1084—1145)字居仁之说也,郑寅刻之庐陵。"有四库全书本。是书,《宋史》卷二〇三,第 5104 页作《紫微杂记》。

徐度《南窗纪谈》,约绍兴十五年

《遂初堂书目》"小说类":"《南窗纪谈》。"有《说郛》(宛委卷二四)本。本书第 10 条记:"近吴兴陈汤求大夫提举江西茶盐回,言:数年前,袁州一村民女子……"按:《抚州府志》卷三五提举提名:"陈汤求,绍兴九年。沈禹卿,绍兴十一年。"则陈汤求大夫提举江西茶盐回应在绍兴十一年,而文中称"近",则必在是年后不久。此暂置于绍兴十五年。

陈善《窗间纪闻》一卷,绍兴十六年前

《直斋书录解题》卷一一:"《窗间纪闻》一卷,称陈子兼撰。未知何人。杂论诗文经传,亦间述所闻事。"有《说郛》(宛委卷三一)本,乃节本。按:此书凡 100 则,绍兴十六年以前所作。后改名为《扪虱新话》,又再作 100 则,合并为一书。参《扪虱新话》条。

淳熙元年《扪虱新话序》:"益……既冠,始获从先生游,闻有所著《窗间纪闻》一百则,贯穿经史百氏之说,开抉古人议论之所未到,求而读之……又数年,先生复出百则以示益……益因从而析之,合二百则……先生名善,字子兼,福州罗源人,其曰《窗间记闻》者,先生尝易以今名。"陈善《扪虱新话》跋:"丙寅岁(绍兴十六年),予由海道将抵行在所,未至而遇大风漂舟,尽失平日所业文字,既而于知交间收拾逸稿外,得所著《扪虱新话》十才可五六,读之恍然,遂见旧物,顾传写傫误所未暇正。戊辰春,以三上不第,薄游姑苏,无所用心,因就加刊削得一百则,漫录于此,以备遗忘。绍兴己巳(十九年)正月二十一日,罗源陈善子兼题于朱氏草庵。"

叶梦得《岩下放言》三卷,绍兴十六年

《直斋书录解题》卷一一:"《岩下放言》一卷,叶梦得(1077—1148)撰。休致后所作。"有徐时仪点校本(《全宋笔记》第2编第9册,大象出版社)卷中第334页:"余镇福唐"。福唐即福州,叶于绍兴十三年三月知福州(淳熙《三山志》卷二二),第二年十二月丁亥,"知福州叶梦得提举临安府洞霄宫"。(《要录》卷一五二,第2604页)卷上第326页:"升平至今绍兴十六年",则书应作于绍兴十六年。

施德操《北窗炙輠录》二卷,绍兴十六年至十七年

有虞云国等点校本(《全宋笔记》第3编第8册,大象出版社)。卷上第177页记"绍兴乙丑"(十五年,1145)宇文虚中在金被杀事,此事《要录》在绍兴十五年九月,《金史》在十六年二月。卷下第211页记:"陈齐之……名长方,本福宁人,今居平江。"考长方卒于绍兴十八年(《唯室集》卷五附录胡百能《陈唯室先生行状》),此云"今居平江",必作于其在世之时,则是书应作于绍兴十六年至十七年间。

孟元老《东京梦华录》十卷,绍兴十七年

《郡斋读书志》卷五上赵希弁《附志》:"《梦华录》一卷,右梦想东都之录也。宋敏求《京城记》载坊门公府宫寺第宅为甚详,而不及巷陌店肆节物时好,孟元老记录旧所经历而为此书,坦庵赵师侠识其后。"

《文献通考》卷二〇四:"(陈氏曰)《东京梦华录》一卷,称幽兰居士孟元老撰。元老不知何人,少游京师,晚值丧乱之后,追述旧事,兼及国家典祀、里巷风俗。以其首载京城宫阙、桥道、坊曲尤详,故系之地理类。"

有邓之诚注释本(中华书局,1082年)。前有绍兴十七年除夕孟元老自序。

朱翌《猗觉寮杂记》二卷,绍兴十八年

有朱凯点校本(《全宋笔记》第3编第10册,大象出版社)。前有庆元三年(1197)洪迈序,云:"右上下两卷,凡425则,故紫微舍人桐乡朱先生公所记也……忽忽五十年。仲子甤通守赣,刊此书,使为之序。"按自庆元三年上推五十年,为绍兴十八年,是其著书之年。

张邦基《墨庄漫录》十卷,绍兴十九年至二十五年

有孔凡礼点校本(中华书局,2002年)。卷一,第36页记绍兴十八年除赵不弃侍郎,则应作于绍兴十九年以后。

朱熹《答周益公》:"墨庄之录出于张邦基者,不知其何人,其所记欧公四事,以为得之公孙当世,而子约以为绍兴舍人所记,此固未知其孰是,但味其语意,实有后人道不到处,疑或有自来耳。"(《晦庵集》卷三八)

钱康功《植杖闲谈》,绍兴二十年至三十二年

《说郛》(商务卷二〇)本撰人作"钱康公"。第1条称宋高宗为今上,云:"靖康三(当作二)年,今上即位,法东汉中兴建元之号,改曰建延(当作炎),己酉岁,驻跸江宁府,以江宁昔号建康,宁藩邸王封符合,改名建康府。"己酉即建炎三年。第4条记"临安中凡在御街

中,士大夫必游之地,天下术士皆聚焉。凡挟术者易得厚获,迩来数十年间,向之术行者皆多不验",既称"临安御街"必在建都之后,又称"迩来数十年间",则建都已数十年,以至少二十年计,书约作于绍兴二十年至三十二年间。

姚宽《西溪丛语》二卷,绍兴二十三年

《直斋书录解题》卷一一:"《姚氏残语》一卷,剡姚宽令威撰。又名《西溪丛话》,已板行。"

有孔凡礼点校本(中华书局,1993年)。前有绍兴昭阳作噩(癸酉,二十三年,1153)仲春望日自序。

范公偁《过庭录》一卷,绍兴二十三年

有孔凡礼点校本(中华书局,2002年)。此为作者记其父亲范直方之语,直方卒于绍兴二十一年辛未十二月二十四日(《范氏家乘》忠宣世系一○第四世《范直方传》)。绍兴二十二年正月丁未(11日)(《要录》卷一六三,第2810页)比传晚17日,当为奏闻之日,本书称其父为先子,则必作于其父卒后。文中多处注明是绍兴十七、十八、十九年闻于其父,则多为其父晚年讲述的内容。书应作于绍兴二十三年至二十八年公偁卒之前。

曾慥《高斋漫录》一卷,绍兴二十四年前

曾慥撰。有《历代小史》(卷三七)本、《说海》本,收15条。《要录》卷一六八,第2903页:绍兴二十五年二月甲申(七日),"右文殿修撰曾慥卒"。则是书应作于绍兴二十四年前。

本书第48条记:"宣和乙巳(七年,1125)之春,开春明池,有旨令从官于清明日恣意游宴。"第47条云:"成郎中,宣和中为省官,貌不扬而多髭,再娶之夕,岳母陋之……其女亦能安分随缘……各以寿终。"自宣和至寿终,当不少于20年,即应在绍兴十六年以后。

释晓莹《罗湖野录》四卷,《云卧纪谈》二卷,绍兴二十五年

有夏广兴点校本(《全宋笔记》第5辑第1册,大象出版社),书前有绍兴二十五年十月望日自叙。

《佛祖历代通载》卷二○:"癸酉(1153)金改贞元……乙亥(1155),《云卧纪谈》《罗湖野录》成。十月,感山沙门晓莹撰,字仲温,法嗣大惠杲禅师。"

释晓莹《云卧纪谈》,有夏广兴点校本(《全宋笔记》第5辑第2册,大象出版社)。

万俟卨《皇太后回銮事实》一卷,绍兴二十六年

书存,见徐梦莘《三朝北盟会编》卷二二三。有碧溪丛书本(见第七卷),当抄自《会编》。

《三朝北盟会编》卷二二三:绍兴二十六年十月十八日丙戌,"尚书右仆射万俟卨上《皇太后回銮事实》"。

有自序,末署:"绍兴二十六年冬十月十八日,左宣奉大夫、守尚书右仆射、同中书门下平章事、兼提举实录院详定一司敕令、阳武郡开国侯、食邑一千九百户、食实封七百户臣万俟卨谨序。"

陈善《扪虱新话》二集,绍兴二十七年

《宋史》卷二○六"小说类",第5222页:"陈善《扪虱新话》八卷。"有查清华点校本(《全宋笔记》第5辑第10集,大象出版社)。绍兴二十七年三月一日,陈善《扪虱新话跋》:"予曰著《扪虱新话》,已为好事者传之……适兹退岫之余……又得一百则录之,以为第二集。"

蔡絛《铁围山丛谈》六卷，约绍兴二十七年

《直斋书录解题》卷一一："《铁围山丛谈》五卷，蔡絛撰。谪郁林博白时所作。"有冯惠民等点校本（中华书局，1983年）。按：蔡絛是蔡京的幼子，本书卷三，第53页云："大观末……吾时年十四。"则其生年为绍圣四年（1097）。卷一，第3页记"中兴岁戊辰冬十有一月"事，戊辰为绍兴十八年。卷四，第70页云："绍兴乙亥……十月，赵守（不易）殂……次年六月，叶戎又死。"乙亥为绍兴二十五年，次年即绍兴二十六年。但《要录》卷一五五，第2657页记赵不易与僚死事在绍兴十六年六月甲寅（十六日），注云"出蔡百衲（絛）《丛谈》"，与今本异，此当是《要录》的错误，因为该书卷一七一，第2984页记绍兴二十六年二月知州赵不易事，足见绍兴二十六年二月赵并未死，而今本《丛谈》记赵不易死于绍兴二十五年十月也有小误，其死疑在绍兴二十六年十月。《丛谈》之作当在绍兴二十七年左右，其时蔡絛年已六十一岁。

吴曾《能改斋漫录》十八卷，绍兴二十七年初稿

《直斋书录解题》卷一一："《能改斋漫录》十三卷，太常寺主簿临川吴曾虎臣撰。"
隆兴、乾道间增订为二十卷。绍熙元年（1190），京镗删节，今所传即此本。有上海古籍出版社点校本（1960年）。

此书有四个不同的本子。

1. 十八卷，十三类，二千余条，绍兴二十七年作，见本书吴曾子吴复所写后序。
2. 十三卷，以一类为一卷，内容及作年同上，见《直斋书录解题》及《宋史·艺文志》。
3. 增订本，十四类二十卷，见赵希弁《郡斋读书附志》。
4. 绍熙元年京镗删节本，此据增订本删为十八卷，见本书京镗序，今传世者即此本。

增订之年代，可据今本内容考定。

1. 卷一三，第396页云："绍兴丙子，沈相当轴……未及三年，当己卯岁，沈去国。"己卯为绍兴二十九年，沈相即宰相沈该。
2. 卷一八，第520页："建炎四年五月，杨勍叛卒由建安寇延平……今三十年矣。"建炎四年下数三十年为绍兴二十九年。此称"今"，证明是绍兴二十九年增补的。
3. 卷二，第28页"三馆可称学士"条云："自徽宗以前，州县官蔑有以学士称者。至渡江后，苟有一官未有不称，绍兴末臣僚有论列者，时有旨禁之，然今习俗犹尔也。"此"绍兴末"与"今"相对而论，足见"今"当指宋孝宗隆兴乾道间。

上述数例证明，此书在绍兴二十九年及宋孝宗时先后作了增补，增补者当为吴曾本人。吴于绍兴三十年十二月被罢官（《要录》卷一八七，第3348页），后尝知严州（《四库提要》及《环溪文集序》）。考《严州图经》知州题名未载其名，但此项缺载甚多，如耿自求、孟庚、郑震、罗孝芬、杨师中、韩彦古，绍兴乾道间尝知严州，此书均未记载（见《要录》及《宋会要》）。《舆地纪胜》卷八，第14页载吴曾上叶相书。叶相即叶衡，乾道二年十二月至三年十一月为相。《严州图经》"知州题名"条，乾道三年五月至七月缺知州名，吴曾尝分严陵之符当即此时，上书亦在今年。《漫录》的增订成书应在孝宗隆兴乾道间。增补者注明："续添"二字。

邵博《邵氏闻见后录》三十卷，绍兴二十七年

《直斋书录解题》卷五"杂史类"："《邵氏闻见录》二十卷，邵伯温撰。多记国朝事。又有《后录》三十卷，其子溥所作，不专纪事在子录小说类。"随斋批注："康节两孙溥、博，尝见川本《邵氏闻见后录》名博，今作溥，未知直斋何所据，恐博是，盖刊本不应误也。"有刘德权

等点校本(中华书局,1983年)。前有绍兴二十七年三月一日邵博自序。

王明清《投辖录》一卷,绍兴二十九年

《直斋书录解题》卷一一:"《投辖录》一卷,王明清撰。所记奇闻异事客所乐听不待投辖而留也。"有燕永成点校本(《全宋笔记》第6辑第2册,大象出版社)。有绍兴二十九年自序。

洪迈《夷坚志·甲志》,绍兴三十一年

《直斋书录解题》卷一一:"《夷坚志》甲至癸二百卷,支甲至支癸一百卷,三甲至三癸一百卷,四甲四乙二十卷,大凡四百二十卷。翰林学士鄱阳洪迈景卢撰。稗官小说,昔人固有为之者矣,游戏笔端,资助谈柄犹贤乎已可也,未有卷帙如此其多者,不亦谬用其心也哉!且天壤间反常反物之事惟其罕也,是以谓之怪,苟其多至于不胜载则不得为异矣。世传徐铉喜言怪,宾客之不能自通与失意而见斥绝者皆诡言以求合今,迈亦然。晚岁急于成书,妄人多取《广记》中旧事改窜首尾,别为名字以投之,至有数卷者,亦不复删润,径以入录,虽叙事猥酿属辞鄙俚不恤也。"

今存甲、乙、丙、丁志各二十卷,支志甲、乙、景、丁、戊、庚癸、志各十卷,三志己、辛、壬各十卷。此外后人有辑佚(志补二十五卷、再补、三补各一卷)。有何卓点校本(中华书局,1981年,下引《夷坚志》各本版本同此)。本卷对各志年代考证,均用此本。

1.《夷坚甲志》。洪迈《夷坚乙志序》云:"《夷坚》初志成,士大夫或传之……于是五年间又得卷帙多寡与前编等,乃以《乙志》名之。"《乙志》作于乾道二年,五年前《甲志》成,在绍兴三十一年。

2.洪迈《夷坚庚志序》云:"甲志之成,历十八年。"(《宾退录》卷八)则此书始作于绍兴十四年,《夷坚》各志在流传过程中,颇多散佚,《甲志》也有少量遗失,后人杂取晚出的《夷坚》各志补之,可以确定后补者有7条。见卷二,第13页;卷六,第45、46页;卷七,第60、61页;卷一四,第125页。

皇都风月主人《绿窗新话》二卷,约绍兴三十二年

有1957年古典文学出版社排印本。引南宋书《古今诗话》,此书撰于建炎元年至绍兴五年,又引及杨湜《古今词话》,此书记及徽宗皇帝,必作于绍兴七年徽宗得谥之后。又为《渔隐丛话后集》所引,则必作于乾道元年之前。今姑置于绍兴三十二年。

康与之《昨梦录》一卷,约绍兴三十二年

有汤勤福等点校本(《全宋笔记》第4辑第3册,大象出版社)。第6条云:"绍兴辛巳,余听读于建昌"。辛巳即绍兴三十一年,与之,北宋末,尝从晁以道学,建炎初上《中兴十策》(《宋史翼》卷二七本传,中华书局,1991年影印本)。绍兴三十一年,当已六十来岁,书应作于绍兴三十二年或稍晚。

曹勋《宣政杂录》一卷,约绍兴三十二年

《文渊阁书目》卷二:"《宣政杂录》一部一册。"有《说郛》(商务卷二六、宛委卷四七下)本,商务本题下注"一卷,谯郡公",文中说:"至乙巳冬,钦宗即位,意当丙午之期矣。而次年金人犯顺,有成北狩之祸,仆实从徽宗行。"爵名与事迹均与曹勋相合。(参李剑国《宋代志怪传奇叙录》,第305页)则是书作者应为曹勋(约1095—1174)。中国丛书综录以为江万里撰,误,江万里乃南宋末人,不可能随徽宗北行。书中称钦宗庙号,考此号定于绍兴三十一年七月(《宋史》卷二三《钦宗本纪》,第436页),知本书应作于绍兴三十二年或稍晚。

钱世昭《钱氏私志》一卷,乾道元年

有查清华等点校本(《全宋笔记》第2辑第7册,大象出版社)。系钱世昭所记,大多为其叔钱愐(？—1146)之见闻。亦记个人之闻见。是书最晚记至"隆兴初,贺子忱知枢密院"。按：贺子忱知枢密院在隆兴二年八月,十月罢(《宋史》卷三三,第627、628页)。故暂系于乾道元年。

袁褧《枫窗小牍》二卷,乾道二年初稿,嘉泰二年增补

有俞钢等点校本(《全宋笔记》第4编第5册,大象出版社)。书前有小序,"余迫猝渡江,侨寓临安",知作者必为北宋末南宋初人。卷下第4条"本朝历凡十变"最晚记至"在绍兴曰统元",而未涉及其后的乾道五年的乾道历,知必作于乾道四年前。卷上第5条称："今上主户亦至一千一百七十万五千六百有奇"。按：此乃乾道元年户数,见《宋会要》食货六九之一二,而与乾道二、三年等户数均异。乾道元年之数当出自二年之初的统计,则此书应作于乾道二年,"今上"指宋孝宗。卷上第32条记乾道七年事,第25条记乾道、淳熙间事,卷下第2条称高宗为"思陵",应为淳熙十六年三月(《宋史》卷三二《高宗纪》,第611页)后事,第36条记庆元四年、嘉泰二年事,当为后人所增。作者"崇宁间(1102—1106)少尝记忆作大鬓方额"(卷上第14条),以7岁计,约生于1100年,1127年南渡时已有妻、女(卷上第21条),作书时"耄矣,目不能观书"(卷上第27条)。此人自称"百岁老人绝笔"(稗海本),当为增补后之语,以嘉泰二年计,已103岁。

王明清《挥麈前录》三卷,乾道二年

《直斋书录解题》卷一一："《挥麈录》三卷,《后录》十一卷,《第三录》三卷,《余话》一卷,朝请大夫汝阴王明清仲言撰。有未署名的点校本(中华书局,1961年)。明清,铚之子,曾纡公衮之外孙,故家传闻前言往行多所忆后录跋称六卷,今多五卷。"有是年冬长至日明清自跋。

洪迈《夷坚志·乙志》二十卷,乾道二年

见乾道二年十二月自叙。

容斋逸史《青溪寇轨》,乾道四年后

《青溪寇轨》引方勺《泊宅编》(三卷本)两条,后附容斋逸史大段评语。汇为一部新书,曹溶摘入《学海类编》,因改题《青溪寇规》。则当为是书之编者,其真名已难考见。文中称韩世忠为蕲王,按：《宋会要》仪制一二之一九称"乾道四年五月十一日,诏扬武翊运功臣、太傅、镇南武安宁国军节度使、通义郡王、赠太师韩世忠追封蕲王",必作于乾道四年五月之后。

李元纲《厚德录》四卷,约乾道六年

《直斋书录解题》卷七："《近世厚德录》四卷,题百炼真隐李元纲国纪编。沈浚道原为作序。"《宋史》卷二〇三,第5124页："李元纲《近世厚德录》一卷。"有朱旭强点校本(《全宋笔记》第6编第2册,大象出版社)。

卷四,第283页引洪迈《夷坚志》,出《志甲》卷一二,第100页,乃绍兴三十一年所作。按元纲乾道六年作《圣门事业图》,有自序。又乾道八年王介《后序》云："友人李国纪,上庠贤士也。世为钱塘人,父祖登科,饱闻诗礼,寓居吴兴之新市……仍集内圣外王之道,三先生《西铭解》《厚德录》《言行编》数书,版行于世。"则《厚德录》必作于乾道八年之前,很可能还在六年作《圣门事业图》之前。今暂置于乾道六年。

洪迈《夷坚志·丙志》二十卷，乾道七年五月

见乾道七年(1071)十二月自叙。

沈作喆《寓简》十卷，淳熙元年

《文渊阁书目》卷二："《沈氏寓简》一部一册。"有俞钢等点校本(《全宋笔记》第4编第5册，大象出版社)。书前有沈作喆自序，曰："予屏居山中，无与晤语有所记忆，辄寓诸简牍，纷纶丛脞，虽诙谐俚语，无所不有，而至言妙道间有存焉，已而诵言之，则欣然如见平生故人，抵掌剧谈，一笑相乐也，因名之曰《寓简》，聊以自娱，庶几漆园之无心，抑有如惠子者，或知其为无用之用乎！甲午夏，寓山沈作喆序。"

《四库全书总目》卷一二一，第1042页曰："《寓简》十卷，宋沈作喆撰。作喆字明远，号寓山，湖州人，绍兴五年进士，以左奉议郎为江西漕司干官，据书中所叙当和议初成之时，赐诸将田宅，作喆为岳飞作谢表，忤秦桧，则似尝在飞幕中……此书自序题甲午岁，以《长历》推之，为孝宗淳熙元年，乃放废以后所作。"(中华书局，1965年)

曾敏行《独醒杂志》十卷，淳熙元年(十一年其子整理)

《遂初堂书目》"小说类"："《独醒杂志》。"有朱杰人点校本(《全宋笔记》第4编第5册，大象出版社)。曾敏行，淳熙二年卒。卷七，第171页称："泉南之曾……秘监诚，三传而为今丞相怀。"考曾怀为相在乾道九年十月至淳熙元年六月。知本书必作于此期间。今置于淳熙元年。

范成大《桂海虞衡志》一卷，淳熙二年

《郡斋读书志》卷五赵希弁《附志》上："《桂海虞衡志》三卷，右范文穆公成大帅静江日志其风物土宜也自为之序。"《直斋书录解题》卷八："《桂海虞衡志》二卷，府帅吴郡范成大至能撰。范自桂移蜀道中追记昔游。"《宋史》卷二〇四，第5158页："范成大《桂海虞衡志》三卷。"有方健点校本(《全宋笔记》第5编第7册，大象出版社)，收236条，辑佚118条。书前有自序，末署："淳熙二年乙未长至日，吴郡范成大至能书。"

林之奇《道山记闻》二卷，淳熙三年前

《宋史》卷四三三，第12861页："林之奇(1112—1176)字少颖，福州侯官人……淳熙三年卒，年六十有五。有《书、春秋、周礼说》《论、孟、杨子讲义》《道山记闻》等书行于世。"

今存，见《拙斋文集》卷一、卷二。四库提要："《拙斋文集》二十卷，宋林之奇撰……首为《记闻》二卷，盖即本传所谓《道山记闻》也。"

张镃《仕学规范》四十卷，淳熙三年

《宋史》卷二〇七"类事类"，第5301页："张镃《仕学规范》四十卷。"有宋刻本、明刻本、四库全书本。有自序，末署："淳熙岁丙申三年四月，秦川张镃时可序"。

洪迈《夷坚志·丁志》二十卷，淳熙四年

《夷坚支甲叙》云："《夷坚》之书成，其志十……盖始末凡五十二年，自甲至戊，凡占四纪，自己至癸，才五岁而已。"《庚志序》云："自乙至己，或七年，或五六年，今不过数阅月。"已知《辛志》始作于绍熙元年腊月，则《庚志》应作于同年夏秋至初冬。《己志》当成于淳熙十六年冬至绍熙元年春。如此，至《癸志》(绍熙四年冬至五年春)正合"五岁"之数。据《癸志序》，《乙志》至《己志》成书过程各需五至七年，以平均六年计，《丁志》约成于淳熙四年，《戊志》约成于淳熙十年。

周去非《岭外代答》十卷，淳熙五年

赵希弁《郡斋读书志》卷五下《附志》："《岭外代答》十卷，右周去非直夫记广右二十五

郡疆场之事,经国之具,荒忽诞谩之俗,瑰诡谲怪之产,耳目所治,与得诸学士大夫之绪谈者四百条云。"《直斋书录解题》卷八:"《岭外代答》十卷,永嘉周去非直夫撰。去非,癸未进士,至郡倅,所记皆广西事。"四库馆臣自《永乐大典》辑出,有杨武泉校注本(中华书局,1999年)。书前有淳熙戊戌(五年)十月五日序。卷一,第14条:"辛丑科(淳熙八年)二人登科。"当系淳熙八年所补。

程大昌《演繁露》十六卷,淳熙七年

《直斋书录解题》卷一〇:"《演蕃露》十四卷,《续》六卷,程大昌泰之撰。初在馆中见蕃露书以为非,说见春秋类。又引《古今注》冕旒缀玉下垂如繁露然,盖与玉杯竹林同为托物名篇,可想见也。今曰《演蕃露》,意古之蕃露与《尔雅》、《释名》、《广雅》、《刊误正俗》之类云尔。"(按:《文献通考》卷二一四引陈氏曰,"蕃"均作"繁"。《宋史》卷二〇二,第5065页:"程大昌《演繁露》六卷。"有许沛藻等点校本(《全宋笔记》第4编第8、9册,大象出版社)。

有淳熙七年正月自序。八年季秋陈应行跋"即命缮写锓木以传"。今本卷五,第204页"辱井"条云:"淳熙壬寅正月十四日,偶阅欧公《归田录》曰……"壬寅乃淳熙九年,卷三,第186页"富贵昌宜侯王"条:"淳熙乙巳,予以大飨恩,封新安郡侯……丁未三月二十八日,在建康,阅《唐会要》"。乙巳、丁未,乃淳熙十二年、十四年。卷六,第226页"佛牙"条,末云:"庚戌二月十七日,夜阅《赵凤传》书此。"庚戌乃绍熙元年,则是书成后至绍熙元年曾作增补。

洪迈《容斋随笔》十六卷,淳熙七年

《直斋书录解题》卷一〇:"《容斋随笔》、《续笔》、《三笔》、《四笔》各十六卷,《五笔》十卷,翰林学士鄱阳洪迈景卢撰。每编皆有小序,《五笔》未成书。"

有孔凡礼点校本(中华书局,2005年)。前有自序:"予老去习懒,读书不多,意之所之,随即纪录,因其后先,无复诠次,故目之曰随笔。淳熙庚子(七年)鄱阳洪迈景卢。"

程大昌《考古编》十卷,淳熙八年

《直斋书录解题》卷一〇:"《考古编》十卷,《续编》十卷,程大昌撰。上自《诗》、《书》,下及史传,世俗杂事有可考见者,皆笔之。"

有刘尚荣点校本(中华书局,2008年)。淳熙八年七月自序。书中最晚记至乾道戊子(四年,1168),见该书卷七,第49页。

巩丰《后耳目志》,淳熙八年后

有《说郛》(宛委卷二四)本。原题作曾巩。按:第5条引绍兴四年陈东欧阳澈赠官制,在曾巩卒后,则必非曾巩所作。巩丰(1148—1217)字仲至,少师吕祖谦,著有《耳目记》。(《水心文集》卷二二《巩固仲至墓志铭》、《宋史翼》卷二八)第2条称"先生"(谓东莱先生,南丰之师也),考东莱先生凡二,一吕本中(1084—1145),二吕祖谦(1137—1181),均非曾巩之师,而其师祖谦正号东莱先生,则"南丰之师也"应为"巩丰之师也"之误。曾巩号南丰,抄者不知巩丰其人,唯知曾巩大名,而误改也。其作当在嘉定十年之前,淳熙八年吕祖谦卒之后。唐有《耳目志》,故此称《后耳目志》。

周必大《淳熙玉堂杂记》三卷,淳熙九年

《玉海》卷五七:"周必大《玉堂杂记》三卷。"《宋史》卷二〇三"故事类":"周必大《淳熙玉堂杂记》一卷。"按:"一卷"当为"三卷"之误。有百川学海本、四库全书本、《说郛》本(此为节本)。

有淳熙九年八月十二日自作后记,云:"淳熙庚子(七年,1180),进位二府,苏易简玉堂之思,每切于中,因命小子纶裒为一编,略加订,其间多涉几微,非止温木,或删或留,仅得五十余条……厘为三卷。"书中所记最晚为淳熙六年十月(卷下)。

龚明之《中吴纪闻》六卷,淳熙九年

宋元书目未见著录。绍熙三年,范成大《吴郡志》卷二九引此书。有张剑光点校本(《全宋笔记》第3编第7册,大象出版社)。前有自序,称:"今年九十有二,西山之日已薄,恐其说之无传也,口授小子昱,俾抄其大端,藏之筐衍,不惟可以稽考往迹,资助谈柄,其间有裨王化、关士风者颇多,皆新旧图经及吴地志所不载者……淳熙九年中和日,宣教郎、赐绯鱼袋致仕龚明之期颐堂书。"

洪迈《夷坚志·戊志》二十卷,淳熙十年

考见《夷坚志·丁志》条。

郭彖《睽车志》五卷,淳熙十年稍晚

《直斋书录解题》卷一一:"《睽车志》五卷,知兴国军历阳郭彖次象撰。取睽上六载鬼一车之语。"有张剑光点校本(《南宋笔记》第9编第2册,大象出版社)。卷三,第198页记"淳熙庚子辛丑岁,平江比年大旱……明年壬寅(九年)夏,飞蝗骤至……"则应作于淳熙十年或稍晚。

吴箕《常谈》一卷,淳熙十一年后

《宋史》卷二〇六:"吴箕《常谭》二卷。"吴箕,乾道五年进士。有赵维国点校本(《南宋笔记》第6编第3册,大象出版社),第253页引"《长编》元祐五年六月……",此书之作必在淳熙十年《长编》修成以后。

韩元吉《桐阴旧话》一卷,淳熙十四年前

《直斋书录解题》卷七:"《桐阴旧话》十卷,吏部尚书颍川韩元吉无咎撰。记其家世旧事。以京师第门有桐木,故云。元吉,门下侍郎维之四世孙也。"今存节本,有《说郛》(宛委卷四五下)、《古今说海》(卷一一三)。收13条,予另辑得2条。

《四库全书总目》卷六一,第548页:"《桐阴旧话》一卷,宋韩元吉(1118—1187)撰。元吉字无咎,宰相维之元孙,以任子仕历龙图阁学士、吏部尚书,尝居广信溪南,自号南涧居士。此书宋志云十卷,陈振孙《书录解题》亦同。《续百川学海》所录乃只此一卷,其条数亦与此本同,盖全书久佚,从诸书抄撮成编也。书中所记韩亿、韩综、韩绛、韩绎、韩维、韩缜杂事,共存十三条,皆其家世旧闻,以京师第门有桐木,故云《桐阴旧话》。盖北宋两韩氏并盛,世以桐木韩家别于魏国韩琦云。"

程大昌《演繁露续集》六卷,淳熙十五年

程大昌(1123—1195)撰。有许沛藻等点校本(《全宋笔记》第4编第9册,大象出版社)本书最晚记至淳熙十四年,卷六,第232页:"淳熙丁未(十四年,1187),高庙上仙。"按:《宋史》卷三五,第687页,淳熙十四年十月乙亥,"上皇崩于德寿殿"。十五年三月庚子,"庙号高宗"。则必书于十五年三月之后,1195年卒以前。

程大昌《考古续编》十卷,绍熙元年

有刘尚荣点校本(中华书局,2008年)。本书卷七,第60页提及:"庚戌六月十七日,阅《唐史》书此。"书当作于绍熙元年庚戌。

袁文《瓮牖闲评》八卷,绍熙元年

《文渊阁书目》卷二:"《瓮牖闲评》一部一册。"袁文(1119—1190)卒于绍熙元年八月八日(袁燮《先公行状》,《絜斋集》卷一六)。

是书久佚,四库全书馆臣自《永乐大典》辑出,有李伟国点校本(中华书局,2007年)。卷八,第127页记淳熙十五年事。是书卷六,第102页更记及绍熙元年二月十五日事,则应作于是年三月至七月间。

洪迈《夷坚志·己志》二十卷,《夷坚庚志》二十卷,绍熙元年

《支甲叙》:"自己至癸,才五岁而已。"则《己志》约始作于淳熙十六年冬至绍熙元年春夏之际。

《夷坚庚志序》云:"自乙至己,或七年,或五六年,今不过数阅月。"按:辛志绍熙元年腊月开始写,此前用"数阅月"完成《夷坚庚志》,以六个月计,约始作于今年夏,则成书于十一月。

洪迈《夷坚辛志》二十卷,绍熙二年

《宾退录》卷八:"绍熙庚戌(元年)腊,从会稽西归,至甲寅(五年)之夏季,《夷坚》之书绪成辛、壬、癸三志,合六十卷,及支甲十卷。"据此,知其用三年四个月写了七十卷,平均十卷用时近6个月,以此推算,辛志二十卷,应自绍熙元年十二月至二年十一月,壬志自绍熙二年十二月至三年十一月,癸志自绍熙三年十二月至四年十一月,支甲自绍熙四年十二月至五年夏。

洪迈《容斋续笔》十六卷,绍熙三年

有三月十日自序,曰:"是书先已成十六卷,淳熙十四年八月在禁林日入侍至尊寿皇圣帝,清闲之燕,圣语忽云:近见甚斋随笔?迈竦而对曰:是臣所著《容斋随笔》,无足采者。上曰:煞有好议论。迈起谢退而询之,乃婺女所刻,贾人贩鬻于书坊,中贵人买以入,遂尘乙览,书生遭遇,可谓至荣。因复衷臆说缀于后,惧与前书相乱,故别以一二数而目曰续,亦十六卷云。绍熙三年三月十日迈序。"

李如篪《东园丛说》三卷,绍熙三年

有程郁点校本(《全宋笔记》第5编第10册,大象出版社)。前有自序,末署:"绍兴壬子三月下澣桐乡丞括苍李如篪自序。"

按,"绍兴壬子"即绍兴二年,考卷下第255页:"绍兴……甲戌廷试,(秦)桧之孙埙在焉。"绍兴甲戌为绍兴二十四年,本书不可能作于此年之前二十二年,知自序"绍兴壬子"必有误。旧抄本作"绍熙壬子(三年,1192)",当是,应据改。

周辉《清波杂志》十二卷,绍熙三年

有刘永翔《清波杂志校注》本(中华书局,1994年)。前有自序:"辉早侍先生长者,与聆前言往行,有可传者。岁晚遗忘,十不二三,暇日因笔之。非曰著述,长夏无所用心,贤于博奕云尔。时居都下清波门,目为《清波杂志》。绍熙壬子(三年)六月淮海周辉识。"

洪迈《夷坚壬志》二十卷,绍熙三年

《壬志》完成于绍熙三年十一月。考见《夷坚辛志》条。

费衮《梁溪漫志》十卷,绍熙三年

《宋史》卷二〇六,第5226页:"费衮《梁溪漫志》一卷。"《文渊阁书目》卷二:"费衮《梁溪漫志》一部一册。"有绍熙三年十二月二十日自序。

陆游《老学庵笔记》十卷,绍熙三年至四年

《直斋书录解题》卷一一:"《老学庵笔记》十卷,陆游务观撰。生识前辈,年登耄期,所记见闻,殊可观也。"《宋史》卷二〇三,第5124页:"陆游《老学庵笔记》一卷。"景定《严州续志》卷四"书籍":"《老学庵笔记》。"有李剑雄等点校本(中华书局,1979年)。

陆游(1125—1209)幼子陆子遹云:"《老学庵笔记》,先太史淳熙、绍熙间所著也。"此说不太确切。卷三第37页云:"予淳熙末还朝。"卷一,第9页,卷四,第42页云:"予去国二十七年夏还。"卷二,第19页云:"寿皇即位,惟临朝服丝鞋……今上初即位,诏每月三日、七日、十七日、二十七日皆进素膳。"寿皇为宋孝宗退位后之称号,孝宗死于绍熙五年六月,此不称孝宗而称寿皇,又称光宗为今上,必作于淳熙十六年二月至绍熙五年六月间(七月光宗退位)。卷八,第101页云:"史魏公自少保六转而至太师。"据《宋史》卷二一五,第5586页《宰辅表》,史浩为太师在淳熙十六年三月。卷九,第116页:"太原为大镇……今陷没几七十年。"按:太原被金占领在靖康元年九月三日。此称"今陷没几七十年",姑以六十八年计,则今应为绍熙四年,以六十六年计则为绍熙二年。既称"几七十年",不可能在六十五年以下。此书之作,可以断言应在绍熙年间,最可能是绍熙三年至四年间。

陆游《家世旧闻》二卷,绍熙四年

《文渊阁书目》卷一:"陆氏《家世旧闻》一部一册。"有李昌宪点校本(《全宋笔记》第5编第8册,大象出版社)。有5处文末注:"入《笔记》讫"或"已入《笔记》"。则其写作时间应在绍熙四年《老学庵笔记》完稿之时。

洪迈《夷坚癸志》二十卷,绍熙四年

《癸志》完成于绍熙四年十一月,考见《夷坚辛志》条。

洪迈《夷坚志支甲》十卷,绍熙五年

《支甲》作于绍熙五年六月。见自叙。

罗点《闻见录》,绍熙五年前

按:罗点(1150—1194)撰。当作于绍熙五年九月卒(《宋史》卷三七、第716页)以前。有《说郛》(宛委卷三二)本。

王明清《挥麈后录》十一卷,绍熙五年,庆元元年增订

王明清《挥麈后录跋》:"朝谒之暇,濡毫纪之,总一百七十条,无一事一字无所从来,厘为六卷,名之曰《挥麈后录》……绍熙甲寅(五年,1195)上元日,汝阴王明清书于武林官舍半山楼。"今本《后录》共11卷205条,较跋多35条。卷一,第1页"今上庆元元年十一月,上尊号……",可证作者于宁宗庆元元年末曾作增订。

韩淲《涧泉日记》,绍熙五年

《文渊阁书目》卷二:"《韩涧泉日记》一部三册。"韩淲(1159—1224)撰。有张剑光点校本(《全宋笔记》第6编第9册,大象出版社)。第138页佚文:"陈亮(1143—1194)……绍兴(应作熙)四年作第一人。今年正月遂死。"按:陈亮卒于绍熙五年,此既称为今年,则必作于绍熙五年。

陆游《老学庵续笔记》一卷,绍熙五年后

《四库全书总目》云《老学庵续笔记》二卷,然实未收是书。今仅有节本,《说郛》(宛委卷四一下)本,收18条。有李剑雄等点校本(中华书局,1979年),自《永乐大典》辑得佚文3条。此应作于绍熙四年《老学庵笔记》成书之后。

洪迈《夷坚志支乙》十卷,《夷坚志支丙》十卷,庆元元年

《支乙》作于庆元元年二月,见自叙。

《支丙》作于庆元元年十月,见自叙。

王明清《挥麈第三录》三卷,庆元元年

王明清《挥麈第三录》跋:"去岁请外从欲,赘丞海角,涉笔之暇,无所用心,省之胸次,

随手濡毫,又获数十事,不觉盈帙,漫名曰《挥麈第三录》……庆元初元仲春丁巳,明清重书于吴陵官舍佳客亭。"

周辉《清波别志》三卷,庆元二年前

《宋史》卷二〇六,第5229页:"周辉《清波别志》二卷。"按今存四库全书本为三卷。卷一:"炎正中兴七十年,由绍兴至绍熙,四纪间内禅者三"。

杨寅于庆元二年六月作跋曰:"余老无他嗜,犹喜读书,幸经史百氏,生平略游心独苦耳,闻近事殊驳,比得清波二志,释滞增益良多。"据此,别志必作于绍熙五年七月光宗内禅之后,庆元二年六月之前。

王明清《挥麈余话》,庆元二年

《挥麈余话》卷二,第328页:"绍兴甲子岁……今首台余处恭未十岁……去年余拜相。"余处恭,名端礼,庆元元年四月己未为相,二年四月罢(徐自明《宰辅编年录》)。此称去年拜相,又称"今首台",知必作于庆元二年春。"出版说明"以为作庆元二、三年间,不确。

洪迈《夷坚志支丁》十卷、《夷坚志支戊》十卷、《夷坚志支己》十卷、《夷坚志支庚》十卷,庆元二年

《夷坚志支丁》作于庆元二年三月,见自序。

《夷坚志支戊》作于庆元二年七月,见自叙。

《夷坚志支己》作于庆元二年十月,据庚志成书年代推算。

《夷坚志支庚》作于庆元二年十二月八日,历时四十四日,见自序。

洪迈《容斋三笔》十六卷,庆元二年

洪迈自序:"予亦从会稽解组还里,于今六年,仰瞻昔贤,犹驽骞之视天骥,本非伦拟,而年龄之运,踰七望八,法当挂神虎之衣冠,无暇于誓墓也。幸方寸未渠昏,于宽闲寂寞之滨,穷胜乐时之暇,时时捉笔据几,随所趣而志之,虽无甚奇论,然意到即就,亦殊自喜,于是《容斋三笔》成累月矣。稚子云不可无序引,因摅写所怀,并发逸少之孤标,破晋史之妄,以诏儿侄,冀为四笔他日嘉话。庆元二年六月晦日序。"

洪迈《夷坚支辛》十卷、《夷坚志支壬》十卷、《夷坚志支癸》十卷、《夷坚志三志甲》十卷、《夷坚志三志甲》十卷,庆元三年

《夷坚志支辛》作于庆元三年正月至二月。

《夷坚志支壬》约成于三、四月,据支癸成书年代推算。

《夷坚志支癸》成书于庆元三年五月十四日,历时三十日,见自叙。

《夷坚志三志甲》序称五十日而成,应作于庆元三年七月。

洪迈《容斋四笔》十六卷,庆元三年

有九月二十四日自序,曰:"始予作容斋一笔,首尾十八年,二笔十三年,三笔五年,而四笔之成,不费一岁,身益老而著书益速……庆元三年九月二十四日序。"

洪迈《夷坚志三志乙》十卷、《夷坚志三志丙》十卷、《夷坚志三志丁》十卷、《夷坚志三志戊》十卷、《夷坚志三志己》十卷,庆元三年至四年

五书中今仅存《夷坚志三志己》,据自叙,作于庆元年四年四月一日。则《三志乙》至《三志戊》当作于庆元三年八月至四年二月间。

洪迈《夷坚志三志庚》、《夷坚志三志辛》十卷、《夷坚志三志壬》十卷,庆元四年

已佚,《夷坚志三志庚》应作于庆元四年五月。

《夷坚志三志辛》，庆元四年六月自序。

《夷坚志三志壬》十卷，庆元四年九月，见自叙。

《夷坚志三志癸》十卷。庆元四年冬。

王明清《玉照新志》，庆元四年

《文渊阁书目》卷四："《玉照新志》一册。"《千顷堂书目》卷一二："王明清《玉照新志》六卷。"此书元抄本为五卷，明以后析为六卷，内容基本相同。有万历抄本、宋人小说本、四库全书本。书前有自序曰："庆元戊午（四年，1198），明清得玉照一于友人永嘉鲍子正，色泽温润，制作奇古，真周秦之瑞宝也。又获米南宫书玉照二字，因揭寓舍之斗室，屏迹杜门，思索旧闻，凡数十则，缀辑之，名曰《玉照新志》。务在直书，初无私意，为善者固可以为韦弦，为恶者又足以为龟鉴，间有奇怪谐谑，亦存乎其中。若夫人祸天刑，则付之无心可也。长至日，汝阴王明清书。"

洪迈《夷坚志四志甲》十卷、《夷坚志四志乙》十卷，庆元五年至嘉泰二年

《宾退录》卷六云："《四志乙》则绝笔之志，不及序。"应作于洪迈去世之嘉泰二年。《四志甲》应为庆元四年冬至嘉泰元年间所撰。

洪迈《容斋五笔》十卷，庆元五年至嘉泰元年

按：《五笔》卷七"风灾霜旱"，第915页："庆元四年饶州盛夏中，时雨频降……九月十四日，严霜连降。"知《五笔》当作于庆元四年冬至嘉泰元年间。

俞成《萤雪丛说》二卷，庆元六年

《宋史》卷二〇六，第5221页："俞子《萤雪丛说》一卷。"《考古质疑》卷五，第234页："近世有《萤雪丛说》，俞成元德所作也。"有百川学海本。前有庆元六年八月自序。卷上"矢鱼于棠"条："辛酉秋，因如鄱阳，阅三十六家春秋解。"辛酉，嘉泰元年也，知序后一年仍在作增补。时已在暮年（卷下"诗贵熟读"条）。

龚颐正《芥隐笔记》一卷，嘉泰元年

《文渊阁书目》卷二："龚颐正《芥隐笔记》一部一册。"有李国强点校本（《全宋笔记》第5编第2册，大象出版社）。刘董跋，末署："嘉泰改元孟冬既望，刘董敬用锓木于东宁郡库。"

龚颐正《续释常谈》二十卷，嘉泰元年

《直斋书录解题》卷一一："《续释常谈》二十卷，秘书丞龚颐正养正（1140—1201）撰。昔有《释常谈》一书，不著名氏，家藏亦缺此书，今故以续称，凡常言俗语皆注其所出。"《南宋馆阁续录》卷七"秘书丞"："龚颐正字养正，和州历阳（今安徽和县）人，淳熙十四年史馆荐闻特命官。嘉泰元年赐第，十一月除，是月致仕。"《续编两朝纲目备要》卷六，第13页："嘉泰元年七月乙丑，赐龚颐正出身。"注："是冬，迁秘书丞，未逾月卒。"直斋称其秘书丞，当作于嘉泰元年。原书已佚，今存节本，《说郛》（商务卷三五）本收79条，百川学海重辑本，收32条，其中31条已见《说郛》本。

陈晦《行都纪事》一卷，嘉泰元年

此书作者，《说郛》（宛委卷三〇）本作陈晦，商务本（卷二〇）题杨和甫。按：此书第10、11条引杨诚斋（1127—1206）、朱晦庵（1130—1200）事，则约作于1200年左右。

李心传《建炎以来朝野杂记》甲集二十卷，嘉泰二年

《直斋书录解题》卷五"杂史类"："《建炎以来朝野杂记》甲乙集，共四十卷，李心传撰。上自帝系、帝德、朝政、国典，下及见闻琐碎，皆录之。盖南渡以来野史之最详者。"

有徐规点校本（中华书局，2000年）。前有嘉泰二年十月晦自序。书中内容最晚记至

十一月庚午(卷六,第148页),则作序后又有所补也。

周必大《二老堂杂志》五卷,嘉泰二年

此书收入周必大(1126—1204)《文忠集》卷一七九至一八三,凡96则。所记最晚为嘉泰二年六月六日事(卷四"张循王赐第"条),则书当作于是年后半年,或三年。

王楙《野客丛书》三十卷,嘉泰二年

《文渊阁书目》卷二:"王楙《野客丛书》一部一册。"《千顷堂书目》卷一二:"王懋(当作楙)《野客丛书》三十卷。"有明王谷祥刻本、正统抄本、稗海本、四库全书本。按:此书于庆元元年写成初稿,至嘉泰二年最后定稿。

《野客丛书小序》:"仆间以管见,随意而书,积数年间,卷帙俱满,旅寓高沙,始命笔吏,不暇诠次,总而录之,为三十卷,目之曰《野客丛书》,井蛙拘墟,稽考不无疏卤,议论不无狂僭,君子谓其野客则然,不以为罪也。皇宋庆元改元三月戊申日下稷长洲王楙书于不欺堂之西偏。""此书自庆元改元以来,凡三笔矣,继观他书,间有暗合,不免为之窜易,转乌为舄,吏笔舛讹,以俟订正,续有数卷,见别录云。嘉泰二年十月初五日,楙再书于仪真郡斋之平易堂。"王楙字勉夫,嘉定六年四月二十九日卒,享年六十三。(薛绍彭《宋王勉夫圹铭》,《吴都文粹续集》卷四〇)

孙奕《示儿编》二十三卷,开禧元年

赵希弁《郡斋读书志》卷五上附志:"《示儿编》前后集二十四卷,右孙奕季昭所编也。苏大章诸人题于后。"《宋史》卷二〇五"儒家类",第5177页:"孙奕《示儿编》一部。"有侯体仁等点校本(中华书局,2014年)。书前有开禧元年九月自序。

邢凯《坦斋通编》一卷,开禧元年

《文渊阁书目》卷二:"邢凯《坦斋通编》一部一册。"有四库全书本,收62条。《说郛》(宛委卷二八)本收12条,其中7条见四库本。书中提及"庆元(1195—1200)间,钜珰王德谦干紊朝政"(第46条),又云:"近见杨诚斋《易解》与此说同"(第1条)。按杨万里(1127—1206)《易传》作于嘉泰四年,本书当作于开禧元年或稍晚。

《江西通志》卷五〇:"嘉定七年袁甫榜,邢凯,武宁人,吏部侍郎。"

赵彦卫《云麓漫抄》十五卷,开禧二年

《直斋书录解题》卷一一:"《云麓漫钞》二十卷,《续钞》二卷,通判徽州赵彦衡景安撰。续二卷,乃《中庸说》及汉定安公补纪也。彦衡,绍熙间宰乌程,有能名。"

有傅根清点校本(中华书局,1996年),有自序:"《拥炉闲纪》十卷,近刊于汉东学宫,颇有索观者,无以应其求,承乏来此,适有见版,并后五卷刻诸郡斋,近有《避暑录》,似与之为对,易曰《云麓漫抄》云。开禧二年重阳日,新安郡守赵彦卫景安书于黄山堂。"据此,其书初名《拥炉闲纪》,仅十卷,后增补五卷,开禧二年改书名为《云麓漫抄》。

沈俶《谐史》,开禧二年后

有《说海》(卷九三)本、《说郛》(宛委卷三五上)本。此书最晚记赵师𥈪尚书尹临安事,按赵师𥈪以尚书尹临安在嘉泰四年甲子九月至开禧元年乙丑(1205)八月(咸淳《临安志》卷五二),则此书之作应在开禧二年或稍晚。

李心传《旧闻证误》十五卷,嘉定元年后

《宋史》卷二〇三:"李心传《旧闻证误》十五卷。"今存宋刻残本二卷、四库全书辑佚本四卷。有崔文印点校本(中华书局,1981年),收四卷及补遗一卷。卷二,第37页云"详见心传所著《建炎以来系年要录》",则必作于嘉定元年《要录》成书以后。

倪思《经鉏堂杂志》八卷，嘉定元年

《直斋书录解题》卷一一："《经鉏堂杂志》八卷，倪思正甫(1147—1220)撰。"有朱旭强点校本(《全宋笔记》第6编第4册，大象出版社)。此书为其晚年时陆续写成，其自记写作年代者有庆元六年、嘉泰四年、开禧三年，最晚为嘉定元年八月(卷八，第460页)，此应为其最后成书之年。

阙名《朝野遗记》，嘉定元年至十二年

有《说海》本(卷八八作《朝野遗纪》)、《历代小史》本(卷五七)。第16条"今上以嘉邸践阼"，今上即宁宗，即位前为嘉王。应作于宁宗在位时(庆元元年至嘉定十七年)，即1220年前。然同条又称"宁宗"庙号，则又在宝庆元年正月得此庙号之后(《历代小史》本、《说海》本)，相互矛盾，疑此庙号乃明人所改。第16条记杨氏封为后事，在嘉泰三年。又称杨后为今长秋，则必作于杨氏在世时(1161—1232)。第15条："今东宫迁入，实余杭宗室善下居其间，而韩侂胄与善下厚，故得导达也。"今东宫当指赵询(1207—1220)，则此书应作于1208—1219年间。

陆游《避暑漫抄》一卷，嘉定二年前

此系陆游(1125—1209)抄录诸书之作。有《说海》本、《说郛》本。凡28则。《说海》本注明各条出处，较优于《说郛》本。应作于其嘉定二年卒前。此书引《铁围山丛谈》，必撰于1158年以后。

陆游《斋居纪事》，嘉定二年前

本书收入明汲古阁本《陆放翁全集》。系据真迹录入，凡25则。有李昌宪点校本(《全宋笔记》第5编第8册，大象出版社)。应作于陆游嘉定二年卒前。

金盈之《新编醉翁谈录》八卷，嘉定三年后

《千顷堂书目》卷一二："盈之《新编醉翁谈录》八卷。不知姓，官从政郎衡州录事参军，凡七十事，杂记宋都城仕宦风俗寺院平康市陌琐事。"有适园丛书本。

有胡绍文点校本(《全宋笔记》第10编第11册，大象出版社)。卷一，第11页记嘉定己巳(二年)史丞相事，则应作于嘉定三年以后。

桂万荣《棠阴比事》二卷，嘉定四年

《文渊阁书目》卷三："《棠阴比事》一部一册。"景定《建康志》卷三三"书版"："《棠阴比事》五十六版。"前有嘉定四年自序，序称："暇日取和鲁公父子《疑狱集》，参以开封郑公《折狱龟鉴》，比事属词，联成七十二韵，号曰《棠阴比事》。"末署"重光协洽闰月望日，四明桂万荣序"，重光即辛，协洽即未，则作于嘉定四年。另有嘉定癸酉(六年，1213)刘肃序。

高文虎《蓼花洲闲录》，嘉定五年前

高文虎(1134—1212)撰。有《说郛》本(宛委卷四一下)、《说海》本(卷一二八)。收39条。此书系杂采各书而成，最后一条引《吹剑续录》，此书乃淳祐三年(1243)所撰，当为后人增入。

张淏《云谷杂记》四卷，嘉定五年

《文渊阁书目》卷二："张淏《云谷杂记》一部四册。"自跋云："往岁尝纪所闻杂事数条，因取而合为一编，杂然无复诠次，故目之曰《杂记》。时嘉定岁在玄黓涒滩仲春，单父张淏清源识。"按：玄黓涒滩即壬申，嘉定壬申乃嘉定五年。卷首有徐邦宪帖及嘉定七年张淏跋，云："以公帖冠之卷首。"则卷首乃嘉定七年所增。卷末有张耒、章颖、萧㦖、赵善坚荐状或奏状，作于嘉定六年至十一年。又有嘉定五年杨楫跋、嘉定七年章颖跋、叶适跋，则为嘉定十一年所增。

刘昌诗《芦浦笔记》十卷，嘉定六年

《千顷堂书目》卷一二："刘昌诗《芦浦笔记》十卷，字与伯，清江人，与北宋另一人。"有张荣铮等点校本（中华书局，1986年）。有嘉定六年中和节自序。又有八年秋重阳日自跋，云："八年梓于六峰县斋。"

岳珂《愧郯录》十五卷，嘉定七年

《文渊阁书目》卷二："岳珂《愧郯录》一部五册。"有朗润点校本（中华书局，2016年）。有自序，末称："凡书皆祖宗若当世事，名前哲所以尊朝廷，为卷者十有五，总一百十七则，命之曰郯，以志其愧。嘉定焉逢淹茂岁圉如（四月）既望谨序"。嘉定焉逢淹茂岁即嘉定七年。

李俊甫《莆阳比事》七卷，嘉定七年

《宋史》卷二〇四"地理类"："李幼杰《莆阳比事》七卷。"嘉定七年四月下澣林瑑序。今存明影抄宋本，收入宛委别藏。此本有后人增补内容4条（见卷一，第30、31页；卷二，第58、61页），所增最晚为咸淳戊辰（八年，1272）。

岳珂《桯史》十五卷，嘉定八年

《直斋书录解题》卷一一："《桯史》十五卷，岳珂撰。桯史者犹言柱记也，原注说文桯床前几也。"有吴企明点校本（中华书局，1981年）。有嘉定焉逢淹茂岁（乙亥，八年）圉如（四月）既望自序。

许观《东斋记事》，约嘉定八年

有《说郛》（宛委卷二八下）本。按：此书称孝宗庙号，必作于绍熙五年以后。曾与岳珂（1183—1241后）同观李伯时三教图，并题词。"李伯时三教图卷纸本，岳珂、许观焚香拜观。"（卞永誉《书画汇考》卷四二）则应与岳珂同时。岳珂于1183年生，开禧元年为承务郎、监镇江府户部大仓（《宝真斋法书赞》卷二五），官至户部侍郎，淳祐元年罢任（汪圣铎点校，《宋史全文》卷三三，中华书局，2016年，第2747页）。岳珂于嘉定七年、嘉定八年先后作《愧郯录》《桯史》。此书之作亦当在此期间。现姑置于嘉定八年。

李心传《建炎以来朝野杂记》乙集二十卷，嘉定九年

有徐规点校本（中华书局，2000年）。有嘉定九年七月自序。

陈鹄《西塘集耆旧续闻》十卷，嘉定九年后

《文渊阁书目》卷二："《耆旧续闻》一部一册。"《千顷堂书目》卷一二："陈鹄《耆旧续闻》十卷，号西塘。"卷六"吕洞宾多游人间"条："余乙亥岁为滁教。"乙亥为嘉定八年，则书当作于嘉定九年以后。

周守忠《姬侍类偶》一卷，嘉定十三年

《四库全书总目》卷一三七，第1161页："《姬侍类偶》二卷，宋周守忠撰……是书成于嘉定庚辰（十三年），有朝奉大夫郑域中序及守忠自序。"

赵珙《蒙鞑备录》一卷，嘉定十四年

此为嘉定十四年赵珙撰。有李国强点校本（《全宋笔记》第7编第2册，大象出版社）。赵珙受贾涉派遣出使河北蒙古军前议事归后所作。《齐东野语》卷一九"嘉定宝玺"，第346页："贾涉为淮东制阃日，尝遣都统司计议官赵珙（点校本误改作"拱"）往河北蒙古军前议事。久之，珙归，得其大将扑鹿花所献皇帝恭膺天命之宝玉玺一座并元符三年宝样一册，及镇江府诸军副都统制翟朝宗所献宝检一座，并缴进于朝。"书中多处自称"珙"，并称今庚

辰年，庚辰即嘉定十四年也。《历代小史》收此书时误改作者为孟珙，《钦定续文献通考》卷一一〇引是书亦误作"孟珙"(孟珙《蒙鞑备录》曰："国王出师，亦以女乐随行，多以十四弦等弹大官乐等四拍手为节。")。参王国维《蒙鞑备录笺证》。

陈录《善诱文》一卷，嘉定十四年

《千顷堂书目》卷三："陈录《善诱文》一卷。"有百川学海本。前有嘉定辛巳(十四年，1221)重阳日其弟錬序，称"吾兄……俾弟錬趣刊版而印"，则应作于是年。

何坦《西畴老人常言》一卷，约嘉定十六年

《千顷堂书目》卷一二："何坦《西畴常言》一卷。"有百川学海本。何坦，广昌人，淳熙十一年进士。嘉定十六年十一月，为广东提刑时，劾罢贪官知英德府曹滋(《宋会要》职官七五之三五)。官宝谟阁学士。传见郭棐《粤大记》卷一一，第311页(黄国声等点校，中山大学出版社，1998年)。李昂英(1201—1257)为作序(《文溪存稿》卷三)。此书论做人做官之道，应作于1223年前后。

赵善璙《自警编》九卷，嘉定十七年

按此书嘉定十四年始作，十七年正月成，端平元年刻于江州。《钦定天禄琳琅书目》卷五："《自警编》二函十册，宋赵善璙撰。不分卷，前善璙自序。《歙县志》：赵善璙字德纯，宗室赵不俄兄，不佞之子，登嘉定进士第，尝谓缙绅不明大法九章，无以断疑，未几中法科，除大理评事，后通判广德军，有政声，召为尚书郎。著《自警编》行世。善璙序作于宁宗嘉定十七年，其书皆辑宋名臣言行，分类纪之，首以事君，终言操守。序称越三年而后成编，亦深于克治者矣。书中字体规仿颜柳，刻工未始不善，而墨黯纸粗，决非宋本。徐元明、俞立初收藏，二印无考。"

序云："尝读《诗》之《抑》，卫武公所以自警者，凡十二章，绅绎辞旨，反复切至，猗欤休哉！予辛巳(嘉定十四年，1221)去国，屏迹龟溪，省憩余暇，集我朝诸公言行。越三年而成编，名以《自警》，盖警饬予之所不能，而庶几古人万一云耳。书甫成，市书徐生售《典刑录》、嘉言善行，胪分品列，简颇予所编。因广教育、摄养、好生、使命数门，置之座右，期无负初意云。嘉定甲申(十七年，1224)正月望，汉国赵善璙序。"(《皕宋楼藏书志》卷五八)

跋云："噫，是编也，药石予疢多矣。却扫八年，安之义命，宦驰六载，粗不愧见吏民，皆是编助之也。客有好事者从予抄录，予曰：单见谫闻，藉是强而进耳，何敢以示人？客曰：蘧伯玉耻独为君子，岂用心之未广耶？予嘉其说，遂锓木于九江郡斋。端平改元三月旦，善璙再书。"(《皕宋楼藏书志》卷五八)

赵与时《宾退录》十卷，嘉定十七年

有姜汉椿点校本(《全宋笔记》第6编第10册，大象出版社)。嘉定十七年秋，赵与时书后题识："嘉定屠维单阏(己卯，十二年，1219)之夏……以平日闻见，稍笔之端……日积月累，成此编帙，阏逢滩(甲申，十七年，1224)之秋，束担赴戍，因命小吏书而藏之笈……与时续记。"可见此书自嘉定十二年始作，至十七年完成。

吴枋《宜斋野乘》一卷，嘉定十七年

《文渊阁书目》卷二："吴枋《宜斋野乘》一部一册。"有百川学海本。自序："尝记周益公《二老杂志》载……甲申八月芙蓉城人吴枋书。"周书作于嘉泰二年，知此"甲申"必为嘉定十七年。

赵汝适《诸蕃志》二卷，宝庆元年

《直斋书录解题》卷八："《诸蕃志》二卷，福建提举市舶赵汝适记诸蕃国及物货所出。"

有杨博文《诸蕃志校释》本(中华书局,2000年)。书前有自序,末署:"宝庆元年九月日,朝散大夫、提举福建路市舶司赵汝适序。"

庞元瑛《谈薮》,宝庆元年或稍晚

有《古今说海》(卷一〇〇)本,收25条,《说郛》本10条均见《说海》本。均题庞元英撰。按:元英乃庞籍之子,北宋中叶人,此书所撰多为南宋事,显非元英所作。第6条、第17条称"宁宗"庙号,则必作于宝庆元年得此号之后,书中未记理宗时事,故定为宝庆元年或稍晚所作。《四库提要》卷一四三,第1217页:"凡载杂事二十五条,皆他说部所有,殆书贾抄合旧文,诡立新目,售伪于藏书之家者。"考本书内容,他书均未见,提要之"皆他说部所有"无据。

其第3条"沈詹事",首句作"沈詹事特"(天启四年,1624)。董斯张《吴兴备志》卷一一亦引此条,首句作:"沈詹事持要,坐叶丞相论恢复,贬筠州。沈方售一妾,年十七八,携与俱行,处筠凡七年。既归,呼妾父母,以女归之,犹处子,时人以比张忠定公咏。会稽潘方仲为安吉尉,献诗云:昔年单骑向筠州,觅得歌姬共远游。去日正宜供夜直,归来浑未识春愁。禅人尚有香囊愧,道士犹怀炭妇羞。铁石心肠延寿药,不风流处却风流。"并注出处"庞元瑛《谈薮》"。文中所称"坐叶丞相论恢复,贬筠州",事见嘉靖《安吉州志》,《浙江通志》卷一五九亦称"沈枢,字持要",则《吴兴备志》所据之本,比《说海》更正确。其作者实为庞元瑛,《说海》误作庞元英,以致与北宋人相混,而提要亦据此以为伪作。又第8条"韩侂胄",明陈耀文《天中记》卷一八"诗笺"引此,记其出处为疲竹齐《谈数》。按疲竹齐《谈数》疑为疲竹斋《谈薮》之误书。疲竹斋乃作者之堂名。此亦可证明代并不认为其作者为庞元英,可与庞元瑛说相佐证。

总之,此书不伪,作者并非北宋之庞元英,而是庞元瑛,南宋人,斋名疲竹。

叶大庆《考古质疑》,宝庆二年

是书久佚,四库馆臣自《永乐大典》辑出,凡74条。李伟国点校本(中华书局,2007年)又辑得佚文9条。叶武子《考古质疑序》:"同舍叶君荣甫以经学蜚声六馆,人知诵其文,叹其辞藻之胜,而所学之原委,则未之或知也。予赘丞古建,而君为郡博士,一日出示所著《考古质疑》一编,予细玩之,则考订详密,援引该博,而议论精确,往往出人意表,盖不独为应举计而已,予乃知君用功之深,其成名岂偶然哉!夫学问淹贯,然后议论卓越,而辞藻需然,学者志于应举,读君之文,当参此书,以求君之用功其于科第,何远之有,苟不务根本,徒事枝叶而欲争先多士,是犹操卮酒豚蹄而觊瓯窭满篝,多见其不知量也。属阅不已,因书其后而明之。宝庆丙戌(二年)良月,樵阳叶武子文之题。"

高似孙《纬略》十二卷,约宝庆二年

有储玲玲点校本(《全宋笔记》第6编第5册,大象出版社),前有序,称:"似孙既辑《经略》《史略》《子略》《集略》,又辑《骚略》,事有逸者琐者为《纬略》。"《史略》有宝庆元年十月自序,此书既作于其后,最早亦应在次年。又是时年已70岁左右,故此书之下限也应在此后数年间。

魏了翁《古今考》一卷,宝庆二年至绍定四年

有《说郛》本(宛委卷一二下)。前有序称:"渠阳山中,暇日编校经传……姑即《汉纪》随文辩证,作《古今考》。"仅20条,方回云"册外篆初稿二字,又有四段,立题未著文",知为未定之稿,当作于1237年。

按:渠阳即靖州。《宋史》卷四三七本传,第12968页:"以集英殿修撰、知常德府,越二

日,谏议大夫朱端常遂劾了翁欺世盗名朋邪谤国,诏降三官、靖州居住……绍定四年,复职、主管建宁府武夷山冲佑观。五年,改差提举江州太平兴国宫,寻知宁府,辞不拜,进宝章阁待制、潼州路安抚使、知泸州。"《宋史》卷四一,第787页:"宝庆元年十一月甲申,朱端常言魏了翁封章谤讪……诏魏了翁落职夺三秩、靖州居住。"同卷,第796页:"绍定五年夏四月丁卯,起魏了翁,以集英殿修撰知遂宁府。八月已未,魏了翁以宝章阁待制、潼川安抚使、知泸州。"按:魏了翁以宝庆二年夏到达靖州,绍定四年秋离靖州返乡(参彭东焕《魏了翁年谱》,四川人民出版社,2003年)。则是书应作于宝庆二年夏至绍定四年间。

王栐《燕翼诒谋录》五卷,宝庆三年

有百川学海本。有宝庆丁亥(三年)孟冬自序。

张世南《游宦纪闻》,绍定元年,七年增订

《直斋书录解题》卷一一"小说家类":"《游宦纪闻》十卷,鄱阳张士南光叔撰。"

有张茂鹏点校本(中华书局,1981年)。张世南自序云:"绍定改元,适有令原之戚,闭门谢客。因追思,捉笔纪录,不觉盈轴,以游宦纪闻题之,所以记事实而备遗忘也。嗣有所得,又当傅益之云。"

按:此书绍定元年(1228)所作系初稿,以后续有增补,其证如下:

1. 卷六,第55页:"鄱阳自雍熙乙酉梁颢榜,至绍定己丑登科者,五百七十余人。"己丑为绍定二年。

2. 卷七,第59页:"已丑孟秋(原作秋孟,据四库本乙正),访一亲旧,出示古物数种,皆所未见。"

3. 卷八,第73页:"绍定癸巳七夕后一日,予甥董若金忽语予云……予应曰……",癸巳为绍定六年。

4. 卷一〇,第92页:"绍定癸巳,汤制干仲能,主白鹿教席。"

以上可证,自绍定二年至六年,陆续作了增补,今流传本乃增订本,约成于绍定七年。由3、4条可知,所记为张世南之亲身经历,则增补者当即张世南。书末有绍定五年李发先跋,其时尚未增补完毕,所见当属初稿(考见《宋史新探》,第375页)。

蒋津《苇航纪谈》,绍定元年后

有《说郛》本(宛委卷二〇下)。最晚提及宝庆间(1225—1227),则必作于绍定元年(1228)以后。赵葵《行营杂录》引此,最晚应在景定年以前。

沈氏《鬼董》五卷,约绍定三年

有唐玲点校本(《全宋笔记》第9编第2册,大象出版社)。卷二,第134页"善应尼"记绍定元年事,卷三,第143页"道士青阳某"记绍定二年事,据此,本书应作于绍定三年或稍晚。

赵崇绚《鸡肋》一卷,约绍定四年

《千顷堂书目》卷一二:"赵崇绚《鸡肋》一卷,字符素。"有《百川学海》本。崇绚为汝适(1170—1231)次子,绍定四年汝适卒时,崇绚为从事郎、余姚县主簿(见《宋赵汝适墓志拓本》,《文物》1987年10期)。咸淳《临安志》卷五〇"两浙转运":"赵崇绚咸淳二年二月为运判,十二月除淮东总领。"其作是书当在绍定四年前后。

戴埴《鼠璞》一卷,约端平元年

《直斋书录解题》卷一一:"《鼠璞》一卷,戴埴撰。"有储玲玲点校本(《全宋笔记》第8编第4册,大象出版社)第76页"庙议"条记宝庆事,第79页"楮券源流"条记绍定癸巳(六年,

1233)冬事,知必成书于此年之后,即端平元年或稍晚,今暂系于端平元年。

曾三异《同话录》,约端平二年

一作《因话录》,有《说郛》本(宛委卷二三上)。端平元年三月十九日,有旨曾三异差充秘阁校勘(《南宋馆阁续录》卷六,第228页,中华书局,1998年),时年八十一(凌迪知《万姓统谱》卷五七),则应生于1154年。年九十乃终(《鹤林玉露》乙编卷五,第211页)。文中记及庆元六年事(第28条),记韩侂胄晚年伏诛(第45条),事在开禧三年十一月(《宋史》卷三八《宁宗纪》,第746页),第32条"予在朝曾见朝列云:言官退无所为……",则其书应作于端平元年入官以后,其著作年代当在端平二年或稍晚。

叶绍翁《四朝闻见录》五卷,端平二年

《文渊阁书目》卷二:"《四朝闻见录》一部五册。"《千顷堂书目》卷五:"叶绍翁《四朝闻见录》五卷。"有沈锡麟等点校本(中华书局,1989年),甲集第4页称真德秀(1178—1235)之谥"文忠",必作于端平二年五月(魏了翁《真公(德秀)神道碑》,《鹤山集》卷六九)后。

陈昉《颍川语小》二卷,端平二年后

有汤勤福点校本(《全宋笔记》第8编第3册,大象出版社)。卷下,第170页称"真文忠公",则必为真德秀(1178—1235)端平二年五月得谥(《宋史》卷四二《理宗纪》,第808页)后所撰。

张仲文《白獭髓》一卷,端平时

《千顷堂书目》卷一二:"张仲文《白獭髓》一卷。"有《说郛》本(卷三八上)、《历代小史》本,收27条。此书记南宋时事,最晚为绍定时。第5条:"绍定初,御街……至四年九月间,李博士桥王德家遗火自北而南焚烧……五十余里……王德取斩,是时守臣林介……因是罢去。"第26条:"绍定间,内司提辖陈询益奏",显然是绍定以后的口气,当作于端平时或稍晚。

吴子良《林下偶谈》四卷,端平年间

《千顷堂书目》卷一二:"荆溪吴氏《林下偶谈》四卷,不知名。"卷四"圣上亲政"条云:"绍定之末,史相薨,圣上亲政……未几,并除洪公咨夔、王公遂为察官"。按史弥远死于绍定六年十月乙未,洪咨夔、王遂为监察御史在同年十一月戊辰。既称"绍定末",则必作于改元端平之后。卷二"知文难"条云:"水心先生……晚得筼窗陈寿老即倾倒,付嘱之时,士论犹未未厌,水心……谓他日之论,终当定于今日,今才十数年,世上文字衰落,而筼窗卓然为学者所宗。"按水心即叶适(1150—1223),筼窗即陈耆卿(1177—1234),从叶适临死至"今才十数年",如"今"指端平元年,则距1223年为12年,正在"十数年"之内。稍放宽一些,大约作于端平年间。"十数年"一般不会指十九年,如为十九年,就会用"几二十年"之类的词。它最多指十七或者十八年,即此书之作最晚不会晚于1240年。

赵升《朝野类要》五卷,端平三年

《文渊阁书目》卷三:"《朝野类要》一部一册。"《万卷堂书目》卷二"杂史类":"赵升《朝野类要》五卷。"有王瑞来点校本(中华书局,2007年)。卷前有端平三年重九自序。

魏了翁《经外杂抄》二卷,端平三年

有四库全书本。卷二,第26页记"端平三年八月"事,则本书当作于是年九月以后。而次年正月了翁奔波于路途之中,三月亡,无时间写作。故本书之作只能在端平三年九月至年底间。

陈郁《藏一话腴》四卷，端平三年或稍晚

有赵维国点校本（《全宋笔记》第7编第5册，大象出版社）。岳珂为是书作序，自称"棠湖翁"，其年龄应在55岁以上，岳珂生于1183年，以55岁计，应在端平三年。此当为作书年代之上限。书中甲集卷上第6页记及真德秀端平甲午（元年，1234）。甲集卷下第19页："中兴纪年若隆兴二字实兼法建隆、绍兴……端平则端拱、太平。"所记年号亦记至端平。甲集卷下第18页："未几虏渝盟，河南复陷。后六十年，得房之《南迁录》，见当时诸酋议论。"按：金渝盟，复取河南在绍兴十年，后六十年为1200年。岳珂卒于淳祐元年后不久，此书写作年代不会晚于此年。

许景迂《野雪锻排杂说》一卷，嘉熙元年

《千顷堂书目》卷二九："许景迂《垄雪竹》五卷名贤赠言附。又《锻排杂说》一卷。皆理宗时人。"有《说郛》（宛委卷三二、商务本卷一二）本，商务本题"《野雪锻排杂说》一卷，宋许景迂（应作迓），山阴人"，收3条。《姑苏志》卷二三："吴江县丞厅……绍定二年许景迂重修，厅西有景袁堂。（袁名韶，枢密、越国公也）"《姑苏志》卷四一《袁韶传》："绍定初拜参知政事、浙西制置使，仍治临安。许景迂丞吴江，作堂厅西，题曰景袁，以致仰止之意。"

按：此记魏了翁（1178—1237）事，嘉定元年至三年在白鹤山教书，其后学者始称其为鹤山先生。其出处风节相似处极多，当指后来同被奸臣斥逐。但最后有所不同，陈被贬而死，魏则于端平二年升至签书枢密院事，进入执政官行列，陈则仅为谏官而已。"在东南时"，当指端平三年十一月知绍兴府，次年正月知福州，三月卒。则是书之作已在魏死后，此暂系于魏之卒年。

李心传《道命录》五卷，嘉熙三年

《郡斋读书志》卷五上赵希弁《附志》："《道命录》五卷，右秀岩李心传所编也。自司马公、吕申公、韩康公荐伊川先生札子，至于嘉定录用伊川先生后人诏旨，中间朝臣之奏疏儒宗之谥议纤悉备载。"有《永乐大典》本。有序，末署："嘉熙三年己亥夏五月之吉，朝奉大夫、守尚书工部侍郎、兼秘书监、兼史馆修撰、兼修玉牒官、仁寿县开国男、食邑三百户、赐紫金鱼袋李心传序。"另有十卷本，为程荣秀增补本，有四库全书本。按此本已与李心传编书宗旨颇多出入。

谢采伯《密斋笔记》五卷、《续记》一卷，淳祐元年

原书五卷，《续记》一卷，谢采伯（1179—1251）撰。早佚，四库馆臣自《永乐大典》辑出，然尚有遗漏，李伟国点校本（《全宋笔记》第7编第8册，大象出版社），又自《永乐大典》中辑得佚文2条。书前有淳祐元年辛丑长至自序。《续记》应作于其后不久。

张端义《贵耳集》三卷，淳祐元年至六年

《千顷堂书目》卷一二："张荃翁贵耳集》二卷，张端仪（当作义）。"

卷上有"淳祐元年十二月大雪日东里张端义序"。

卷中有序，称："淳祐四年十一月八日东里张端义书"。

卷下有序曰："张端义淳祐丙午（六年）闰四月四日书"。

俞文豹《吹剑录》、《吹剑续录》，淳祐三年

《文渊阁书目》卷二："俞文豹《吹剑录》一部一册。"《千顷堂书目》卷一二："俞文豹《吹剑录》四卷。"有明抄本、四库全书本。收115条。前有序："此编已刊行，版留书肆，不可复得，因删旧添新，再与续集并刊……淳祐三年人日，括苍俞文豹文蔚序。"据此，知其集初刊于淳祐三年前，此时又作增删，与续集同时刊行。此本最晚记淳祐三年金奏院文刚言（第

72条),知即增删本,初刊本已无存矣。

《吹剑续录》,有《说郛》(商务卷二四)本,收15条,当为节本。

按廖莹中《江行杂录》第18条收《吹剑录》文,云:"徽宗北狩,四太子请王婉容为粘罕子妇……"不见于《吹剑录》。此条有两种可能,一为《吹剑录》初版之文,再版时被删。二为《续录》之佚文。

施清臣《东洲几上语》一卷,淳祐四年

《千顷堂书目》卷一二:"施清臣《几上语》一卷。"有汤勤福点校本(《全宋笔记》第8编第4册,大象出版社),卷首载其淳祐甲辰(四年)十月旦自序。

杨伯嵒《臆乘》一卷,淳祐四年

有《说郛》(宛委卷一一、商务卷二一)本。按:杨伯嵒(？—1254)于淳祐四年撰《九经补韵》,有是年其门生衢州州学教授俞任礼序,本书疑亦此年前后所作。

施清臣《东洲枕上语》一卷,淳祐五年

《千顷堂书目》卷一二:"施清臣《枕上语》一卷。"有汤勤福点校本(《全宋笔记》第8编第4册,大象出版社),卷首载其淳祐乙巳(五年)人日自序。

罗大经《鹤林玉露甲编》六卷,淳祐八年

此书有十六卷本与十八卷本两个系统,十八卷本比较早而全(比十六卷本多40条),分甲、乙、丙三编,每编六卷,王瑞来点校本(中华书局,1983年),即以日本庆安十八卷本为底本。有淳祐戊申(八年)正月望日自序。

俞文豹《吹剑三录》,淳祐八年

有张宗祥手录本,收105条。前有淳祐戊申(八年)中和节自序。

俞文豹《吹剑四录》,淳祐十年

有知不足斋丛书本、四库全书本,四库本称作《吹剑外集》。收110条。有淳祐庚戌(十年,1250)仲秋自序。

史绳祖《学斋占毕》,淳祐十年

有汤勤福点校本(《全宋笔记》第8编第3册,大象出版社),淳祐十年自序。而书中卷三云:"宝祐元年改历名会天。"则宝祐元年(1253)又作增补。

罗大经《鹤林玉露乙编》六卷,淳祐十一年

有淳祐辛亥(十一年)四月自序。

罗大经《鹤林玉露丙编》六卷,淳祐十二年

有淳祐壬子(十二年)自序。

何光《异闻》三卷,宝祐三年后

何光,一作何先,有节本,《说郛》(商务卷三八)本引3条。记及宝祐二年事,约作于宝祐三年后。参李剑国《宋代志怪传奇叙录》,第383页。

俞文豹《清夜录》一卷,景定元年

《千顷堂书目》卷一二:"俞文豹《清夜谈》一卷,字文蔚,号堪隐,括苍人。"有《历代小史》(卷五〇)本、《说郛》(卷三八上)本。收21条。最晚记开庆元年事。应作于景定元年或稍晚。

顾文荐《负暄杂录》三卷、补遗一卷,景定二年后

今存节本,有《说郛》(商务卷一八)本,"金石毒"条:"予景定庚申(元年,1260)访陈德公于三衢"。此属回忆往事之记,知其书必作于1261年以后。

叶寘《坦斋笔衡》一卷，景定三年前

《千顷堂书目》卷一二："叶寘《坦斋笔衡》一卷。"有节本，《说郛》（商务卷一八）本。按：《行营杂录》引及本书，应作于咸淳二年前。

廖莹中《江行杂录》，景定、咸淳间

有节本，《说海》（卷一二三）本、《历代小史》（卷一九）本、《说郛》（宛委卷四七上）本。莹中为贾似道门客，景定元年，撰《福华编》，称颂贾之功，尝在西湖建世彩堂，德祐元年七月下诏编管前自杀（《宋史》卷四七，第932页；《宋史翼》卷四〇，第22页）。此书系杂采众书而成，凡引书12种。其中最晚者为淳祐三年的《吹剑录》。当编于景定、咸淳间。

江悼教《影响录》，咸淳元年后

今《永乐大典》中保存8条。最晚记景定五年事，应作于咸淳元年后。

佚名《豹隐纪谈》，咸淳元年后

有《说郛》（宛委卷二〇下）本，题周遵道，书中提及景定三年，又记理宗庙号，知应作于度宗咸淳年间。原题周遵道撰，考此人入《元祐党人传》，乃北宋时人，而此书所记多南宋事，则撰人乃后人误题。

赵葵《行营杂录》一卷，咸淳二年前

《千顷堂书目》卷一二："赵葵《行营杂录》一卷。"此系赵葵（1186—1266）抄录诸书而成。有节本，《说郛》（宛委卷四七上）、《说海》（卷一二四）、《历代小史》（卷三五）本。凡44条。《说海》本多注明出处。

叶寘《爱日斋丛抄》五卷，咸淳三年后

《千顷堂书目》卷一二："叶寘《爱日斋丛抄》十卷。"有孔凡礼点校本（中华书局，2010年），为五卷。卷二，第46页记："迨淳祐而周、张、程从祀，又咸淳而司马、邵氏亦从祀"。按：司马、邵氏从祀指咸淳三年正月司马光、邵雍从祀于孔子之事，见《宋史》卷四六《度宗纪》，第897页。则此书必作于此年之后。

罗烨《新编醉翁谈录》二十卷，咸淳三年至十年间

有胡绍文点校本（《全宋笔记》第9编第8册，大象出版社）。乙集卷二，第212页《姑苏钱氏归乡壁记于道》称："宋理宗即位之二十二年"。《宋史》卷四五，第888页《理宗本纪》："咸淳元年三月甲申，葬于会稽之永穆陵。二年十二月丙戌（28日），谥曰建道备德大功复兴烈文仁武圣明安孝皇帝，庙号理宗。"此既称理宗庙号，应作于度宗咸淳三年至十年间。李剑国《宋代志怪传奇叙录》，第379页认为"当编于理宗朝。时间不会再晚"，当误。

李之彦《东谷所见》一卷，咸淳四年

《文渊阁书目》卷二："李之彦《东谷所见》一部一册。"有百川学海本。书前有自序："余闲居兀坐，触事动心，据所见随录，友朋目之，屡请刊行，不可辞。然任意迅笔，肆言无忌，余所见与人所见未必尽合也，有见喜亦有见而怒，知我罪我，其惟此见乎！咸淳戊辰小春，永嘉东谷李之彦自序"。

赵溍《养疴漫笔》一卷，咸淳四年至十年

此为杂抄诸书而成。有《说郛》（宛委卷四七上）本、《说海》（卷一二七）本。书中引及《坦斋笔衡》，约作于咸淳四年至十年间。

吴自牧《梦粱录》二十卷，咸淳十年

有黄纯艳点校本（《全宋笔记》第8编第5册，大象出版社）。有自序："昔人卧一炊顷而平生事业扬历皆遍，及觉，则依然故，吾始知其为梦也，因谓之黄粱梦。矧时异事殊，城池

苑囿之富,风俗人物之盛焉,保其常如畴昔哉!缅怀往事,殆犹梦也,名曰《梦粱录》云。脱有遗阙,识者幸改正之,毋哂。甲戌岁(咸淳十年)中秋日,钱塘吴自牧书。"

车若水《脚气集》二卷,咸淳十年

《千顷堂书目》卷一二:"车若水《脚气集》二卷。"有李伟国点校本(《全宋笔记》第 7 编第 7 册,大象出版社)。书末有从子惟一跋:"咸淳甲戌(十年)冬,伯父脚气病作,时以书自娱,随所见而录浸复成编,因目曰《脚气集》,嗣岁春仲,不幸倾亡,亦绝麟之笔也。凡平昔有书之别帙者可胜纪哉!兵火祸滋,咸为煨烬,惟赖此编之独存,亦云幸矣。从子惟一百拜谨识。"

两汉魏晋南北朝古籍字频统计与分布研究

刘根辉　刘金柱

华中科技大学人文学院　华中科技大学国学研究院

摘　要：汉字字频是汉字除形、音、义之外的第四要素。考察历代古籍字频，有助于深入了解汉字的发展演变，同时对研究古代汉语的用字面貌、研究历代社会思想及文化风貌的变迁具有重要意义。本文以两汉魏晋南北朝时期的古籍文献为研究对象，对该时期古籍字频及其分布情况进行统计分析，在一定程度上推动了古籍断代字频研究的进程。本文依据汉语古籍语料库完整性、穷尽性、准确性等建库原则构建了两汉魏晋南北朝古籍语料库。研究发现，该语料库的字频大致符合 Zipf 分布，且核心字区、一用字区字频分布都很不均匀，其中古籍内容对一用字区的字频分布影响显著。同时，两汉魏晋南北朝的字频分布比先秦均匀一些，先秦古籍字频分布差异化特点更加突出。

关键词：古籍字频　两汉魏晋南北朝　字频统计　字频分级　字频分布

文字是记录语言的书写符号系统，也是人们交流思想、承载文化、记录历史的重要载体和工具。考察历代古籍汉字字频，能够为汉字的理论和应用研究提供一种新的跨学科视角，对研究古汉语的用字面貌、历代社会思想及文化风貌的变迁具有重要意义。通过研究汉字字频的历时变化，可以管窥汉语的发展演变；通过分析汉字字频的共时差异，可以提取不同类别的文本特征。这在古籍数字化、古汉语字典和教材编纂、汉语的学习与推广、中文信息化处理等方面有着直接的应用价值。

随着计算机技术，尤其是数据处理技术的不断革新与发展，汉字的"编码化"工作进展迅速——UNICODE12.1 的发布与投入使用，使得古籍数字化方面的工作取得了长足的进展，这些都为古籍字频的研究提供了前所未有的便利条件。现有相关研究以专书字频研究为主（刘明华 1999；李想 2009；李波 2006；徐广才 2007；周煜 2007；龚岚 2009、2013；陈丹丹 2012；程实、丁赟 2013；黄修志、晁言芹 2013），断代字频研究较少（郭小武 2001；覃勤 2005；刘宇凡、郭金忠、陈清华 2011）。在汉字字频研究方法方面，也有不少学者做过探讨（游荣彦 1998；李国英、周晓文 2011；吴冰 2014）。另外，王德进（1988），张敏、马少平（2001）研究了古籍汉字的信息熵，朱岩（2004）、司玉英（2006）、刘志基（2009）、刘芹芹

收稿日期：2020-08-23。

作者简介：刘根辉，工学博士（模式识别与智能系统专业计算语言学方向），华中科技大学人文学院中文系教授、博士生导师，主要从事汉语史、计算语言学研究；刘金柱，华中科技大学人文学院中文系研究生，主要从事计算语言学研究。

基金资助：华中科技大学中央高校基本科研业务费（2020WKYXZX004）。

(2013)等考察了部分古籍汉字的字频分布等情况。

两汉魏晋南北朝是中国历史发展的重要时期,文化繁荣发展,这一时期大量的历史文化典籍对后世产生了重要影响,而有关这一阶段汉字研究的成果尚不多见。鉴于此,本文以断代字频研究为切入点,选取两汉魏晋南北朝时期的古籍文献作为研究对象和原始语料,从宏观角度对该时期古籍字频及其分布分别进行统计和研究,以期对该时期的汉字断代字频研究做出一定的贡献。

一 构建两汉魏晋南北朝古籍语料库

相对于通用语料库而言,汉语古籍语料库有着自身的特点,因此建库必须依据其特点,遵循一定的原则。根据杨建军(2006)提出的"完整性和穷尽性""准确性和纯粹性"的古籍语料库建库原则,同时遵循以当前汉字编码字符集中的规范汉字为基础进行古籍汉字整理的字符处理原则,我们在广泛收集语料、对语料进行"保真"处理的基础上,构建了两汉魏晋南北朝古籍语料库。

(一)语料的广泛收集

遵循完整性和穷尽性的原则,我们在收集原始语料时力求全面完整地覆盖两汉魏晋南北朝整个历史时段。首先,依据《四库全书总目提要》《汉书·艺文志》确定两汉魏晋南北朝古籍收录目录,并参照古籍数字化的已有成果,如《中国基本古籍库》《国学宝典》《汉典古籍》等,制成《两汉魏晋南北朝古籍表》,并据此收集原始古籍文献。最后我们在原始语料库中共收录该时段古籍386种,4311卷(不分卷者按单卷计算),总计33432473字。

(二)语料的保真处理

基于原始语料库,依据准确性和纯粹性的原则,我们从文本、字符两个方面对所收集的原始古籍语料进行了"保真"处理。

1. 文本的"保真"处理

为了确保古籍文本的纯粹性,我们删去了古籍文本中的标点符号等非中文字符,去除了语料库中内容重复的古籍语料,如文学类古籍中的诗文别集与诗文总集中重复的古籍语料,包括《蔡中郎集》《扬子云集》《淮南小山文》《班彪文》《魏武帝集》《魏文帝集》《曹子建集》等,取其一保留下来。而对于不同版本的同名古籍,我们参照"流行"与"经典"的原则,择取其中一个版本留存。对于部分古籍语料中两汉魏晋南北朝之后的注、疏、音义、御制诗文、提要、考证、跋语等内容,也做了清理。如《毛诗注疏》除包括汉代毛传、郑笺,还有唐孔颖达序、疏,以及四库全书编修所撰御制诗、提要、考证、跋语等,合计达989150字,处理时仅需保留原文及汉代的毛传、郑笺,计153158字。这方面涉及的古籍语料包括"十三经"《史记》《汉书》等在内共18种,处理前为11564814字,"保真"处理后得5926636字。类似的清理工作对于确保断代古籍文本的纯度、提高古籍字频研究的信度具有非常重要的作用,但据我们所知,目前的研究对此鲜有考量。

2. 字符的"保真"处理

字符的"保真",既能尽可能地还原古籍文献中的字符原貌,又有利于进行高效统计处理。我们从汉字收入量和存储空间的角度,考察了目前主要的几种汉字编码方案,包括

GB2312-80、BIG5、GBK、GB18030-2005、UNICODE12.1等,其中UNICODE12.1无疑是目前收录汉字字符最多的编码方案,达到88895个字符,同时它还能很好地兼容字符编码UTF8、UTF16和UTF32,是古籍文本字符处理编码方案的首选。在此编码方案下,再依据《说文解字》《康熙字典》及目前学界关于异体字处理的相关理论(刘又辛1979;王力1981;刘志基1989;苏培成1994;赵振铎1996;裘锡圭2001;尉迟治平2007),对古籍中的字符进行了包括异体字在内的字符校对。

在对原始语料库中古籍文本和字符完成"保真"处理后,最终得到用于构建两汉魏晋南北朝古籍语料库和后续统计分析的古籍276种,共3694卷,总计20950928字。

(三)语料库多角度的构建

为便于充分发掘古籍语料的价值,全面考察两汉魏晋南北朝古籍用字的面貌,在语料库的具体构建时,我们依照纯粹性的原则,从三个角度将"保真"处理后收录的276种古籍进行归整入库:一是从宏观角度,构建覆盖两汉魏晋南北朝这一大的历史时期的古籍总汇语料库,以便和两汉之前的古籍字频统计数据进行比较分析;二是参照通行的历史分期,从历时角度分别构建两汉、三国(魏)、两晋、南北朝四个历史时期的古籍历时语料库,以便进行纵向的历时研究;三是参照《中国基本古籍库》《国学宝典》《汉典古籍》等较权威数据库的古籍分类标准,从共时角度按照体裁内容将古籍分成4大类、18个小类,构建两汉魏晋南北朝古籍共时语料库,以便进行横向的共时比较分析。

至此我们完成了本文研究语料库构建的全部工作。由于篇幅所限,本文暂时只讨论两汉魏晋南北朝时期总汇语料库中汉字的字频及分布情况,对于该时期的历时语料库和共时语料库的汉字字频及分布情况,将另文探讨。

二 两汉魏晋南北朝古籍总汇语料库字频统计分析

(一)总汇语料库字频统计描述

本文基于总汇语料库,编写Python程序从三方面对其进行字频统计。

一是以不同汉字为细目,统计总汇语料库中的字符、字次、累计字次、万分字频、百分累频、均频倍数、覆盖古籍数、覆盖古籍率、笔画数、总字量、单字量、平均字频等12项主要结果性数据,并以汉字字频为纲,从大到小进行排序,制成《两汉魏晋南北朝古籍总汇语料库字频总表》。限于篇幅,下面仅列出前二十高频字和百分累频中节点位置的字,如表1所示:

表1 两汉魏晋南北朝古籍总汇语料库字频总表(简表)

字序	字符	字次	累积字次	万分字频(‰)	百分累频(%)	均频倍数	覆盖古籍数	笔画数
1	之	470338	470338	224.4950	2.2450	393.8766	276	3
2	不	336265	806603	160.5012	3.8500	281.5994	272	4
3	以	251023	1057626	119.8147	5.0481	210.2150	271	4
4	也	215894	1273520	103.0474	6.0786	180.7968	267	3
5	爲	208937	1482457	99.7268	7.0759	174.9708	276	12

续表

字序	字符	字次	累积字次	万分字频(‰)	百分累频(%)	均频倍数	覆盖古籍数	笔画数
6	有	182327	1664784	87.0257	7.9461	152.6867	275	6
7	而	177265	1842049	84.6096	8.7922	148.4476	267	6
8	者	176614	2018663	84.2989	9.6352	147.9024	269	8
9	人	172753	2191416	82.4560	10.4598	144.6691	271	2
10	其	158450	2349866	75.6291	11.2160	132.6913	271	8
11	是	141292	2491158	67.4395	11.8904	118.3226	257	9
12	子	136946	2628104	65.3651	12.5441	114.6831	264	3
13	於	135927	2764031	64.8787	13.1929	113.8298	266	8
14	無	132687	2896718	63.3323	13.8262	111.1165	262	12
15	曰	126937	3023655	60.5878	14.4321	106.3012	263	4
16	一	115655	3139310	55.2028	14.9841	96.8533	268	1
17	所	112130	3251440	53.5203	15.5193	93.9014	269	8
18	大	111709	3363149	53.3193	16.0525	93.5488	268	3
19	故	102397	3465546	48.8747	16.5412	85.7506	266	9
20	王	100721	3566267	48.0747	17.0220	84.3471	255	4
27	得	83746	4214150	39.9724	20.1144	70.1317	264	11
63	佛	51927	6485090	24.7851	30.9537	43.4854	96	7
108	安	35479	8381659	16.9343	40.0061	29.7113	252	6
183	難	22693	10488381	10.8315	50.0616	19.0039	232	19
295	離	15544	12573836	7.4192	60.0156	13.0171	216	18
464	伐	9945	14669050	4.7468	70.0162	8.3283	183	6
754	逮	5448	16766012	2.6004	80.0251	4.5623	185	12
1350	倉	2161	18857813	1.0315	90.0094	1.8097	155	10
2068	驤	954	19903497	0.4553	95.0005	0.7989	44	27
2320	誨	727	20113275	0.3470	96.0018	0.6088	97	14
2666	譖	509	20322740	0.2429	97.0016	0.4263	83	20
3190	嚮	308	20532159	0.1470	98.0012	0.2579	73	17
4186	騵	138	20741491	0.0659	99.0003	0.1156	30	22
17545	簓	1	20950928	0.0005	100.0000	0.0008	1	18

二是以总汇语料库所收 276 种不同古籍为细目，统计每种古籍中的总字量、单字量、平均字频、前十高频字等 5 项指标，并按每种古籍的总字量降序排列，制成《两汉魏晋南北朝古籍总汇语料库字频分表》。限于篇幅，只列出总字量排名前十和后十的古籍数据，如表 2 所示：

表 2　两汉魏晋南北朝古籍总汇语料库字频分表(简表)

序号	书名	总字量	单字量	平均字频	前十高频字
1	魏书	965629	5604	172.3107	之以为军不将州於其有
2	大智度论	947049	2689	352.1938	是不无法故善若佛如薩
3	全晋文	887784	5733	154.8550	之以不而为於其有也者
4	宋书	798340	6029	132.4167	之以为不军年十二太有
5	汉书	722970	5791	124.8437	之以为不王其而人曰也
6	后汉书	686087	5694	120.4930	之以为不人其而有年十
7	十诵律	616581	2478	248.8220	比丘是不言作佛僧人
8	四分律	601512	2484	242.1546	比丘不若言是時有如者
9	史记	571463	5123	111.5485	之十王为以不子而年曰
10	全后汉文	511453	5256	97.3084	之以不而爲为其於有也人
267	风土记	281	172	1.6337	以为有曰之七者而中无
268	鄱阳记	279	180	1.5500	其以雲明清灣在縣人爲
269	易纬辨终备	272	221	1.2308	之八大以視三十德水河
270	始兴记	264	168	1.5714	有城鼓名山石陽下於臨
271	洛阳记	253	129	1.9612	有城觀南金市陽十洛西
272	关中记	250	145	1.7241	南山之池十長城首中宮
273	永嘉郡记	244	144	1.6944	竹青有田中棃一者所名
274	会稽记	230	165	1.3939	山雲之白樓亭峰秦望會
275	武陵记	200	114	1.7544	山有武石之黃聞桃花源
276	梁州记	190	128	1.4844	有水南山漢城雁武侯諸

三是同样以语料库中 276 种古籍为细目,统计每种古籍的字频情况,包括字符、字次、累积字次、百分字频、百分累频、均频倍数等 6 项指标,之后依字次降序排列,并为每种古籍分别制成专书字频统计表。以《魏书》《大智度论》《全晋文》为例,三种古籍字频前十位的情况如表 3 所示:

表 3　两汉魏晋南北朝古籍总汇语料库专书字频样表

《魏书》字频统计样表					
字序	字符	字次	累积字次	百分字频(%)	百分累频(%)	均频倍数
1	之	20579	20579	2.1311	2.1311	119.4296
2	以	11150	31729	1.1547	3.2858	64.70869
3	为	10286	42015	1.0652	4.3510	59.69449
4	军	9139	51154	0.9464	5.2975	53.03791
5	不	8888	60042	0.9204	6.2179	51.58124
6	將	8259	68301	0.8553	7.0732	47.93086

续表

《魏书》字频统计样表

字序	字符	字次	累积字次	百分字频(%)	百分累频(%)	均频倍数
7	州	6927	75228	0.7174	7.7906	40.20064
8	於	6688	81916	0.6926	8.4832	38.81361
9	其	6631	88547	0.6867	9.1699	38.48281
10	有	6558	95105	0.6791	9.8490	38.05916

《大智度论》字频统计样表

字序	字符	字次	累积字次	百分字频(%)	百分累频(%)	均频倍数
1	是	26228	26228	2.7694	2.7694	74.4704
2	不	23928	50156	2.5266	5.2960	67.9399
3	無	20266	70422	2.1399	7.4359	57.5422
4	法	17051	87473	1.8004	9.2364	48.4137
5	故	16204	103677	1.7110	10.9474	46.0088
6	菩	14649	118326	1.5468	12.4942	41.5936
7	若	13758	132084	1.4527	13.9469	39.0637
8	佛	13492	145576	1.4246	15.3715	38.3085
9	如	13343	158919	1.4089	16.7804	37.8854
10	薩	12605	171524	1.3310	18.1114	35.7900

《全晋文》字频统计样表

字序	字符	字次	累积字次	百分字频(%)	百分累频(%)	均频倍数
1	之	30206	30206	3.4024	3.4024	195.0598
2	以	15085	45291	1.6992	5.1016	97.4137
3	不	15035	60326	1.6935	6.7951	97.0908
4	而	12306	72632	1.3861	8.1813	79.4679
5	为	8992	81624	1.0129	9.1941	58.0672
6	於	8979	90603	1.0114	10.2055	57.9833
7	其	8199	98802	0.9235	11.1291	52.9463
8	有	7702	106504	0.8676	11.9966	49.7368
9	也	7388	113892	0.8322	12.8288	47.7091
10	者	6485	120377	0.7305	13.5593	41.8779

综合以上统计结果，总汇语料库中共有汉字 20950928 个，达千万字级规模；单字字符数量则为 17545 个，占 UNICODE12.1 的 19.74%[①]。字次的平均值即平均字频为1194.13，

---

① 为准确反映统计数据和结果，表中数据均保留四位小数；为行文简洁，正文引用统计数据时，必要时四舍五入，精确到小数点后两位或三位，故有与表中数据不完全一致处。

中值为8；众数为1，共出现3550次，即一用字为3550个。字次最大值为470338，对应字符"之"，笔画数仅3画，构型简单，但对应万分频率为224.50‰，是平均字频的393.88倍；最小值为1，对应字符3550个。标准偏差为8274.89，离散系数为6.93。可见若以字次为衡量标准，17545个单字的字频高低差异极大。

从覆盖古籍数角度看，总汇语料库共收录古籍276种，单字字符覆盖古籍数的平均值为30种，中值为4；众数为1，共出现5297次，即有5297个单字字符只在单种古籍中使用；覆盖古籍数最大值为276，即在所有古籍中都出现，占所有古籍数的100%，共出现2次，对应字符为"之""为"二字，其字次分别为470338、208937，万分频率为224.50‰、99.73‰，字序排名分别为第1、第5；覆盖古籍数最小值为1，标准偏差为53.86，离散系数为1.77。相较字次差异而言，17545个单字字符的覆盖古籍数差异较小。

从单种古籍及其分类角度看，总汇语料库中总字量排名靠前的主要为史地·历史类、哲科·宗教类、艺文文学类古籍，其中总字量最多的古籍为《魏书》，有114卷，共计965629字，单字量5604个，平均字频172.31。总字量少的多为杂录琐闻，也大多收于史地·历史类古籍中，其中总字量最少的古籍为《梁州记》，仅190字，平均字频为1.48。而单字量最多的则是《说文解字》，其总字量虽仅135791字，但单字量却高达10693个，占总汇语料库单字总量的60.95%，这主要是由于《说文解字》作为字书本身就收有不同字头9353个，字种多样而丰富。单字量最少的为《武陵记》，仅114字，属于篇幅短小的杂录琐闻。

此外，我们还从笔画数角度考察了汉字字形的复杂程度与字次、字频分布之间的关系。语料库中笔画数最多的字是"鞻"，共38画（据《康熙字典》），收于《说文解字》"革"部，且在整个语料库中仅出现过一次；笔画数最少的字符仅1画，包括"一""乙""丨""○""丿""乚""、""乛""亅""乁""乀""乂""𠃌"等共13个，其中"一""乙"使用次数较多，"○"表示"零"，仅在《九章算术》中使用过，剩余1画字大多作为部首构件出现在《说文解字》中。

（二）总汇语料库字频分级

1. 汉字字频分级标准

为全面考察总汇语料库中单字字频分布规律，需将17545个单字按一定标准归类和分级。关于古籍字频分级的标准，目前学界尚无定论，但都遵循一个总体原则，即古籍字频级级必须合乎单字字符在古籍语料中体现出的逻辑关系，不能与之相互矛盾，而这些所谓逻辑关系就是通过数据统计结果体现出的各种数理关系。

据此，理论上我们可以分别以表1中统计所得的字次、万分字频、百分累频等7项不同数据结果为标准进行字频分级，但就其实际意义和作用而言，目前学界对字频分级使用最多的标准是百分累频值，即以字次的累计覆盖百分率为主要的分级衡量指标。因此，本文亦以百分累频为主要依据，同时参考贝贵琴、张学涛（1988）的字频分级标准进行字频分级。

2. 字频分级及描述

根据上述标准，结合总汇语料库中单字字符累计覆盖百分率的实际情况，我们取《两汉魏晋南北朝古籍总汇语料库字频总表》中"百分累频"数据列里50.2775%、80.0511%、95.0096%、99.0030%、99.9830%这5个百分累频值作为字频分级的五个切分点，据此将总汇语料库中17545个单字字频划分为六级，如表4所示：

表 4　两汉魏晋南北朝古籍总汇语料库字频分级表

字频分区	核心字区	高频字区	中频字区	低频字区	极低频字区	一用字区
百分累频(%)区间	0～50.2775	50.3851～80.0511	80.0771～95.0096	95.0141～99.0030	99.0036～99.9830	99.9830～100
单字字符个数	185	570	1315	2120	9805	3550
单字字符总数占比(%)	1.0544	3.2488	7.4950	12.0832	55.8849	20.2337

六级字频总体分区情况如下：

(1)核心字区

一级核心字区共有 185 个字符，仅占总汇语料库中字符总数的 1.05%，但其对古籍的总体覆盖率却超过 50%。该区累计字次 10533602 次，平均字频 56938.39，是整个总汇语料库单字平均字频的 47.68 倍。此外，核心字区覆盖古籍 243 种，整体覆盖率达 88.14%，而平均笔画数只有 7 画。可见，核心字区的单字量较少，且汉字构形相对简单，但使用频次极高，体现出极强的用字优势。

(2)高频字区

二级高频字区包含 570 个字符，总体覆盖率 29.77%，累计字次 6237856 次，平均字频 10943.61 次，是总汇语料库单字平均字频的 9.16 倍。该字区覆盖古籍 195 种，占比 70.59%。相较于核心字区，高频字区的单字个数明显增多，平均笔画数也增至 10 画，但平均字频、均频倍数、平均覆盖古籍数等指标都显著下降。

(3)中频字区

三级中频字区单字量 1315 个，对古籍用字的总体覆盖率为 14.96%，占单字字符总数的 7.50%，平均字频 2383.23，均频倍数接近 2 倍，覆盖古籍数减少到 129 种，但平均笔画数却增至 12 画。

核心字区、高频字区、中频字区合称常用字区，共计 2070 字，占单字字符总数的 11.80%；覆盖古籍 158 种，总占比达 57%；累计字次 19905402 次，累计覆盖率达 95.01%；平均笔画数为 11 画。总体而言，常用字区的单字字符总量不多，构形简单，却覆盖了该时期 276 种古籍语料中 95% 的内容，体现了该时期古籍所用单字字符分布高度集中的特点。

(4)低频字区

四级低频字区共有单字 2120 个，占单字字符总数的 12.08%，对古籍的总体覆盖率约为 4%，平均字频则锐减至 394.64，古籍覆盖数也减至 60 种，平均笔画数增至 13 画，字形复杂度略有增加。

(5)极低频字区

五级极低频字区包含单字 9805 个，占单字字符总数的 55.88%，数量和总量占比都排在六个字区之首，但是其古籍用字总体覆盖率仅为 0.98%，平均字频也只有 20.94，平均古籍覆盖数跌至 8 种，平均笔画数增至 14 画。

低频字区和极低频字区合称稀用字区，共有单字字符 11925 个，占单字字符总数的 67.97%，而累计字次仅为 1042928，平均字频为 87.46，平均覆盖古籍数仅有 17 种，与常用字区相比差距较大，但从另一个侧面体现出该时期古籍用字呈现出多样化、丰富性的特点。

(6) 一用字区

六级一用字区包含3550个单字,均为该时期古籍中仅出现1次的字,总体覆盖率不到0.02%,但字区内单字量的总体占比达20.23%,而覆盖古籍数皆为1种,平均笔画数为15画。

总体而言,一用字数量具有相当大的规模,其统计数据与核心字区呈现出两种极端的态势。仅就字符数而言,一用字区的字量是核心字区的19倍左右,比整个常用字区的字量还多,而就覆盖率而言则是另一极端:核心字区字符的累计古籍覆盖率为50.28%,接近一用字区的2975倍,反差极大。这种反差在两个字区的平均字频上进一步被放大:核心字区的单字平均字频是一用字区的5.69万倍。这些差异巨大、呈现出两个极端的数据,应引起研究者的重视,故此我们将一用字单列为第六级字频分区,以便下文展开进一步的分析和研究。

三 总汇语料库字频分布分析

(一)字频分布整体概况分析

下面我们根据字频分区考察覆盖古籍数、笔画数两个指标与字频分布的关系,并用Zipf定律拟合字序排名和使用频次的关系,尝试从整体角度探析总汇语料库的字频及其分布情况。

1. 覆盖古籍数与字频分布的关系

总汇语料库276种古籍种类各异、规模不一、字量不等,可能存在某些单字字符集中多次出现在单种或几种古籍中的情况,因此计算单字字符的覆盖古籍数,考察覆盖古籍数与字频分布的关系,能够更为科学全面地了解该字符的使用情况。考察各字频分区字符平均覆盖的古籍数,我们发现,总汇语料库中单字字符的使用频次与该字符的覆盖古籍数总体呈正相关,即单字字符的使用频次越高,其覆盖古籍数也越多,反之则越少。进一步观察平均覆盖古籍数的变化趋势,发现从核心字区到一用字区,随着使用频次的不断减少,单字字符覆盖古籍数也不断减少,而且减幅也不断增大。这表明单字字符的覆盖古籍数与使用频次之间具有极强的正相关性。

2. 笔画数与字频分布的关系

考察不同频级字区平均笔画数的变化趋势发现,总体而言,语料库中单字字符的使用频次与该字符的笔画数呈负相关,从核心字区到一用字区,字符笔画数不断增加,构形越来越复杂,导致其使用频次不断降低,尤其是从核心字区到中频字区,字符笔画数增加趋势非常明显。换言之,字符笔画数越少,构形越简单,其使用频次越高;反之笔画数越多,构形越复杂,使用频次越低。这一结果也印证了汉字在人们日常使用时的实际情况。

3. Zipf定律与字频分布的关系拟合

Zipf定律可用来描述大规模语料库中单字字符的整体使用情况。参照游荣彦(2000)的研究方法,这里我们用Zipf定律拟合了总汇语料库中字序排名和使用频次的关系,并据以探析语料库字频和分布情况,如图1所示。

图1显示,总汇语料库中17545个单字字符的字序排名与使用频次之间的关系大致符合Zipf分布定律——字序排名高、使用频次多的单字字符在数量上较少,但其累计覆盖率

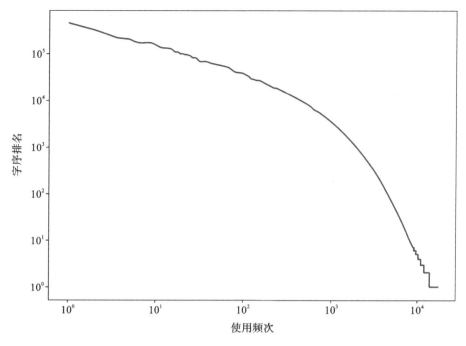

图 1　总汇语料库 Zipf 定律与字频分布的关系拟合图

在总汇语料库中的占比却很大。换言之,人们使用次数较多的单字字符只占所有单字字符的小部分,它们构成两汉魏晋南北朝古籍用字的常用字区;剩下的绝大部分单字字符在人们的使用过程中出现次数都相对较少。

(二)核心字区字频分布分析

根据表4,我们在总汇语料库中划分出185个核心字,这些字的数量少但使用频次、累计覆盖率很高。分析和讨论核心字区的字频分布,有助于我们把握两汉魏晋南北朝古籍用字的主要特点。

185个核心字按频次高低依次列出如下:之、不、以、也、为、有、而、者、人、其、是、子、于、无、曰、一、所、大、故、王、中、如、言、十、三、若、得、二、天、时、上、生、下、行、自、则、此、诸、法、与、年、事、何、可、至、道、五、将、比、相、见、日、四、公、在、太、丘、世、军、月、国、知、佛、我、能、出、作、心、后、名、非、今、君、明、亦、乃、谓、当、已、夫、使、说、长、皆、欲、帝、南、未、复、水、书、臣、百、令、阳、又、从、入、众、来、六、文、东、及、闻、受、方、安、成、应、德、然、地、罗、山、善、侯、正、等、云、多、食、常、礼、州、门、死、城、西、身、民、先、神、用、矣、即、义、白、万、平、因、九、高、命、去、同、乐、七、北、家、经、士、于、问、足、主、元、处、八、立、注、尊、千、小、或、师、数、武、分、内、乎、衣、实、史、必、外、前、守、汉、声、舍、司、难、服、马。

根据使用频次,这些字又可以分类如下:频次大于30万的单字2个,之、不;频次在20万~30万之间的单字3个,以、也、为;频次在10万~20万之间的单字15个,有、而、者、人、其、是、子、于、无、曰、一、所、大、故、王;频次在5万~10万之间的单字46个,中、如、言、十、三、若、得、二、天、时、上、生、下、行、自、则、此、诸、法、与、年、事、何、可、至、道、五、将、比、相、见、日、四、公、在、太、丘、世、军、月、国、知、佛、我、能、出;余下的频次在2万~5万之间的单字119个。

可以发现,整个核心字区单字的频次主要集中于5万~10万之间,各单字字符的使用频次之间也存在较大差异,从40万次到2万次不等,并且随着使用频次的减少,频次区间的核心字数量呈倍数级增长,反之如果使用频次增多,核心字数量也随之减少。各频次区间的核心字数量从2个到119个不等,标准差为43.98,离散系数为1.19,分布很不均匀。

核心字区185字的字频分布与总汇语料库整体的字频分布情况基本一致,即随着使用频次的减少,其覆盖古籍数随之减少,但笔画数的变化没有那么明显,说明核心字区的单字字符整体字形复杂度差异不大,笔画数对于该区字频分布的影响不太明显。整个核心字区185个单字字符使用频次的离散系数为0.95,各频次区间的离散系数分别为0.17、0.08、0.20、0.20、0.23。比较而言,离散系数越小,说明该频次区间内的核心字使用频次分布越均匀,可见核心字区各频次区间单字数量虽分布不均,但是频次区间内各单字字符使用频次分布却比较均匀。

(三)一用字区字频分布分析

两汉魏晋南北朝总汇语料库中存在大量一用字,共计3550个,数量接近核心字区的19倍。考察这些字的分布情况,一定程度上有助于我们更加全面地了解该时期古籍用字的面貌。

据统计,276种古籍中有167种出现一用字,其中一用字个数最多的五种古籍是《说文解字》(1639个)、《广雅》(596个)、《文选》(166个)、《尔雅注》(132个)和《方言》(93个),一用字最少的古籍有54种,分别仅出现1个一用字。每种古籍的平均一用字为21个,众数为1,中值为3,标准差为134.93,离散系数为6.35,差异极大,表明一用字的分布极不均匀。造成这种分布特征的原因可能是多方面的——古籍总字量、单字量、所属时代和内容体裁等,这些都可能是重要的影响因素,下面依次分别展开讨论。

1. 古籍总字量与一用字字频分布的关系

一用字个数最多的五种古籍,其总字量分别为135791字、26679字、258269字、30215字、14675字,而167种出现一用字的古籍中总字量排名前五的分别是《魏书》(965629字)、《大智度论》(947049字)、《全晋文》(887784字)、《宋书》(798340字)、《汉书》(722970字),这些古籍中的一用字数量反倒都比较少,分别只有30个、1个、35个、35个、50个,说明一用字数量并未随古籍总字量的增多而增多。进一步计算古籍总字量与一用字个数的相关统计学指标,其Pearson相关系数为0.031,零假设为相关的情况下双尾P值为2.281E-14,说明总字量和一用字字频分布之间没有线性相关性;而其Kendall相关系数为0.395,Spearman相关系数为0.525,说明二者之间也并非完全不相关,只是关系很"疏远"。去除两个极端值样本《说文解字》《广雅》后,重新计算得出的各相关系数值有所提高,但仍旧呈现出弱相关态势。

2. 古籍单字量与一用字字频分布的关系

考察古籍单字量与一用字字频分布的关系,我们发现其统计学意义的相关系数较之古籍总字量的相关数据均有所提高,尤其是Pearson相关系数达到0.522,呈现中度相关态势,而Spearman相关系数也达到0.701,同样呈现出中度相关的态势。这表明若各种古籍的单字量越多,则其中的一用字数量也越多,反之亦然。这当然也符合汉字使用的一般规律:随着单字量的增加,其中所包含的一用字数量也必然随之增加。

3. 古籍所属时代与一用字字频分布的关系

167种出现一用字的古籍中,除去由于各朝代篇目杂糅不易分离的《乐府诗集》(汉魏晋南北朝部分)外,两汉57种古籍共有一用字2035个,而其中又有1639个仅见于《说文解字》,占比超过80%。去除《说文解字》这一极端样本后,两汉古籍一用字的均值为7,标准差为14.92,离散系数为2.11,这表明一用字的分布不太均匀。三国(魏)11种古籍共有一用字626个,其中《广雅》就有596个,占比超过95%。去除《广雅》后,该时期古籍一用字均值为3,标准差为2.05,离散系数为0.68,一用字的分布变得相对均匀。两晋35种古籍包含一用字375个,其中《尔雅注》就有132个,占比超过三分之一;古籍一用字均值为10,中值为3,众数为1,标准差为24.97,离散系数为2.33。南北朝63种古籍共有502个一用字,其中《文选》中有166个,占比接近三分之一;古籍一用字均值为7,中值为3,众数为1,标准差为21.48,离散系数为2.70。

总体说来,各个朝代古籍在一用字数量分布上存在一些极端样本值,尤其是两汉的《说文解字》和三国时期的《广雅》。去除各个朝代的极值后,其一用字的数量相差不大,这说明古籍所属时代对于一用字字频分布的影响并不显著。

4. 古籍内容体裁与一用字字频分布的关系

按照不同的内容体裁,167种出现一用字的古籍可划分为思想类、宗教类、经济类、科技类、农学类、医学类、历史类、地理类、外国类、语文类、文学类、教育类、生活类、术数类、其他类等15个类别。统计发现,思想类是出现一用字古籍数目最多的类别,但是一用字个数最多的是语文类,共有2339个一用字;其后依次是文学类(379字)、历史类(265字);排名最后三位的是其他类(1字)、经济类(2字)、外国类(3字)。由此可见,不同内容体裁的古籍,一用字个数存在巨大差异,去除极端样本后,这种差异同样存在,这表明古籍内容体裁对于一用字的字频分布影响非常显著,不同内容体裁的古籍,一用字的分布很不均匀。

四 与先秦古籍字频的比较分析

在汉字字频的断代研究方面,覃勤(2005)以27部先秦古籍文献为研究材料,对先秦古籍字频进行了统计和分析。如果抛开其间国祚仅十四年的秦朝来看,先秦至两汉魏晋南北朝算是一个相对连续的历史时期,对两个历史时期的古籍字频和分布情况进行比较研究,有助于了解先秦至两汉魏晋南北朝时期汉字的产生、使用与消亡等情况,为汉字的发展研究提供参考。

(一)字频统计结果的比较分析

通过考察先秦和两汉魏晋南北朝古籍字频的统计数据,我们发现两者在很多指标结果上存在差异。为了直观地呈现这种差异,同时为便于分析,我们将一些主要的统计结果指标制成表格,如表5所示:

表5 先秦—两汉魏晋南北朝字频统计结果对比表

古籍历史分期	先秦	两汉魏晋南北朝
古籍数量	27	276

续表

古籍历史分期	先秦	两汉魏晋南北朝
总字量	1479007	20950928
单字量	8551	17545
字次平均值	172.963	1194.125
字次中值	6	8
字次众数	1	1
字次最大值	62635	470338
字次最小值	1	1
字次标准偏差	1267.007	8274.894
字次离散系数	7.3253	6.9297

表中数据显示,两汉魏晋南北朝时期的古籍数量、总字量、单字量、字次平均值等数值都远大于先秦,这可能与古籍语料选取时带有一定的主观性有关,但也不能据此完全否定将两者数据进行比较研究的价值。历史上先秦时期社会长期动荡,战乱连连,虽有"百家争鸣"的思想盛世,但也出现了"焚书坑儒"的文化之灾,所以传世古籍数量自然也就相对较少。李零先生曾统计,我国现存先秦古书仅61种,其中先秦60种、秦1种。[①] 即便将两汉魏晋南北朝的字频数据用统计学的方法进行等比例换算,其总字量仍旧多于先秦。因此,我们基于先秦、两汉魏晋南北朝的字频数据进行比较,一些分析结果可能有失偏颇,但还是能够通过比较把握先秦到两汉魏晋南北朝期间古籍汉字使用的大致趋势。

造成这种差异的原因是多方面的。从社会发展角度看,先秦处于奴隶社会及奴隶社会向封建社会的过渡时期,两汉魏晋南北朝处于封建社会时期,在政治和经济制度方面,后者都比前者更为先进;加之先秦战乱连连,社会不稳定,而两汉至魏晋南北朝总体而言社会相对稳定,思想文化发展更为繁荣进步。从汉字自身发展角度看,两汉魏晋南北朝是汉字发展过程中的隶楷阶段,呈现出一字多形和字体多样两个主要特点[②],文化的繁荣发展导致新的汉字字符大量涌现,古籍单字量较先秦也大幅增加。表5中数据显示,两个历史时期的古籍中都出现大量一用字,其中先秦古籍一用字2127个,接近总字量的1/4;两汉魏晋南北朝古籍一用字3550个,但占比略有下降,接近1/5。

从高频字统计结果看,两个历史时期古籍的前10个高频字呈现如下特征:

(1)前10个高频字有8个相同,包括"之""不""也""而""以""其""人""者",且前两位的高频字完全一致,都是"之"和"不";

(2)前10个高频字对于各时期古籍用字的覆盖率都极高,两汉魏晋南北朝为11.22%,先秦则高达20.15%;

(3)前10个高频字基本上是虚词。

究其原因,自汉武帝"罢黜百家,独尊儒术"之后,"重儒"风气日盛,两汉之后出现大量注解先秦儒家经典的书籍,而注解又是基于原文,在用字上与被注解的先秦儒家经典多有重复,导致两个时期的高频字出现大量重复。此外,从古代汉语语法的发展来看,先秦到

---

① 李零:《简帛古书与学术源流》,生活·读书·新知三联书店,2004年,第17页。
② 刘靖文:《由隶到楷阶段汉字特点及形成原因分析》,《现代语文》2009年第7期,第146-149页。

两汉魏晋南北朝在某些方面发展缓慢,语法特点比较一致,因此两个时期的前10个高频字基本上是虚词。

(二)字频分布情况的比较分析

在字频分布上,先秦和两汉魏晋南北朝有共同之处。首先,在常用字(核心字)的字频分布上,如前所述,两个时期的常用字都高度集中,极少数字序排位高、使用频次多的单字字符在数量上较少,但其累计覆盖率在整个古籍语料库中的占比却很大。其次,在一用字的字频分布上,古籍总字量和古籍所处时代对于两个时期一用字的字频分布影响都不显著,古籍内容体裁则与一用字的字频分布高度相关,且两个时期单字量和一用字数量最多的都是语文类古籍:先秦《尔雅》有单字字符3383个,一用字619个;两汉魏晋南北朝的《说文解字》有单字字符10693个,其中一用字1639个。

当然,两个时期在字频分布上也表现出一些差异。表5显示先秦古籍用字的字次离散系数为7.33,两汉魏晋南北朝为6.93,这表明两个时期古籍单字字符的使用频次差异极大,字频分布极不均匀。比较而言,两汉魏晋南北朝的字频分布略比先秦均匀,比较两个时期一用字在单字字符总量中的占比也可看出,先秦古籍一用字占比略高。此外,先秦古籍前10个高频字对于古籍语料的累计覆盖率略高于两汉魏晋南北朝,这表明先秦古籍的常用字(核心字)字频分布更为集中,使用频次的差异化特点也更为突出。

结语

随着学界对于汉字字频认识的不断深入,有关汉字字频的研究领域逐步扩大,涉及专书字频、断代字频、历时字频等范畴,涵盖文字学、对外汉语教学、中文信息处理、中国文学研究等领域,呈现出方兴未艾的态势。本文开展的断代字频研究,一定程度上推动了两汉魏晋南北朝时期古籍用字研究的进程。下一步我们将基于本文所积累的研究成果、经验和方法,从历时和共时角度对两汉魏晋南北朝时期的古籍字频进一步深入研究,并在此基础上对中国历代古籍的字频及其分布情况展开研究,以期较为系统全面地了解和把握悠悠历史长河中汉字发展演变的脉络。

"丧家狗"与思想建构：汉、晋间文本的考察

王 刚

江西师范大学历史文化与旅游学院

摘 要：汉、晋以来所载"丧家狗"故事的主要文本，可分为《史记》和《韩诗外传》两大系统。其中，《史记》系统出现更早，更为主流。在这一系统中，"丧家狗"之"丧"读为去声，这是它的正读。但是，随着《韩诗外传》系统对它的层累加工，在"整齐故事"中，沿承着《公羊》学的内在逻辑理路，将《史记》系统中落魄的孔子形象，改造为了充满"素王"意蕴的圣人。这虽使得孔子的"圣性"得以新的展示，但也由此改变了"丧家狗"的音义，使"丧"读为平声，与"举丧之家"联系在一起，为后世的误读埋下了种子。此外，在"丧家狗"的"圣""凡"之争中，所对应的，不是外在"形状"的相似与否，而是如何对待"不得志"的态度。"累累若丧家之狗"中的"累累"非重点所在，圣人之所以为圣乃在于，能在"累累"之时，知天乐命，固守其节。它既是太史公再三致意之处，也联结着"君子固穷"的陈蔡故事，隐约通往"孔颜乐处"。

关键词：孔子 儒学 思想史 文本 思想建构

一 问题的提出：从思想争论到文本的再审查

2007年，李零教授《丧家狗——我读〈论语〉》出版，这本由课堂讲义整理而成的作品一经面世，便引发了巨大的争论。

争论的焦点集中于"丧家狗"三字。"丧家狗"典自《史记·孔子世家》，说的是孔子的一段遭遇。有一次，孔门师徒在郑国失散了，子贡向当地人打听老师的情况，有人在对孔子的"形状"作了一番描述之后，给出了"纍纍若丧家之狗"的比喻，"纍纍"即"累累"，孔子笑而纳之。[①]

以此为知识基础，李零在书中申论道：

收稿日期：2019-11-07。

作者简介：王刚，历史学博士，江西师范大学历史文化与旅游学院副教授，主要从事先秦两汉史、古文献与学术史研究。

① 有学者纠缠于"丧家狗"与"丧家之狗"的差异，其实在语义上，它们没有本质的不同，更不存在"微言大义"之别。本文对此不作无谓的论辩，有关讨论，可参看李零：《"丧家狗"解》，载《去圣乃得真孔子：〈论语〉纵横读》，生活·读书·新知三联书店，2008年，第129-131页。

> 什么叫"丧家狗"?"丧家狗"是无家可归的狗,现在叫流浪狗……孔子不是圣,只是人……他很栖惶,也很无奈,唇焦口燥,颠沛流离,像条无家可归的流浪狗……在这个故事里,他只承认自己是丧家狗……任何怀抱理想,在现实世界找不到精神家园的人,都是丧家狗……我的一切结论,是用孔子本人的话来讲话……读孔子的书,既不捧,也不摔,恰如其分地讲,他是个堂吉诃德。①

对于这样的评述,一些学者很是愤愤不平。在他们看来,"丧家狗"这一字眼无论怎么看,都有鄙夷甚至侮辱的意味,而且李零将孔子拉下圣坛,比之于堂吉诃德,也是不符合事实的。于是,大量抨击性的文章随之而出。当下新儒家的代表陈明在《学界王小波或者王朔:我读李零〈丧家狗:我读"论语"〉》中,将李零比作玩世不恭之人,说他是"作家的文采加训诂学家的眼界加愤青的心态",对李零的文化态度作了猛烈的抨击。后来,陈明在接受《南都周刊》的访谈中,又进一步怒斥道:

> 推论孔子"只承认自己是丧家狗",如果不是亵渎神圣也绝对是厚诬古人。因为真正的夫子自道是"天生德于予"的豪迈自信,是"文王既没,文不在兹乎"的道义承担。从历史的发展和人们的认知看,这才是孔子之为孔子的精神和本质。

后来,这两篇文章与其他一些相关文字,收录到了陈明、朱汉民主编的《原道》第十三辑②。此外,儒家网也在"热点专题"专栏中,陆续收录了一些相关的质疑文章,有些语辞极为激烈。然而,支持的意见也有不少,有学者说"李零的解读基本符合实际",更有学者认为,李零不仅没有侮辱孔子之意,"丧家狗"一词反倒蕴含敬意,他们说:"'丧家狗'才是真圣人。""'丧家狗'是值得珍惜的'好狗'。"③一时间,形成了十分热闹的论战之势。

"丧家狗"所引发的对立,首先关乎的是态度。根据当下的理解,这一语词满含戏谑和嘲弄,李零以此来形容孔子,并以之为知识基础来作进一步阐释,显得既不尊重圣贤,又不严谨。但问题是,态度作为一种感觉,有古今之异。今天认为不雅的语辞,古人或许并不这样看。也就是说,在对"丧家狗"口诛笔伐之前,是否要看一看孔子及古人是怎么理解它的呢?

在李零看来,"丧家狗"是一种事实,或者说历史的存在。作为孔子接受了的称号,也是《史记》以下,明载于《韩诗外传》《白虎通》《论衡》等汉代文献之上的故事。如果不了解这一点,一味加以排拒,那是非常可笑的。不仅今人如此,当年的清儒崔东壁也曾如此。由此,李零续作《去圣乃得真孔子》一书,申论"丧家狗"反映了孔子的"去圣"之事实,并辩驳道:

> ("丧家狗")这三个字太厉害。当年,崔东壁见了,马上心惊肉跳,破口大骂。他不想想,司马迁是什么人,他是孔子的崇拜者呀。司马迁讲了这个故事,怎么就成了千古罪人?更何况这是两汉旧说,韩婴讲,班固讲,王充也讲。难道他们都是千古罪人?④

---

① 李零:《丧家狗——我读〈论语〉》自序,山西人民出版社,2007年。
② 见陈明,朱汉民主编:《原道》第十三辑,首都师范大学出版社,2007年。
③ 以上说法,可参见:李新《李零的解读基本符合实际——刘梦溪谈李零新书〈丧家狗——我读"论语"〉》,《21世纪经济报道》2017年6月11日,第32版;萧瀚《"丧家狗"才是"真圣人"》,《中国图书评论》2007年第8期;王铭铭《"丧家狗"是值得珍惜的"好狗"》,《广州日报》2007年6月4日,第12版。
④ 李零:《"丧家狗"解》,见《去圣乃得真孔子:〈论语〉纵横读》,第137页。

这样的回应,实质上提出了一个重要的方向性问题,那就是,"丧家狗"的真相,或本真事实如何,才是立论的依据所在。

但真相要到哪里去找寻呢?谁也不可能亲自回到历史的现场,所依托的只能是文本材料。这些文本之间的关系如何?怎样呈现"事实"?古代的编撰者如何看待这种"事实",也即对待"事实"的态度怎样?这些理应成为思想论争的逻辑起点。

也就是说,当"丧家狗"作为一个思想问题而被提出,并引发分歧之时,读者首先要做的,不是凭自我感觉,以当下的标准去站队,而应深入历史文本,去看看这一"事实"是如何发生的,以及古人的态度和立场是什么。混战是无助于问题解决的,厘清事实,才可以为思想交锋提供真正的助力。

由此,在展开理论阐述之前,进行文本审查,成为题中应有之义。进一步言之,事实及真相,是这场论争的"灵魂";而"灵魂"所附之"体",则是文本。要对"丧家狗"问题提出真正建设性的意见,必须由文本而事实,方可进入思想的深处。否则,"魂不附体"的玄谈或对侃,不管如何"高大上",都不过是没有着落的"野魂"而已。

李零一再申明:"我的一切结论,是用孔子本人的话来讲话。"公正地说,对于文本问题,他的确展现出了深厚的功底和问题意识,这是他的学术底气所在。由此,初看之下,他所提出的观点及问题,似乎事实清楚,很是理据充沛。

但问题是,"丧家狗"所涉及的"事实"及文本,是十分复杂的问题,不是几句简单的推论就可以一语定谳的。这样来看那些反对意见,或许也会有某种"同情的了解"。

脱离文本,仅仅是意气谩骂之言,当然不必理会。但是,从严谨的学术层面去加以考量,在李氏之论的冲击下,所带来的疑惑是挥之不去的,那就是:那个备受尊敬的孔圣人,真的只是一个毫无圣性可言的"丧家狗"?"丧家狗"的真实意义到底是什么?能由此推断,孔子"只承认自己是丧家狗",而别无他意了?这不仅是情感问题,更关联着事实,核心所在乃是:两千多年来的推崇,难道都是没有事实根据的"迷乱"与"造作"吗?

这样来看"丧家狗"的争论,就事实及文本视角来看,就可以发现,种种疑问挥之不去,需要证实或证伪之处尚多。也就是说,材料的辨析和处理,远没有达到可以形成定论的阶段。由此,在这一充满着意义或义理的争论中,求其事实所在,必须作为基础性的工作,首先加以提出。质言之,在思想论争中,是非问题,比态度和立场更为首要。因为任何观点的提出,必须以既存的事实为基础。事实之所以是事实,之所以成为事实,必须接受细致的科学审查,而不能想当然去认定,否则就是建立在沙滩之上的小屋。

由此我们注意到,自"丧家狗"论争出现以来,有一些学者致力于文本的探究,提出了许多有意义的见解。[①] 遗憾的是,这些研究虽然有某些细部的推进或纠偏,但是,所涉及的"事实"问题,并没有获得大体上的完整解决。不仅如此,原来的各种文本矛盾没有彻底消弭,新的问题又不断涌现。简单地说,文本的审查工作,还远没有达到令人满意的程度。

也由此,在"丧家狗"的思想争论中,继续厘清事实及文本关系,是一个无法绕过的前提。有鉴于此,笔者不揣浅陋,在前人的基础上,对相关文本做一个再审查的工作。

---

① "丧家狗"文本及相关问题的主要研究成果有:魏衍华《"丧家狗"、"择木鸟"与"天下木铎"——孔子形象与人格关系略论》,《济南大学学报(社会科学版)》2009年第6期;张云飞《圣者情怀——"丧家之狗"试解》,《孔子研究》2010年第4期;赵武《"丧家狗"说解》,《人文杂志》2013年第3期;周兆新《孔子像不像"丧家狗"》,《励耕学刊(文学卷)》2011年第2期;王景东《"丧家狗"词义演变探微》,《汉字文化》2017年第4期。

笔者的基本想法是这样的："丧家狗"的材料出处主要有五部，除了所谓"两汉旧说"——司马迁、韩婴、班固、王充分别撰作的《史记》《韩诗外传》《白虎通》《论衡》外，还有一部，是由晋初王肃公布的《孔子家语》，就文本的编撰定型来说，它们都处于汉晋这一大时代。所以，下面的论述将主要以汉晋时代为考察起点，旁及春秋战国。

我们首先考虑的，不是将眼光直接投向春秋战国，看孔子做了什么，而是以记载故事的文本为依托，先看看文本上是怎么说的，这些说法是怎么推演的，有什么内在轨迹和问题，它们与前代的"事实"之间，关联度和可信度有多大，然后再尽其可能地推向"事实"本身。在这一进程中，思考的焦点由汉晋以降向春秋战国推移。简言之，为求其深埋错综之"根"，先从可见的"花果枝叶"入手，反向行之。这样做的好处在于，可以先绕开聚讼纷纷的"伪书"及相关问题，以可信的文本为出发点，剥去遮蔽和误识的外在表象，步步为营，逐渐逼近真相的内核。因能力所限，所论不敢言必，只希望能在由文本而事实的维度上有所推进，为思想问题的深化提供一个相对可靠的知识基础。

二 "丧（sàng）家"还是"丧（sāng）家"？——"累累若丧家之狗"再训解

（一）去声、平声之辩："丧家狗"解读的关键问题

在汉语中，"丧"一般读为 sàng，去声，作动词用，有丧失、遗弃等意思。循此语义，李零在《丧家狗——我读〈论语〉》中，将"丧家狗"解释为"无家可归的狗"，即所谓"流浪狗"。但问题是，"丧"还可读为 sāng，平声，作名词用，与丧葬有关。也由此，"丧家"不仅有"无家可归"之意，还可指"举丧之家"。

尤为重要的是，后一种读音，也与我们所讨论的孔子故事有关。《韩诗外传》卷九第十八章在记载这段故事时，这样说道："赐汝独不见夫丧家之狗欤？既敛而椁，布器（席）而祭，顾望无人，意欲施之……"很明显，这里的"丧家之狗"，指的是"举丧之家"豢养的狗，它有主人，不是"流浪狗"。所以，当李零以去声读"丧"字，并提出"流浪狗"一说时，招致了不少非议。

从厘定事实的角度来看，平声、去声之别，绝不是无关紧要的读音问题，而是直接关联字义及具体指向。"丧家"到底是什么？这样的大问题，为"丧家狗"之争的第一事实。如果这里出现了错讹，"流浪狗""堂吉诃德"云云，就都没有了根基。意识到这一问题，一年后，李零作《"丧家狗"解》一文，以回应因读音而带来的字义方面的质疑。他在引述了《韩诗外传》之后，认为其中所谓的"顾望无人"云云，是指家里人死光了，由此申辩道：

> 这段话，当然是讲办丧事，但"丧家之狗"是指家里的人死光，狗没了主子，这种没了主子，只好放掉，让它在外面流浪的狗，当然是无家可归的狗。死了主子的狗和无家可归的狗，一点矛盾都没有。①

看来，李零承认"丧家"的"丧"读平声了，是"丧（sāng）家狗"，而不是他此前所宣称的"丧（sàng）家狗"。只是在他看来，与丧事有关的"丧（sāng）家狗"，死了主子，与无家可归的"丧（sàng）家狗"，没有什么本质差别。李氏以这样的方式，来维护自己的旧说。

---

① 李零：《"丧家狗"解》，见《去圣乃得真孔子：〈论语〉纵横读》，第136页。

问题是,由"顾望无人"的描述,怎么就可以推断,家里人死光了呢?这是什么人家呢?在丧事期间,接二连三地全家死绝,这也太不符合逻辑了,而且在《韩诗外传》中,也根本看不出一丁点这方面的阐释,哪怕是暗示,所以,这完全是想象之辞了。当然,可注意的是,在《史记·孔子世家》中,《集解》引王肃之论曰:"丧家之狗,主人哀荒,不见饮食,故累然而不得意。孔子生于乱世,道不得行,故累然不得志之貌也。"这应该是李氏所本。

然而,王肃所言,毕竟不是《史记》或《韩诗外传》所载,只是他的个人臆测。所谓"主人哀荒,不见饮食"的推断,从本质上来说,是为了调停两大文本的矛盾,而不得不添加的想象。丧葬之家就一定不给狗饭吃?在人世间,没有这样的道理与必然。由此再引申出"家里的人死光",当然就更有失严谨了。

以深厚的汉学功底,竟出现这样的错讹,在李氏多年的学术研究中,颇为罕见。以笔者的揣测,致误之因中,很关键的一条就在于,既不得不以"丧"读平声为正解,又不能放弃去声所具的意义,在二者的调停之中,遂进退失据。

不仅如此,在这一问题的考察中,当下学界几乎一边倒地认为"丧(sāng)家"为准确读法,"丧(sàng)家"为后起音义。如有学者说:"最主要的五条材料似乎皆是以'丧(sāng)家之狗'喻孔子。"① 而有的学者则结合《礼记·玉藻》中的"丧容累累",认为各条材料都是在这一基础上变化而来的。需指出的是,查考各项文本,"累累",在《孔子家语》中作"累然",而在《韩诗外传》中则作"羸乎",虽用字有别,但意义是一致的。郑玄在注"丧容累累"时说:"羸,惫貌也。"也就是说,"累累"就是"羸乎",指疲惫羸弱的外在形象。由此,研究者进一步引申道:

> 古人居丧,以哀为孝,是以"累然"……《礼记·玉藻》有"丧容累累"之说,此亦可以作为"累累若丧家之狗"之"丧"字读平声的佐证——或许司马迁正是受了《礼记》的影响才将《家语》中的"累然"改为"累累"。②

熟悉文献学的人都知道,《礼记》成书应晚于《史记》,司马迁受《礼记》影响之说,在表达上欠妥。当然,《礼记》成书之前,各篇单传,也未必就不为司马迁所寓目。对于这一问题,本文无意展开。就本论题来看,其关键点在于,"累累"固然可以指"丧容",但只有"丧容"才会"累累"吗?"惫貌"的出现有很多种可能,如果不是因举丧而来,那么,"纍纍若丧家之狗"的"丧家",又为什么一定要读为 sāng 呢?读为 sàng 的可能存在吗?

据笔者的考察,读为 sàng 的可能不仅存在,而且它才是真正的意义源点,"丧(sāng)家"反倒是后起的音义。据此,李零最初的读法与看法,其实更接近真相,后受"丧(sāng)家"的影响,反而一误再误。

简言之,"丧(sàng)家狗"本是正读。

(二)丧(sāng)家狗:积非成是的误读

考察各种相关材料,笔者认定,"丧(sāng)家狗"是误读。遗憾的是,此种误读的出现,不是今日的一时失察,而是久已有之。积非成是的学术"积累",遮蔽了后人对本来面目的观察。

---

① 赵武:《"丧家狗"说解》,《人文杂志》2013年第3期,第23页。
② 张云飞:《圣者情怀——"丧家之狗"试解》,《孔子研究》2010年第4期,第43页。

在今日学界，对于"丧家狗"的音义辨读，一代硕儒钱锺书的见解最为重要。它出现在钱氏代表作《谈艺录》中，其说虽历经修补，但基本观点不变，以"丧"读平声为正解。当下的很多相关论证，其实都以他的这一阐说为依据或起点。《谈艺录》初版于20世纪40年代，此后屡经订补，素为学界所推仰。但是，人无完人，在"丧（sāng）家"还是"丧（sàng）家"的问题上，钱锺书应该是出现了误判。博洽缜密如钱氏，尚且致误，既说明了此问题的复杂性，也给后世带来了"定见"的压力，此后学界的众口一词，或许就与此有关。

钱锺书的论述，是由北宋黄庭坚的诗"顾我今成丧家狗，期君早作济川舟"开始的。就诗律来看，诗中的"丧"，当读去声，而且注引《史记·孔子世家》"纍纍然若丧家之狗"云云，说明了诗之所本。但宋末黄震的《黄氏日钞》卷六五认为，"丧家狗"之"丧"本为平声，黄庭坚误读成了去声。

钱氏首先肯定黄震之说，认为："其说是也。"然后进一步阐释道：

> 《史记集解》引王肃及《韩诗外传》，皆谓是丧事人家之狗，山谷误以为无家之狗。……宋人多读去声，后来沿袭其讹。《坚瓠二集》卷四嘲吊客诗，遂有"家风误认丧家狗，不过当年读去声"之句矣。

按照钱锺书的理解，无论是在《史记》还是《韩诗外传》中，"丧"都应读为平声，与丧事人家有关，而不是指"无家之狗"。他认为，这一"错误"的发生，主要是从宋以后开始的。也就是说，以前都应读平声，因宋人的误读，后来读成了去声。在此后读书的过程中，钱氏又发现了《晋书·夏侯湛传》所载《抵疑》一文，其中有云："当此之时，若失水之鱼，丧家之狗。"按音义的基本规矩，此处的"丧"，应读去声。于是，作订补道："玩其属对，'丧'与'失'互文同意，早读去声。"①由此，"宋人多读去声，后来沿袭其讹"云云，就必须加以修正了。但遗憾的是，钱氏并不以读去声为是，只是将"错讹"发生的时间点向前推而已。

这个时间点在什么时候呢？有学者因为《晋书》修撰于唐人之手，认为："'丧家狗'之'丧'读去声，最早见于唐代。""至唐宋时期，'丧家狗'之'丧'读音出现讹变，始有去声读法，出现了同字多音并用的现象。"②但这一说法是错误的，《晋书》虽是唐人所撰，但此处的"丧家之狗"，出自魏晋时代的夏侯湛之文，很显然，它说明在魏晋时代，"丧"就读为去声。

不仅如此，魏晋以降，在南北朝时期，"丧"也往往读为去声，如《南史·到溉传》载，刘宋时代的到溉，在与武帝刘裕的对弈中，因为"从夕达旦，或复失寝，加以低睡"，刘裕遂作诗嘲讽道："状若丧家狗，又似悬风槌。"按诗律及语义，此处的"丧"为去声。此外，主要生活于齐梁时代的大学者沈约，在他的《辩圣论》中有这样的论述：

> 当仲尼在世之时，世人不言为圣人也。伐树削迹，干七十君而不一值。或以为东家丘，或以为丧家犬。若不高叹凤鸟，称梦周公，乐正雅颂，各得其所，则当世安知其圣人乎？③

在《韩诗外传》中，"丧家狗"是具有正面意义的比喻，而且比之于"四圣"，由此，有学者说"'丧家狗'恰恰是个大大的褒义词"④。而在沈文中，"丧家犬（狗）"不仅不是褒义词，而

---

① 钱锺书：《谈艺录》，生活·读书·新知三联书店，2001年，第26页。
② 王景东："丧家狗"词义演变探微》，《汉字文化》2017年第4期，第64页。
③ 欧阳询撰，汪绍楹校：《艺文类聚》，上海古籍出版社，1982年，第362页。
④ 赵武："丧家狗"说解》，《人文杂志》2013年第3期，第20页。

且是孔子当年无家可归窘境的反映,与高大上的"凤鸟"相比,地位是受到贬斥的。由此,此处的"丧",也只能读 sàng,而不能是 sāng。也就是说,自魏晋以来,"丧"读去声,是很普遍的现象。

但是,是否可以由此接续钱氏之论,推断读去声,是魏晋以后的变化呢?也不可以。因为汉末徐干的《中论·审大臣》说:"大贤为行也,衺然不自满,儑然若无能……不辞谤,不求誉。"①此处的"儑然"也与丧葬无关,而且明确认定是谤词,这就证明,它与沈约之文一样,都是指无家可归的"丧(sàng)家狗",徐文创作的时代,在魏晋之前,代表的是汉代思维。

综合这些资料,就可以看出,在宋代以前,自汉以来,"丧家狗"之"丧"读为去声绝非错讹,从皇帝到学者,这样的用法自然连贯,且未见强烈的异议。但是,从黄震到钱钟书,皆为一代大儒,何以会有不同意见,认定"当年读去声"是一种错误呢?

以笔者的揣测,这或许与南宋以来理学之盛有关。王应麟《困学纪闻》卷一○载,胡安国为杨时作墓志铭,文中赞道:"孰能识车中之状,意欲施之。"所用典故就是《韩诗外传》,王应麟指出:"文定(胡安国)盖用此以比二程。"②作为理学宗师的二程,在南宋后,被喻为《韩诗外传》中的"丧(sāng)家狗",而他们的高足杨时则成为"丧(sāng)家狗"的衣钵传人。也就是说,在"道学正脉"的传承中,"丧(sāng)家狗"被作为正面形象,乃至于精神图腾而加以树立了,很自然地,此后就要愈加排斥"丧(sàng)家狗"的阐说空间,这很可能成为出现误判的一大转折。

但是,如果揆之于事实,从徐干到沈约的贬斥或"谤词"说,才应该是符合"丧家狗"精神气质的表达,读作去声,是本来面貌及主流。无论是宋儒还是钱钟书,实质上都不自觉地成了积非成是过程中的一环,并误导了后世。

当然,或许有人会说,以上所论,主要为反面的推翻,那么,sàng 为正读的正面理由,具体有哪些呢?下面,就由初始文本出发,来作进一步的讨论。

(三)为什么说"丧(sāng)家狗"是误读?——回归文本看"累累"

前已论及,将"丧"读为平声,是一个错误。致误之源主要在于,权威的误导造成了理解上的遮蔽,由此,在"定见"的影响下,后世学者们对于文本本身,往往不再作更为深入的审查。也由此,要获得更为准确的认知,再次回归文本,成为必由之途。

我们注意到,在关于"丧家狗"的五种文本中,最为重要的是《史记》和《韩诗外传》。如果再进一步细化,在这五种文本中,其他三种都应该属于《史记》系统,《韩诗外传》的故事,则是在《史记》系统的基础上层累改编而来。关于这一问题,在后面会作进一步的展开,在这里需要清楚的是,在这两大系统中,"丧"的音义,是完全不同的。而此前的认识,则往往将它们归为一类,并以《韩诗外传》中的阐说为基准。

前已论及,"丧"在《韩诗外传》中作平声,但由此推断《史记》及其他材料也作平声,则是一个重大误判。核心理由是,在《史记》中,主要围绕着"形状",立足于"累累"的神态,而导出"丧(sàng)家狗"之喻。虽未必是实录,但作为一种传说,它与孔子的思想性格及遭

---

① 扫叶山房辑:《百子全书》,浙江古籍出版社,1998年,第 279 页。
② 王应麟撰,翁元圻等注,栾保群、田松青、吕宗力点校:《困学纪闻(全校本)》,上海古籍出版社,2008年,第 1192-1193 页。

遇,并不相违太远。而《韩诗外传》则基本上偏离了这样的主题,并在义理的调整和重释中,推衍出了"丧(sāng)家狗"的新音义,为后世的误导埋下了种子。

为什么说《韩诗外传》偏离了原来的主题呢?

"丧家狗"的故事,联结着古时所谓的"相人"之术。对于它,孔子采取何种态度,应是首要的观察点。

比较《韩诗外传》与《史记》,可以看到,在前一文本中,不仅有孔子,还有相士姑布子卿出场,他与孔子之间形成了很大的一种默契。故事一开始,不再是师徒走失,而是有意识地去相人,其文曰:

> 孔子出卫之东门,逆姑布子卿。曰:"二三子引车避,有人将来,必相我者也,志之。"姑布子卿亦曰:"二三子引车避,有圣人将来。"

在后面的文字中,还有姑布子卿如何相人的具体描写。在这里,那个相士且不论,但孔子简直成了一名神棍。而我们知道,这是不符合孔子本有思想的。

《论语·述而》云:"子不语怪力乱神。"作为人所共知的文化常识,孔子以及早期儒家,本质上是不相信那些神神道道的阐说的,表现在"相人"之术上,也是如此。《荀子·非相》云:"相人之形状颜色,而知其吉凶妖祥,世俗称之。古之人无有也,学者不道也。故相形不如论心,论心不如择术。"由此,就可信性而言,我们很难采信《韩诗外传》中的论述。

而《史记》文本则不同,当有人将孔子喻为"纍纍若丧家之狗"、"子贡以实告"时,孔子"欣然"笑纳道:"形状,末也。而谓似丧家之狗,然哉!然哉!"可注意的是,在这段故事中,孔子并不相信"相人"之术,所以根本就没有将"形状"放在心上,在他看来,这是"末"。那么,什么是"本"呢?应该是内在的心志和神态。《抱朴子·博喻》在论及此事时,曾说道:"肤表或不可以论中,望貌或不可以核能。"也即吴承仕所评价的:"言郑人见其表,不见其里也。"①

尤为重要的是,这种由表及里的思想进路,与丧葬一点关系都没有。我们注意到,《韩诗外传》中所谓的"既敛而椁,布器(席)而祭,顾望无人,意欲施之",在《史记》中没有相类的文字与之对应。可以比附的,仅有"纍纍"二字。但是,这里面的"纍纍",是所谓的"丧容纍纍"吗?并以此可以证明,它反映了所谓的"丧(sāng)家"之事吗?答案是否定的。

在前面,我们已经提出,出现"纍纍"这样的"惫貌",有很多种可能,并不是唯有举丧才会如此。也就是说,从一般逻辑和常理来看,因"丧容纍纍"的存在,无法推断出"丧家之狗"就一定与举丧有关。

更重要的是,如翻检文献可以发现,在早期中国,孔子的"纍纍"与丧葬之事无关,反倒是最基本的事实及认知。

如《淮南子·俶真训》云:"孔、墨之弟子,皆以仁义之术教导于世,然而不免于儡。"这里的"儡"就是"累",意同"纍纍",包括与此相关的,《论衡》中的"偼偼"等,"并字异而意同"②。在这一文本中,它虽然直指孔门的"纍纍"问题,但是,它只是反映"惫貌"而已,与丧葬问题毫无关联。《淮南子》的成书,与《韩诗外传》大抵在同一时代,并稍早于《史记》,是可资凭证的重要材料。更为重要的是,与"孔"并立的"墨",也"不免于儡",同样有着"累

---

① 黄晖撰:《论衡校释》,中华书局,1990年,第123页。
② 何宁撰:《淮南子集释》,中华书局,1998年,第148-149页。

累"之"形状"。习文史者皆知,墨家的核心思想中,有一条就是"节葬"。对于丧葬的各种仪程,这一学派不仅没有热情,甚至多有排斥。他们怎么可能也"丧容累累"呢?

不仅如此,"丧容累累"中的"累累",是对人之"形状"的描摹。人因丧葬而伤心劳力,导致疲惫羸弱,故而出现"累累"之态,这是情理之中的表现。但是,这与"丧(sāng)家之狗"没有直接的关联。我们注意到,有学者在批判李零之说时,有这样的论断:"李零先生极力挽合'丧(sāng)家狗'与'丧(sàng)家狗',从而消泯'丧(sāng)家狗'的个性。"①

但我们要说的是,且不论这里所谓的"个性",大多是后来者的想象,与孔子思想本身有着很大的距离。更关键的是,就"形状"来说,"丧(sāng)家狗"有什么独特的个性呢?它与一般的狗哪里有那么多根本性的差异?难道家里死了人的狗就特殊了?一定会"累累",会充满哀容,极其悲伤,不吃不喝?

这些可能,不是说绝对不会存在,但它既无直接依据,又不是针对"形状"而立说。从王肃到李零,他们的进退失据,正在于太相信《韩诗外传》的描述,并一定要将"累累"或"羸乎"与丧葬问题连接起来。认识到这一点,再来看"丧(sāng)家狗",及所谓的"既敛而椁,布器(席)而祭,顾望无人,意欲施之"云云,就可以发现,当它们与"累累"相联结时,其实是很突兀的一种描述。

简单地说,丧葬人家的狗有什么可"累累"的呢?"累累"的是丧葬之人,狗只有无家可归,才会"累累"。由此,李零一开始的立论,虽在细部上尚可商榷,但直觉还是比较准确的,可惜到后来放弃了原初的观察点。

事实上,如果不是被"丧(sāng)家狗"这样的观念所遮蔽,而先入为主的话,还可以发现的一个重要事实是,无家可归而致"累累",并非后世才有的认知与感受。在东周两汉,它已是"人同此心,心同此理",并早于"丧容累累"之说。《道德经》今本第二十章曰"儽儽兮若无所归",在马王堆甲本中作"纍呵,如□□□";乙本作"纍呵,佁无所归",北大本则作"㒎㐌,台无所归"②。与前面的"儡"一样,"儽""纍""㒎"等,虽在字形上稍有变异,但都是"累累"之意,而且都指向"若无所归",与丧葬问题丝毫无涉。

或许是因为"无家可归"而致"累累",这使得"丧(sàng)家狗"的神态与孔子的遭际颇为合拍,孔圣人也就笑而纳之了。李零曾形象地说:"任何怀抱理想,在现实世界找不到精神家园的人,都是丧家狗。"虽然此说遭致了很多横议,但看看历史上的孔子及古人眼中的孔子,就可以发现,早在战国两汉时代,就有这样的相类看法。当然,他们的不同在于,古人视其为圣哲表现,而李零则作为"去圣"的依据。但是,有一个指向是相同的,那就是,孔子虽颠沛劳碌,却无处容身,一生疲惫不堪。

有一个成语——栖栖遑遑,就是形容此种状态的。

在《论语·宪问》篇,曾有人问孔子:"何为是栖栖者与?无乃为佞乎?"栖栖,意为忙碌不定。在此章句中,他人对孔子发出的疑问是:"你为什么这么忙忙碌碌呢?难道是为了到处去逞口才吗?"孔子回答道:"非敢为佞,疾固也。"包咸注曰:"疾世固陋,欲行道以化之。"③

与"栖栖"相应的,是"遑遑",大意为匆忙奔走而不安定。

---

① 赵武:《"丧家狗"说解》,《人文杂志》2013年第3期,第23页。
② 参见北京大学出土文献研究所编:《北京大学藏西汉竹书(贰)》,上海古籍出版社,2012年,第198-199页。
③ 刘宝楠撰,高流水点校:《论语正义》,中华书局,1990年,第590页。

在战国、两汉,这样的词,除了可以形容孔子及其弟子,也常用来指墨子学派的作为,但他们之所以如此,是为了拯民救世。所以《盐铁论·散不足》曰:"夫贤人君子,以天下为任者也。""孔子栖栖,疾固也。墨子遑遑,闵世也。"《论衡·定贤》则曰:"忧世济民于难。是以孔子栖栖,墨子遑遑。"这种救世精神,所得的结果是"惫貌",也即以"累累"的"形状"示于人。也因此,才会有《淮南子·俶真训》所云的:"孔、墨之弟子,皆以仁义之术教导于世,然而不免于僓。"

然而,他们的"僓",也即"累累",不仅仅在于四处奔波而脚不旋踵,还有一个后果就是,无固定处所可资依赖。汉儒所赞的"仲尼栖栖,墨子遑遑,忧人之甚也",劝解他人时所谓的"大树将颠,非一绳所维,何为栖栖不遑宁处?"①,皆可以看出这方面的痕迹。更重要的是,他们不得时代的赏识,四处碰壁,没有可以依托的明主,这也算是一种"无家可归"。由此,战国宋玉的《九辩》中,有这样的文句:"众鸟皆有所登栖兮,凤独遑遑而无所集。"汉儒王逸注曰:"孔子栖栖,而困厄也。"六臣注曰:"贤才窜逐,独无所托,遑遑不得所貌。"②这些说明,从战国到秦汉时代,孔子的"栖栖遑遑",不仅展示了"累累"的外在形象,也影射出"无家可归"的窘境。

行文至此,由以上各类资料和事实,已不难看出,不是"丧容"型,而是"无家可归"型的"累累",才符合孔子的"形状"。所以,它与"丧(sàng)家狗",而不是"丧(sāng)家狗"音义相通。由此,在"丧"的音义问题上,需遵循的原则应该是,一要注意到两大文本系统间的区分;二是应以《史记》,而不是《韩诗外传》为准。

值得注意的是,不仅在两汉旧说中,班固、王充等用史迁之说而弃韩,汉晋以降,从徐干、沈约,到黄庭坚,他们所遵从的,也都是《史记》文本,而不用《韩诗外传》本。这说明,在很长一段时间内,儒林对于"丧家狗"问题,基本上是有正确共识的,错误起于后来的误判及沿袭。

三 从故事的演进与生成看各文本间的关系及相关问题

前已言及,"丧家狗"的故事,主要见于汉、晋间的五种文本之中。由此,要准确解读这一问题,就有必要对以上文本作一番综合考察。从中厘清事实,发现问题,为进一步的讨论奠定基础。

(一)五种文本、两大系统及我们的基本看法

关于"丧家狗"的五种文本,可分出两大系统。
第一种系统以《史记》为主,它们分别是:

> 孔子适郑,与弟子相失,孔子独立郭东门。郑人或谓子贡曰:"东门有人,其颡似尧,其项类皋陶,其肩类子产,然自要以下,不及禹三寸。累累若丧家之狗。"子贡以实告孔子。孔子欣然笑曰:"形状,末也。而谓似丧家之狗,然哉!然哉!"(《史记·孔子世家》)

---

① 分见于《后汉书·苏竟传》《后汉书·徐穉传》,中华书局,1965年,第1046、1747页。
② 萧统编,李善等注:《六臣注文选》,中华书局,1987年,第627页。

夫子过郑,与弟子相失,独立郭门外,或谓子贡曰:"东门有一人,其头似尧,其颈似皋陶,其肩似子产,然自腰以下,不及禹三寸,儡儡然如丧家之狗。"子贡以告孔子,孔子喟然而笑曰:"形状末也。如丧家之狗,然乎哉,然乎哉!"(《白虎通·寿命》)

孔子适郑,与弟子相失,孔子独立郑东门。郑人或问子贡曰:"东门有人,其头似尧,其项若皋陶,(其)肩类子产。然自腰以下,不及禹三寸,儡儡若丧家之狗。"子贡以告孔子,孔子欣然笑曰:"形状末(末)也,如丧家狗,然哉!然哉!"夫孔子之相,郑人失其实。郑人不明,法术浅也。孔子失之子羽,唐举惑于蔡泽,犹郑人相孔子,不能具见形状之实也。(《论衡·骨相》)

孔子适郑,与弟子相失,独立东郭门外。或人谓子贡曰:"东门外有一人焉,其长九尺有六寸,河目隆颡,其头似尧,其颈似皋繇,其肩似子产,然自腰已下,不及禹者三寸,纍然如丧家之狗。"子贡以告,孔子欣然而叹曰:"形状,末也。如丧家之狗,然乎哉!然乎哉!"(《孔子家语·困誓》)

另一系统的文本则是《韩诗外传》,其文曰:

孔子出卫之东门,逆姑布子卿,曰:"二三子使车避。有人将来,必相我者也。志之。"姑布子卿亦曰:"二三子引车避。有圣人将来。"孔子下步,姑布子卿迎而视之五十步,从而望之五十步,顾子贡曰:"是何为者也?"子贡曰:"赐之师也,所谓鲁孔丘也。"姑布子卿曰:"是鲁孔丘欤?吾固闻之。"子贡曰:"赐之师何如?"姑布子卿曰:"得尧之颡,舜之目,禹之颈,皋陶之喙。从前视之,盎盎乎似有土者。从后视之,高肩弱脊。循循固得之转广一尺四寸,此惟不及四圣者也。"子贡吁然。姑布子卿曰:"子何患焉?污面而不恶,葭喙而不藉,远而望之,赢乎若丧家之狗。子何患焉?"子贡以告孔子。孔子无所辞,独辞丧家之狗耳,曰:"丘何敢乎?"子贡曰:"污面而不恶,葭喙而不藉,赐以知之矣。不知丧家狗,何足辞也?"子曰:"赐,汝独不见夫丧家之狗欤?既敛而椁,布席而祭。顾望无人,意欲施之。上无明王,下无贤方伯,王道衰,政教失,强陵弱,众暴寡,百姓纵心,莫之纲纪。是人固以丘为欲当之者也,丘何敢乎!

必须声明的是,将这些文本①分为两大类,不是笔者的发明。李零早已对此作出区分,他曾说,"两种说法,我是兼存异说,没做详细讨论"②。然而问题是,虽然李氏在这一基础上,有进一步的申论,但就论题的展开来看,这种讨论确实还不够"详细",有许多需要拓展的空间。尤为重要的是,各文本间的内在关系及相关问题,作为核心所在,含混模糊处多有,需要进一步厘清与讨论。

---

① 以上资料分见:《史记》,中华书局,1982年,第1921-1922页;陈立疏证,吴则虞点校《白虎通疏证》,中华书局,1994年,第393页;黄晖撰《论衡校释》,第123页;陈士珂《孔子家语疏证》,上海书店,1987年影印商务印书馆1940年版,第153页;许维遹校释《韩诗外传集释》,中华书局,1980年,第323-324页。另外,在《白虎通》中的"然乎哉",本作"然哉乎",整理者据《孔子家语》加以改定。但笔者怀疑,这很可能是在《史记》"然哉"的基础上添字而成,它们不仅不是文字错讹,反而显示出文本演进的痕迹。

② 李零:《"丧家狗"解》,见《去圣乃得真孔子:〈论语〉纵横读》,第133页。

当然，我们也注意到，此后有学者对此问题作过一些接续性的研究。遗憾的是，往往言人人殊，各持一端，不仅尚未厘清的事实依旧，新的争论又起。对它们的再审，遂成为了题中应有之义。

有鉴于此，在后面的文字中，笔者不再赘论五种文本和两大系统是什么，因为这实质上已是一个基本的共识。我们的聚焦点，是何为、为何的问题，即力求深入到文本内部，由内在的故事演进和编撰者的意图出发，去看"丧家狗"故事的生成和发展轨迹。

在笔者看来，在这两大文本系统中，《史记》系统出现更早，更为主流。而《韩诗外传》系统，则是在它之上层累加工而来，并引入了《孔丛子》等文本作为另一底本，在"整齐故事"中，沿承着《公羊》学的内在逻辑理路，将《史记》系统中落魄的孔子形象，改造为了充满"素王"意蕴的圣人。这虽使得孔子的"圣性"得以有新的展示，但也由此改变了"丧家狗"的音义，为后世的误读埋下了种子。

(二)底本及加工："整齐故事"与五种文本的传承脉络

在确定了五种文本、两大系统的区分后，很自然地，要进一步追问的是：在这些文本中，谁是最早的底本，它们之间的传承脉络如何？在这样的问题意识下，接下来要进行的工作就是，致力于厘清"丧家狗"首见于哪一文本，然后，考察后面的文本，是如何以之为基础，进行加工及整合的。

此种致思路如果再具体化则是，除了要在《史记》所在的文本系统中，确立底本，厘清四种文本的先后顺序，还要追寻这一系统与《韩诗外传》系统是各自独立的，还是有所借鉴，存在先后关系。我们认为答案是后者，并认为，虽然在这一过程中，各文本因"整齐故事"而使得问题复杂化，但《史记》所载，作为其他汉、晋文本的源头或基本依据，是可以断定的。

在讨论"丧家狗"故事的文本源头，或者说首见于哪一文本时，学界有三种看法。除了力主《史记》之外，还有坚持《孔子家语》或《韩诗外传》者。下面分而辨析之。

1.《孔子家语》的相关问题

习文史者皆知，现今流传的《孔子家语》，由晋初的王肃抄辑而出。王氏声称，此书得之于孔子后人孔猛，它与《论语》同源，为孔门弟子所记，后逐渐散乱。至西汉武帝时代，获得孔安国的整理，为后来的文本奠定了规模。所以，今本《家语》不仅由王肃作注，书中还载有孔安国序。

在很长一段时间内，今本《孔子家语》都被视为"伪书"，"作伪者"直指王肃。《汉书·艺文志》曾载二十卷本的《家语》，颜师古注云："非今所有《家语》。"但是，随着各种早期文献的出土，今本《家语》的"作伪"问题受到了挑战。20世纪70年代在河北定州发现了西汉宣帝时代的《儒家者言》，"和安徽阜阳双古堆简牍中的一种性质相类，内容以孔子及其弟子言行为主，且多和《说苑》及今本《孔子家语》有关"，李学勤据此推断："应该都是《家语》的原型。"他还进一步指出："和汉魏时期的孔氏家学有关。"[1]

在出土资料的推助下，今本《孔子家语》正在洗去"作伪"污迹，逐渐恢复本来的文献地位，对相关学术研究而言，这是一个重大推进。它不再被完全视为"伪书"，而是有研究价值的古代文献，对于这一点，每一名理性的文史工作者应该都是需要加以承认的。

---

[1] 李学勤：《竹简〈家语〉与汉魏孔氏家学》，见《简帛佚籍与学术史》，江西教育出版社，2001年，第380、382页。

或许是出于这样的原因,有学者开始将今本《孔子家语》作为可信的先秦材料来加以运用,体现在"丧家狗"问题上,则是认为,"丧家狗"的故事应首见于此。

在《孔子家语》中,"丧家狗"一事载于《困誓》篇。在学界流传甚广的一部通解书中,研究者作了如下的判断:

> 从对比看,本篇内容与《荀子》、《史记·孔子世家》的记载完全吻合,这正契合了《孔子家语》的流传过程中经过荀子之手的环节,说明太史公司马迁作《史记》时参考了《家语》。本篇与《列子》、《韩诗外传》、《说苑》、《新书》、《新序》等典籍的记载有明显出入,甚至互相抵牾,这是后人以己意引用阐发的结果。①

虽然以上所论是针对《困誓》篇而发,但"丧家狗"文本是其中的重要组成部分。就本论题出发,可注意的是,研究者认为,《史记》与之文字相类,是因为司马迁"参考了《家语》",《韩诗外传》的不同表达,则是"以己意引用阐发的结果"。

但我们以为,这样的判定是不够审慎的,结论下得有些轻率。

做出这种否定性的意见,不是要全盘回到过去的"伪书"说中去,而是希望在下判定之前,要对《孔子家语》的复杂性有适当的认知。就这部文献的基本性质来看,以前全盘否定它固然不可取,但是,如果直接将其等同于先秦材料而不加辨析,在复杂的情形下,就会出现某些时代性的错位。

何谓时代性的错位呢?

我们从来不否定今本《孔子家语》的先秦因素,但是特别重要的是,它的确又渗透了很多后世的因素。核心原因在于,这一文本不是定型于先秦时代,甚至不是汉代,它经王肃之手,在魏晋时代才得以完成。这种事实的存在,加之文本所历经的漫长时段,使得我们在实际的研究工作中,必须考量它所具有的复杂可能。

李学勤在论及这一问题时,有一段重要的论述:

> 根据整理研究近年发现简牍帛书的经验,我们认为:古书的形成每每要有很长的过程。除了少数书籍被立于学官,或有官本,一般都要经过改动变化。很多书在写定前,还有一段口传的过程。尤其在民间流传的,变动尤甚。因而,对古书的形成和流传不可用静止的观点去看待。《家语》也就是其间的一个例子。②

就本论题来看,这段话中特别值得注意的关键点在于,既然古书形成"要有很长的过程",那么,在这一过程中,对它的考察必须是动态的,而不能停留于某一点。尤为重要的是,在定型之前的"改动变化"应当是不可忽略的一环。先秦以降,《孔子家语》有"改动变化"吗?当然有。而且,作为民间的未定本,可以说是"变动尤甚"。

所以,我们注意到,李学勤在论证这一问题时,特别提到了"汉魏孔氏家学"及"原型"。为什么是"汉魏时期",而不是其他时期?为什么说"原型"呢?因为这一时期,是文本"改动变化"的时期,"原型"则说明,文本还未完全定型。也就是说,从先秦到汉、晋时代,《孔子家语》从来不是一以贯之,没有发生过文本变化的文献。由此,仅仅看到文本中的"先秦性",而失去对"秦汉魏晋"因素的考察,就往往会看错文本的时代,这就是所谓时代性的错位了。

---

① 杨朝明、宋立林主编:《孔子家语通解》,齐鲁书社,2009年,第262页。
② 李学勤:《竹简〈家语〉与汉魏孔氏家学》,见《简帛佚籍与学术史》,第382页。

简言之,对于这种问题的考察,特别需要辩证的眼光。一方面,当年的"伪书"说自当抛弃;另一方面,对于后世文本、文句的羼入视而不见,则易走入另一极端。宁镇疆在对《孔子家语》进行细致考察后,特别指出,"《家语》一书是'层累'形成的",但这种"层累",并不意味着"作伪",而是在"重组和整理"中,反映了一种"'历时性'演进痕迹"。①

那么,就"丧家狗"的问题来说,今本《家语》中有哪些"重组和整理"的演进痕迹呢?

细绎文句,《孔子家语》虽与《史记》文本大体一致,但是从《集解》所引的王肃之论"丧家之狗,主人哀荒,不见饮食,故累然而不得意。孔子生于乱世,道不得行,故累然不得志之貌也"。可以看出,它其实是对《韩诗外传》释义的某种引申。此段诠释就见于今本注中,由此还可以看出,王肃在对"丧家狗"故事进行文本整理时,试图整合《史记》与《韩诗外传》。

当然,这样的整合并非王肃所特有,司马迁早就说过,"余所谓述故事,整齐其世传",又说:"厥协《六经》异传,整齐百家杂语"。② 同理,王肃要对《孔子家语》重加整理,当然也要做一番"整齐"的工作,这本是文献整理的题中应有之义,而非所谓的"作伪"驱动。问题的关键在于,就"丧家狗"的故事而言,如果今本《孔子家语》的整体面貌早于《史记》,则在"整齐"中,只需做一些校订文字错讹的工作,没有作文字上调整的必要,文本面貌也应更单纯。

但事实不是这样的。

我们注意到,《史记索隐》引《家语》云:"河目而隆颡,其颡似尧。"讲了"颡"之后,又出现了"颡"字,重复之中,有拼合的痕迹。当然,后来的文本写定为"河目隆颡,其头似尧。"比之前更为文从字顺,但这很可能反映了文句的动态调整。

此外,在《史记》中并无"其长九尺有六寸,河目而隆颡"之类的表达,它来自《孔丛子·嘉言》。巧合的是,《韩诗外传》中多出的重要部分,也与此文本有关。笔者颇怀疑,《家语》引述《孔丛子》中的话语,就是受到了《韩诗外传》的启发。关于它们与《孔丛子》的文本关系,在后面会具体展开。值得注意的是,这些文句在《孔丛子》中自然流畅,在《孔子家语》中则明显有切割的痕迹,与后面的文字结合得并不自然。我们以为,这就是"整齐"过程中的"层累"或添加。

当然,也有人会说,为什么不说是《史记》将这一部分文字删去了呢?也就是说,《孔子家语》在前,《史记》删削在后。但是细绎文本,这一说法难以成立。且不说在《孔子家语》中,出现了材料多元化的倾向,它比起《史记》单纯的故事表述,有"穿衣戴帽"之嫌。仅就文句来看,可注意的是,《孔子家语》的"其头似尧,其颈似皋繇",在《史记》中,作"其颡似尧,其项类皋陶"。

习文史者皆知,司马迁在撰作《史记》的过程中,十分重视语言的通晓易读,不仅不故作艰深,还往往将一些古语通俗化,例如对于《尚书》中的篇章,就做了类似于"今读"的工作。季镇淮由此指出,《史记》的文字虽然讲究,但是,"它和当时的通俗语言是很接近的","他的整齐(规范化)古代历史的工作,实际也包含着整齐古代语言的工作"。③ 这些都是文史工作者耳熟能详的事。现在就"头""颡"二字来看,前者的表述更为通俗易晓。如果《孔

---

① 宁镇疆:《"层累"非"作伪":再论今本〈孔子家语〉的性质》,见《〈孔子家语〉新证》,中西书局,2017年,第253页。
② 分见《史记》卷一三〇《太史公自序》,第3299-3300、3319-3320页。
③ 季镇淮:《司马迁》,北京出版社,2002年,第134、132页。

子家语》在前,《史记》是不太可能改"头"为"颡"的,而只能反之。

不仅如此,《孔子家语》在用词上与《白虎通》《论衡》基本一致。但是,《论衡》在引述"丧家狗"故事时,其用意所在,是要说明郑人的虚妄,所谓"不能具见形状之实也","河目隆颡"是更为奇特的"形状"。如果《家语》早于《史记》,《论衡》当然也以此为底本,既然要批驳,这么好的一个靶子,为什么要省略呢?答案应该是,王充未见今本《孔子家语》的表述,它是后起的文本。

由此,不是《史记》参考了《孔子家语》,而只能是反之。

2.《韩诗外传》与《史记》系统之间的文本关系

前面在讨论"丧"的平声、去声问题时,已经知道,虽然《韩诗外传》"丧(sāng)家之狗"的音义为大部分人所接受,但实际上它是后起之义,不如《史记》"丧(sàng)家狗"更接近孔门的本来面目。

这种错误认知的出现,原因很多,在前面也讨论了。但是,就文本关系来说,一个很重要的因素在于,韩婴生活的时代稍早于司马迁,这使得人们往往会很自然地认为,《韩诗外传》文本的出现也应早于《史记》,故而进一步推定,就"丧家狗"出现的先后顺序来说,应该是《史记》参考了《韩诗外传》。由此我们注意到,有学者这样说:"《韩诗外传》的成书时间早于《史记》,因此'丧家之狗'最早见于《韩诗外传》。探求本义应从其出处即《韩诗外传》进行探源分析。"①

但是,"丧家狗"的故事不是韩婴,也不是司马迁的创造,而只是他们"述故事,整齐其世传"的结果。也就是说,即便今本《韩诗外传》早于《史记》,也不能由此推定,司马迁所据文本,就一定晚于韩婴。司马迁在作《史记》时,延揽了各种资料,"百年之间,天下遗文古事靡不毕集太史公"。② 他很可能会在精挑细选中,沿用早期的权威文本为自己的底本。

就现有的资料和认知,司马迁在提出"丧家狗"故事时,所据是哪一文本,还不得而知。但是,韩婴在作《韩诗外传》时,也需要大量文本来为自己的阐说提供依据。由此,司马迁所见之书或文本,作为一代大儒的韩婴也应该可以看到。所以,就文本来源来说,未必就是《韩诗外传》在前。

一个很大的可能是,《史记》系统所据文本早就存在,它成为司马迁撰作的源头,同时也是《韩诗外传》层累改进的文本依据。在此,用《史记》系统这样一个概念,正是要说明,《韩婴外传》所据,不一定是《史记》本身,而很可能是它的史源所在,这是要特别加以提出的地方。

当然,还有一种可能就是,今本《韩诗外传》中所载的"丧家狗"故事,可能就是来自《史记》文本,如果这样,那更是真真切切地在《史记》之上所作的修正。当然,有人会问,这一判断的依据在哪里呢?我们注意到,虽然司马迁说"韩生推《诗》之意而为内外传数万言"③,似乎太史公见过韩的书,但是,在《汉书·艺文志》中,《韩诗外传》为六卷本,而今本在隋唐之后为十卷本,显然已经作了扩展与加工,并非汉代旧本。而在传世文献的引述中,《史记集解》所引《韩诗外传》中的丧家之狗"既敛而椁,布席而祭,顾望无人",作为出现最早的材料,时间点也应定于魏晋之后。

---

① 王景东:《"丧家狗"词义演变探微》,《汉字文化》2017 年第 4 期,第 63 页。
② 《史记》卷一三〇《太史公自序》,第 3319 页。
③ 《史记》卷一二一《儒林列传》,第 3124 页。

理由在于,《史记集解》撰作者为刘宋时代的裴骃,从严格意义上来看,只能证明《韩诗外传》在晋宋以来的面貌。《韩诗外传》与《史记》的不同在于,后者自西汉武、宣朝之后,就文本传承有自,而前者在汉代的传承情况暧昧不清,故而不可以径直上推,认定上述文字就一定形成于汉代,而完全否定后世羼入的可能。但不管是哪种情形,就文本的内在关系来看,应该是《史记》系统在前,《韩诗外传》系统改造在后。

这一结论成立,就文本内在的理路及关系来看,还可申论两点:

首先,《韩诗外传》中,在"形状"上,体现的是孔子与"尧、舜、禹、皋陶"四位古人,即所谓"四圣"的对应性。同样是比附四位古人,《史记》中却没有了圣人大舜,而改换为了郑国的子产。在《论语·宪问》中,孔子评价子产为"惠人",而不是"圣人",在《汉书·古今人表》中,子产属于"上中"之人,也不在"上上"的圣人列。如果《外传》文本在先,《史记》参考在后,为什么要删去"圣"的描述?习文史者皆知,司马迁对于孔子的"圣性"是极为推崇的,在《史记·孔子世家》中,尊其为"至圣",这是极高的评价。如果《史记》所述,是对《外传》改造加工的结果,那么,这样的改动,怎么体现对孔子的尊重呢?如果倒过来,《史记》系统在前,《外传》系统在后,为突出"圣性"而添加改造,在文本上形成这样的面貌,则是可以成立的。

其次,"狗"的形象,虽不像后世那样具有贬抑性,但是,当它比拟于孔子时,表现其落魄的一面,固然没有什么问题,所以孔子笑纳之,这反映了孔子的胸怀和雅量,如果像《韩诗外传》描述的那样,"丧家狗"居然充满了"圣性",就有些不合常理了。

习文史者皆知,孔子与动物相比拟对应时,主要是两种:一是凤鸟;二是麒麟。翻检《论语》,在《微子》篇中,有以"凤兮,凤兮"之歌,来讽喻孔子者;在《子罕》篇中,则有夫子的自我感慨:"凤鸟不至,河不出图,吾已矣夫。"至于麒麟,则在孔子作《春秋》时,以"吾道穷矣"的感慨,因绝笔而显现其意义。这一故事见于《公羊传》哀公十四年等文献中,是中国人耳熟能详的文史常识。

由此再进一步,可以看到的是,《孟子·公孙丑上》载,孔门弟子在赞颂孔子为"出类拔萃""生民未有"的圣人时,是这样说的:"麒麟之于走兽,凤凰之于飞鸟,泰山之于丘垤,河海之于行潦,类也。"说明东周以来,以凤鸟、麒麟来比拟孔子,已成为通例。也由此,《论衡·讲瑞》云:"夫凤皇,鸟之圣者也;骐驎,兽之圣者也;五帝、三王、皋陶、孔子,人之圣也。"里面所出现的圣鸟、圣兽、圣人等,亦可与之相映证。

但是,"狗"不在此列。它不属于圣兽,与马一样,是供人驱使的家畜。《礼记·檀弓下》等文献记载,孔子的狗死后,孔子埋葬它时,将它与马相提并论,并且说:"弊盖不弃,为埋狗也。丘也贫,无盖,于其封也,亦与之席,毋使其首陷焉。"此外,《孟子·离娄下》曰:"君之视臣如犬马,则臣视君如国人。"在这些著名的论述中,看不出狗的地位有多高,它显然无法与凤鸟、麒麟等相提并论。

所以,《韩诗外传》对狗的描述,是有些反常的。假如这的确是一种特别的用法,属于非常态之下的运用,而且在《史记》之前就已经存在,司马迁不会不加理会。倘反之,"丧家狗"仅仅是形容师徒走失之后的落魄之态,随后成为《韩诗外传》加工的前提,则在弥缝矛盾中出现破绽,反倒可以为《韩诗外传》后出添一证据。

要之,综合各种材料,不是《史记》参考了《韩诗外传》,而是《韩诗外传》在《史记》系统之上"整齐"故事,重整义理。

当然,或许有人会进一步追问,《史记》和《韩诗外传》会不会是两个不相属的独立系统呢？它们一定会发生先后影响吗？我们以为，揆之于情理，它们之间应该会发生影响，而不会独立发展。理由所在，不仅是因为，无论《史记》，还是《韩诗外传》，都以"整齐故事"为基本特点，不会不广揽各种说法，然后为己所用。更为重要的是，"丧家狗"作为一个故事，或者说"事实"，具有唯一性。为了"事实"的圆融，参照其他讲述做调整，是情理之中的事情。

(三)《韩诗外传》中的"素王"及相关问题——《孔丛子》的文本介入及新意义的生成

前已论及，在"丧家狗"故事的演绎中，《韩诗外传》文本系统的建立，是以《史记》系统为基础添加层累而成的。然而，伴随故事的"丰满"，它的意义也逐渐位移，直至有了新的指向。

在这种新意义的生成过程中，除了前所论及的内容，核心所在，是所谓的"素王"及相关问题。这些皆为《史记》故事系统之外的意义发挥，但是，它们不是凭空臆造的，而有所依凭。其中值得高度注意的，是《孔丛子》一书。正是以它的若干内容为基础，在整合融汇中，《韩诗外传》延伸出了新的故事平台及理论空间。通过突出孔子"形状"，在展现圣性的过程中，将孔子之"圣"的成立及"有德无位"的状态，与东周时势结合，最后调整并聚焦于"丧（sāng）家"之上，思想意义由此得以转换，新文本的内容亦获得自洽。下面，就具体论之。

1. 作为底本的《孔丛子》及"素王"问题的提出

先看《孔丛子·嘉言》中的一段内容：

> 夫子适周，见苌弘，言终退。苌弘语刘文公曰："吾观孔仲尼有圣人之表。河目而隆颡，黄帝之形貌也；修肱而龟背，长九尺有六寸，成汤之容体也。然言称先王，躬履廉让，洽闻强记，博物不穷，抑亦圣人之兴者乎？"刘子曰："方今周室衰微而诸侯力争，孔丘布衣，圣将安施？"苌弘曰："尧舜文武之道或弛而坠，礼乐崩丧，亦正其统纪而已矣。"既而夫子闻之，曰："吾岂敢哉，亦好礼乐者也！"

与《孔子家语》一样，《孔丛子》也是一部充满争议的典籍，在很长一段时期内，被视为"伪书"。随着出土文献的佐证及研究的深入，学界越来越承认，它具有早期的渊源，而非完全由汉、晋之人所造作。李存山曾在出土文献的视野下，对《孔丛子》文本的时代问题作了专门讨论，他认为，"卷一至卷三记孔子、子思言行，则决无'软弱'之嫌。很可能前三卷是辑先秦孔氏遗文"①。

在这样的知识背景下，可注意的是，上引《嘉言》篇中的文字，是整本书的开首语。它应该是承自先秦时代的一段文字，即使经后世加工，但它所具的思想意识，也应不晚于秦汉。由此，可注意的是，这段故事以孔子的"形状"为基础，推断出圣性等问题，笔者以为，它应是《韩诗外传》文本推衍的另一个底本。在这里，故事中的人物改换了，"相人"者不再是姑布子卿，而是苌弘，但是，故事在内在精神及逻辑理路方面，承接和推进的痕迹斑斑可见。

这种承接和推进，表现在面上，是对孔子的"圣人之表"给予特别的重视，并由此推导出"圣性"问题。相较而言，《韩诗外传》的描述更为详尽，而且将其纳入"丧（sāng）家之狗"

---

① 李存山：《〈孔丛子〉中的"孔子诗论"》，《孔子研究》2003年第3期，第10页。

的故事系统中,从而实现了文本的整合。后来的《孔子家语》在"整齐故事"时,也由此获取资源,应该就是受了这种影响。

但是,"圣人之表"只是"形状"的外显,"圣性"的核心,乃是对天下的引领与指导。由此,战国两汉以来的"素王"问题,在《韩诗外传》中或明或暗地浮现出来,并被打造成为文本的思想核心。

习文史者皆知,孔子作为"素王",并不在于真的做过统治天下的"王者",恰恰相反,他仅为一介布衣,本不该以"王者"的身份来引领天下。但是,自东周以来,周天子已不能承接"尧舜文武"以来的圣王道统,"礼乐崩丧"成为时代表征。在这样一个失范的时代,呼唤为天下定规矩的圣人,成为历史的需求。

既然天子及诸侯都不可依凭,按照战国以来儒家的说法,孔子遂以《春秋》当"王法"。虽没有王之"位",却承担了周天子的责任,在恢复礼乐之治的过程中,重建了"王道"。由此,一个"有德无位"的"素王"——孔子应运而生。也由此,《孟子·滕文公下》曰:"《春秋》,天子之事也。"《春秋繁露·三代改制质文》则曰:"以《春秋》当新王。"

沿着这样的问题意识,就可以看出,《孔丛子》所云"方今周室衰微而诸侯力争"以及"尧舜文武之道或弛而坠,礼乐崩丧,亦正其统纪而已矣"正暗示孔子为承接"尧舜文武之道"的"素王"。而《韩诗外传》中不仅有"上无明王,下无贤方伯,王道衰,政教失,强陵弱,众暴寡,百姓纵心,莫之纲纪"的说辞,更进一步指出,孔子"盎盎乎似有土者",看似"有土"的"王者",实际上是"有德无位"之人,这正是"素王"的基本特征。

不仅如此,无论是在《孔丛子》还是《韩诗外传》中,孔子都对他人所加的"圣人"或暗示的"素王"之誉加以推辞,《孔丛子》中的表达是:"吾岂敢哉,亦好礼乐者也!"而在《韩诗外传》中,则为"是人固以丘为欲当之者也,丘何敢乎"。二者在思想理路甚至文辞上都息息相通。

更为关键的是,在《韩诗外传》中,"丧(sāng)家之狗"所表现的"顾望无人,意欲施之",就来自《孔丛子》中的"孔丘布衣,圣将安施"。作为整个故事的核心所在,它是孔子之所以为"素王"的主要依凭,并顺理成章地成为整个文本的灵魂所在。

然而,遗憾的是,它或被误读,或被忽略,并由此影响了对整个文本的准确研判。

我们看到,"意欲施之"的"施",李零读为"弛",并解释道:"是指家里的人死光,狗没了主子,这种没了主子,只好放掉,让它在外面流浪的狗,当然是无家可归的狗。"① 这种解说,当然是有问题的。有学者指出了它的错乱,并接续清儒文廷式的意见,将"施"解释为"施设",得出了"舍我其谁"云云的说辞。② 然而,这一阐说也不得要领,且不说在训诂上并不完全切合,对于"施"的对象,亦无明晰的答案或指向。

据笔者之见,从"圣将安施"可看出,"意欲施之"的指向,乃是"圣",进一步落实文义,则直指孔子的"素王"问题。它承接前代圣王的作为而来,所"施"者,是所谓的"圣王"之"教",并与先秦两汉的一个专有名词——"施教",有着密切的关联。

何谓"施教"? 简言之,在政治治理过程中,需要有教化行为施加于民。也就是说,政治不仅仅在于暴力管控,更需要有道德教化的内容。所以,《墨子·尚同中》曰:"天子为发政施教。"尤为重要的是,"施教"还是"圣王"们之所以为"圣"的表征之一,也所以,《墨子·

---

① 李零:《"丧家狗"解》,见《去圣乃得真孔子:〈论语〉纵横读》,第136页。
② 赵武:《"丧家狗"说解》,《人文杂志》2013年第3期,第21页。

《非命下》篇又曰:"(圣王)出政施教,赏善罚暴。"

与前代圣王不同,孔子的"施教",主要落实于文化系统之上。《大戴礼记·卫将军文子》载:"夫子之施教也,先以《诗》,世道者孝悌,说之以义而观诸体,成之以文德,盖受教者七十有余人。"但在古代,尤其是在儒学及经学系统中,孔子的教化之举并非只是简单的教学活动,而是饱含严肃的政治意义。在孔子的"施教"中,有大道存焉,那不仅关乎文化,更有着政治寓意和规范所在,所以,他是"素王"。

2.《公羊》学理论的援引与阴阳问题

在上述的理论背景下作考察,《淮南子·主术训》中的一段论述,引起了我们的注意:

> 专行教道,以成素王,事亦鲜矣。《春秋》二百四十二年,亡国五十二,弑君三十六,采善锄丑,以成王道,论亦博矣。

这段话的核心要义,就是以《春秋》当"王法",其中特别提出了"教道"的概念。从特定意义来看,孔子之所以为"素王",正在于以"教道"而"施教"。

习文史者皆知,"素王"问题是西汉经学的一大核心热点。对于这一问题,《公羊》学的阐释最为热烈,影响也最大。最为著名的《公羊》大师董仲舒就在"天人三策"中,郑重提出:"孔子作《春秋》,先正王而系万事,见素王之文焉。"[①] 由此,进一步研判,可以发现,《淮南子》所引,正是来自《公羊》学。这不仅在于,它以《春秋》作为"王道"之本,更重要的是,相类的文句,在南昌汉代海昏侯墓"孔子衣镜"中亦有出现,经分析,那就属于《公羊》学的论说范畴。[②]

行文至此,或许有人会发出这样的疑问:《韩诗外传》的作者韩婴,是一代《诗经》学大师,在他所撰文本中,怎么会窜入《春秋公羊》学的内容呢?

范文澜曾指出:"汉武帝独尊儒家,归根到底是尊《公羊》。"[③] 也就是说,西汉时期的经学或"儒术",乃是以《公羊》学为核心。这一现象的出现,固然有诸多原因,但很核心的一条在于,《春秋公羊》学以孔子的"微言大义"来涵摄各种社会现象,在理论解释上往往索隐探幽,无所不包。孔子也由此以"素王"形象,成为"天下公理"的代言人。[④] 其他各经在适用性上难以达到《公羊》这样的程度,所以在作解释时往往援引《公羊》之学。

韩婴所在的《韩诗》系统也是如此。《汉书·艺文志》载:"汉兴,鲁申公为《诗》训故,而齐辕固、燕韩生皆为之传。或取《春秋》,采杂说,咸非其本义。"正说明了这一事实。

需要进一步补充的是,"或取《春秋》,采杂说"所论及的是《春秋》,而没有明言《公羊传》,但是在西汉时期,言说《春秋》时,不只是指向《春秋》本经,《公羊传》或者说《公羊》学不仅涵盖在内,而且往往是核心所在。[⑤] 也就是说,研习和援引《公羊》,为当时的学术风气,它使得《公羊》成为《春秋》经义的代名词。史载:"上因尊《公羊》家,诏太子受《公羊春

---

① 《汉书》卷五六《董仲舒传》,中华书局,1962年,第2509页。
② 关于这一问题,可参看拙文:《"周室威"与〈公羊〉学问题:南昌海昏侯墓"孔子衣镜"文发微》,《社会科学战线》2019年第4期。
③ 范文澜著,中国社会科学院近代史研究所编:《范文澜历史论文选集》,中国社会科学出版社,1979年,第310页。
④ 《四库全书总目提要·经部总叙》曰:"盖经者非他,即天下之公理而已。"见纪昀等撰:《四库全书总目提要》,中华书局,1997年,第1页。
⑤ 关于这一问题,可参看黄开国:《公羊学发展史》,人民出版社,2013年,第126-132页。

秋》,由是《公羊》大兴。"①而且武帝在给臣下的赐书中,要求"具以《春秋》"对,这里的《春秋》,就是指《公羊传》。②

明晰了这些知识背景,接下来的问题是,孔子所施的"教道",主要体现在何处呢?

在《孔丛子》佚文中,有一段这样的论述:"五帝三王之莅政,施教必用三伍。"③它在《淮南子·泰族训》中作:"昔者,五帝三王之莅政施教,必用参(三)五。"

由此段文字可知,孔子的"施教",是接续前代圣王,即所谓"五帝三王"。更为重要的是,孔子的"教道"还弥散于天人之际,有了天地阴阳的意蕴。

翻检相关文字,在《淮南子》中,"三五"虽比附在纲常人伦等内容上,但"行明堂之令,以调阴阳之气"云云,为前提所在。很显然,"施教"是与阴阳五行相结合的,这一思想脉路直承战国的阴阳家,在秦汉时代,对政治产生了巨大的影响。彭华说:"其阴阳五行说则兼有政治化和伦理化的走向。这两大走向始于汉武帝'罢黜百家、独尊儒术',而其最典型的代表是西汉的董仲舒和东汉的《白虎通义》。"④

关于阴阳五行与政治问题的关联,已有很多研究成果,因篇幅及主题所限,本文不作展开。由本论题出发,需要了解的是,《公羊》学在建构理论系统时,采纳了大量阴阳之学的内容。如董仲舒在奠定宗师地位时,阴阳之学是重要的理论基石。《汉书·五行志上》载:"汉兴,承秦灭学之后,景、武之世,董仲舒治《公羊春秋》,始推阴阳,为儒者宗。"

由此,我们注意到,在《孔丛子》和《韩诗外传》中,具有天地阴阳意蕴的"统纪"或"纲纪",接续着"意欲施之"而出。关于"统纪"等问题,饶宗颐等学者有深入的研究,它既呈现出与六艺之间的紧密关联,又与阴阳及受命之说如影随形。⑤

但是,光有这些,还不足以为新意义的推出提供完全的理论支撑。尤为重要的是,从"相人"的介入,到"素王"的隐喻,最后都要聚焦于"丧(sāng)家"问题之上。

那么,它是如何展开及落实的呢?下面,围绕着"污面""莪喙"等问题,进行进一步的讨论。

3. "莪喙""污面"与"丧(sāng)家"

细绎《韩诗外传》中的相关文字,可以发现,在对孔子"形状"的描绘中,除了《史记》《孔丛子》所提供的资源之外,还有所谓的"莪喙""污面"云云。作为与"丧家狗"相提并论的"形状",它们应有深意存焉。

从字面意义来看,"莪喙",是说孔子口型似鸟嘴,而"污面"指的是脸色的深黑。清儒郝懿行说:"污面者,黑也,莪喙者,长也。皋陶鸟喙,孔子得皋陶之喙。"但清儒们亦往往认为,"莪"与"豛"相通,"豛"即"豕","莪喙",也就是猪嘴。加之《山海经》中有"人面豕喙"之说,遂使得此说似乎颇有理致。由此,郝懿行虽以鸟喙来解释"莪喙"一词,但亦依违于鸟、"豛"之间,未能有确解。⑥

以笔者之见,与《山海经》早期神话不同的是,东周以来对孔子"形状"的描述,虽也有类似的比附,但大体已不属于混淆神人、民物的神话性思维,而是一种内在的思想隐喻。

---

① 《汉书》卷八八《儒林传》,第3617页。
② 《汉书》卷六四上《严助传》,第2789页。
③ 傅亚庶撰:《孔丛子校释》,中华书局,2011年,第512页。
④ 彭华:《阴阳五行研究(先秦篇)》,吉林人民出版社,2011年,第520页。
⑤ 饶宗颐:《中国史学上之正统论》,上海远东出版社,1996年,第1-16页。
⑥ 许维遹校释:《韩诗外传集释》,第323页。

从这个角度来看,将"葭喙"解为猪嘴,属于不太靠谱的解说,而将"葭喙"解为鸟嘴形状,虽不符合现代人的思维习惯,但契合《韩诗外传》的思想理路。这种思想理路,就是前面所论及的《公羊》学的思维,或者说,它与"污面"一起,成为对这种思维的落实与具体化。

由前已知,孔子有"凤鸟不至,河不出图,吾已矣夫"之叹,在这段著名的感慨中,他自比于凤鸟,董仲舒则在"天人三策"中解释道:"自悲可致此物,而身卑贱不得致也。"颜师古注曰:"凤鸟河图,皆王者之瑞。仲尼自叹有德无位,故不至也。"①在这种《公羊》学的解释路向下,可以发现,凤鸟是孔子作为"素王"的重要标志。由此,"葭喙"正是隐喻孔子这一"凤鸟",或等待凤鸟出现的圣者之境况。

这种境况,核心所指,就是孔子遭逢大乱之世,生不逢时,无以施展全部的抱负。《韩诗外传》所谓的"上无明王,下无贤方伯,王道衰,政教失"云云,正是那个时代的表征。还可注意的是,"明王"是战国至汉代的常用词,《论衡·问孔》云:"孔子不自伤不得王也,伤时无明王,故己不用也。凤鸟河图,明王之瑞也。瑞应不至,时无明王;明王不存,己遂不用矣。"正可与之相呼应。此外,它还常作"上无天下,下无方伯",是《公羊》学的惯用语辞。②

不仅如此,我们还注意到,姜生在对汉代的鬼神信仰进行深入研究后发现,在汉墓祠堂的画像石中,常出现带有鸟喙形象的人物,如太上太君,属于"具有拯救功能"的形象。③由本论题出发,笔者揣测,这或许就与凤鸟思维相关。也就是说,至汉之后,人相所呈现的鸟型,往往具有拯救的意义,这与《韩诗外传》的隐喻指向,正相契合,这也说明,"葭喙"应指向鸟嘴,而不应滑向"貑""豖"的思维系统中。

要之,"葭喙"应指向救世的"凤鸟"隐喻,与《公羊》学的"素王"之论紧密关联。

而与之并论的"污面",也不例外,不仅同样指向"素王",而且还最终引出"丧(sāng)家"的思想意象。

在笔者看来,当《韩诗外传》以"污面"来形容孔子"形状"之时,虽或有从"丧(sàng)家狗"的"累累"中获得灵感或启示的可能,一只无家可归的狗,满身、满脸蒙尘,似乎可以说,就是"污面",但在这种直接树立孔子"圣性"的文字中,应该不会仅仅作如此简单的比附。尤其是承接着《公羊》"素王"理论,应该有着更为核心的内在逻辑。而这种内在逻辑,核心所在则是,赋予气色"天人"层面上的意义。

"素王"之论承接阴阳五行之说,将孔子比附于黑帝,为汉家"赤制"提供预言。黑,是孔子作为"素王"或"玄圣"的一种色彩象征,④所以,当以"污面"比附孔子时,正可与他的"黑帝"身份发生关联。

倘从常识出发,中国人,只要不是长期在室外劳作之人,一般是不会脸色深黑的,那么,什么情况下会发生变化呢?一个特殊时段,就是在丧期之内。《孟子·滕文公上》引孔子之言道:"君薨,听于冢宰;歠粥,面深墨,即位而哭。"我们看到,在此期间,不仅"丧容累累",更兼"面深墨"之"形状",成为服丧时的重要形象特点。由此,在从"丧(sàng)家"到"丧(sāng)家"的转换中,由"面深墨"而"污面",不仅与《公羊》学的"素王"理论实现了对

---

① 《汉书》卷五六《董仲舒传》,第 2503-2504 页。
② 关于这一问题,可参看拙文:《"周室衰"与〈公羊〉学问题:南昌海昏侯墓"孔子衣镜"文发微》。
③ 姜生:《汉帝国的遗产:汉鬼考》,科学出版社,2016 年,第 203 页。
④ 关于这一问题,可参看:葛志毅《玄圣素王考》,《求是学刊》1992 年第 1 期,第 94-100 页。

接,也为"丧(sāng)家之狗"的故事提供了关键的逻辑链条,对于其内在意义的自洽,起到了铺垫和推进作用。

总之,"葭喙""污面"不仅接续着"素王"的逻辑理路,更重要的是,"污面"将其导向了"丧(sāng)家"问题。当这一收束转合的工作完成后,文本整合基本得以建构,在"丧(sāng)家之狗"的理论自洽中,连接起了最后的思想拼图。①

四 "丧家狗"中的"圣""凡"问题:思想阐释与文本解读

(一)"圣""凡"之争与回到司马迁文本

在语义及文本关系等问题基本厘清之后,下一步,回到争论的思想焦点或交锋点上来,对"圣""凡"之争作正面的讨论。

由前已知,"丧家狗"之争,由李零的"去圣"所引发。

通过"丧家狗"的"事实",李氏得以推断,孔子的这种自承,说明他本就不是什么"圣人","圣人"只是后世的建构。反对者则站在维护孔子之"圣"的立场上,对此进行驳斥。由此,"圣""凡"之别,成为论争的思想核心及底线所在。

查考各方的观点,可以发现,反对李氏之论的学者,较为粗犷的做法是谴责其"辱圣",认定"丧家狗"为不雅之辞。再进一步,则明确否定孔子与"丧家狗"的正面关联,认为李零是在对传统进行解构,即所谓"对孔子形象有所怀疑和解构"②。

但问题是,李氏一开始所依据的文本是《史记》,在司马迁讲述的这段故事中,对于"丧家狗"的名号,孔子的确是欣然受之的,文字中也没有任何匡谬的态度和立场。由此而论,如果说李零是在解构,那么,司马迁何如,也在做"去圣"工作吗?司马迁对孔子仰之弥高,颂之为"至圣",这样的怀疑,是难以成立的。可以说,司马迁文本为李氏之论的提出,提供了充足的学术底气。也由此,对于李氏之论,反对也好,赞成也罢,司马迁文本成为不可绕去的屏障。

当然,我们也知道,以"丧家狗"作为圣人标志,尤其是将之读为平声者,往往不以《史记》为文本之源,所据文本主要是《韩诗外传》。但是,前已论及,《韩诗外传》的"丧家狗"故事,正是在《史记》系统之上层累加工而来的。也就是说,"圣""凡"之争的文本依托,最终还是要回到《史记》之上。总之,在"圣""凡"之争中,回到文本的生发原点《史记》之上,进行文本和思想的双重考察,实为题中应有之义。

---

① 需要附带指出的是,学界一般都认为,《韩诗外传》深受《荀子》的影响,在讲述"丧家狗"故事时,它们之间有没有一些内在的理路承接呢?从字面上看,似乎很难找到明显的知识轨迹,但是,《荀子·非相》明确否定了相人之术,认为"古之人无有也,学者不道也"。是不是这种鲜明的态度,使得《韩诗外传》在论及"丧家狗"时,较排斥《荀子》文本呢?此外,《非相》篇中对于孔子的"形状",有"面如蒙倛"的记载。黄怀信在《孔子形貌考》中提出:"倛,是古代驱疫避邪的神像。面若蒙倛,就是说脸好像戴着驱邪的面具,形容怪异可怕。荀子未见过孔子,人也不可能长成这个样子,其说完全是出于猜测,或者故意夸张,言其正直、威严而已;或者由'污面'说演化而来,也有可能。"见贾磊磊、杨朝明主编:《第四届世界儒学大会学术论文集》,文化艺术出版社,2012年,第172页。笔者以为,如果"污面"说真的与《非相》篇有关系,那也应该是荀子之说影响了韩婴,而不是反之。加之在相士中,《非相》篇还特别举了姑布子卿的例子,或许正因为这样,韩婴就此将姑布子卿列入故事中以张目。限于材料,这些问题难以获得切实的证据,以上所言仅为揣测而已。

② 万光军:《"仁且智"与"丧家狗":孔子圣人形象的立与破》,载《阳明学刊(第八辑)》,贵州大学出版社,2016年,第223页。

(二)《史记》中"丧家狗"故事的文本性质及相关问题

在《史记》中,对于"丧家狗"的故事,首先应该思考的,是它的文本性质问题。也就是说,在使用该材料之前,必须明了它的属性,然后,才能展开合符情理的讨论。否则,第一块"骨牌"一倒,后续性的研判将接二连三地遭遇挑战,由此而推演出的观点,不说倾覆,至少也歪歪斜斜,难以支撑。

由前已知,李零在阐释"丧家狗"的意义时,首要的基础,是将《史记》的这段故事认作历史事实。在他看来,这段故事因其实录之属性,具有无可争辩的权威,反映着孔子的真实面貌,所以,他利用"丧家狗"的故事"去圣",不仅正当合理,而且完全是在"用孔子本人的话来讲话"。但是,这段《史记》故事,真的那么权威,在性质上接近实录吗?

答案是否定的。

以《史记》为权威文本并无不妥,问题是,落实到文本细部时,必要的材料审定不可或缺,因为就历史事实的角度来看,今本《史记》所载,并非都可完全信从。原因主要有两点:一是材料为后世羼入;二是《史记》中的文字,并非都是事实,有些传奇故事,也往往随文载入。

《法言·君子》曰:"子长多爱,爱奇也。"司马迁的"爱奇",早已为研究者所熟知,在此不作赘论。由本论题出发,需要指出的是,它不是司马迁不严谨所致,而是一则为了刻画人物,有意选取典型性故事;二则因事情"多异"①,一时难以评判的材料也保留了下来。所以,司马迁一方面对于重大事件一丝不苟地加以考订,以"考信"为基础,以"实录"为基本取向。② 另一方面,对于"多异"的故事,经过必要的加工、甄别,也多有留存。如在《老子韩非列传》中,就记载了几个不同的"老子"或不同侧面,但往往以"或曰""盖""世莫知其然否"等语辞加以概述,以表明它们的不确切性。又如,以黄帝为首的五帝故事,往往莫衷一是,难下定论。由此,"百家言黄帝,其文不雅驯,荐绅先生难言之。"但司马迁还是将这些故事"整齐"之后,"择其言尤雅者",著于竹帛,作成《五帝本纪》。这并不表明司马迁认为这些故事绝对存在,但只要"近是""不虚",有一定真实内核,出于保存材料的需要,就都整理了出来。③

理解了太史公的作史旨趣,接下来的问题是,"丧家狗"的故事出现在《史记》中,是羼入所致,还是属于传说一类呢?

我们认为,应该是后者。

可注意的是,由于在历史的真实性上,"丧家狗"故事颇成问题,一直以来,有学者试图将其从《史记》文本中排除出去。具体言之,由于这段故事的背景,发生在孔子过宋"适郑"之时,钱穆等学者经过考订后认为,这条行进路线与史实不符,故而"不足信"。清儒臧庸则指出,文中所涉及的子产等人事,与其他文字多有"抵牾"。钱氏据此进一步说:"如此文理灭裂,显非史迁本真。"④由此,在钱穆等学者看来,"丧家狗"故事显非出自史公之笔,而为后世所编造的材料。

---

① 《史记·苏秦列传》:"世言苏秦多异。"
② 《史记·伯夷列传》:"考信于六艺。"《汉书·司马迁传》曰:"其文直,其事核,不虚美,不隐恶,故谓之实录。"
③ 《史记》卷一《五帝本纪》,第46页。
④ 钱穆:《先秦诸子系年(外一种)》,河北教育出版社,2002年,第75-76页。

如果这一结论成立,那么,李氏所言的"在这个故事里,他只承认自己是丧家狗""用孔子本人的话来讲话"云云,就失去了文本依托,更不要说将其作为立论的基础了。

在笔者看来,通过钱穆等人的考订,"丧家狗"作为实录文字,基本上已可推翻。但倘由此认为,这不是《史记》原本所具,则未必如是。细绎文本,在史源不一及各种其他因素的影响下,《史记》中的"抵牾"与错讹常有发生,不能由此就下判定,这一定非自史迁之笔。尤为重要的是,且不说后世对于"丧家狗"问题讨论热烈,未有对文本出处提出异议者,单凭《白虎通》《论衡》皆为汉代重要文献,尤其是前者,为国家意识形态之作,并由熟稔《史记》的著名史家班固整理而成,在引述"丧家狗"的故事时,未见其有何异常,便能够说明,这个故事应该还是存于《史记》原本之中,并非后世所增。

既然如此,这段故事在《史记》中,就不应作为"实录",而只是一种"多异"的传奇,被太史公记载了下来。我们注意到,在《孔子世家》的开篇,交代了传主的身世后,接着介绍的,就是孔子长相中所谓的"生而首上圩顶","人皆谓之'长人'而异之"。还可注意的是,在《孔子世家》中,对于孔子的"形状"或样貌描写,并不是随处可见的,除了"丧家狗"故事中的描述,相关文字也就仅见于此。由此,我们的问题是,同为"异相",为什么"丧家狗"中的那些"形状",不在开篇中一并加以介绍呢?

我们发现,《孔子世家》篇首的"异相",不仅出现在《史记》中,在《白虎通·圣人》篇论及圣人"异表"、南昌海昏侯墓"孔子衣镜"文中,都有类似文字。它们应该是当时所公认的孔子"形状",而与"丧家狗"相关的样貌,则不见引述或阐释。故而,在《孔子世家》中,前者以正面文字加以概述,因为这是相对可信的"形状",而后者只以他人之口表达出来,作为传奇故事而出现。太史公不将其作为介绍性文字,亲自加以提出,应该是体现了某种差别的。

事实上,"丧家狗"这样的故事还有很多,尤其是在司马迁时代,所见更多。不得不强调:它们不是实录,只是传说。司马迁只是将其作为反映孔子精神状态的典型故事,记载了下来。传说可以反映真相吗?当然也可以。但这样的"真相",是被夸张、被加工的。诚如有学者所指出的:"可能超越了生活逻辑,仅仅符合艺术创作的逻辑。"[①]那么,随之而来的问题则是,就史学规范而言,作为需要证实或证伪的内容,它能与真实的历史记录一样,径直加以使用吗?

可以肯定的是,既然"丧家狗"中的孔子及其故事,不是一种确切的历史存在,故而,它无法承担"用孔子本人的话来讲话"的职能。但是,作为一种思想存在,造作这一故事,也需要一定的事实基础。王国维在论及早期中国的传说时,曾精辟地指出,即便那些充满着神话的故事,就事实层面来说,也并非空穴来风,因为"传说之中亦往往有史实为之素地"。也就是说,一些重要的传奇,有着沉甸甸的历史分量,在杜撰的故事背后,往往有着真实的历史依托,故而,除了探源古书中的实录之外,"即百家不雅驯之言,亦不无表示一面之事实"[②]。

王氏此论引出了著名的"二重证据法",其思想理路亦适用于本论题,并契合太史公的作史旨趣。质言之,"丧家狗"的故事,与"不雅驯"的黄帝故事一样,夸张或层累的背后,投射着某些事实的影子。就如同经典的文艺作品,人物或故事也许是虚构的,但承载的历史

---

① 周兆新:《孔子像不像"丧家狗"》,《励耕学刊(文学卷)》2011年第2期,第29页。
② 王国维:《古史新证——王国维最后的讲义》,清华大学出版社,1994年,第2页。

分量甚至"真实度",却远高于某些一般性的史学之作。

要之,就特定视角来说,"丧家狗"故事由于不是实录,当然不直接呈现简单明了的事实,但是,它是一种"事实"的隐喻,这种"事实"不是特定的人与事,而是反映着某种真实的历史状态,拨开文字的遮蔽,隐藏于晦暗深处的,是历史的底色及撰作者的思想旨趣。

以这样的问题意识,再思"丧家狗"的故事,就事实层面来说,要追寻的,就不应是史实的存在,而是其背后的"素地"到底为何?这种"素地"所呈现的底色,是李零所认为的"去圣"吗?答案当然是否定的。但是,它是否会走向反面,如某些学者所说的,"丧家狗""是个褒义词","喻指挺身担当的文化英雄、了不起的大人物",①或者为"圣者情怀"②的标志呢?

为了进一步说明这一问题,下面,就来进一步看看。

(三)文本指向与思想旨趣:司马迁等人是怎么理解"丧(sàng)家狗"的?

前已论及,圣兽如麒麟、凤鸟者,可直接对应于孔子,而"丧(sàng)家狗"虽不至于"辱圣",但作为它们的对立面,的确也算不得什么正面的语辞。从徐干到沈约,皆认为这是有所贬斥的指称,甚至由此得出了"谤词"之说。或许也就是因为这种戏谑或不恭敬态度的存在,遂有了《韩诗外传》的改写,由"丧(sàng)家之狗"转而成为"丧(sāng)家之狗"。

但就本论题出发,可注意的是,沈约、徐干等人的阐释,一方面来自《史记》系统,另一方面,并不因"丧家狗"的存在,而降低了对孔子的敬仰。这是为什么呢?它是后人的自我发挥,还是承接着《史记》的立场呢?我们认为是后者。下面,就以文本指向和思想旨趣为切入口,来看看司马迁等古人是怎么理解"丧(sàng)家狗"的。

细绎文本,《孔子世家》通篇文字,多用崇敬叹惋的笔调,对"至圣"加以颂扬。在整个文本中,"丧家狗"的故事似乎显得有些突兀:按照一般性的理解,以"丧家狗"的词义对应孔子,他还能算是圣人吗?"丧家狗"的形象与圣人精神是否有所抵牾呢?

此类问题的存在,为"圣""凡"之争留下了空间。

我们看到,当李零认定"丧家狗"为孔子的"真实"形象时,实质上是认为,"丧家狗"体现的是"凡"的一面,故而孔子不是圣人,由此,"去圣"之说顺理成章。而反对李说者,最为粗糙的做法,是将"丧家狗"看作污词,在他们看来,将孔子喻为"丧家狗",不仅连"凡"都达不到,甚至就是在"辱圣",故而愤愤不平,对李口诛笔伐。而另一些学者以《韩诗外传》为知识基础,在将"丧(sàng)家狗"转化为"丧(sāng)家狗"的论证中,阐释出了所谓的圣者情怀。

抛开意气之见,认为"丧家狗"一词是辱圣,并以此为理由来攻击李说,那是无足论的。文本俱在的情况下,这种争论路数,是没有知识基础的表现。但是,以学术标准来看,《史记》中的"丧家狗",到底代表"圣"还是"凡",则成为不可绕过的问题,甚至就是论争的焦点所在。

以笔者的浅见,就此问题而言,一个很重要的误识在于,在"圣""凡"之争中,将"丧家狗"形象作为一种符号,与"圣""凡"简单地对应了。作为致误的关键之因,它直接关联的,实质上是对太史公文本指向及思想旨趣的误读。

---

① 赵武:《"丧家狗"说解》,《人文杂志》2013年第3期,第19页。
② 张云飞:《圣者情怀——"丧家之狗"试解》,《孔子研究》2010年第4期,第40-48页。

进一步言之，在《史记》中，"丧家狗"并不直接对应"圣性"，麒麟、凤鸟等才是彰显"圣性"的形象代表，"丧家狗"并无此资格，它只用来表达落魄疲惫、四处碰壁的失意状态。

王肃在论及"丧家狗"时，是这样说的："累然而不得意。孔子生于乱世，道不得行，故累然不得志之貌也。"根据这一条，李零辩解道："'丧家之狗'，主要是形容孔子不得志，不是骂他。"①就"丧家狗"反映"不得志"的状态来看，这样的理解，是毫无问题的。就此而论，李零的确没有骂孔子，但进一步的问题是，"不得志"者就是凡人吗，由此可以推断出"去圣"的主张吗？

在中国古代思想史的视野下，这一问题，直指最为重要的士人命题之一，那就是，在"用舍""穷达"之间，士人君子将采取何种态度及立场。孔孟为代表的儒家，对此是再三致意的，并将其作为安身立命的核心所在。在《论语·述而》中，孔子说："用之则行，舍之则藏。"《孟子·尽心上》则言："穷则独善其身，达则兼济天下。"而在出土的郭店战国简中，还专门有《穷达以时》篇，以阐释相关主张。

要之，得志也好，不得志也罢，是每一个士人无法逃避，而只能去面对的现实，它不因"圣""凡"而有所不同。由此，就"不得志"而言，"圣""凡"所遭逢的种种处境，实无二致。也就是说，"丧家狗"的境遇与"圣""凡"无关，凡俗之人之所以"凡"，并非都是因为"不得志"。在很多时候，凡俗之人不仅可以"得志"，事实上，在世间志得意满者，往往就是他们，甚至是一些等而下之的小人。"圣""凡"的分际，不在于谁更像"丧家狗"，而在于如何对待自己的困境。与凡俗之人随世沉浮、其乐融融不同，圣人为了捍卫道义，往往一生不遇，更为苦痛，反倒是"不得志"的常客，孔子就是这样的典型。

他一生"不得志"，"纍纍若丧家之狗"，基本不受王侯的待见。由此，我们看到，《史记》文本的落脚点，根本不在于似与不似"丧家狗"，而在于孔子以何态度处之。当夫子对于并不太雅的称谓笑而纳之的时候，他的理想绝不是要去做"丧家之狗"，"凤鸟""麒麟"才是梦想与追求。"丧家狗"在此表达的，只是一种豁达的处世态度，具体说来，即所谓君子固穷。只有理解到这一层面，对于"丧家狗"意旨的领会，才算进入了核心地带，而不至于流于皮相之论。

"君子固穷"是一种理念，同时也是孔子师徒间的著名故事。

故事发生在陈、蔡绝粮之时。当时的孔子师徒因无粮，而到了快饥病而死的地步。《论语·卫灵公》载："在陈绝粮，从者病，莫能兴。"子路怨气冲天地问孔子："君子亦有穷乎？"意为，难道君子圣贤也会有山穷水尽的一天吗？孔子回答道："君子固穷，小人穷斯滥矣。"在孔子看来，君子、小人都可能遇到穷途困境，但他们的不同在于，即便是走投无路，君子也将固守住自己的操守，而小人则会因为窘迫而肆无忌惮、无所不为。

在《孔子世家》中，这段故事着墨极重。在叙述这段故事之前，"丧家狗"的故事，是作为高潮之前的一个铺垫，而加以提出的。所以，在《孔子家语》中，它与"陈蔡绝粮"的故事一起，被编入了《困誓》篇中，二者一同表现孔子穷且益坚的状态，《白虎通》则将其列入《寿命》篇中，隐约表现孔子不遇时得命的境况。

司马迁在描述孔门身陷绝境，孔子之道受到"君子亦有穷乎"的怀疑质问之后，紧接着又叙述了下面的故事：

孔子知道了弟子们有"愠心"之后，开始和他们讨论"吾道非邪？吾何为于此"的问题，

---

① 李零：《"丧家狗"解》，见《去圣乃得真孔子：〈论语〉纵横读》，第134页。

一起审视自己的"道"存在什么问题,为什么至于这步田地。

其中,子贡认为:"夫子之道至大也,故天下莫能容夫子。"在他看来,"夫子之道"过于崇高了,一般人接受不了,所以天下"莫能容"。子贡的办法是:"夫子盖少贬焉。"为了让天下能容纳自己,需要将学说的品质加以降格。孔子不赞成这一意见,他认为,在"修道"与"为容"之间,必须坚守前者,故而提出:"君子能修其道,纲而纪之,统而理之,而不能为容。"我们注意到,"纲而纪之,统而理之"云云,正与《韩诗外传》所论及的旨趣有呼应之处。

当孔子将同样的问题抛给颜回时,颜回的回答则是:

> 不容何病?不容然后见君子。夫道之不修也,是吾丑也。夫道既已大修而不用,是有国者之丑也。

这一回答得到了孔子的由衷赞许。所谓"不容何病"、"道之不修也,是吾丑也"云云,所表达的核心思想是,君子当以修道为本,根本无需在意外在的眼光。所以,"累累"而"不容"于世,不仅无足忧,甚至正是成为君子乃至圣贤的试金石。从本质上来看,"不容然后见君子",就是"烈火见真金"的另一种表达。

这一理路,与后世所推许的"孔颜乐处"深为契合。孔颜困苦不已,但他们都能感到无上的快乐,在《论语》中,《述而》篇有云:"子曰:'饭疏食饮水,曲肱而枕之,乐亦在其中矣。不义而富且贵,于我如浮云。'"《雍也》篇在论及颜回时,则这样说道:"一箪食,一瓢饮,在陋巷,人不堪其忧,回也不改其乐。"孔颜"不得志",又困苦,为什么会快乐呢?因为"道之修",所以内心安宁,外在的一切皆如浮云。外在的表征,就是"君子固穷"。

从某种程度上来看,当人们视孔子为"丧家狗"之时,正是需要"君子固穷"之日。尤为重要的是,"累累"之"穷"非重点所在,圣人之所以为圣,乃在于,能在"累累"之时,知天乐命,固守其节。这一点在汉、晋知识界,是具有高度共识的思想认知,而不仅仅是司马迁的个人私见。

《淮南子·原道训》曰:"齐民之所为形植黎累,忧悲而不得志也。圣人处之,不为愁悴怨怼,而不失其所以自乐也。"这一段表述,就可与之相呼应。"黎累"一词,王引之曾改为"黎黑",但这是一个误判,"累"就是本字。章太炎指出,"累"读为"儡",并举汉晋时代的王褒《洞箫赋》:"桀、跖、鬻、博儡以顿悴"、潘岳《寡妇赋》"容貌儡以顿悴"为例加以说明,他进一步说:"黎累属形,忧悲属志。"有学者则在引述《礼记·玉藻》郑注后,说:"黎为黑,累言惫","累与羸通"。①

也就是说,"圣人"与"齐民"的不同在于,同样是"形状""累累","齐民",即一般的凡俗之人,执着于"不得志",从而忧伤悲痛,他们很容易被外物所牵控,故而为"凡";圣人则"不失其所以自乐",因为他们以求道为目标,不管如何"不得志",绝不会由此失魂落魄、怨天尤人,在"求道"途中,可以获得内在的快乐,从而"君子固穷"。

总之,在司马迁笔下及相关士人的理解中,这段故事的核心,并不在于"丧家狗"的"形状"如何,而是处在"丧家狗"的状态之下,孔子以何种态度应对,在固守志节中,如何展现出独特的魅力。这是孔子之所以伟大,孔子之所以为圣的关键。很显然,仅仅盯住"丧家狗"的外在形象,并将其简单对应"圣""凡"的做法,不仅不能看到全部的真相,也无法真正

---

① 何宁撰:《淮南子集释》,第78—79页。

理解司马迁的笔法。由此,在文本审视方面,出现视觉的错位,就成为必然之势,这样当然就无法顺着文本理路,进入历史的现场,由此对相关思想问题获得的体认,也就不能不令人怀疑了。

(四)今人应该如何审视"丧家狗"文本?——从"了解之同情"与"处于同一境界"说起

1930年,陈寅恪在为冯友兰的《中国哲学史》所作的审查报告中,有一段发人深省的论述,久为学界所推重:

> 凡著中国古代哲学史者,其对于古人之学说,应具了解之同情,方可下笔。盖古人著书立说,皆有所为而发;故其所处之环境,所受之背景,非完全明了,则其学说不易评论。而古代哲学家去今数千年,其时代之真相,极难推知。吾人今日可依据之材料,仅为当时所遗存最小之一部;欲藉此残余断片,以窥测其全部结构,必须备艺术家欣赏古代绘画雕刻之眼光及精神,然后古人立说之用意与对象,始可以真了解。所谓真了解者,必神游冥想,与立说之古人,处于同一境界,而对于其持论所以不得不如是之苦心孤诣,表一种之同情,始能批评其学说之是非得失,而无隔阂肤廓之论。否则数千年前之陈言旧说,与今日之情势迥殊,何一不可以可笑可怪目之乎? 但此种同情之态度,最易流于穿凿傅会之恶习……①

陈氏所言,虽针对中国古代哲学研究中的问题而发,然而,只要是研习传统思想文化之人,面对"数千年前之陈言旧说",尤其涉及重要的观念、语义问题时,都应将此奉为圭臬。

在解读"丧家狗"文本问题上,所持的方法和态度亦当如是。

从特定视角来看,"丧家狗"的误读及相关问题的出现,很大一部分原因,正在于违背了以上的原则。尤其是在"了解之同情"及"处于同一境界"这些层面上,缺乏必要的方法论意识及深入思考,就匆匆立说,"隔阂肤廓之论"遂相伴而生。

从某种意义上来说,"丧家狗"之争,发端所在,是情感或立场的不同。但无论是将"丧家狗"视为污词,还是看作承载"圣者情怀"的语辞,或持其他立场者,很多人是以当下情感为基础而推演观点的。然而,在这一运思过程中,必须要回答的是,这些观点是否仅仅为一种自话自说呢? 它可以是自话自说吗?

毫无疑问,面对"数千年前之陈言旧说",不管有多少现代性的阐释,它的根就在古代。既然古代思想世界是它的源头,那么,当然不可以自话自说,而必须溯源于古人的观念。如果脱离了古代之根而立说,不管如何气盛逼人、"逻辑"巧妙,都属于"来路不明",其学术意义,只能是负面的。由此,但凡讨论古代思想文化问题时,首先要做的,不是阐发出多少当下的意义,而是要为当下意义的阐发,找到并立足于古代之根。也由此,陈寅恪之论的根本点就在于,在严谨的学术研究中,研判、立论之时,需要与古人的情感、情境相联通,即所谓的"同情"。

"同情"关联情感或价值取向,但它首先面对的是事实问题。因为先要知道古人的情感、情境是什么,然后才能在联通古今中,讨论为什么、怎么样等问题,从而进入见仁见智

---

① 冯友兰:《中国哲学史》下册,华东师范大学出版社,2000年,第432页。

的阐释场域。由此来看陈氏的"了解之同情",很明确的一点是,在"同情"之前,必须要有"了解"。而从特定意义上来看,"了解"的核心,就是事实的观照。

那么,就本论题来说,在对"丧家狗"问题持特定立场之前,我们需要"了解"些什么事实呢?核心所在应该是:"丧家狗"到底是什么,它意味什么。

仅仅将"丧家狗"作为污词,那是缺乏"了解"意识的表征。作为明载于汉晋以来文献之上的故事,"丧家狗"明确存在,而且基本上没有"辱圣"之义,这是不可争辩的事实。但是,倘若反转过来,无论是认为它表现了"去圣",还是体现了"圣者情怀",虽有所"了解",但所获得的,并非就是真切的"事实",简言之,它们不过是某些片面的"了解"。

就"去圣"而言,即便"丧家狗"的故事能推演出这样的结论,我们要问的是,陈明等人早已指出,在"丧家狗"之外,孔子更是"豪迈自信"的孔子,是有"道义担当"的孔子,这应该是孔子之所以为圣的缘由所在。事实是有很多面的,"去圣"如果是事实,那也只是"一面之事实"。它不能够,也不可以,对事实的其他"面"悍然消除或遮蔽。坚持一个面相,不管它面,是真的"事实"吗?由它能做到全面的"了解"吗?更何况,这样的"事实",还真的是有问题的。

而就"圣者情怀"来说,通过"丧家狗"文本,得出这样的结论,看似有合理性,但也并非一种"真了解"。因为这种推演及结论"与立说之古人",在基本思路上,并不"处于同一境界"。道理很简单,就"古人立说之用意与对象"来看,"狗"或者"丧家狗"根本不具备承担圣人形象的资格,而只有"凤鸟""麒麟"等才是"标配"。从这个角度来看,虽《韩诗外传》有此倾向,但一方面它改动了《史记》系统中的原义,另一方面,作为异类表述,其各种错漏矛盾不在少数。就文本系统而言,它不是故事之源,而只是改造层叠的后果,可信的结论,应建立在《史记》系统之上。

要之,要有准确的"了解",必须看到全部,至少是主要的事实,才能建立起论证的基础。陈氏指出:"故其所处之环境,所受之背景,非完全明了,则其学说不易评论。"由此可以看到的是,在"丧家狗"之争中,很多冲突和误识,追其源起,问题的根子往往就埋在前期的"了解"不足之上。在没有"完全明了"的情况下,便匆匆下结论,这样,焉能不错?

"真了解"也好,"同一境界"也罢,在回到历史的现场时,还需做到的是,不能流于文本表面所呈现的简单事实,而应深入撰作者的旨趣及动机中。在与"立说之古人""同一境界"时,不仅需要初步的经验观察,更需要理性的眼睛和感性的体认,从而去贴近与思考。唯如此,才能做到"神游冥想","对于其持论所以不得不如是之苦心孤诣,表一种之同情",逐渐摸索到深埋于历史地表之下的深层事实。如果不是这样,即便全部的事实呈现在眼前,往往都会找不到古人立论的依据,甚至对于基本事实,都可能视而不见。

在"丧家狗"问题的研判中,这方面的典型例子主要有三个:

一是将"累累"与"丧容"结合在一起时,要思考的对象,本应是人,而不是狗。因为在丧葬活动中,无论"丧(sāng)家之狗"的意义赋予得多么精巧,但"累累"的只能是人,而不可能是狗。视野的错位遮蔽了这一事实:圣贤的"累累",作为久已存在的共识性知识,本就与丧葬无关。

二是由于对于太史公撰作"丧家狗"故事的"苦心孤诣"缺乏了解,无论是不承认"丧家狗"名词的合理性,还是将其作为实录,可以说,对于此段材料所体现的"立说之用意与对象",都缺乏真切的"了解"。由此,立说中对于材料的性质,不再加以仔细审查,遂发生各种误判,当然就失去了进一步讨论的知识基础。

三是在研判"丧家狗"是否体现"圣性"时,仅仅就"丧家狗"而论"丧家狗",将"圣""凡"问题,与"丧家狗"的外在"形状"做简单对应,从而忽略了《史记》的文本环境和旨趣所在。也就是说,当讨论圣性问题时,在《史记》文本系统中,"丧家狗"本就不是重点所在,如何对待"不得志"的境遇,才是圣人之所以为圣的核心。它既是太史公再三致意之处,也联结着"君子固穷"的陈蔡故事,隐约通往"孔颜乐处"。只有作如是观,"丧家狗"的故事才能真正连接着"立说之用意与对象","真了解"才算有了真着落。

最后还需一提的是,无论是"了解的同情"还是"与立说之古人,处于同一境界",直接面对古代文本,是最基本的要求。由此可以看到的是,一些对于"丧家狗"大兴骂阵者,并不了解这一语义的来源及基本语义,甚至连《史记》等基本文献都没有翻阅过,无论他的立论多么宏大,都没有太多的学术意义。

也由此需要进一步指出的是,在深入讨论中,虽然需要参阅、吸收各种学界意见,但原始文本才是立论的根基所在。后世的各种诠释及观点,可以成为进一步深入的阶梯,但很重要的一点在于,不能为其所遮蔽,而不见本来面目。这其中最有代表性的,就是受到历代诠释者及现代权威的影响,以"丧(sāng)家之狗"为正读,从而出现的一连串的连锁性误判。它加深了"丧家狗"问题的复杂性,也给今日的解读带来了一定的障碍。

结语

多年以前,在论及中国哲学及思想文化的研究方法时,冯友兰提出了著名的"照着讲""接着讲"的理念,后来有学者在此基础上,又推演出了"接着讲、借着讲、通着讲"的路径①。这些思考,极具方法论的价值,值得高度重视。

以上论述的着眼点,都在一个目标之上,那就是,思想研究的去向。在此基础上,如果我们的眼光稍作方向调整,则可发现研究中涉及的另一个重要问题,那就是,不管怎么去"讲","讲"什么,去向固然重要,但它归根结底还是下一步的工作。在此之前,寻找思想的来路,是需要优先加以考量的问题。

我们这么说,一点也不否定传统思想的当下阐释及意义。事实上,完完全全地,一丝不误地"照着讲",是不存在的。任何一种有着过去传统的思想,推陈出新也好,谨守规范也罢,当它被热议之时,其实都是被当下的某些因素激活,并受着论者所处的时代及时代精神的影响。从这个角度来说,任何一种传统思想的推出,都是既旧又新、旧中有新的。

问题是,在当下一些关于古代思想的讨论中,过去,越来越成为某种戏服或脚本,在穿着"戏装",说着"古语"的表演中,"过去"却离我们远去,被稀释得越来越淡。在"来路"模糊之下,不管"去向"如何灿烂,终究是雾里探花。起点一旦错位,越是马良风疾,越可能远离终点。这种研究路数,其结论的可信度,也就可想而知了。

由此,对于传统思想的讨论,在大"讲"、特"讲"义理之前,从事实层面去思考,所"讲"的内容到底是什么,它所处的时代及特性何在,是不可不辨的事情。尤其在面对"数千年前之陈言旧说"时,这一"言说"之上,往往附了太多的后世内容,作为历史的积淀,它或许是我们前进的阶梯,也可能是遮蔽的幕布。研究者面对这一课题时,必须在古今纠葛

---

① 李慎之:《接着讲、借着讲、通着讲——我们向冯友兰学习什么》,《传统文化与现代化》1996年第2期,第54-58页。

中,先事实后义理,确定好"来路",然后才有新的"去向"。

"来路"的确定,有赖于文本的考察。具体到本论题,应该是先放置当下的争论,去认真读书,直接面对文本,对其演进脉络作历史分析,从而逐渐进入古人的语境、情境之中。在此过程中,先将"丧家狗"究竟为何,撰作者的旨趣与文本指向何在,到底是骂是赞、是褒是贬等问题厘清,然后再建立起讨论的基础。

毫无疑问,传统思想的阐扬及研究,既需要在时代的召唤下不断向前,更需要扎根于过去,在审视的目光中确定好出发的航程。由此,找寻事实依据和古代之根,遂成为必不可少的首要问题。只有在起点上定好位,才能不偏离航道,不仅越行越远,而且越行越稳。

《经义考》卷六六著录易类典籍辨证

陈开林

盐城师范学院文学院

摘 要：《经义考》著录易类典籍70卷，囿于多方面因素，存有谬误和不足，有待补正。本文以《经义考》卷六六著录易类典籍为研究对象，予以条辨。针对书名、卷数、撰者姓字、小传、著述、失载之书等方面的问题加以考订，或正其误，或补其阙，或存其异，以期使其内容趋于完备。

关键词：《经义考》 《周易》 易类典籍 经学

朱彝尊《经义考》300卷，"统考历朝经义之目"，备载历代经籍存佚情形，并加考索，为清代辑录体目录典范，极富文献价值。然而，囿于见闻、传抄、版刻等因素，《经义考》也存在诸多方面的不足。历代学者对之已有相关的补正，如翁方纲撰《经义考补正》、罗振玉《经义考校记》等，特别是林庆彰先生主编的《经义考新校》（上海古籍出版社，2010年版），参稽众本，对《经义考》中的错讹多有剔抉，然限于比勘文字的体例，未能进行内容上的考订，尚有待发之覆。为了更加有效地利用《经义考》，有必要对其内容进行考辨，或正其误，或补其阙，或存其异，使其内容趋于完备。

就《周易》而言，《经义考》著录易类典籍70卷（卷二至卷七一），相比其他经书，数量最多，内容最丰富，同时阙漏亦多。本文以《经义考》卷六六著录易类典籍为研究对象，予以条辨，以期略有助益。

（1232页①）应撝谦《周易集解》

按：《经义考》著录应撝谦《周易集解》十七卷，录自序。并引徐盛全之说，介绍其生平。《四库全书总目》卷九"易类存目三"著录应撝谦《周易应氏集解》十三卷，称：

> 撝谦字嗣寅，钱塘人，康熙己未尝举博学鸿词。是书朱彝尊《经义考》作十七卷，此本仅十三卷，然首尾完具，不似有所佚脱，或彝尊偶误耶？其注杂采诸说，故名集解。所取多依文训诂之说，未为精密。首列诸图，谓上经三十卦，下经三十四卦，多寡不均。乃创为上经三十六卦往来之图，下经三十六卦往来之图，一往一来，共成七十二卦，尤为枝节。②

收稿日期：2019-04-24。

作者简介：陈开林，文学博士，盐城师范学院文学院讲师，主要从事宋元明清文学、近代文学、中国古典文献学和经学研究。

① 按：括号内页码依《经义考新校》，下同。

② 纪昀：《钦定四库全书总目》卷九，中华书局，1997年，第114页。

对此,杨武泉《四库全书总目辨误》有辨证,称:

> 本《总目》卷三八《古乐书》提要云:"(应)㧑谦,字嗣寅,仁和人。"与本条所言"钱塘人"之说歧异。按,全祖望《鲒埼亭文集选注》(今人黄云眉选注,齐鲁书社,1982年版)《应潜斋先生神道碑》云:"应先生讳㧑谦,字嗣寅,学者称为潜斋先生,杭之仁和县人也。"李元度《国朝先正事略》卷二八应潜斋先生事略、民国《杭州府志》卷一三八儒林传,亦均谓应㧑谦为仁和人。惟《清史稿·儒林·应㧑谦传》记为钱塘人,与《总目》说同,误矣。
>
> "康熙己未尝举博学鸿词"下失书"不就"。①

但民国《杭州府志》卷九一著录《潜斋诗文集》三十卷,称"钱塘应㧑谦撰"。陶元藻《全浙诗话》卷四〇、《晚晴簃诗汇》卷一七、《儒林传稿》卷二、《两浙輶轩录》卷二等传,亦称"钱塘人"。雍正《浙江通志》、《清文献通考》《文选楼藏书记》著录其著述,亦同。丁丙《善本书室藏书志》卷一五著录稿本《性理大中》二十八卷,称"卷首有钱塘后学应㧑谦自序",则应㧑谦也自称钱塘人。

《四库全书总目》著录《周易应氏集解》,卷数与《经义考》不同。《周易应氏集解》今有清康熙十二年(1673)潜斋刻本,十三卷前二卷,4册,藏福建省图书馆。俟访。

另外,《四库全书总目》卷二五"礼类存目三"著录《礼学汇编》七十卷、卷三一"春秋类存目二"著录《春秋集解》十二卷、卷三八"乐类"著录《古乐书》二卷、卷九七"儒家类存目三"著录《性理大中》二十八卷、卷一三九"类书类存目三"著录《教养全书》四十一卷。

此外,应㧑谦另有撰著,如雍正《浙江通志》卷二四一、《经籍一》著录《诗注》八卷、卷二四二《经籍二》著录《三礼会通》十二卷、《古乐书》二十卷(卷数与《四库》不同)、卷二五一《经籍十一》著录《潜斋诗文集》三十卷;丁仁《八千卷楼书目》卷一七著录《潜斋先生集》十卷(卷数与《浙江通志》不同)、卷二〇著录《词韵选禺》一卷。

全祖望《鲒埼亭集》卷一三《应潜斋先生神道碑》载:

> 康熙二十六年病革,尚手辑《周忠毅公传》,未竟而卒,春秋六十有九。子二。先生不喜陆王之学,所著书二十有八种。其大者《周易集解》《诗传翼》《书传拾遗》《春秋传考礼》《乐汇编》《古乐书》《论孟拾遗》《学庸本义》《孝经辨定》《性理大中》《幼学蒙养编》《朱子集要》《教养全录》《潜斋集》共如干卷。其《无闷先生传》则自述也。②

《文献征存录》卷一也有记载:

> 病中为《周忠毅公传》,未成书也。常准《文献通考》例立十考:选举、学校、治官、田赋、水利、国计、漕运、治河、师役、盐法。律算书先有徐光启,舆地书今有顾炎武、顾祖禹,故不著录,第为四十一卷,名曰《教养全书》,明代事实搜求尤备。又有《周易应氏集解》《易学图说》《书经蔡注拾遗》《诗传翼》《礼乐汇编》《古乐书》《春秋传考》《春秋集解》《今文孝经辨定》《编注古本大学中庸本义》《语孟朱注大全拾遗》《性理大中》《幼学养蒙论》《较定文公家礼》《考亭集要》《潜斋文集》若干

---

① 杨武泉:《四库全书总目辨误》,上海古籍出版社,2001年,第12页。
② 全祖望撰:《鲒埼亭集》卷一三,见朱铸禹汇校集注《全祖望集汇校集注》,上海古籍出版社,2000年,第240页。

卷。其《春秋集解》后附《校补春秋绪余》《春秋提要补遗》各一卷，则嘉邵所辑也。①

冯景《解春集文钞》卷一二《应处士传》亦载：

> 处士所著，有《孝经、语、孟集注拾遗》《周易、春秋集解》《书传拾遗》《诗传翼》《三礼汇编》《古乐书》《性理大中》《教养全书》《考亭集要》《潜斋文集》若干卷藏于家。处士尤精《易》。②

另外，周中孚《郑堂读书记》卷一经部一著录《孝经宗注》一卷原刊本，称"国朝曹宏度、周起凤、应㧑谦同撰"，而《经义考》仅著录《周易集解》，可补其阙。

(1233 页) 王弘撰《周易图说述》《筮述》

按：《经义考》著录王弘撰《周易图说述》三卷，录自序，引徐盛全之说，介绍其生平；《筮述》八卷，录自序。

《经义考》著录《周易图说述》三卷，清乾隆四十四年（1779）刻本、清道光二年（1822）刻本、清光绪三十三年（1907）敬义堂刻本，均为四卷首一卷。《周易图说述序》载王弘撰《砥斋集》卷一下，与《经义考》所录文本有异。

《周易筮述》八卷，有清乾隆五十八年（1793）滋德堂刻本，藏国家图书馆；又见《四库全书》第 41 册③。《四库全书总目》卷六"易类六"称：

> 弘撰以朱子谓《易》本卜筮之书，故作此编以述其义。其卷一曰《原筮》、曰《筮仪》、曰《蓍数》。《筮仪》本朱子，并参以汧水赵氏。其卷二曰《揲法》。其卷三曰《变占》、《尊圣经》、《黜易林》。稽之《左传》，与朱子大同小异。其卷四曰《九六》、曰《三极》、曰《中爻》。中爻即互体。其卷五曰《卦德》、曰《卦象》、曰《卦气》。卦气本邵子、朱子，并附《太乙秘要》。其卷六曰《卦辞》。其卷七曰《左传国语占》、曰《余论》。其卷八曰《推验》。采之陆氏，其涉于太异可骇者弗载。其书虽专为筮蓍而设，而大旨辟焦、京之术，阐文、周之理，立论悉推本于《经》义。较之方技者流，实区以别。故进而列之《易》类，不以术数论焉。④

对之进行了较为全面的介绍。

赵尔巽《清史稿》卷五〇一《遗逸传二》有传，载：

> 王弘撰，字无异，号山史，华阴人。明诸生。博雅能古文，嗜金石，藏古书画金石最富。又通濂、洛、关、闽之学，好《易》，精象。学者翕然宗之，关中人士领袖也。与李颙、李柏、李因笃齐名，时以得一言为荣。凡碑版铭志，非三李则弘撰，而弘撰工书法，故求者多于三李。弘撰交游遍天下，甲申后，奔走结纳，尤著志节。

---

① 钱林：《文献征存录》卷一，见沈云龙主编《近代中国史料丛刊三编》第 14 辑，文海出版社，1986 年影印本，第 56-57 页。
② 冯景：《解春集文钞》卷一二，见《清代诗文集汇编》第 182 册，上海古籍出版社，2012 年影印本，第 427 页。
③ 《关学文库·文献整理系列》有《王弘撰集》，西北大学出版社 2015 年版，收录了《周易图说述》和《周易赞述》。
④ 纪昀：《钦定四库全书总目》卷六，中华书局，1997 年，第 57 页。

顾炎武遍观四方，至华阴，谓秦人慕经学、重处士、持清议，他邦所少；华阴绾毂之口，虽足不出户，而能见天下之人，闻天下之事。欲定居，弘撰为营斋舍居之。炎武尝曰："好学不倦，笃于朋友，吾不如王山史。"当时儒硕遗逸皆与弘撰往还，颇推重之。弘撰尝集炎武及孙枝蔚、阎尔梅等数十人所与书札，合为一册，手题曰《友声集》，各注姓氏。中有为谋炎武卜居华下事，言："此举大有关系，世道人心，实皆攸赖，唯速图之！"盖当日华下集议，实有所为也。

康熙间，以鸿博征，不赴。初与因笃同学，甚密，及因笃就征，遂与之绝。弘撰所居华山下，有读易庐，与华峰相向，称绝胜。卒，年七十有五。著有《易象图说》《山志》《砥斋集》。①

另外，《四库全书总目》卷九四"儒家类四"著录《正学隅见述》一卷。

（1237 页）赵振芳《易原》

按：《经义考》著录赵振芳《易原》二卷，引徐盛全之说，称："振芳，山阴人，其书自为序"。

乾隆《杭州府志》卷八六著录《易原》二卷，称"杭州赵振芳述，歙县徐在汉同订"。《四库全书总目》卷九"易类存目三"著录徐在汉《易或》，称"初与赵振芳同著《易原》"。另结合徐在汉《易或自序一》（详见下"徐在汉"条）所述，可知《易原》系赵振芳、徐在汉合著。

《四库全书总目》卷九著录赵振芳《易原》，无卷数，称：

> 国朝赵振芳撰。振芳字香山，山阴人。是书列《古本图书》《古本易经》为首卷，列诸图与说为次卷。其《古本周易》，集诸家旧本而考其异同，于章句文字颇有厘订。惟所载图、说自《河》《洛》、蓍法、五行、卦气而外，并及天行地势之类，则不免曼衍支离。夫《易》为象数之总，推而衍之，三才万物无不贯通。故任举一端，皆能巧合，然于圣人立象设教之旨则究为旁义也。②

《四库全书存目丛书》经部第 30 册收录清顺治蕉白居刻《易原》《易或》合集本。其中《易原》二卷首一卷。卷首有顺治庚子（1660）黄景昉《易原易或题辞》、顺治己亥（1659）孔自洙《易原易或叙》、李元萃《易原易或合集序》，又有马文灿《序》、顺治戊戌黄仪广《纪略》、孙锡蕃《易原序》，卷末有甲申赵振芳《易原识后》。

在黄仪广《纪略》、孙锡蕃《易原序》之间有《分卷次第》，载：

孔序第一　李序第二
马序第三　赵叙第四
纪略第五　总目第六
易原孙序第七……《易原识后》第十五

赵叙未见，未知系何人所作，或恐即是卷末赵振芳《易原识后》。诸序，《经义考》均未载。

---

① 赵尔巽：《清史稿》卷五〇一，中华书局，1977 年，第 13858-13859 页。
② 纪昀：《钦定四库全书总目》卷九，中华书局，1997 年，第 114 页。

(1237页)徐在汉《易或》

按:《经义考》著录徐在汉《易或》十卷,录自序,并引赵振芳之说,介绍其先名、字号、里贯。

《四库全书总目》卷九"易类存目三"著录徐在汉《易或》十卷,称:

> 在汉初名之裔,字天章,晚年乃易今名,字寒泉,歙县人。初与赵振芳同著《易原》,后复作是编。曰"或"者,疑不自信之意也。书中不载《经》文,止按其节次,自为解义。复兼采诸儒之说,皆未见精要。卷首列《观玩要领》一篇,其第二条谓"爻辞"系于文王,而非周公。然文王作《彖辞》、周公作爻辞,自马融、陆绩以来,相沿无异。在汉乃欲去周公而存三圣,亦过于臆断矣。①

对之评价不高。《四库全书存目丛书》经部第31册收录清顺治蕉白居刻《易原》《易或》合集本。卷首有甲申(1644)自序一、甲午(1654)自序二,卷末有乙未(1655)徐在汉《易或纪后》。《经义考》所录乃节录《自序一》。《自序一》称:

> 己卯春,始遇赵子于烟霞山中,朝夕相视,不言者累月。一日,忽出其所著《易》解示汉。汉本不解,默默而已,赵子曰:"子胸中无宿物,可学《易》。予之《易》学有所授,授自丁先生。先生者,云间人,殚精于《易》数十载,今年八十余矣。须眉皓然,精神穆然。尝与予终日言而相说以解也。子可学《易》,盍见丁先生?"于是往见而问《易》焉……乃与赵子访求古今《易》说数十百家,通者会之,疑者阙之,自己卯夏至辛巳秋,手录者几二尺许,拟以成书,名曰《易原》,所以原《易》也。书未成而汉有梁宋之游。②

自序二亦称:"予学《易》始于己卯,时与赵子共事。"③可知其学《易》始于己卯,即崇祯十二年(1639)。《易或记后》称"忆昔与赵子学《易》,时赵子二十四,予二十三"④,据此可推赵振芳生于万历四十四年(1616),徐在汉生于万历四十五年(1617)。

自序一称"自壬午春至甲申秋,盖三年于兹矣,汇次成经解图说共十卷,总名《易或》",则成书时间为万历十五年到十七年(1642—1644)。

(1237页)徐甘来《周易口义》

按:《经义考》著录徐甘来《周易口义》四卷,录吕光轮序。吕光轮即吕留良,序载《吕晚村先生文集》卷五,题为《周易口义后序》⑤。《经义考》所引乃节文。序称:

> 吾师五宜先生玩索于此者三十余年,探窟蹑根,与二三子朝夕论说,手抄舌誉,虽时讲细曲,亦爬罗补苴,以收其一得。久之,成《口义》一书,远依云峰之《通释》,近涵虚斋之《蒙引》、次崖之《存疑》,同为《本义》之臣翼。渊明所谓"汲汲鲁中叟,弥缝使其淳"者也。

于其成书、著述本旨均有说明。另外,据此可知徐甘来系吕留良之师,五宜先生或为

---

① 纪昀:《钦定四库全书总目》卷九,中华书局,1997年,第114页。
② 徐在汉:《易或》,《四库全书存目丛书》经部第31册,齐鲁书社,1997年影印本,第1-2页。
③ 徐在汉:《易或》,《四库全书存目丛书》经部第31册,齐鲁书社,1997年影印本,第3页。
④ 徐在汉:《易或》,《四库全书存目丛书》经部第31册,齐鲁书社,1997年影印本,第432页。
⑤ 吕留良著,徐正点校:《吕留良诗文集》,浙江古籍出版社,2011年,第107-108页。

其别号,或时人对其之称谓。

另外,高鼓峰等编《医宗己任编》卷四《四明医案》载:

> (庚子)七月初一日,用晦以室人病相邀。同黄晦木至语溪,用晦言:"室人病可缓治。业师徐五宜先生之长君伤寒危甚,须即往。子为我救之,我已致之业师矣。"①

可知黄宗炎(字晦木)亦其门人。

检《易学书目》著录"炳烛居订正周易口义"四卷。(清)徐甘来撰。清康熙五年(1666)刻本"②。此外,贡渭滨《易见》卷首《附论》中云:"后来集易者类多博采是集,唯取发明《本义》者录之,余不俱载。若安溪李氏《观象通论》,于《易》之大义尤精。而徐甘来《口义》、徐文靖《硕记》、欧阳荔《或问》于《本义》有所阐明者,并录之,以备参考。"③贡渭滨称《周易口义》"于《本义》有所阐明",并加以引录,则其价值可窥一斑。

(1238页)周弘起《大易三义》

按:《经义考》著录周弘起《大易三义》四卷,引陆元辅之说,介绍其生平。

检乾隆《平湖县志》卷七《人物志·文苑》载:

> 周弘起,字云虬,号道腴。潜心力学,与许丕祚齐名,有"海上二虬"之目。康熙辛亥,宁都魏禧访李天植,主弘起家。著有《易经集成》,甬上仇兆鳌见而称之。又有《四书集义》,同里陆清献公序以行世。陈邑宰孚宸聘修县志,志成陈去,原稿存库。后以岁贡生任青田学博。年八十三卒,遗著《望古堂诗》《邑乘拟稿》俱未刻。④

《乍浦备志》卷一九《选举》载:"周宏起,字云虬,康熙十年辛亥岁贡,青田训导。"⑤《嘉兴府志》卷五九《平湖文苑》载:"周宏起,字云虬,以贡生授青田训导。幼鲁钝,潜心力学,后遂通贯。著有《易经集义》《望古堂集》。又有《四书集义》,陆清献为作序,谓其排斥姚江,有功考亭。"⑥陆清献即陆陇其,《三鱼堂集》文集卷八有《周云虬先生四书集义序》,称:

> 吾邑周云虬先生,潜心于诸家之说者四十余年,辑为《集义》一编。尝北走京师,就正于孙退谷先生,深相契焉。退谷之学,深不满于姚江者也,则是书之取舍可知矣。余不敏,于学无所窥,少时闻阳明之名而窃诵其言,亦尝不胜高山景行之思,而以宋儒为不足学。三十以来,始沉潜反覆乎朱子之书,然后知操戈相向者之谬也。然犹且信且疑,未敢显言于人。及考有明一代盛衰之故,其盛也学术一而风俗淳,则尊程、朱之明效也;其衰也学术歧而风俗坏,则诋程、朱之明效也。每论启、祯丧乱之事,而追原祸始,未尝不叹息痛恨于姚江,故断然以为今之学非尊程朱、黜阳明不可。而闻此说者,或以为怪,尝思就大贤君子而正之,适云虬先

---

① 高鼓峰等编:《医宗己任编》,上海科学技术出版社,1959年,第94页。
② 山东省图书馆编:《易学书目》,齐鲁书社,1993年,第91页。
③ 贡渭滨:《易见》,《四库全书存目丛书》经部第48册,齐鲁书社,1997年,第84页。
④ 王恒纂:乾隆《平湖县志》,《中国地方志集成》善本方志辑第1编第69册,凤凰出版社,2014年,第535页。
⑤ 邹璟纂:《乍浦备志》,《中国地方志集成》乡镇志专辑第20册,上海书店,1992年,第290页。
⑥ 许瑶光等修,吴仰贤等纂:《嘉兴府志》,《中国方志丛书》华中地方第53号,成文出版社,1970年,第1711页。

生以《集义自叙》寄示。虽未读全书,而庄诵其叙,则所宗者考亭也,所謷者文成也。①

据"四十余年,辑为《集义》一编"可知其于此书用力至深,另可知有自序。《四书集义》《经义考》失载。

《重修浙江通志稿·著述考》著录宋景濂《明史弹词》一卷,称"景濂,字颖,平湖人。雍正时廪生。学诗于陆奎勋,学骈文于刘锡勇,古文则私淑周弘起,自成一家言"②,则其人工于古文。

其《易》学著述,《经义考》称《大易三义》,乾隆《平湖县志》称《易经集成》,《嘉兴府志》称《易经集义》,人言言殊。检《中国古籍总目·经部》著录周弘起《大易疏义》四卷,清康熙十一年存仁堂刻本,藏上海图书馆③。《日本藏先秦两汉文献研究汉籍书目》著录周弘起《大易疏义》四卷,内阁文库藏清康熙十年存存堂序刊本④。所载当为同一书,然后者所言"存存堂",似为"存仁堂"之误。《易学书目》著录周弘起《大易集义》四卷,清康熙刻本⑤,书名又复不同。但《经义考》载《大易三义》四卷,据陆元辅之说,"《三义》者,《疏义》《通义》《要义》也",虽则诸书所载书名不一,但所言卷数均为四卷,当系同一书。

(1238页)郁文初《周易郁溪记》

按:《经义考》著录郁文初《周易郁溪记》二十一卷,录郁文初《自述》,未言及其生平。《四库全书总目》卷九"易类存目三"著录郁文初《周易郁溪记》十四卷,称:

> 文初号郁溪,蕲州人。官至肇庆府知府。此书为河间贾棠所刊。凡《总论》一卷,《上、下经》九卷,《系辞上传》三卷,而《系辞下传》至《杂卦传》则皆标卷下以统之,不复分析卷目。盖编次者之失也。书中首推《河》《洛》,纵横曼衍,不出常谈。至于各卦《彖》爻,立论尤多僻异。大率以五行生克、精气骨肉为言。如解"需于血,出自穴",则云:"《乾》者,精气之极,而血脉之生通之,中行《需》是已。《坤》为血脉之极,而精气之生通之,中行《晋》是已。'出自穴'者,谓人自有生以来,耳穴已有,而今则天地通,水自穴中出也。目苞之启亦犹是也。"解"入于左腹,获明夷之心于出门庭",则云:"明之入也,自右腹而下,自左腹而上,意巽也。火复则风生,心开则意随。"盖愈凿而障碍愈多矣。⑥

对其生平介绍不多。欧樾华《同治韶州府志》卷三二《人物》有传:

> 郁文初,湖广蕲水人。明季为韶郡丞,避地半寨。好读书,寒暑不辍,尤邃于《易》,多别解。性嗜酒,有五柳之风。

屈大均《柬徐君》云:

> 五十方知学易高,神仙不复说卢敖。天开日月为文字,人在云霄是羽毛。太

---

① 陆陇其:《三鱼堂集》文集卷八,《景印文渊阁四库全书》第1325册,台湾商务印书馆,1986年,第125-126页。
② 浙江省通志馆编:《重修浙江通志稿》,方志出版社,2010年,第4935页。
③ 中国古籍总目编纂委员会编:《中国古籍总目·经部》第1册,上海古籍出版社,2012年,第130页。
④ 刘毓庆、张小敏编著:《日本藏先秦两汉文献研究汉籍书目》,三晋出版社,2012年,第38页。
⑤ 山东省图书馆:《易学书目》,齐鲁书社,1993年,第272页。
⑥ 纪昀:《钦定四库全书总目》卷九,中华书局,1997年,第111页。

华寒泉双玉井,炎方硕果一蒲桃。蕲阳象旨知君得,白首无辞搁管劳。①

屈大均《翁山文外》卷二《参同契证易解序》亦载:

> 朔方郭子少习丹家言,笃信《参同》,玩味十余年,未达其旨。其后南游至韶阳,师事彬如郁先生,得其后天象数之传。因以所闻,诠释《参同》,以《易》为证。予读之,以为《易》传也,不知其为《参同》之传也。噫,亦至矣哉!因谓郭子曰:"子之师彬如先生,殆儒而仙者也。吾闻其在高凉,梦有潘茂名真人者为讲《益》卦,至水道乃行,豁然有省。叹曰:'真人于我神友,我于真人心师。'因建仙易亭于鉴江之上,以识所得。临终无疾,过子丹霞之堂,朗诵《定性书》,端坐而逝。"②

知其表字为"彬如",可补诸书之阙。

《郁溪易纪》今有清钞本,见录《四库全书存目丛书》经部第29—30册,凡十六卷,卷数与《经义考》《四库全书总目》不同。卷首有丁酉自序,《经义考》所引乃节文。

关于其著述,《经义考》卷一五五著录《中庸郁溪记》、卷一六一著录《大学郁溪记》、卷二七一著录《皇极经世抄》。

(1239页)潘元懋《周易广义》

按:《经义考》潘元懋《周易广义》六卷,录自序。引陆元辅之说,仅言"元懋,字友硕"。

《四库全书总目》卷九"易类存目三"著录潘元懋《周易广义》六卷,称:

> 元懋字友硕,鄞县人。是书成于康熙壬子,以朱子《本义》为主,逐句发明,如注之有疏。又以章旨、节旨及敷衍语气者冠于上方。所谓坊刻高头讲章也。③

今有清康熙间刻本,见录《四库全书存目丛书》经部第30册,六卷首一卷。卷首有康熙壬子刘元琬序、康熙癸丑史大成序、杨复言序、自序。《经义考》所引自序乃节文。

另外,胡文学《适可轩文集》有《周易广义序》,刻本失载,可补《经义考》之阙。

(1240页)戴伯绳《九种易》

按:《经义考》著录戴伯绳《九种易》,不言卷数,称"未见",并引刘城序,未言及其生平。

序载刘城《峄桐文集》卷一,《经义考》所引乃节文。另外,《经义考》所引序中有云"皖林戴伯绳",而《峄桐文集》作"皖城戴伯绳",则戴伯绳为皖城人。

(1240页)何默仙《古易解》

按:《经义考》著录何默仙《古易解》,不言卷数,称"未见",录朱徽序。并引陆元辅之说,称:"默仙,建宁人,未详其名,《建宁府新志》不载。"

检民国《建宁县志》卷二五《书目》著录《默仙诗集》,注云"何洪源字默仙撰",接着又著录《古易解》,并节录朱徽序④。据此,可知其名为何洪源。

---

① 屈大均著,陈永正笺校:《屈大均诗词编年笺校》,中山大学出版社,2000年,第567页。
② 屈大均:《翁山文外》卷二,载欧初、王贵忱主编《屈大均全集》第3册,人民文学出版社,1996年,第40页。
③ 纪昀:《钦定四库全书总目》卷九,中华书局,1997年,第113页。
④ 吴海清修,张书简纂:民国《建宁县志》卷二五,《中国方志丛书》第104号,成文出版社,1967年影印本,第272页。

（1242页）金镜《易经四测》

按：《经义考》著录金镜《易经四测》，不言卷数，称"未见"。引陆元辅之说，介绍其生平。雍正《浙江通志》卷二四一著录《易经四测》，注："《长兴县志》。金镜著。"其人其书待考。

（1242页）吕溓《易类辨疑》

按：《经义考》著录吕溓《易类辨疑》，仅称"未见"。雍正《浙江通志》卷二四一著录《易类辨疑》，注："天启《平湖县志》。吕溓著。"天启《平湖县志》凡十九卷，明天启七年（1627）知县程楷修，杨儁卿纂。据此，可知其为平湖人，大约生活于明天启前。

（1242页）施铉《易学指南》

按：《经义考》著录施铉《易学指南》，仅称"未见"。雍正《浙江通志》卷一四二《选举二十》"进士"类，顺治十六年己亥科徐文元榜载："施铉。桐乡人。"卷一一四三《选举二十一》载"施铉，桐乡人。己亥进士"。

（1241页）徐世湜《易参》

按：《经义考》著录徐世湜《易参》一卷，称"未见"。引《嘉兴县志》称："徐世湜，字中粹，兵部侍郎必达之子。"徐必达，万斯同《明史》卷三五〇有传，传末云"子世淳，见《忠义传》"，未及徐世湜。张廷玉《明史》卷二九二《忠义传四·徐世湜传》中载徐必达传。徐必达撰《南州诗说》六卷，《经义考》卷一一五著录。

徐世湜，生平不详。其著述，雍正《浙江通志》卷二四一著录《易参》一卷、卷二四三著录《明纪事本末》六十卷、卷二四七著录《明纪天文》一卷，均据《嘉兴县志》而著录。

（1242页）张问达《易经辨疑》

按：《经义考》著录张问达《易经辨疑》六卷，引陆元辅之说，仅称"江都张问达天民著"，并录自序。

《四库全书总目》卷九"易类存目三"著录《易经辨疑》七卷，称：

> 问达字天民，江都人。前有康熙己未广平冀如锡《序》，称其得力于阳明良知之学。故其书黜数崇理，而谈理一归之心，力扫卜筮之说，未免主持太过。问达《自序》，首推王弼，又引王守仁"个个人心有仲尼"及"求诸我心之是"诸语。是即陆九渊"《六经》注我"之说也，宜有取于弼之虚无矣。①

《文选楼藏书记》卷二著录卷数同，称"是书取程《传》《本义》及《大全》诸说，并《蒙存》等编，较折异同，而以己义参订之"。

《易经辨疑》今有清康熙十九年金闾陈君美刻本，见录《四库全书存目丛书》经部第31册。卷首有康熙己未广平冀如锡序、康熙庚申李之粹序，《经义考》失载。张问达序与《经义考》所录文本略有不同，且文末多"康熙己未秋八月既望江都张问达序"字样。

---

① 纪昀：《钦定四库全书总目》卷九，中华书局，1997年，第114页。

唐鉴《国朝学案小识》卷末《心宗学案》有《江都张先生》，称：

> 先生讳问达，字天民，生平墨守阳明良知之学。所著《易经辨疑》七卷，黜数崇理，而谈理一归之于心。其自序首推王弼，又引阳明"个个人心有仲尼"及"求诸我心之是"诸语，是即象山"六经注我"之说也。其取于辅嗣之虚无宜矣。①

（1244 页）屈□□《□□易外》

按：《经义考》著录屈氏□□《□□易外》七十一卷，并录□□《自序》。检核其文本，乃节录屈大均《翁山易外序》首尾而成。全文载《翁山文钞》卷一、《翁山易外》卷首。据此可补充阙字，还原文本为"屈氏大均《翁山易外》""大均《自序》"。

《屈大均全集》第 5 册收录《翁山易外》，卷首另有张云翮②序，作于戊辰阳月③，即康熙二十七年（1688）。

（1245 页）徐善《四易》

按：《经义考》著录徐善《四易》十二卷，录朱彝尊序，引高佑釲之说，介绍其生平。《徐氏四易序》，见《曝书亭集》卷三四，文本与《经义考》所录有差异。

雍正《浙江通志》卷一七九《文苑》有传，称：

> 徐善，字敬可，嘉兴人。弃科举不治，从学施博，晚作《易论》及《徐氏四易》：一《天易》，阐图书也；二《羲易》，叙八卦也；三《商易》，辨十辟也；四《周易》，明四正八交之旨也。又为《春秋地名考》④《家传》《蕢谷集》《庄子注》《周髀密法会通》《弧矢六宗疏》《容圆宝丝网》《璇室洞诠》。

《清史列传》卷六八载：

> 徐善，字敬可，亦秀水人。父世淳，明崇祯末知湖北随州，张献忠陷襄阳，悉众压境，城破死之。国朝乾隆四十一年，赐谥烈愍。善年十一，值国变，避兵失恃；及长，挟书策游，弃科举不治，从学于同里施博，精求致知格物之学。与桐乡张履祥为道义交，履祥尝言："世人厚于自养而薄于先祖，丰于燕客而啬于祭祀，惟善能虔祀事"。履祥举葬亲社，请善为宾。然颇好禅学，履祥屡贻书规谏之。后入京师，居徐乾学第中，钱塘高士奇奉命总修《春秋讲义》，善代士奇撰《春秋地

---

① 唐鉴撰，李健美校点：《唐鉴集》，岳麓书社，2010 年，第 722 页。
② 按：笺释《张观察振六招同诸公集惜分堂用杜韵》一诗时，陈荆鸿称："张振六，名籍本末待考。"宋健、严艺超《陈荆鸿〈独漉诗笺〉补笺》称："张云翮，字振六，号紫阁，陕西咸宁人。张勇子。康熙二十七年戊辰至二十九年庚午，任广东盐驿道。见《广东通志·职官表》。"（左鹏军主编《岭南学》第 6 辑，中山大学出版社，2015 年，第 221 页）张为《翁山易外》作序，亦可为补充。
③ 屈大均：《翁山易外》，载欧初、王贵忱主编《屈大均全集》第 5 册，人民文学出版社，1996 年，第 1 页。
④ 关于《春秋地名考》的作者。周寿昌《思益堂日札》卷五有"窃袭前人书"一则，称："陈氏《礼记集说补正》三十八卷，纳兰性德撰。性德本名成德，字容若，满洲进士。此书《方望溪集》谓本陆元辅撰，徐健庵刻《经解》时改题性德名。《春秋地名考略》十四卷，高士奇撰，此书朱竹垞有序，谓嘉兴徐善字敬可所辑。"官修《清文献通考》卷二一五《经籍考》著录高士奇《春秋地名考》，后有按语，称："臣等谨按：《地名考》，或又以为士奇乡人徐善著。善字敬可，嘉兴人。朱彝尊《曝书亭集》中载有此序，谓《地名考》吾乡徐善所辑，余文同，谨附志于此，以备参核。《姓名考》则考周、鲁、郑、晋、楚、齐、宋、卫、陈、曹、蔡、秦、越、许、邾、吴、滕、薛、杞、莒及诸小国君臣见经传者，或以族从，或以官从，后夫人妇人附焉，亦间采《国语》。"

名考略》十四卷,其书以《春秋》经传地名分国编次,皆先列国都,次及诸邑,博引诸书,考究其异同,砭正其疏舛,颇为精核。士奇因列己名奏进。善晚著《四易》十二卷:一《天易》,阐图书也;二《羲易》,叙八卦也;三《商易》辩十辟也;四《周易》,明四正八交之旨也。其于图书,博采诸家之论,而一本乎邵子、程子、张子及朱子之说。又著《易论》,才辨纵横,颇浸淫于佛老。又有《庄子注》《蕾谷集》。①

《清儒学案》卷三二《竹垞学案》中亦有其传,不录。据之可知《四易》分《天易》《羲易》《商易》《周易》。徐乾学《传是楼书目》著录"徐氏《四易》二十五卷,清徐善。四本,抄本",卷数与此不同。梅文鼎《绩学堂诗钞》卷三《为徐敬可先生题簷即送归南》四首其三云:

> 癖嗜知希付古今,逢君尘外领遥深。何当棐几经旬对,笑问环中四易心。

以书入诗,可见《四易》可谓其著述之代表,然《四库全书总目》未著录此书。卷九"易类存目三"著录徐善《易论》,无卷数,称:

> 书首有沈廷劢《序》,称为南州徐敬可,则当为南昌人,而善自署曰嘉禾。考朱彝尊《曝书亭集》有徐敬可《左传地名考序》,又阎若璩《潜邱札记》亦称"秀水徐胜敬可为人作《左传地名考》"云云。其字与里贯皆合,惟名有异,未知为一人二人也。其书成于康熙丙辰。不载《经》文,亦不及《十翼》,惟六十四卦各为一篇,条举其义而论之。才辨纵横,而颇浸淫于佛老。②

另外,陈昌图《南屏山房集》卷一八《两浙经解考》载"徐善《书经直指》六卷"。《经义考》仅著录《四易》,《易论》《书经直指》《春秋地名考》可作补充。

(1246页) 董养性《周易订疑》

按:《经义考》著录董养性《周易订疑》,不言卷数,称"未见"。引梅文鼎之说,称:"山东乐陵人,宁国府通判,是书曾刊行。"

检嵇璜《续文献通考》卷一四三《经籍考》、《四库全书总目》卷七"易类存目一"著录《周易订疑》十五卷《序例》一卷、《易学启蒙订疑》四卷、《周易本义原本》十二卷。《续文献通考》称:

> 臣等谨案:此三书旧题董养性撰,不著时代。考元末有董养性,字迈公,乐陵人。至正中尝官昭化令,摄剑州事。入明不仕,终于家。所著有《高闲云集》,或即其人。

《四库全书总目》卷七称:

> 旧本题董养性撰,不著时代。考元末有董养性,字迈公,乐陵人。至正中尝官昭化令,摄剑州事。入明不仕,终于家。所著有《高闲云集》,或即其人欤?是书前有自序,谓用力三十余年乃成。其说皆以朱子为宗,不容一字之出入,盖亦胡一桂、陈栎之末派也。③

---

① 王钟翰点校:《清史列传》卷六八,中华书局,1987年,第5448—5449页。
② 纪昀:《钦定四库全书总目》卷九,中华书局,1997年,第113—114页。
③ 纪昀:《钦定四库全书总目》卷七,中华书局,1997年,第75页。

《四库全书总目》卷一七四著录《高闲云集》六卷,称:

> 元董养性撰。养性有《周易订疑》,已著录。养性入明不仕,作《高闲云赋》以自况,因以名集。有洪武中王翌序,盛推其文及诗。此本仅诗五卷、赋一卷,文则已佚。其诗颇清逈,而浅于比兴,往往意言并尽,少含蓄深婉之致。①

嵇璜《续通志》卷一五六《艺文略》亦著录《易》学三书,称"旧本题董养性撰,不著时代",卷一六二《艺文略》又著录《高闲云集》六卷,元董养性撰"。曾廉《元书》卷二三亦著录《高闲云集》,不言卷数。

另外,高儒《百川书志》卷一四还著录董养性《杜诗选注》四卷,称"临川高闲云叟董养性"。《千顷堂书目》、万斯同《明史》卷一三七《艺文五》亦著录此书,并有注"自称临川高闲云叟",当袭自《百川书志》。

据《续文献通考》《四库全书总目》《续通志》,著《高闲云集》之董养性为山东乐陵人。据《百川书志》《千顷堂书目》、万斯同《明史》,称"高闲云叟"之董养性为江西临川人。人言言殊,正误莫辨。

对此,綦维《两董养性考》(《图书馆杂志》2004年第1期)、《〈四库全书总目辨正〉一则》(《文献》2004年第3期)有考辨。录《两董养性考》正文如下:

> 《四库全书总目·易类存目一》著录《周易订疑》一书,云:"旧本题董养性撰,不著年代。考元末有董养性,字迈公,乐陵人。至正中尝官昭化令,摄剑州事。入明不仕,终于家。所著有《高闲云集》。或即其人欤?"《四库全书总目·别集类存目一》《高闲云集》(两淮盐政采进本)条下云:"元董养性撰,养性有《周易订疑》,已著录。养性入明不仕,作《高闲云赋》以自况,因以名集。"《四库全书总目》这两条错误颇多,《周易订疑》著者与《高闲云集》著者虽皆名董养性,但并非一人,前者为清初山东乐陵人,后者为明初江西乐安人。
>
> 《周易订疑》已收入《四库全书存目丛书》,乾隆《乐陵县志》卷八《艺文》录有施闰章《宁国府通判董公墓志铭》及张璇《毓初董先生传》,卷六《儒林》亦有董养性小传,由之可知撰《周易订疑》之董养性生平大概。此董养性,字迈公,号毓初。以明经通判宁国,摄南陵、太平两县。康熙十一年(1672)卒于官,享年五十八。生平潜心理学,著有《四书订疑》《春秋订疑》《周易订疑》等。除名、字、籍贯外,《四库全书总目》所考生平与此董养性实无丝毫相干,其大略为明江西董养性之事迹,然亦有错谬。同治《乐安县志》卷八《人物志·文苑》董养性小传云:"董养性,流坑人,居家孝友,学贯经史。洪武间应通经名儒,征授剑州知州,赴任几八千里,惟一僮自随。居官简静,惟修廨舍与学校,暇则哦诗缀文以自乐。所著有《书易题断》、《李杜诗注》,其生平诗文名曰《高闲云集》,藏于家。"流坑在乐安西四十里,为董氏聚族区,县志所载董姓人,皆出此地。《四库全书总目》谓"养性入明不仕",不确也。观县志所载,知此董养性亦曾有易经类著作,但不是《周易订疑》,而是《书易题断》,其与《高闲云集》同不获睹于今世。《李杜诗注》各书目多有著录,但书名、卷数皆不同。晁瑮《宝文堂书目》只录为"杜诗董养性注",高儒《百川书志》录为"董养性《杜诗选注》四卷,临川高闲云叟董养性。"周采泉《杜集

---

① 纪昀:《钦定四库全书总目》卷一七四,中华书局,1997年,第2381页。

书录》谓"日本内阁文库《图书第二部汉籍目录》作《杜工部诗选》七卷;方树梅《明清汉人著作书目》作《李杜诗选》,不著卷数",其编者按云:"疑元明刻本,不止一种……至方树梅作《李杜诗选》,或为另一书,或者'李'氏为衍文。"其实,董氏应是曾注李、杜二人之诗,有合刻本,有分刻本,一如明闵映璧所刻《李杜诗选》,其中杨慎所选《杜诗选》又有单刻本。董氏之杜诗注国内一直未见传本,笔者有幸得见其日本藏本之复印件,书名为《杜工部诗选注》,或即内阁文库本。卷前自序末署:"岁在丁未十一月日临川之高闲云叟董益养性叙。"而《天一阁书目》又著录"杜诗选注七卷,刊本,临川董益辑。"并征引叙文一段,与日本藏本之序相同,则二书即为一书,而董益、董养性即为一人。据序末所署,应是名益,字养性,自号高闲云叟。乐安古属临川郡,故以临川署其籍。丁未,应是元至正二十七年(1367)。

《四库全书总目》此二条错误百出,其实山东乐陵之董养性为清初人,去《四库》纂修之日未远,实不该有此误也。而此后各书目、方志所载大都抄袭《四库全书总目》,又多将明之董养性、董益视为两人,故辨正如上。

文称"其实山东乐陵之董养性为清初人,去《四库》纂修之日未远,实不该有此误也",实则《四库全书总目》撰写时多参考《经义考》,此处恐因之而致误,未能察觉。

此外,《杜集叙录》"元代编"著录董养性《杜工部诗选注》七卷,也称"《高闲云集》为《四库全书总目》著录,然将此董养性与清初山东乐陵撰《周易订疑》之董养性混为一人"①。

(1247页)叶闉《易原》

按:《经义考》著录叶闉《易原》六卷,引朱襄之说,介绍其人其书,称:"闉,林屋山人。其论《易》以本卦、之卦,主《左氏传》蔡墨之说而具画之。"

检同治《苏州府志》卷一三六《艺文一》载:"叶闉《易原》六卷、《茗柯剩言》《诗观》《诗逢》《学古吟》《太湖备考》作《拟古吟》。《东徙吟》《树滋堂集》。《太湖备考》有《叶林屋诗》一卷。"生平不详。

民国《杭州府志》卷一七〇《人物十三·寓贤二》载:"朱襄,字赞皇,江苏无锡人。康熙中寓东园精舍,与吴焯交二十年《薰习录》。"卷一〇九《选举三》载其为明天启丁卯进士。卷八九《艺文四·子部下》著录:"《通经类编》二十卷。海宁朱襄辑。"卷九五《艺文十·集部六》著录:"《列朝集录纂》二十四卷。海宁朱襄撰"。

(1247页)钟晋《大易炬说》

按:《经义考》著录钟晋《大易炬说》,不言卷数。引黄百家之说,仅称"钱塘钟晋德威撰"。

《新校》校记称:"'钟氏晋《大易炬说》、贾氏必选《松荫堂学易》'二条,文渊阁四库本误厕置于'张氏问达《易经辨疑》'之后,'徐氏善《四易》'之前。"然文渊阁四库本载《大易炬说》六卷,《新校》失校。

雍正《浙江通志》卷二四一:"《大易炬说》。《经义考》:'钱塘钟晋德威撰。'"民国《杭州府志》卷八六:"《大易炬说》。钱塘钟晋德威撰。"均沿袭《经义考》之说。

---

① 张忠纲等著:《杜集叙录》,齐鲁书社,2008年,第131页。

检潘衍桐《两浙輶轩续录》卷二〇载：

> 钟晋，字山子，平湖恩贡。著《勺泉集》。
> 县志：晋深于经术，力求圣贤用心所在。常端坐深思，达旦不寐，故所见真切。尤精于《易》，著有《周易释》十二卷，已刊。①

此人表字、里贯、著述书名，均与《经义考》不同，未知是否为同一人。

（1247页）贾必选《松荫堂学易》

按：《经义考》著录贾氏必选《松荫堂学易》六卷，引倪灿之说，仅称"江宁人，字直生"。《四库全书总目》卷八"易类存目二"著录《松荫堂学易》六卷，称：

> 必选字直生，上元人。万历己酉举人。官户部主事，以辩倪嘉庆冤谪外。旋升南京工部郎中。其解《易》以数为本，于《河图》《洛书》之异同，《先天》《后天》之分别，《上经》《下经》之反对，皆主发明邵子之说。②

嵇璜《续文献通考》卷一四五《经籍考》亦著录此书，所载表字同。检顾炎武有《贾仓部必选说易》七律，徐嘉《顾亭林先生诗笺注》卷七称：

> 《江宁府志·儒林》：贾必选，字徙南，上元人。万历己酉举人。官户部主事，筦西新仓，时巨珰总理两部，复遣其党分伺六仓，必选尽黜陋规，无所染，珰为稍敛。会同官倪笃之以屯豆下狱，必选知其冤，据事陈辩，谪九江幕，俄选桂林司理，升南工部虞衡司，未任，丁父艰归。即杜门不出，以讲《易》著书为事。卒年八十七。著《松荫堂学易》行世。

诗云：

> 昔年清望动公车，此日耆英有几家。古注已闻传孟喜，遗文仍许授侯芭。竹床排砚频添墨，石屋支铛旋煮茶。更说都城防寇事，至今流涕买长沙。

后有亭林原注："《汉书·儒林传》：'蜀人赵宾好小数书，后为《易》，持论巧慧，《易》家不能难，云受孟喜，喜为名之。'"则其《易学》应该颇有造诣。张穆《顾亭林先生年谱》将此诗系于十三年（丙申），亦引《江宁府志·儒林》。

《小腆纪传》卷五六、赵宏恩《乾隆江南通志》卷一三九《人物志》亦有传，均称"字徙南"。陈作霖《明代金陵人物志》云：

> 贾必选，字徙南，一字直生，江宁人。万历己酉举人。官户部主事，晋员外郎中，筦西新仓。清贞自矢，暇则闭户读书，不与朝贵攀援。科臣宋之善疏诇尚书侯恂，词连郎中倪笃之，诬其乾没屯豆，欲置重典，倪遂系狱七年。适程国祥为尚书，乃合十三曹公揭申救。疏入，帝震怒，祸且不测。程不能执，曰："此贾员外意也。"于是十三曹咸惧。必选曰："我发之，我收之，诸公何罪？"青衣小帽，日坐署中以待罪。及盘查豆数，意竟置不问。降九江经历，策蹇就道。迁桂林推官，转南工部员外，就擢郎中。国变后，隐居读《易》。老而目盲，托以避世。捐赀赡儒

---

① 潘衍桐：《两浙輶轩续录》，《续修四库全书》第1689册，上海古籍出版社，1996年影印本，第549页。
② 纪昀：《钦定四库全书总目》卷八，中华书局，1997年，第95页。

生数人,与之诵说疑义,凭几听之,一一为之剖析,随给笔札,录之成帙,至夜午不休,曰:"非是不乐也。"卒年八十七。①

陈田《明诗纪事》庚签卷二二称其"字徙南,一字直生",当系据此。

谢良琦《醉白堂文集》卷一《上贾徙南业师论〈易〉书》,称:

> 琦之从学于门墙二十二年矣。记癸巳春,侍师门百许日,师常手《易》一卷,谆谆以学相勉。是时,方驰骛于诗歌,未即学。及丁酉从蠡归,师之书已成帙,辄请付梓以广其传。虽卒业,方学为古文辞,又未即学。前年秋,得复侍坐隅,则师于所著书,方孳孳笔削,编数绝不已。②

吕集义《谢石瞿先生传》称谢良琦"崇祯十五年举于乡,年甫十七,以《诗经》受知江宁贾徙南。(下略)康熙十年卒,年四十有八"③。据此可知谢良琦生于1624年,卒于1671年。则《上贾徙南业师论〈易〉书》中癸巳为清顺治十年(1653)、丁酉清顺治十四年(1657)。谢良琦《自寿序》称"庚辰,奉常公第归,责益严。余亦自奋,得尽熟子史诸书,猥以《葩经》,受知江宁贾夫子"。庚辰乃崇祯十三年。此处未明言受知贾必选的具体时间。而《与贾二安书》称"始年十九时,受知尊大父徙南夫子",与《谢石瞿先生传》所载不同。若年十七受知贾必选,则可推《上贾徙南业师论〈易〉书》中"前年秋"为1660年秋;若年十九受知贾必选,则"前年秋"为1662年秋。《松荫堂学易》一书,丁酉(1657)"已成帙","前年秋"(1660或1662)尚"孳孳笔削",耗时亦久。

其著述,乾隆《江南通志》卷一九〇著录《春秋纂注》《松荫堂学易》,卷一九〇著录《金刚解》。《春秋纂注》《经义考》失载。

---

① 陈作霖撰:《明代金陵人物志》,周骏富辑《明代传记丛刊》第150册,台北明文书局,1991年影印本,第287-288页。
② 谢良琦:《醉白堂文集》卷一,《谢良琦集》,广西师范大学出版社,2014年影印本,第15页。
③ 谢良琦著,熊柱校注:《醉白堂诗文集》,广西人民出版社,2001年,第17-18页。

东汉后期诏令引经衰歇的原因

张梦晗

中国社会科学院大学历史学院

摘 要:有汉一代,经学对政治的影响十分深远。作为其重要表现之一,诏令称引儒家经传曾盛极一时。东汉中期以降,诏令引经之风逐渐衰歇。究其原因,一方面与今文经学和古文经学的此消彼长有关。古文经学的兴起动摇了今文经学的官学地位,构成了对以经治国基础的消解,并且对包括诏令在内的汉代文学产生了直接影响。另一方面,以经治国的式微则是诏令引经走向尾声更本质的原因。由通经致仕形成的儒宗地主,不仅加剧了豪族地主势力的膨胀,而且与门生故吏汇聚成强大的政治势力,相当程度上引发了统治者对经学的疏远。东汉后期统治者转而将精神寄托于道教和佛教,重用外戚和宦官而排挤士大夫,甚至与儒生之间相互捐弃,皆其表现。总之,探讨东汉后期诏令引经衰歇的原因有助于认识和理解上述历史脉络。

关键词:东汉 诏令 引经 经学 以经治国

汉代诏令称引儒家经传的风气始于武帝,[①]西汉中后期和东汉前期是其比较兴盛的阶段。东汉中期以降,诏令引经之风逐渐衰歇。总的来说,汉代诏令引经的演变历程,与两汉经学和经学治国的兴衰轨迹大致相同。以往对汉代诏令引经的考察,多侧重于揭示汉代经学政治地位的提升,突出政治与学术间的互动,对诏令引经的衰歇则较为忽略。[②]但诏令引经之风衰歇所反映的一系列问题,如今古文经学的消长和汉代以经治国的式微,同样值得深入研究。本文即拟就东汉后期诏令引经衰歇的原因略陈己见,不当之处,还请方家指教。

一 今文经学的衰落与古文经学的兴起

两汉经学有今文经与古文经之别。一般以文字作为区分今古文经的标准:秦燔诗书

收稿日期:2019-09-26。

作者简介:张梦晗,历史学博士,中国社会科学院大学历史学院讲师,主要从事先秦秦汉史研究。

[①] 按:由于汉代各品类诏令彼此间的差异对研究重点不构成实际影响,故本文统以"诏令"的广义概念,即皇帝自己草拟或授意职能部门所颁布的所有命令予以体认。具体涉及的诏令见于《汉书》《后汉书》及出土简牍,本文研究的重要参考还包括林虑、楼劲辑《两汉诏令》,北京图书出版社,2005年。

[②] 相关的研究成果主要有:王健《汉代君主研习儒学传统的形成及其历史效应》,《中国史研究》1996年第3期;孟祥才《从秦汉时期皇帝诏书称引儒家经典看儒学的发展》,《孔子研究》2004年第4期;夏增民《诏书与西汉时期的儒学传播——以〈汉书〉帝纪为中心的考察》,《南都学坛》2008年第5期。

之后,在汉代经师徒、父子口耳相传,用当时通行的隶书抄录的经书是今文经;而汉兴以来,藏在墙壁间次第重现于世的,以汉世不再行用的篆书写就的先秦典籍旧本则是古文经。由于"睡虎地秦简上的文字表明,早期的隶书在秦昭襄王时的秦国已然出现"①,为澄清固有区分标准可能造成的误会,可对今文经和古文经作如下表述:

> 今文经是指自文景至平帝刘歆提出置古文博士时,立于中央官学的用隶书传抄的经书,治今文经则称为今文经学……古文经是西汉平帝前得立于中央官学的所谓的经书,来源有三,汉代所发现古文本经书、民间传本和作伪本。治古文经则称为古文经学。②

除了书写文字外,今古文经还存在许多不同的地方,如:依据的经典不同,今文经学的经典主要是两汉立于学官的五经十四博士,而古文经学的经典则主要有《毛诗》、古文《尚书》、《逸礼》、《周官》、费氏《易》、《左氏春秋》;治学方法不同,今文经学讲求"通经致用",注重发掘经文的微言大义,古文经学则讲求"通经识古",注重考索经文的字句本义;对孔子的态度不同,今文经学认为孔子是受命的素王,以孔子为哲学家、政治家、教育家,古文经学则认为孔子是史学家,更推崇周公;政治取向不同,今文经学是国家学说,其目的是建立中央专制集权国家,强化中央的权力,倡导霸道,古文经学则是社会学说,旨在建立一个相对稳定的社会秩序,强化地方自治,倡导王道……诸如此类,不一而足。③

就本文而言,今古文经之间的不同亦关系诏令称引儒家经传的兴衰。

首先来看今文经学。虽然诏令引经的发端、引经传统的形成,都离不开今文经学发挥的重要作用,④但今文经学对诏令引经所施加的影响,并不是随其势力增减而立竿见影地表现出来的,而有一定的滞后性,这在今文经学开始走下坡路时表现得尤其突出——愈演愈烈的神学化、谶纬化、繁琐化,反倒成为诏令引经之风燃烧最后余热的动因。在最终走向式微的历史归宿以前,诏令引经于自我的极致中,仿佛经历了一次末世的狂欢。

在经学神学化的初始阶段,统治者对经传的引用尚可停留在"缘饰"的层面上,附会经义,行外儒内法之实。但随着经学走上不断神化圣王、神化孔子、神化儒家经典的发展道路,面对西汉王朝日渐衰落、社会矛盾越发激化的现实,统治者不得不愈加频繁地引用儒家经传,以因循经义的精神和原则治国,以证明自己的统治是依据圣人之法、发自经典本义的。据笔者粗略统计,成帝引用儒家经传多达27次,为西汉诸帝之最,便是明证。我们还应考虑史书所记诏令与诏令原文的差异,譬如张俊民先生在对比悬泉汉简和《汉书》记载的汉元帝永光四年(前40)二月诏书后,就发现后者不仅在文字上与简牍有所出入,而且很可能省略了诏书原文中引用的儒家经典。⑤ 也就是说,西汉后期诏令引用儒家经传的实际次数,或许比传世文献记载的多。这种恶性循环,大大加深了统治者与经学捆绑的程度,于是,在经学神学化的基础上,预示祥瑞灾异和以神学迷信解经的谶纬思潮开始盛行,经学继而又走上了谶纬化的道路。这既是经学神学化的发展趋势所致,也是统治者为寻求治国新法宝迫不得已的选择,如汉哀帝就以赤精子之谶,认为"汉家历运中衰,当再受

---

① 王葆玹:《今古文经学新论》,中国社会科学出版社,1997年,第57-58页。
② 孙筱:《两汉经学与社会》,中国社会科学出版社,2002年,第299-300页。
③ 朱维铮编:《周予同经学史论著选集(增订本)》,上海人民出版社,1996年,第1-39页。
④ 张梦晗:《西汉诏令称引经传四题》,《史学月刊》2015年第12期。
⑤ 张俊民:《悬泉汉简与班固〈汉书〉所引诏书文字的异同》,《文献》2013年第2期。

命,宜改元易号"①。

经学谶纬化对后世新莽和东汉的影响尤其深远。一方面统治者通过制造谶纬实现政治意图,如王莽利用符命代汉,光武帝引用谶语作为受命称帝的根据,"宣布图谶于天下"②;另一方面统治者比从前重视经学更甚,在诏令中更加不遗余力地引用儒家经传,以致趋于极端化。如王莽凡下诏几乎必引经传,"每有所兴造,必欲依古得经文"③,在经传中为每一次政治活动和重大决策找到相关依据。自践祚摄皇帝起,王莽共引各类儒家经传18次,数量之多堪称西汉成帝后诏令称引经传的又一波峰。东汉章帝不但在其"亲临称制"④的白虎观会议上完成了谶纬的国教化,确立了经学治国的原则,对于儒家经传的征引更是乐此不疲。短短在位十五年,其仅见于《后汉书·章帝纪》的诏令中,就引用经传多达33次,种类亦有11种之多。然而盛况之下,也反映出今文经学教条化、繁琐化、迷信化愈益凸显的鄙陋。彼时章句之学盛行,对经书的解释动辄几十万言,如"(桓)荣受朱普学章句四十万言,浮辞繁长,多过其实"⑤、"《牟氏章句》浮辞繁多,有四十五万余言"⑥、"秦近君能说《尧典》,篇目两字之说,至十余万言,但说'曰若稽古',三万言"⑦。今文经学芜蔓迂阔的倾向实已不言自明,⑧故《后汉书·儒林列传上》称:

> 自安帝览政,薄于艺文,博士倚席不讲,朋徒相视怠散,学舍颓敝,鞠为园蔬,牧儿荛竖,至于薪刈其下。顺帝感翟酺之言,乃更修黉宇,凡所造构二百四十房,千八百五十室。试明经下第补弟子,增甲乙之科员各十人,除郡国耆儒皆补郎、舍人。本初元年,梁太后诏曰:"大将军下至六百石,悉遣子就学,每岁辄于乡射月一飨会之,以此为常。"自是游学增盛,至三万余生。然章句渐疏,而多以浮华相尚,儒者之风盖衰矣。⑨

再来看古文经学。如前所述,今古文经之间存在相当大的分歧,故而当今文经学弊病已十分明显的时候,问题相对较少的古文经学就显得可贵起来,这也是古文经学得以兴起的原因。⑩ 古文经学的兴起,实际是对今文经学种种弊端的反动,从古文经学家对今文经学的批驳中,便可以清晰看到这一点。如刘歆说:"分文析字,烦言碎辞,学者罢老且不能究其一艺。信口说而背传记,是末师而非往古。"⑪批评今文经学章句繁杂无用。扬雄说:

---

① 《汉书》卷十一《哀帝纪》,中华书局,1962年,第340页。
② 《后汉书》卷一下《光武帝纪下》,中华书局,1965年,第84页。
③ 《汉书》卷二四下《食货志下》,第1179页。
④ 《后汉书》卷七九上《儒林列传上》,第2546页。
⑤ 《后汉书》卷三七《桓荣传》,第1256页。
⑥ 《后汉书》卷六五《张奂传》,第2138页。
⑦ 桓谭:《新论》卷中《正经第九》,上海人民出版社,1976年,第35页。
⑧ 法国学者列维·布留尔指出:"假如概念凝结了,僵化了,使自己形成一个趋向于自足的体系,则应用这些概念的智力活动便会无限期地运用这个体系,而与概念所要求表现的那些实在不发生任何接触,这些概念会变成捕风捉影、空洞无物的议论的主因,变成抱残守缺的根源。"(参看:列维·布留尔著,丁由译《原始思维》,商务印书馆,1985年,第447页)用这段话评价今文经学的繁琐化,不亦宜乎。
⑨ 《后汉书》卷七九上《儒林传上》,第2547页。
⑩ 按:本质上来说,古文经学的兴起是其背后政治取向逐渐占得上风的反映,同时期豪族地主势力越发成为地方的支配力量就是证明。
⑪ 《汉书》卷三六《刘歆传》,第1970页。

"或问:赵世多神,何也? 曰:神怪茫茫,若存若云,圣人曼云。"①反对今文经学的神学化倾向。桓谭则称:"今诸巧慧小才伎数之人,增益图书,矫称谶记,以欺惑贪邪,诖误人主,焉可不抑远之哉!"②斥责今文经学穿凿附会谶纬等。冯友兰先生就此指出:

> 今文经学派的倾向是把儒家宗教化,古文经学派的倾向是反对用"天人感应"等神秘主义思想解释儒家经典。古文经学家们在不同的方面,在不同的程度上,企图把儒家学说从当时的神秘主义思潮中分别开来。③

古文经学要求正本清源,明白地说,就是去神学化、去谶纬化、去繁琐化。由于今文经学与政治的联系尤其紧密,为迎合后者的需要,灵活变通地解释、利用经义,今文学家在经学中陆续掺入了许多"杂质",比如阴阳五行、方术及谶纬。一方面今文经学对其"致治"④能力沾沾自喜,颇有些引以为傲;另一方面,今文经学与利禄之路死死捆绑,既不愿吐出吃到嘴里的利益,即便有所觉悟,如白虎观会议以"《五经》章句烦多,议欲减省"⑤的理由召开,也积重难返——那不过是个借口,更改变不了今文经学在既定道路上越走越远、越走越衰败的事实。因此,古文经学的要求,正是出于维护经学纯洁性的宗旨而提出的。当然,其本意是摒弃今文经学的弊病,通过稽古求真、训诂实证,通过"不为章句,举大义而已"⑥,追本溯源,重新找回所谓的经学纯洁性。但今文经学的影响实在过于广泛,完全另辟一条新路是不可能的,故而古文经学的作为实际也就变成对今文经学的平衡和制约,亦即试图剥去层层外衣,对今文经学,特别是其与"杂质"相关联的部分进行解构。

关系诏令引经,其影响的具体表现有二。

首先,这种解构同时构成了对以经治国所仰赖的基础的消解。东汉时期古文经学发展迅速,虽然未得立于学官,但逐渐占据了私学的主流。古文经学大师辈出,如桓谭、王充、贾逵、许慎、马融、郑玄等,他们弟子众多,史载"耆名高义开门受徒者,编牒不下万人"⑦,在东汉社会影响力很大。今古文经学之间的地位此消彼长,至东汉中后期已明显呈现出古文经学压倒今文经学的态势,这也使立于学官的今文经学陷入了尴尬境地:对于统治者而言,今文经学已经不好用了,总不能装作视而不见,明明今文经学已经不是主流,还能用一身毛病的它治国吗?所谓上行下达,如果口径不一,也就失之原旨了。以经治国的神圣性、权威性即在这样的过程中被淡化,经学治国的作用进而遭到了削弱,诏令引经遂变得如同鸡肋一般索然无味,只剩下高速运行过后的惯性还在维持着。

其次,这种解构同时波及辞赋创作领域,诏令亦包含在其中。受到今文经学繁琐之风的影响,汉代文学以"铺排扬厉"著称。以大赋为例,在描述客观对象时,不忌堆砌、不避重复,但求面面俱到;语言则靡丽夸饰,空虚无物。至古文经学兴起以后,这种现象在一定程度上得到了缓解和逆转。古文经学平实、客观和严谨的治学风格给辞赋创作带来了新的

---

① 扬雄撰,韩敬注:《法言注》卷一〇《重黎》,中华书局,1992年,第227页。韩氏注曰:"赵世:秦代,这句话名为评论秦代,实际上是不满意当时社会上流行的神怪迷信。每当要指责当时的什么事情时,就说秦朝有这些事情,把秦朝骂一通,这在西汉几乎成了通例。"
② 《后汉书》卷二八上《桓谭传》,第960页。
③ 冯友兰:《中国哲学史新编(中卷)》,人民出版社,1998年,第235页。
④ 孙筱:《两汉经学与社会》,第1-6页。
⑤ 《后汉书》卷三《肃宗孝章帝纪》,第138页。
⑥ 《后汉书》卷四〇上《班固传》,第1330页。
⑦ 《后汉书》卷七九下《儒林列传下》,第2588页。

启迪,汉代文学遂又进入一个由繁到简、返璞归真的过程,而一向与辞赋关系紧密的诏令文体,不可能不受到这种趋势的影响。姚鼐的《古文辞类纂》选文精当考究,所收诏令除《秦始皇初并天下议帝号令》外,余者皆出自汉代且绝大多数是西汉诏令,便是一个例证。当诏令不再苦心孤诣追求文辞优美典雅,本于下达命令之时,是否引用儒家经典,也就没有那么重要了。

因此我们可以看到,诏令引经在章帝达到顶点以后,便急剧地跌落下来。章帝以降的东汉统治者,引经最多的不过五次,如和帝、顺帝,而少的则只有一两次,如安帝、桓帝、灵帝、献帝。不论是诏令引经数量,还是其与政治结合的紧密程度,都已大不如前,呈现出明显的衰亡趋势。

二 以经治国的式微

应当明确,只要以经治国的原则还没有被统治者彻底放弃,诏令引经就有其存在的客观基础,也就不能说它完全消亡了。具体而言,今文经学的衰落与古文经学的兴起,固然是以经治国式微的重要因素,但从现实角度出发,经学越来越不能满足统治者的需要,致使统治者逐渐疏远经学,则是汉代诏令引经走向尾声的更为本质的原因。

我们认为,东汉统治者疏远经学,根本上是由于通经致仕形成的大量儒宗地主,加剧了豪族地主势力的膨胀。两汉统治者长期以来高度重视经学,不论察举还是征辟,都以经学作为核心标准,通经致仕乃是仕宦的必由之路。所谓"士病不明经术;经术苟明,其取青紫如俯拾地芥耳"①,私学的兴盛,推动了家学的发展,东汉时期出现了许多累世经学的世家。一般而言,"累世经学的结果必然是累世作官,或曰累世公卿"②,如弘农杨氏"四世三公",汝南袁氏"四世三公","累世宰相,为汉名族"③。当这些儒宗以官僚身份获取财富,广置土地田宅时,便出现了集世袭政治、庄园经济、家族文化于一体的儒宗地主。④ 他们不仅在地方上势力极大,与其他豪族地主无异,还在儒生中享有很高号召力,"门生故吏遍于天下"⑤。一方面,依附名师是入仕的捷径,不受业但著录者亦可算作门生,是以儒宗的门生弟子动辄数以千计;另一方面,儒宗往往身居高位,握有察举权,能自辟掾属,因而在其周围又聚集了大批故吏。儒宗与门生故吏间不只是单纯的经学师承或上级下属关系,后者对前者执君臣、父子之礼,为之尽忠尽孝,与之同步进退、休戚与共。陈蕃被宦官谋害以后,"宗族、门生、故吏皆斥免禁锢"⑥,就是明证。儒宗与门生故吏的结合,形成了一股盘根

---

① 《汉书》卷七五《夏侯胜传》,第3159页。
② 马彪:《试论汉代的儒宗地主》,《中国史研究》1988年第4期。
③ 周天游辑注:《八家后汉书辑注》,上海古籍出版社,1986年,第576页。
④ 按:儒宗地主的出现亦促进了强宗豪族向文化士族转变,"在特定的历史条件下,豪族与士族是可能转化的",尤其是当他们认识到唯有通经致仕,才能永保福禄的时候(参看熊德基:《六朝豪族考》,载《六朝史考实》,中华书局,2000年,第321页)。余英时先生说:历史进入秦汉之后,中国知识阶层发生了一个最基本的变化,即从战国无根的"游士"转变为具有深厚的社会经济基础的"士大夫"。这个巨大的社会变化特别表现在两个方面:一是士和宗族有了紧密的结合,我们可以称为"士族化";二是士和田产开始结下了不解之缘,可以称为"地产化"或"恒产化"(参看《士与中国文化》,上海人民出版社,1987年,第77页)。
⑤ 《后汉书》卷七四上《袁绍传》,第2375页。
⑥ 《后汉书》卷六六《陈蕃传》,第2170页。

错节且极具影响的政治势力。何兹全先生说"门生、故吏是东汉豪族势力的一大支柱"①，所言甚是。

豪族地主势力膨胀，自然不是统治者乐见的。从光武帝矢志实行"度田"却半途而废可见，统治者对豪族势力坐大的既成事实采取了默认的态度。虽然豪族地主绝不仅仅是儒宗地主，东汉统治者内部亦大量存在皇子、宗室、外戚、功臣这样的食封贵族地主。而且为了维护统治，也的确需要依靠豪族地主，②但这并不意味就任由豪族地主势力无限制地疯长。东汉前期统治者曾用严刑峻罚约束豪族，取得过不错的效果。史称"自宗室诸王、外家后亲，皆奉遵绳墨，无党势之名。至或乘牛车，齐于编人。斯故法令整齐，下无作威者也"③。只不过由于过度强化吏治而衍生出苛政之弊，不得已复又转出，这才再无心力抑制豪族。④ 豪族地主的崛起，势必会催生地方的不稳定因素，破坏帝国的中央集权，导致皇权衰落，甚至引发分裂割据。同时，豪族聚敛了大量财富，"在田庄中隐瞒大量田产和劳动力，在很大程度上削弱了东汉中央集权的经济力量"⑤，也是显而易见的。因此，当三位一体式的儒宗地主大行其道的时候，统治者一定痛感搬起石头砸了自己的脚。他们重用经学的初衷是巩固和强化统治，现在却适得其反——那些从前成日鼓吹限田的儒生，如今竟然也大张旗鼓地兼并土地了！再加上民间盛行的古文经学也明显代表着豪族地主的意愿，这就无怪乎他们逐渐对经学提不起兴趣，开始疏远经学。

东汉后期统治者疏远儒学有三大表现：

第一，统治者的信仰出现了变化。在东汉日益衰落腐朽的过程中，经学并没有发挥出匡正统治者过失的作用，故而在人心中的威望也随之下滑。正如任继愈先生所说："儒学已不能维持正常的社会秩序，许多人到儒学以外寻找新的精神支柱。"⑥东汉后期统治者对经学的信仰和膜拜大不如前，转而将精神寄托于道教和外来的佛教。桓帝时，道教与佛教并受尊崇。⑦《后汉书·天竺传》："桓帝好神，数祀浮图、老子，百姓稍有奉者，后遂转盛。"⑧同书《襄楷传》亦称桓帝"宫中立黄老、浮屠之祠"⑨。分别而言，前者如延熹八年（165）春正月桓帝"遣中常侍左悺之苦县，祠老子"，九年（166）七月桓帝"祠黄、老于濯龙宫"。⑩后者则有笮融"断三郡委输，大起浮屠寺。上累金盘，下为重楼，又堂阁周回，可容三千许人，作黄金涂像，衣以锦彩。每浴佛，辄多设饮饭，布席于路，其有就食及观者且万余人"。⑪除此以外，在统治者的倡导下，道教活动渗透到当时社会的方方面面，对东汉政治亦产生了不可低估的影响。⑫道教和佛教的同时兴起，一定程度上动摇了经学的统治地位。

---

① 何兹全：《两汉豪族发展的三个时期》，载中国秦汉史研究会编《秦汉史论丛（第三辑）》，陕西人民出版社，1986年，第114页。
② 余英时：《士与中国文化》，上海人民出版社，1987年，第284-286页。
③ 《后汉书》卷三三《朱浮传》，第1143页。
④ 陈苏镇：《东汉的豪族与吏治》，《文史哲》2010年第6期。
⑤ 田昌五、安作璋主编：《秦汉史》，人民出版社，1993年，第356页。
⑥ 任继愈主编：《中国道教史》，上海人民出版社，1990年，第17页。
⑦ 按：这种佛道并崇的模式，始自东汉前期的楚王英。史载"英少时好游侠，交通宾客，晚节更喜黄老，学为浮屠斋戒祭祀"（《后汉书》卷四二《楚王英传》，第1428页），但影响较小。
⑧ 《后汉书》卷八八《天竺传》，第2922页。
⑨ 《后汉书》卷三〇下《襄楷传》，第1082页。
⑩ 以上分见《后汉书》卷七《桓帝纪》，第313、317页。
⑪ 《后汉书》卷七三《陶谦传》，第2368页。
⑫ 参看：张喆《原始道教与汉代社会研究》，南京师范大学博士学位论文，2013年，第46-50页。

第二,信任并依赖外戚和宦官的力量,不重用士大夫。从汉和帝开始,外戚与宦官交替专权的局面,不但给帝国统治造成了严重危害,如跋扈将军梁冀"在位二十余年,穷极满盛,威行内外,百僚侧目,莫敢违命,天子恭己而不得有所亲豫"①,而且垄断仕进,侵占了士大夫集团的政治权力。桓帝时,杨秉即与司空周景上言:

> 内外吏职,多非其人,自顷所征,皆特拜不试,致盗窃纵恣,怨讼纷错。旧典,中臣子弟不得居位秉势,而今枝叶宾客布列职署,或年少庸人,典据守宰,上下忿患,四方愁毒。②

即便如此,在士大夫反对外戚和宦官的斗争中,皇权依然站在后者一边。桓灵时期的两次"党锢之祸"即是明证,士大夫党人遭到了毁灭性打击,③"实质上是宦官、外戚、皇权共同排斥打击士族及经学知识分子所演出的惨剧"④。

第三,统治者与儒生貌合神离、相互捐弃。一方面,以儒取士暴露出了行政效能下降的缺陷,只知经书的儒生往往无法胜任实际工作。宋人徐天麟曾转引范晔之语,尖锐地指出:"汉世之所谓名士者,其风流可知矣。虽张弛趣舍,时有未纯,于刻情修容,依倚道艺,以就其声价,非所能通物方,弘时务也。"⑤因而灵帝置鸿都门学,广招才艺之士,便多少带有对儒生迂腐不化的不满,以及由此产生的逆反心理。⑥就算遭到蔡邕等人反对,也不改我行我素,足证其态度之坚决。另一方面,由于东汉后期统治腐败不得人心,"当是时,凶竖得志,士大夫皆丧其气矣"⑦,很多儒生对当权者亦抱以不合作的态度,如《后汉书·郭符许列传》载:

> 郭太……司徒黄琼辟,太常赵典举有道。或劝林宗仕进者,对曰:"吾夜观乾象,昼察人事,天之所废,不可支也。"遂并不应。

> 许劭……司空杨彪辟,举方正、敦朴,征,皆不就。或劝劭仕,对曰:"方今小人道长,王室将乱,吾欲避地淮海,以全老幼。"乃南到广陵。⑧

可见彼时统治者与儒生、经学与政治之间的关系,确实是越来越疏远了。

爰及黄巾起义爆发,各地豪强势力在镇压起义过程中蜂拥而起,东汉王朝的统治实已分崩离析,特别是献帝迁许后,曹操秉政,"挟天子而令诸侯"⑨,东汉王朝之统治更是形同虚设、名存实亡。世易时移,在这种背景下,经学已经基本失去了施展回旋的余地。晋文先生就此指出:

> 对于这些即将代起的新的统治者来说,天下大乱,其首要任务不是如何维护

---

① 《后汉书》卷三四《梁冀传》,第1185页。
② 《后汉书》卷五四《杨秉传》,第1772页。
③ 详见《后汉书》卷六七《党锢列传》,第2183-2218页。
④ 金春峰:《汉代思想史》,中国社会科学出版社,1997年,第604页。
⑤ 徐天麟撰:《东汉会要》卷二七《选举下》,上海古籍出版社,1978年,第410页。
⑥ 按:王永平先生说"同大多数亡国之君一样,汉灵帝在文化趣味上表现得非常率真任性,与杰出士人以卫道自期的固执态度大异其趣",可助解。[参看王永平《汉灵帝之置"鸿都门学"及其原因考论》,《扬州大学学报(人文社会科学版)》1999年第5期。]
⑦ 《后汉书》卷六九《窦武传》,第2244页。
⑧ 《后汉书》卷六八《郭符许列传》,第2225、2234-2235页。
⑨ 《三国志》卷三五《蜀书·诸葛亮传》,中华书局,1959年,第912页。

旧的王朝,而是怎样争夺天下,建立新的异姓王朝。这就决定了"可与守成""难与进取"的经学在政治上必然要受到冷落。①

与此同时,经学大师郑玄博采今古文之长,遍注群经,自成一家之言,"使两汉家法亡不可考",消弭今古文经学分歧,实现了二者的合流,以至于后世有"郑学盛而汉学衰"②的说法。加之连年战乱,使得"当时学者流离失所,经传焚毁灭裂"③。于是乎,汉代经学,特别是今文经学,也彻底衰落了。如果说之前经学与政治或许还有些若即若离的名义上的关联,至此则全部尘归尘、土归土,烟消云散矣。"物盛而衰,固其变也。"④随着历史条件的改变,寓于经学治国的诏令称引儒家经传之风,也就此在汉代历史上走完了自己的历程。

结语

本文对东汉后期诏令引经衰歇的原因探析可归结为两点:

第一,西汉中后期至东汉前期,今文经学与政治的捆绑程度大为加深。愈演愈烈的神学化、谶纬化和繁琐化虽然将诏令引经推向发展的顶峰,但也使今文经学自身的种种弊端越发凸显。古文经学的适时兴起动摇了作为官学的今文经学的地位,构成了对以经治国基础的消解,并且对包括诏令在内的汉代文学产生了重要影响,诏令不再一味追求文辞优美典雅,而是回归下达命令的本真。

第二,诏令引经的衰歇是汉代以经治国式微过程的一部分。由通经致仕形成的儒宗地主,不仅加剧了豪族地主势力的膨胀,而且与其门生故吏汇聚成强大的政治势力,这在相当程度上引发了统治者对经学的疏远。东汉后期统治者转而将精神寄托于道教和外来的佛教,重用外戚和宦官而排挤士大夫。随着东汉王朝的分崩离析,以经治国失去施展的余地,诏令引经亦就此逐渐沉寂。

总之,诏令作为皇帝专用的正式文书和一种对语言修辞有相应要求的文体的特殊性,决定了我们能够借此对今古文经学的消长、汉代以经治国的式微等重大问题产生更深刻的认识。如此看来,东汉诏令引经的衰歇亦不失为照亮历史发展脉络的一捧光束。

---

① 晋文:《以经治国与汉代社会》,广州出版社,2001年,第24-25页。
② 皮锡瑞著,周予同注释:《经学历史》,中华书局,1959年,第148-149页。
③ 朱维铮编:《周予同经学史论著选集(增订本)》,上海人民出版社,1996年,第17页。
④ 《史记》卷三〇《平准书》,中华书局,1959年,第1420页。

孙吴荆州的"王化"与"蛮化"析论
——从吴简所见"叛走"现象谈起

周能俊

黔南民族师范学院历史与民族学院　浙江水利水电学院马克思主义学院

摘　要：吴简所见的孙吴临湘、桂阳吏民的大量叛走既是两汉荆州百姓因临时征调而亡叛的继续，也是孙吴国家临时征役过于繁重的现实反映。从历史地理的视角观察，孙吴荆州吏民叛走的地域乃是游离于孙吴国家控制之外的非汉民族聚居之地。荆州吏民曾长期与归化的非汉民族杂处，因此叛走后易于融入非汉民族群体，接受当地地域文化的浸润，从而被"蛮化"。孙吴政权则利用武力等手段迫使亡叛吏民与非汉民族出山附籍，从而扩大了辖境，增加了人口，并因之析置郡县。因为受到了土著居民的激烈抵抗，孙吴国家对荆州非汉民族的"王化"过程并非一帆风顺，其中也进行了长期的反复拉锯，甚至受挫。

关键词：吴简　孙吴　荆州　王化　蛮化

在出土与整理公布的走马楼吴简与郴州苏仙桥吴简中，有大量关于孙吴荆州亡叛现象的记载，而相关的孙吴荆州亡叛现象与非汉民族问题，以及因此引发的关于人口、郡县等历史人文地理要素变迁的研究早已引起了学术界的重视。谭其骧[1]、周一良[2]、宫川尚志[3]、张泽咸[4]、陈可畏[5]、蒙默[6]、张伟然[7]、谷口房男[8]、川本芳昭[9]、黎石生[10]、王素[11]、高

收稿日期：2019-09-17。

作者简介：周能俊，历史学博士，复旦大学博士后，贵州黔南民族师范学院历史与民族学院兼职研究员，浙江水利水电学院马克思主义学院副教授，主要从事魏晋南北朝隋唐史、历史地理研究。

基金资助：中国博士后科学基金第61批面上资助项目（2017M611437）。

[1] 谭其骧：《近代湖南人中之蛮族血统》，见《长水集》，人民出版社，2009年，第376-410页。
[2] 周一良：《南朝境内之各种人及政府对待之政策》，见《魏晋南北朝史论集》，北京大学出版社，1997年，第33-101页。
[3] 宫川尚志：《六朝时代の村》，见刘俊文主编《日本学者研究中国史论著选译·第四卷·六朝隋唐》，中华书局，1992年，第67-108页。
[4] 张泽咸：《魏晋北朝的徭役制度》《六朝的徭役制度》，见《晋唐史论集》，中华书局，2008年，第1-74页。
[5] 陈可畏：《东越、山越的来源和发展》，见中国社会科学院历史研究所编《古史文存·秦汉魏晋南北朝卷》，社会科学文献出版社，2004年，第80-102页。
[6] 蒙默：《魏晋南北朝时期的"蛮"》，见《南方民族史论集》，四川民族出版社，1993年，第273-305页。
[7] 张伟然：《湖南历史文化地理研究》，复旦大学出版社，1995年。
[8] 谷口房男：《华南民族史研究》，东京绿荫书房，1996年。
[9] 川本芳昭：《魏晋南北朝时代の民族问题》，东京汲古书院，1998年。
[10] 黎石生：《长沙市走马楼出土"叛走"简探讨》，《考古》2003年第5期。
[11] 王素：《说"夷民"——读长沙走马楼三国吴简札记》，《故宫博物院院刊》2004年第5期。

凯①、侯旭东②、韩树峰③、吕春盛④、邢义田⑤、鲁西奇⑥、高敏⑦、沈刚⑧、罗新⑨、李鄂权⑩、魏斌⑪、秦晖⑫等先生均进行了十分深入的研究与探讨。本文拟在此基础上,结合走马楼与苏仙桥两地新出简牍,对孙吴荆州临湘、桂阳两县的非汉民族附籍状况与亡叛现象做进一步的梳理,并从历史人文地理的视角管窥汉末三国时期孙吴荆州辖境国家控制力的扩展与收缩进程。

一 "亡叛"现象

根据已公布的走马楼吴简与郴州苏仙桥吴简来看,"叛走"现象在孙吴统治下的荆州长沙郡与桂阳郡是普遍存在的。⑬

首先,从传统观之。据张家山汉墓竹简记载,汉高祖十一年(前196)"六月戊子发弩九诣男子毋忧,告为都尉屯,已受致书,行未到,去亡。·毋忧曰:'变(蛮)夷大男子岁出五十六钱以当繇(徭)赋,不当为屯,尉窑遣毋忧为屯,行未到,去亡,它如九'"⑭。简中明确记载了南郡夷道百姓毋忧乃是因为临时性的徭役——"为都尉屯"而逃亡,特别值得注意的是此案例乃是随墓主陪葬的《奏谳书》22个案例中的一个,这些案例极有可能是墓主生前处理案件的范本。由此推测,西汉初期的南郡江陵地域可能存在大量百姓因临时性徭役叛走的现象。

又如东汉建武时期,"先是含洭、浈阳、曲江三县,越之故地,武帝平之,内属桂阳。民居深山,滨溪谷,习其风土,不出田租。去郡远者,或且千里。吏事往来,辄发民乘船,名曰'传役'。每一吏出,繇及数家,百姓苦之。(卫)飒乃凿山通道五百余里,列亭传,置邮驿。于是役省劳息,奸吏杜绝。流民稍还,渐成聚邑,使输租赋,同之平民"⑮,东汉初桂阳南部

---

① 高凯:《从走马楼吴简看孙吴初期长沙郡吏民的社会生活》,《光明日报》2004年5月18日;《从吴简看孙吴初期长沙郡吏民的生活习俗》,《许昌学院学报》2008年第1期。
② 侯旭东:《北朝村民的生活世界——朝廷、州县与村里》,商务印书馆,2005年。
③ 韩树峰:《走马楼吴简中的"真吏"与"给吏"》,见长沙市简牍博物馆、北京吴简研讨班编《吴简研究(第二辑)》,崇文书局,2006年,第25-40页。
④ 吕春盛:《三国时代的山越与六朝的族群现象》,《台湾师大历史学报》2005年第33期;《魏晋南北朝时期的"蛮"及其概念之演变》,见《郑钦仁教授七秩寿庆论文集》,稻乡出版社,2006年。
⑤ 邢义田:《从出土资料看秦汉聚落形态和乡里行政》,见《治国安邦:法制、行政与军事》,中华书局,2011年,第249-340页。
⑥ 鲁西奇:《人群·聚落·地域社会:中古南方史地初探》,厦门大学出版社,2012年。
⑦ 高敏:《从〈嘉禾吏民田家莂〉看长沙郡一带的民情风俗与社会经济状况》,见《长沙走马楼简牍研究》,广西师范大学出版社,2008年,第36-43页。
⑧ 沈刚:《走马楼三国吴简所见"叛走"简脞义》,《江汉考古》2009年第1期。
⑨ 罗新:《王化与山险——中古早期南方诸蛮历史命运之概观》,《历史研究》2009年第2期。
⑩ 李鄂权、骆黄海:《从走马楼吴简看孙吴时期长沙郡的人口流动与民族融合》,《福建文博》2009年第4期。
⑪ 魏斌:《吴简释姓——早期长沙编户与族群问题》,见http://www.bsm.org.cn/show_article.php?id=1135。
⑫ 秦晖:《传统中华帝国的乡村基层控制:汉唐间的乡村组织》,见《传统十论》,复旦大学出版社,2011年,第1-44页。
⑬ 周能俊:《走马楼吴简"叛走"考释》,《南京晓庄学院学报》2012年第2期。
⑭ 张家山二四七号汉墓竹简整理小组:《张家山汉墓竹简〔二四七号墓〕(释文修订本)·奏谳书》,文物出版社,2006年,第89页。
⑮ 范晔:《后汉书》卷七六《循吏列传·卫飒传》,中华书局,1965年,第2459页。

三县的吏民也因为非常规的"传役"而流亡,因此,当卫飒开通道路,杜绝"传役"后,"流民稍还"。

复如永和二年(137)日南蛮反,有大臣建议发荆、扬、兖、豫四万人镇压,李固指出,"今荆、扬盗贼盘结,武陵、南郡[蛮]夷未集,长沙、桂阳数被征发,难复扰动。其不可一也。兖、豫之民[闻]万里征役,无有还期,恐十五万户不得一士,郡县迫促,惧有叛亡。其不可二也"①。李固明确向顺帝与朝臣提出长沙与桂阳的吏民因日南蛮的反叛而数次被征发临时性的徭役,已经处在逃亡或反叛的边缘,而兖、豫二州的吏民也会因为镇压本次日南叛乱而征发的临时性兵役大规模地亡叛。

再如汉桓帝延熹九年(166)下诏:"比岁不登,民多饥穷,又有水旱疾疫之困。盗贼征发,南州尤甚。灾异日食,谴告累至。政乱在予,仍获咎征……"②从诏书可见,汉桓帝君臣亦认为荆州百姓最为困顿的主要原因除了"水旱疾疫",更在于因弭平"盗贼"而大量征发的临时性徭役。

综上所述,自两汉以降,荆州吏民因不堪临时性的徭役而"叛走",这进而成为流民悠久的历史传统。孙吴荆州长沙、桂阳二郡吏民的叛走显然也继承了这一传统。

其次,立足现实。孙吴政权征发临时性的徭役十分频繁,仅孙权统治时期,就分别在黄武五年(226)、嘉禾三年(234)、赤乌三年(240)、赤乌五年(242)、太元元年(251)先后5次下达诏令,要求关注或减轻孙吴百姓所负担的包括临时性徭役在内的沉重徭役。但成效并不显著,以至出现吴简中大量记载的临湘、桂阳两地吏民"叛走"的极端现象。

孙权在给陆逊的书信中对百姓繁重的临时征役自我辩解道:"至于发调者,徒以天下未定,事以众济。若徒守江东,修崇宽政,兵自足用,复用多焉?顾坐自守可陋耳。若不豫调,恐临时未可便用也"③。基于这一考虑,孙吴一代,包括荆州百姓在内的孙吴民众都不得不承受十分繁重的临时性徭役,这也大量体现在走马楼吴简等简牍之中:"╱吕岱所督都尉(?)□□□陈综司马吕石(?)等所领士众"④,这些士众显然是为了配合黄龙三年(231)至嘉禾三年(234)吕岱屯兵沤口的军事行动而临时征发的。又如"╱□租月钱一千六百汝以今年二月三日下移居武昌太常军"⑤,则是为了保障武昌潘濬所部军需而临时征调的。再如"╱所领嘉禾元年税吴平斛米卅斛九斗六升为禀斛米卅二斛被督军"⑥,虽不知被督为孙吴荆州境内何军之军粮,然孙吴荆州吏民因军事行动而受临时征发之繁复可想而知。复如"╱□□十一日起五月一日讫卅日所言名物钱米诸所调求"⑦,显见孙吴荆州吏民所受发调之苦。

由此可见,孙吴国家繁重的临时性征役发调是荆州吏民大规模叛走的根本性原因。

---

① 荀悦、袁宏撰,张烈点校:《后汉纪》卷一八《孝顺皇帝纪上》,中华书局,2002年,第360页。
② 《后汉书》卷七《孝桓帝纪》,第317页。
③ 陈寿:《三国志》卷四七《吴书·吴主传》,中华书局,1959年,第1133页。
④ 长沙市文物考古研究所、走马楼简牍整理组:《长沙走马楼三国吴简·竹简「贰」》(下文简称《简二》),文物出版社,2006年,第734页,释文794。
⑤ 长沙市文物考古研究所、走马楼简牍整理组:《长沙走马楼三国吴简·竹简「叁」》(下文简称《简三》),文物出版社,2008年,第798页,释文3473。
⑥ 《简二》,第854页,释文6704。
⑦ 《简二》,第865页,释文7241。

根据走马楼吴简"右民六户□走入泠道湘西醴陵☐"①与"右□乡郡县吏兄弟合十五人前后各叛走□趣刘阳吴昌醴陵☐"②两条简文似可推测临湘吏民"叛走"的方向为泠道、湘西、醴陵、刘（浏）阳、吴昌等周边地域。除了上述五地境内有许多人迹罕至的峻岭岩穴、深沟险谷可以提供良好的隐匿场所之外，似乎还有其他的原因。

根据记载，长沙桂阳等地的非汉民族"好入山壑，不乐平旷"，常常"屯结深山"，③"武陵、长沙、卢江郡夷，槃瓠之后也。杂处五溪之内。槃瓠凭山阻险，每每常为害"④。可见，荆州南部包括泠道等五地的深山峻谷，许多都被当地的非汉民族占据。而这些盘踞深山的非汉民族自东汉以来就一直没有完全被中央政府控制。即使到了刘宋时期，荆州各地的蛮夷依然"所在多深险……所居皆深山重阻，人迹罕至焉。前世以来，屡为民患"⑤，这就为临湘等地的吏民摆脱孙吴政权的盘剥提供了一个托庇之所。

临湘等地的吏民之所以选择托庇于这些"屯结深山"的非汉民族，乃是因为叛走的吏民对这些所谓的蛮夷十分熟悉。征诸史籍，有大量孙吴荆州地域蛮汉杂处的证明。如"大合新兵，并使潘濬发夷民，人数甚多"⑥，又如"明日，（杨）肇果攻故夷兵处，（陆）抗命旋军击之"⑦，可知，孙吴荆州所辖军队中有大量归化的蛮夷青壮士兵。而吴简所载"曰□中尚（？）……部伍夷民"⑧，尽管由于简文残缺，部分内容已然难以确知，但部分夷民已经被编入孙吴政权管辖的部伍之中却是十分清楚的。再如"期卅一斛五斗付州吏区业给廪夷（？）民"⑨，明确说明孙吴临湘侯国辖下有非汉民族的编户百姓存在。由此似可推测，临湘等地所辖的里丘居民，不全是汉人，有的是汉人里丘，有的是非汉民族聚居，有的则是夷、汉杂居。因此，受到当地地域文化的影响，临湘等地"叛走"的吏民无论是已经"王化"的非汉民族，还是长期与纳入孙吴管辖的蛮夷频繁接触甚至杂居的汉人，对盘踞深山、抗拒"王化"的蛮夷从生活习性到宗教信仰都十分了解，这就为临湘吏民"叛走"至蛮夷囤聚的山谷，并融入蛮夷聚落提供了极大的便利。

二 征服蛮夷叛户与析置郡县

临湘等地迫于孙吴国家繁重的临时性徭役而"叛走"的吏民，在孙吴政权"兵久不辍，民困于役"⑩的情况下，显然不太可能主动回乡重新归附孙吴政权，孙吴国家的赋役征发因之受到了严重影响，这进而威胁到了孙吴国家在荆州的统治。加之，孙吴政权出于扩充与控制地域与人口、绥靖地方治安、稳定统治的目的，便决定采取一系列措施迫使"叛走"的

---

① 《简三》，第794页，释文3270。
② 长沙市文物考古研究所、走马楼简牍整理组：《长沙走马楼三国吴简·竹简「壹」》（下文简称《简一》），文物出版社，2003年，第1048页，释文7454。
③ 《后汉书》卷八六《南蛮西南夷列传·南蛮传》，第2829、2833页。
④ 干宝：《晋纪》，见《后汉书》卷八六《南蛮西南夷列传·南蛮传》，第2830页注六引。
⑤ 沈约：《宋书》卷九七《夷蛮传·荆雍州蛮》，中华书局，1974年，第2396页。
⑥ 《三国志》卷六〇《吴书·周鲂传》，第1390页。
⑦ 《三国志》卷五八《吴书·陆逊附子抗传》，第1357页。
⑧ 《简一》，第914页，释文984。
⑨ 《简一》，第927页，释文1648。
⑩ 《三国志》卷四七《吴书·吴主传》，第1140页。

吏民与屯聚深山的蛮夷出山，使他们成为国家的编户齐民。

孙吴国家对固守险阻的蛮夷与"叛走"吏民最常用的手段就是军事征服，其军事行动大致可以分为国家全力征讨与地方自行剿灭两大类。

国家全力讨伐行动的代表就是黄龙三年(231)正月到嘉禾三年(234)末，孙权命令吕岱与潘濬共同讨伐武陵"蛮夷"①之事。地方自行征剿的行动则有黄盖在武陵太守任内对武陵蛮夷与长沙益阳山贼的先后讨伐，②张承"出为长沙西部都尉。讨平山寇，得精兵万五千人"③等。此类军事行动在出动兵力、持续时间、规模等方面自然远远不如国家大规模征讨，但终孙吴一世，孙吴荆州各地方政府一直在进行这类活动，其行动范围遍及孙吴荆州的各个地域，可以说，这类军事行动才是孙吴征服荆州蛮夷与亡叛的主要手段。

孙吴政权在以武力征服荆州蛮夷与亡叛、获得大量土地与人口之后，采取的下一步措施就是分置郡县。据有关记载及清人考据，孙吴将所辖原汉末荆南不足六郡(长沙、桂阳、零陵、武陵、南郡、江夏部分)之地析分成十五郡(南郡、宜都、建平、江夏、武陵、天门、长沙、衡阳、湘东、零陵、始安、邵陵、桂阳、始兴、临贺)④。

造成孙吴荆州行政区划产生如此巨变的原因自然有许多，经济发展、地理位置、南北对峙的战略态势等多种因素综合影响着孙吴荆州的郡县分合，但蛮夷与亡叛归化使得土地与人口的增加可能是孙吴荆州行政区划变迁的最重要因素之一。如张承"出为长沙西部都尉，讨平山寇，得精兵万五千人"，可知至少这一万五千蛮夷或亡叛被纳入孙吴长沙西部都尉的统辖之下。孙吴一贯对俘虏实行"疆者为兵，赢者补户"⑤的政策，由此推测，仅张承的讨伐，就让长沙西部都尉辖下新增了大量的"王化"蛮夷人口。吴简中出现的大量"叛士"，就是指被纳入孙吴临湘政府管理的普通出山土著与叛民。⑥ 同时，这些蛮夷原本耕种的土地，以及他们聚居的山谷等也被划入孙吴长沙西部都尉的辖境，这些人口与土地、辖区的增加与扩大，都为孙吴将长沙西部都尉改为衡阳郡创造了条件。事实上，张承对荆州蛮夷与亡叛的讨伐，仅仅是孙吴国家和地方政府对荆州蛮夷众多军事讨伐行动中的一次而已。又如"五溪蛮夷叛乱盘结，(孙)权假(潘)濬节，督诸军讨之……斩首获生，盖以万数，自是群蛮衰弱，一方宁静"⑦，潘濬在这次讨伐中，亦获得了大量的蛮夷与叛走人户。这些新获人户也被编入孙吴荆州地方郡县的版籍之中，成为编户齐民。苏仙桥吴简"右嘉讳六年判(叛)户口食人已还故居"⑧，"◇□逐亡叛不得佃种米当出无有◇"⑨，"◇□□日叛部扌□◇"⑩三条简文就明确反映出孙吴桂阳郡辖下有大量亡叛人户重新附籍，这种现象可能在孙吴荆州各地郡县中大量存在。

孙吴荆州行政区划变迁最显著的特征就是长沙、零陵、桂阳等郡的都尉辖区被设为新

---

① 《三国志》卷六〇《吴书·吕岱传》，第 1385 页。
② 《三国志》卷五五《吴书·黄盖传》，第 1285 页。
③ 《三国志》卷五二《吴书·张昭附子承传》，第 1224 页。
④ 钱仪吉：《三国会要》卷三七《舆地四·吴州郡》，上海古籍出版社，2006 年，第 734-737 页。
⑤ 《三国志》卷五八《吴书·陆逊传》，第 1344 页。
⑥ 沈刚：《走马楼三国吴简所见"叛走"简滕义》，《江汉考古》2009 年第 1 期，第 134-138 页。
⑦ 《三国志》卷六一《吴书·潘濬传》，第 1397 页。
⑧ 湖南省文物考古研究所、郴州市文物处：《湖南郴州苏仙桥 J4 三国吴简》，中国文物研究所编《出土文献研究(第七辑)》，上海古籍出版社，2005 年，第 152-168 页，释文 7。
⑨ 湖南省文物考古研究所、郴州市文物处：《湖南郴州苏仙桥 J4 三国吴简》，释文 19。
⑩ 湖南省文物考古研究所、郴州市文物处：《湖南郴州苏仙桥 J4 三国吴简》，释文 103。

的郡县。"都尉"一职,汉制"典兵禁,备盗贼……又置属国都尉,主蛮夷降者。中兴建武六年,省诸郡都尉……唯边郡往往置都尉及属国都尉,稍有分县,治民比郡"①。孙吴荆州所辖的长沙、桂阳、零陵诸郡既非边郡,又非属国,然而东汉与孙吴政权却在这一带设置了许多都尉,如长沙郡有西部都尉,桂阳郡有南部都尉(治曲江),零陵郡有北部都尉(治昭陵)、南部都尉(治始安),其目的就是更有效地控制盘踞在当地山谷中的荆州蛮夷。将都尉辖区改为郡县,则说明孙吴已经将这些都尉辖区内的蛮夷基本征服,并纳入国家控制的编户齐民体系之中。这些地域因此可以改为普通郡县,实行与内地郡县一样的治理方式。这一过程反映了荆州蛮夷被大量"王化",成为编户齐民的特定历史进程。

对于那些已经"王化"为国家编户齐民的蛮夷,孙吴政权对他们采取了一些怀柔手段,给予他们一些赋役上的优待,防止他们逃亡甚至起来反抗。如吴简中大量存在的"真吏",就是那些本地非汉民族出身,但已成为编户的非汉族群中的基层管理人员,他们享受复除徭役、不缴纳口算等优待。②

三 "王化"与"蛮化"

孙吴荆州境内的土著被迫出山,成为孙吴国家的编户齐民,接受华夏族群的文化风俗等,即"王化"。而包括临湘等地在内的孙吴国家所辖吏民"叛走",进入土著所屯聚的山谷,放弃华夏族群的文化风俗,融入土著的族群,即"蛮化"。"王化"与"蛮化"始终贯穿于孙吴对于荆州地方控制过程之中。而且在不同的历史阶段,由于受到荆州当地多民族地域文化的浸润,"王化"与"蛮化"各自呈现出不同的特点。

首先,在帝国控制力较为薄弱的边缘地带,就文化而言,原居民的文化风俗和中原核心区的主流文化风俗长期处于拉锯状态。③ 从孙吴控制荆州与征伐土著亡叛的全过程来看,也并非只有单向性的"王化",没有"蛮化",而是双向性的,即"王化"与"蛮化"长期拉锯,两者同时存在并产生影响。如《搜神记》载,"江汉之域有貙人,其先廪君之苗裔也,能化为虎。长沙所属蛮县东高居民,曾作槛捕虎。虎槛发,明日众人共往格之,见一亭长,赤帻大冠,在槛中坐。民因问:'君何以入此中?'亭长大怒曰:'昨忽被县召,夜避雨,遂误入此中耳。急出我。'民曰:'君见召,必当有文书。'即出怀中召文书,于是即出之。寻视之,乃化为虎,上山走。俗云:貙虎化为人,好着葛衣,其足无踵,虎有五指者皆是貙"④。故事所述虽颇有不稽之处,但直至两晋时期荆州南部长沙等地仍为貙人等非汉民族的活动地域,长沙郡有非汉民族聚居之蛮县存在,似乎是客观的史实。即便到了南朝时期,荆湘地区仍是"多杂蛮左,其与夏人杂居者,则与诸华不别。其僻处山谷者,则言语不通,嗜好居处全异,颇与巴、渝同俗……其相呼以蛮,则为深忌……长沙郡又杂有夷蜒,名曰莫徭,自云其先祖有功,常免徭役,故以为名……武陵、巴陵、零陵、桂阳、澧阳、衡山、熙平皆同焉"⑤。可见,孙吴国家即使是通过武力强行将荆南的部分非汉民族纳入国家的管理之下,

---

① 司马彪:《续汉书》志二八《百官志五》,见《后汉书》,第3621页。
② 罗新:《"真吏"新解》,《中华文史论丛》2009年第1期,第121-132页。
③ 邢义田:《从出土资料看秦汉聚落形态和乡里行政》,《治国安邦:法制、行政与军事》,中华书局,2011年。
④ 干宝、陶潜撰,李剑国辑校:《新辑搜神记·新辑搜神后记》卷二〇《变化篇之五·貙人》,中华书局,2007年,第343页。
⑤ 魏征等:《隋书》卷三一《地理志下》,中华书局,1973年,第897-898页。

也仍有大量的非汉民族游离于国家郡县控制之外,即便到了南朝时期这些非汉民族接受"王化"的程度仍然不高。

其次,国家文化和政治上的优势力量并不必然时刻都居于优势。帝国控制力一时受挫,是拉锯状态下长期存在的现象和问题。① 汉末三国时期,正值国家分裂之时,华夏族群内耗严重,国家控制力严重削弱,荆州辖境的蛮夷也因之大规模激烈抵抗"王化"。如中平三年(186),"时长沙贼区星自称将军,众万余人,攻围城邑……周朝、郭石亦帅徒众起于零、桂,与星相应"②,"冬十月,武陵蛮叛,寇郡界"③;中平四年(187),"冬十月,零陵人观鹄自称'平天将军',寇桂阳"④。又如黄盖先后曾弭平"武陵蛮夷反乱,攻守城邑"与"长沙益阳县为山贼所攻"⑤等多次蛮夷攻拔城邑的扩展企图,朱治"从(孙坚)讨长沙、零、桂等三郡贼周朝、苏马等"⑥,步骘"会刘备东下,武陵蛮夷蠢动……零、桂诸郡犹相惊扰,处处阻兵,(步)骘周旋征讨,皆平之"⑦。再如潘濬讨伐"五溪蛮夷叛乱盘结……斩首获生,盖以万数"⑧。复如陆凯"五凤二年,讨山贼陈毖于零陵"⑨。直至刘宋时期,荆州地区仍是"宋民赋役严苦,贫者不复堪命,多逃亡入蛮。蛮无徭役,强者又不供官税,结党连群,动有数百千人,州郡力弱,则起为盗贼,种类稍多,户口不可知也"⑩。

最后,从总体的历史进程来看,国家总是利用其政治、经济、军事等各方面的优势不断地深入那些游离于其控制范围之外的地域,即"王化"是地域历史发展的主流。具体到孙吴控制的荆州地域,孙吴国家对荆州的控制力度是逐渐加强的,其控制的荆州辖境与人口也是急剧扩张的。从孙吴将辖下原汉末的荆南不足六郡(长沙、桂阳、零陵、武陵、南郡、江夏部分)之地析分成十五郡(南郡、宜都、建平、江夏、武陵、天门、长沙、衡阳、湘东、零陵、始安、邵陵、桂阳、始兴、临贺)即可管窥一斑。上文所见大量吴简简文与史籍记载也表明有大量荆州蛮夷被纳入孙吴荆州基层社会,他们逐渐接受华夏族群的风俗文化,才有"其相呼为蛮,则为深忌"的景象出现。

由此可知,在孙吴国家采取的大量举措之下,孙吴荆州的非汉民族与亡叛吏民走上了两条完全不同的历史发展道路。他们中的绝大部分经受不住孙吴国家武力征讨与怀柔两大措施的交替运用,或主动或被动地走出山谷,被纳入当地基层社会中,成为孙吴国家的编户齐民。他们原来占据的地域也成了孙吴国家新的领土所在,开垦与耕种的土地也成为孙吴荆州地方政府控制下的赋役所出之地。少数坚持对抗孙吴政权、不愿"王化"归附的人群,在面对孙吴国家的强力征伐与经济封锁时无力抗拒,被迫放弃原有的活动地域,向更加边荒的地区迁徙,其结果自然是更加地与世隔绝,被不断边缘化。

---

① 邢义田:《从出土资料看秦汉聚落形态和乡里行政》。
② 《三国志》卷四六《吴书·孙坚传》,第1095页。
③ 《后汉书》卷八《孝灵帝纪》,第353页。
④ 《后汉书》卷八《孝灵帝纪》,第354页。
⑤ 《三国志》卷五五《吴书·黄盖传》,第1285页。
⑥ 《三国志》卷五六《吴书·朱治传》,第1303页。
⑦ 《三国志》卷五二《吴书·步骘传》,第1237页。
⑧ 《三国志》卷六一《吴书·潘濬传》,第1397页。
⑨ 《三国志》卷六一《吴书·陆凯传》,第1400页。
⑩ 《宋书》卷九七《夷蛮·荆雍州蛮》,第2396页。

结论

综上所述,吴简所见的"叛走"现象既是两汉荆州百姓因临时征调而亡叛的继续,也是孙吴国家临时征役过于繁重的现实反映。孙吴荆州吏民叛走的地域则是游离于孙吴国家控制之外的蛮夷聚居之地。叛走的荆州吏民因长期与归化的非汉民族杂处,受到当地地域文化的影响,叛走后易于融入那些非汉民族群体,从而被"蛮化"。孙吴政权则利用武力等手段迫使亡叛吏民与非汉民族出山附籍,从而扩大了辖境,增加了人口,并因之析置郡县,并将另一部分非汉民族驱赶入更边远地区,使得那些山民更加与世隔绝,进一步被边缘化。当然,孙吴国家对荆州非汉民族的"王化"过程并非一帆风顺,其中也有反复的拉锯,甚至收缩。汉末三国时期,大量"叛走"的吏民增强了那些所谓"化外蛮夷"的实力,使得他们更频繁地联合起来反抗孙吴国家。孙吴国家则采取各种手段迫使大量山民出山,以将其纳入自己的辖域,这样既稳定了孙吴国家对于荆州的统治,又增加了孙吴国家的赋税收入,扩大了军队的征发对象及政府统治的地域范围。随着亡叛吏民与"化外"非汉民族向更为偏远的地域迁徙,孙吴国家的控制力也向着边远地区逐渐渗透。同时,这个过程也是中国版图不断扩展的过程,更是地方社会不断封建化、不断融入中华文化的过程。

宋元常州祠祀中杨时形象的变迁

洪国强

华中师范大学历史文化学院

摘　要：杨时在南宋作为"理学宗师"群体的一员，入祀常州祠庙。至元朝，常州祠祀出现了以下变化：一是主导入祀者，由地方官转变为地方士人；二是祀主入选标准，由尊崇"理学宗师"变成报功"乡之先师"。由此，杨时的形象随之发生转变：由"理学宗师"群体中的一员，变成常州本地的"乡之先师"。作为"乡之先师"的杨时，在祠祀布局上，居中受祭，其他学者分列其左右配享。元代常州杨时祠祀的变化，与当时重视"乡里文献"和"地方史"的学术风气密切相关。

关键词：杨时　常州　龟山书院　五先生祠

北宋理学家杨时（1053—1135，号龟山），是程朱理学发展史上一位承上启下的学者。他曾师事程颢（1032—1085）于颍昌（今河南许昌），及归，程颢目送之曰"吾道南矣"①。此后，二程理学由杨时南传，经罗从彦（1072—1135）、李侗（1093—1163），至朱熹（1130—1200）而大明。

杨时"传道东南"的具体路线已不可考。据记载，他曾途经常州讲学，吸引了周孚先、周恭先、邹柄等一批当地士人，其中多人并见于朱熹编撰的《伊洛渊源录》。此后，理学在常州地区传播。明嘉靖时期，常州学者毛宪（1469—1535）有意识地梳理常州理学发展史，以杨时讲学常州起始，论证其在地理学文化传统中的正统性，并勾画出了"毗陵正学"的理学传承谱系。② 万历年间，东林党领袖顾宪成（1550—1612）在毛宪"毗陵正学"的基础上，宣称东林之学亦源于杨时南下传道，来表达其学术的正统性，增强其政治行动的号召力。③

从承上启下的理学大家，到常州地方的理学先师，杨时的这一形象转变，反映了理学在地方上的发展进程。元明以降，一方面理学受到统治者青睐，成为国家正统意识形态，透过行政体系加以推广；另一方面，地方士子主动接受和传播理学的价值观，使得理学在

收稿日期：2019-07-16。

作者简介：洪国强，历史学博士，华中师范大学历史文化学院副教授，主要从事明代思想文化史、科举制度史研究。

基金资助：中国博士后科学基金第63批面上资助项目"明代孔庙从祀与地方社会"（2018M632893）；华中师范大学中央高校基本科研业务费项目（CCNU17A03044）。

① "吾道南矣"是理学史上的重要典故，诸多文献均有记载，如朱熹编，朱杰人等点校《伊洛渊源录》卷一〇，上海古籍出版社，2010年，第1061页；脱脱等撰《宋史》卷四二八，中华书局，1985年，第12738页；黄宗羲撰，全祖望补修，陈金生、梁运华点校《宋元学案》卷二五，中华书局，1986年，第944页。

② 洪国强《阳明学异议者毛宪塑造"毗陵正学"的思想史意义》，《中华文史论丛》2016年第4期，第251-275页。

③ 东林书院中设"道南堂"纪念杨时，以本地七位先贤配享。顾宪成利用东林书院网络集结同志展开政治活动，详见小野和子《明季党社考》，上海古籍出版社，2013年，第137-167页。

基层社会扎根,形塑着地域文化。上述两条发展路径并行,共同推动了理学成为近世中国的思想文化主流。相较于理学成为官方正统思想的过程,地方士人如何接受、传播理学及理学如何在地化的相关研究则比较薄弱。①

本文以常州理学祠祀为中心,考察宋元时期常州理学祠祀的兴废状况,尤其是理学家杨时在当地祠祀中形象的转变,探讨理学在常州的传播情形,分析常州士人在这一过程中扮演的角色。

一 宋代以"理学宗师"入祀

在杨时"传道东南"之前,常州已有少数士人接触了理学学说。晋陵周孚先和周恭先兄弟同受学于程颐;宜兴人唐棣(1115年进士)曾从学程颐,并纂次有程颐语录百余条,见于《程氏遗书》。②朱熹编撰的记述二程师友言行的著作《伊洛渊源录》,亦收录了周孚先、周恭先和唐棣三人。③

杨时途经常州的讲学活动,推动了理学的在地影响力,更多士子由此接触到了二程的理学学说。据宋咸淳间(1265—1274)纂修的《毗陵志》记载:政和元年(1111),杨时由东京(今河南开封)赴任萧山知县,途经常州,探望了病重的友人邹浩(1060—1111);邹浩卒,杨时为文祭之,次年方赴萧山任职;任满后,杨时徙居常州,在城东书堂授徒讲学,吸引了周边众多士子。④为容纳更多慕名而来的听讲者,周孚先、周恭先兄弟又集资,于常州城内置买一处宅院,作为杨时讲学的书堂。⑤书堂建成后,胡珵(1121年进士)、邹浩子邹柄慕名前来从学。⑥两宋之际,常州作为宋金拉锯的战场,屡遭兵燹。杨时讲学的书堂毁于战火,书堂的学田被他人占有,讲学活动被迫中断。⑦

随着宋金大规模战争的结束,常州地方社会趋于稳定。南宋大部分时期,当地的理学活动,主要由服膺理学学说的地方官主导,其表现便是不断修建祭祀理学家的祠庙。绍熙

---

① 理学自南宋末年起,获得官方推崇,在元明清三代成为国家正统意识形态的过程,乃学人所共知。探讨理学在地方社会的传播,包弼德的研究最具代表性。他指出,理学鼓励士人在官方体系之外,透过建立诸多组织,领导改善地方社会的状况,参见包弼德著王昌伟译,《历史上的理学》,浙江大学出版社,2010年。包弼德还以浙江金华为例,考察了宋元明时期理学在当地的传播过程,参见包弼德著、吴松弟译《地方史的兴起:宋元婺州的历史、地理和文化》,《历史地理(第21辑)》,上海人民出版社,2006年,第432-452页;包弼德《地方传统的重建——以明代的金华府为例(1480—1758)》,载李伯重、周生春主编《江南的城市工业与地方文化(960—1850)》,清华大学出版社,2004年,第247-286页。

② 程颢、程颐著,王孝鱼点校:《二程集》卷二〇,中华书局,1981年,第266页;卷二二,第277-297页(此卷由唐棣所记,其中记载了周恭先与程颐之间的问答)。

③ 朱熹:《伊洛渊源录》卷一四,《原国立北平图书馆甲库善本丛书》第239册,国家图书馆出版社,2013年影印本,第196-197页。

④ (咸淳)《重修毗陵志》卷一八,《续修四库全书》第699册,上海古籍出版社,1995年影印本,第177页。杨时《毗陵所闻》注云:"政和元年辛卯(1111)七月十一日自沙县来,至十月去"。"十月去"当指离开常州入京。《邹公侍郎奏议序》言及杨时自京师还,"见其薾然仅存余息",此则是离京赴任萧山,途经常州。两处记载分别见:杨时著,林海权校理《杨时集》卷一三、卷二五,中华书局,2018年,第388、680页。邹浩卒于政和元年(1111)三月,冬十月葬,见杜大珪《名臣碑传琬琰集》卷一九,《景印文渊阁四库全书》第450册,上海古籍出版社,1987年影印本,第805页。《毗陵志》言邹浩卒于是年冬,误。

⑤ 杨时:《杨时集》卷一四,第421-424页。

⑥ 邹柄传记见(咸淳)《重修毗陵志》卷一七,第163-164页。胡珵传记见杨万里:《胡德辉苍梧集序》,《诚斋集》卷八〇,《景印文渊阁四库全书》第1161册,上海古籍出版社,1987年影印本,第74-75页。

⑦ (咸淳)《重修毗陵志》卷一四,第128页。

二年(1191),知州陈谦(1191—1193在任)以公帑赎回书堂旧地;继任知州、朱熹弟子黄灏(1193—1194在任)于旧地建"龟山先生杨文靖公祠"(简称"龟山祠"),并以周孚先、周恭先兄弟配享。① 庆元党禁解除后,知州赵彦悈(1225—1227在任)、郑必万(1229—1231在任)②继于宝庆元年(1225)、绍定三年(1230)重修"龟山祠",中堂命名为"尊德乐道",塑杨时、周孚先、周恭先三人像,又创堂曰"师友渊源",内置周敦颐、二程、邵雍、张载、杨时、朱熹、陆九渊等十四位理学先贤的塑像,岁时合祭;宋理宗时,理学得到官方的认可,知州王圭(1248—1252在任)将荐福寺僧的私置田地,转归为书堂的学田。③ 咸淳六年(1270),知州赵兴穳又在龟山祠旁建"龟山书院",拨田供祭祀之需。④ 同时,杨时还入祀了郡学先贤祠。⑤

由上述祠庙的兴废状况可知,南宋时期常州理学祠祀的兴废,与这一时期程朱理学遭受打压,继而获得官方推崇的发展脉络相一致。庆元党禁期间,龟山祠遭到毁坏。党禁解除,尤其是宋理宗承认理学的合法地位后,龟山祠不仅得以重建,而且规模有所扩大,新建了"师友渊源堂"和龟山书院,并增置了学田和祭田。

此外,这一时期理学祠祀的发展,还与南宋书院复兴运动密切相关。龟山祠与龟山书院,正是当时受理学观念影响而建立的祭祀学派宗师、推尊师道的代表建筑。⑥ 南宋理学家建书院讲学的同时,往往在书院内建造祠堂,祭祀学派宗师,阐明学术源流。宝祐六年(1258),知县袁从(1256—1259年在任,四明人)于常州无锡县学内构堂三楹,祭祀杨时、陆九渊、张栻、杨简、袁燮、袁甫、喻樗、尤袤、蒋重珍九人,名"九先生祠",⑦其中祀主陆九渊、杨简、袁燮、袁甫,均是服膺陆九渊学说的理学家,⑧创立者袁从本人,亦是陆门后学。袁从创立该祠,明显带有推尊陆九渊一派理学宗师的目的。龟山祠、龟山书院和九先生祠均祭祀杨时,则是出于表彰杨时在程朱理学传承史上巨大贡献的缘故。换言之,这一时期杨时能够入祀理学祠庙,在于他是"理学宗师"群体的一员,他在常州本地文化传承中的重要作用并未被特别强调。

---

① 陈谦与赵汝愚、朱熹等交好,庆元党禁时遭斥,转而屈从于韩侂胄,为士林所讥,见脱脱等撰《宋史》卷三九六,第12079页。黄灏传记详见脱脱等撰《宋史》卷四三〇,第12791-12792页。
② 赵彦悈,宋宗室,余姚人,师事杨简,尝刻《慈湖遗书》,嘉定七年进士,见《宋元学案》卷七四,第2493页;(光绪)《余姚县志》卷二三,《中国方志丛书》华中地方第500号,成文出版社,1983年影印本,第550页。
③ (咸淳)《重修毗陵志》卷一四《龟山先生杨文靖公祠》,第127-128页。
④ (洪武)《常州府志》,《上海图书馆藏稀见方志丛刊》第47册,国家图书馆出版社,2011年影印本,第210页。
⑤ (咸淳)《重修毗陵志》卷一四,第126页。宋代先贤祠包含了后世乡贤、名宦两部分的祭祀,祭祀对象不明确区分乡贤和名宦,故杨时虽非常州人,却也能入祀先贤祠。魏峰认为,宋代先贤祠之所以呈现这种状况,一是因为宋代官员迁徙不常,往往在任官地区定居,很难区分其属于乡贤或名宦;二是因为宋代官员籍贯变更频繁,依据籍贯形成的地方社会文化、政治力量没能充分积累;三是因为国家礼仪制度没有明确规定要划分名宦、乡贤祭祀。参见:魏峰《宋代迁徙官僚家族研究》,上海古籍出版社,2009年,第132-139页。关于宋代先贤祠的研究,另可参 Ellen G. Neskar, "Politics and Prayer:Shrines to Local Former Worthies in Sung China,"Cambridge:Harvard University Press,2009. 还可参考郑丞良《南宋明州先贤祠研究》,上海古籍出版社,2013年。
⑥ 关于书院祭祀与理学的关系,可参 Linda Waton, "Southern Sung Academies and the Construction of Sacred Space",Landscape,Culture,and Power in Chinese Society,Berkeley:Institute of East Asian Studies,1998,pp.23-51. 陈雯怡:《由官学到书院:从制度与理念的互动看宋代教育的演变》,联经出版社,2004年,第140-155页。
⑦ (至正)《无锡志》卷三,《北京大学图书馆藏稀见方志丛刊》第108册,国家图书馆出版社,2013年影印本,第201页。
⑧ 陆九渊、杨简、袁燮、袁甫的传记,参见《宋元学案》卷五八,第1884-1885页;卷七四,第2466-2467页;卷七五,第2525-2526页;卷七五,第2530页。

二 元代成为"乡之先师"

与南宋不同,元代常州士人在推动杨时入祀理学祠庙时,开始着重强调杨时与常州本地文化之间的联系。经历宋末元初的战乱,常州龟山祠与龟山书院遭到毁坏,仅存旧址。至元二十九年(1292),龟山书院在地方官薛舜年、山长潘粹夫和王元庆,以及无锡县民吴文瑞的主持下,重修了东西两庑,并造祭器恢复祠祀。① 由于材料限制,龟山书院重建后具体有哪些祀主,目前已不可知。

值得注意的是,无锡九先生祠的祀主发生了重要变化。九先生祠在元初遭到废弃。至元十八年(1281),乡人虞荐发(1239—1316)、②孙桂发(1274 年进士)任县学教授,在旧址上重建祠宇,图绘杨时、喻樗(?—1180)、尤袤(1127—1193)、蒋重珍(1188—1249)、李祥(1128—1201)五人画像进行祭祀,并改祠名为"五先生祠"。五先生中,除杨时外,其他四人均是无锡籍先贤。③ 更重要的是,入祀者出现了主次之分,杨时作为祀主居中,其他四人左右配享。延祐间(1314—1320),县学教授李思孝(又作"李司孝")增置田地四十一顷,岁入一千二百余石,供县学与五先生祠祠祭支出。④

乡人尤栋(1262 年进士)在《重建五先生祠堂记》中,解释五先生祠重建后祀主的变化道:

> 慨思龟山载道东南,士之游先生之门者甚众,玉泉(喻樗)乃登其门而能续程夫子之道。遂初(尤袤)不及登其门而从玉泉学,亦能续程夫子之道。小山(李祥)、实斋(蒋重珍)二公固不及登龟山之门,又不及从玉泉之学,因龟山、玉泉二先生《论》《孟》《中庸》《大学》之遗言,而皆能续程夫子之道。故玉泉得之而主绍兴之正论,遂初得之而为乾(道)、淳(熙)之老儒,小山得之而居庆元之学党,实斋得之而号端平之善类。自九京之莫作,而国人之无所矜式也久矣!不有君子,其能国乎?⑤

尤栋在杨时、喻樗、尤袤之间,建立了三代传承的学术谱系,而李祥、蒋重珍虽然不曾从学杨时和喻樗,但透过阅读杨、喻的著作,同样接续了二程的学术传承。此外,尤栋还指出,喻樗等人不仅在学术上倾向于二程理学,而且在政治上力主理学家的主张。他例举了喻樗反对绍兴和议、尤袤得称"乾、淳之老儒"、李祥入列庆元党禁名单、蒋重珍弹劾史弥远之事,加以论证。

重建后的五先生祠,其祀主入选标准有以下两大变化。一是祀主入选标准趋于严格,特重程朱理学家,陆九渊一派的学者被排斥在外。原九先生祠中,有四位倾向陆学的学者,这次均未能入祀。二是强调祀主与常州本地文化之间的紧密联系。原九先生祠的祀

---

① (洪武)《常州府志》引(大德)《毗陵志》,第 210 页;(成化)《重修毗陵志》,《天一阁藏明代方志选刊续编》第 22 册,上海书店,1990 年影印本,第 425-427 页。
② 韩性:《薇山先生虞公墓志铭》,(至正)《无锡志》卷四,第 334-342 页。
③ 喻樗先世为南昌人,后徙桐庐,至喻樗方徙无锡,见《宋史》卷四三三,第 12854 页;许献等《东林书院志》卷七,《续修四库全书》第 721 册,上海古籍出版社,1995 年影印本,第 247 页。
④ (至正)《无锡志》卷三,第 202 页。
⑤ 尤栋:《重建五先生祠堂记》,(至正)《无锡志》卷四,第 324-325 页。

主,张栻既非常州籍,亦未讲学于此,故此次未能入祀,杨时、喻樗、尤袤、蒋重珍得以保留,李祥增列入内。对此,尤栋在重修碑记中道:

> 夫祭不越望。鲁可以祭泰山,楚不可以祭河,惟人亦然。自生民以来,未有夫子,然终汉之世,其庙犹不出阙里。永平二年(59),诏郡县行乡饮,始祀周公、孔子,亦未有作庙之文。唐武德二年(619),始命胄监立孔庙。贞观四年(630),始敕州县皆立孔庙。出阙里遍祠夫子,距今才六百五十年。由此观之,其在诸子,非其乡国而祭之,僭也。僭祭,非古也。不于其僭而于其古,则搜遗黜异,凡今日之所是正者,庶几解逐客之嘲。①

在尤栋看来,古礼祭祀必须遵循"祭不越望"的原则。他举孔子为例指出,祭祀孔子的礼仪最初只在阙里举行,唐贞观以后才出阙里,遍祀天下。其他诸子,不当享有孔子这样的待遇,应遵循"祭不越望"的原则,否则便有僭越礼制之嫌。因此,他们针对九先生祠原有的祀主,进行了"搜遗黜异"的工作。李祥便是"搜遗"所得儒者,而陆九渊、杨简、袁燮、袁甫四位,便是被"黜异"的学者。李祥被"搜遗"入祀,凸显了此次奉祀特重地方先贤的色彩。而陆九渊等人被黜去,则是因为程朱理学成为元代正统意识形态后,朱学异议者陆九渊一系的学者成为"异端"。

杨时并非常州本地先贤,亦得入祀。对此,尤栋解释道:"我杨文靖龟山先生虽非吾锡之人,而寓居于郡者十有八载,今城东精舍乃其讲学之地,是即乡之先师也。"②

至正二年(1342),无锡同知野仙承务(1336年来任)再次重修五先生祠。祠成,邀请常州士人郭嘉作《五先生祠堂记》。郭嘉在记文中道:

> (杨时载道东南,)是后东南之作者继兴而名儒辈出,使圣经贤传炳如日星于千万世之下者,岂非先生有以启之于前乎! 先生学出二程,二程绍圣贤中原不传之统,先生得之,遂退而修于延陵季子之墟。季名能礼,昔者吾夫子亦尝称之,而先生留是居焉,意者亦欲因其流俗遗风以齐鲁其邦与! 不然,濡滞兹土,曷其久也,凡十有八年而后去。道本原之天,集大成于吾夫子。夫子心天地,天地之化,宁分北南? 吾师人之道,亦犹是也。师之所存,道斯存焉。《传》曰"有功于民则祀之",又曰"禹闻善言则拜之"。矧先生心传面授,动静云为,昭著于其耳目,渗漉于其心胸肺腑哉,几三百年于兹矣。而其土之耆旧若孙,朝斯夕斯,羹墙不倦,尊先生之化,于今若存,既而成就居多,俗为易治。③

郭嘉与尤栋一样,将杨时塑造为常州的"乡之先师",反复强调杨时"载道东南",居留常州十八年教化地方的历史功绩,并主张遵循"有功于民则祀之"的原则,祭祀杨时。

元代两次重修五先生祠,在祭祀布局上,特意突出了杨时的中心位置,并挑选出数位常州本籍的著名学者,配享从祀。与此同时,常州本地士人,更多地参与和主导了祠庙祭祀格局的调整,他们开始有意识地主动塑造常州地域文化,建构常州地域文化谱系。在谱系的建构过程中,他们将寓贤杨时塑造为"乡之先师",着力强调杨时对于常州地域文化发展做出的历史贡献。

---

① 尤栋:《重建五先生祠堂记》,第 327 页。
② 尤栋:《重建五先生祠堂记》,第 322 页。
③ 郭嘉:《五先生祠堂记》,(洪武)《常州府志》,第 551-553 页。

结语

杨时在宋代理学南传过程中发挥了举足轻重的作用。他南行途经常州讲学,成为常州地方文化发展史上的标志性事件。此后,理学在常州经历了曲折的传播历程。在此过程中,杨时的形象亦不断地发生变化。

北宋末年,杨时在常州讲学,吸引了众多地方士子。受宋金战争的影响,讲学活动中止,讲学场所亦遭毁坏。宋金达成和议,政治社会局势稳定后,一批崇奉理学的地方官相继在常州积极传播理学、创建书院,接续开展讲学活动,并建造祠庙,祭祀理学先贤。寓贤杨时作为程朱理学的重要传承者,得以入祀。庆元党禁期间,书院和祠祀均遭损毁。党禁开放后,程朱理学获得合法地位,理学祠祀重新恢复,并得到进一步拓展。在此期间,杨时一直作为"理学宗师"群体中的一员,入祀理学祠庙。

元代常州理学祠庙出现了两大变化。一是主导祭祀布局的,是地方士人而非地方官。元朝政府大力推崇理学,在常州地方,出现了一批常州本籍的理学家,他们积极宣扬理学,担负起了传播理学的主要责任。重修理学祠庙、调整理学祠祀布局,是他们传播理学学说的重要手段。二是祠庙祀主的入选标准,由尊崇"理学宗师"转为报功"乡之先师",祀主与常州本地文化之间的关系被加以强调。由此,杨时的形象亦发生重要转变:由"理学宗师"群体中的一员,变成常州文化史上享有崇高地位的"乡之先师",其地位得到极大提升。在祠祀布局上,杨时被视作最重要的祀主居中入祀,其他学者则分列左右配享。

杨时在常州祠祀体系中的变化,并非当时的个案,这与元代"乡里文献"和"地方史"兴起的历史背景紧密相关。郑丞良透过考察明州先贤祠祭祀的变化发现,元代确立程朱理学的正统地位后,陆学势力退缩,以朱熹为主祀、四明士人为配祀的祭祀体系逐渐流行。"甬上四先生"虽然学术倾向陆学,但因有功于"乡里文献"而继续受到推崇。① 包弼德(Peter K. Bol)透过分析地方文献的编纂情况,揭示了元代婺州士人非常重视编纂"地方史"的现象。② 这些个案表明,元代出现了一种发掘并重视"乡里文献"和"地方史"的学术取向。

元代之所以出现这一学术取向,据陈雯怡的分析,与元代科举仕途不畅有关。元代停废科举后,保举盛行,这一入仕途径又需要依靠乡里声望与人脉。入仕途径的变化,促使地方士人试图建立一个以"地方"为分享声誉的平台,借此进一步参预全国性事务,地方文化传统就被创造成这样一个分享声誉的平台。③

常州士人尝试塑造杨时、喻樗、尤袤等人的师承关系,建立连续的理学传承系谱,便是创建本地文化传统的表现之一。在这一地方文化传统中,杨时处于连结全国性程朱理学传承系谱与常州地方理学传承系谱的枢纽地位。因此,杨时作为"乡之先师"的角色,便不

---

① 郑丞良:《南宋明州先贤祠研究》,第158-186页。

② Peter Bol,"The Rise of Local History: History, Geography, and Culture in Southern Song and Yuan Wuzhou", *Harvard Journal of Asiatic Studies*, 61.1, 2001, pp.37-76. 中译本见吴松弟译《地方史的兴起:宋元婺州的历史、地理和文化》,《历史地理(第21辑)》,2006年,第432-452页。

③ 陈雯怡:《"吾婺文献之懿"——元代一个乡里传统的建构及其意义》,《新史学》第2期,2009年,第43-113页。周鑫曾以抚州儒士为例,讨论元代科举停废对地方精英政治选择和生活方式的影响,可参看:周鑫《乡国之士与天下之士:宋末元初江西抚州儒士研究》,天津古籍出版社,2014年。

断地被当地士人强调。元代常州地方文化传统的构建,还与当地特定的政治文化背景有关。申万里的研究显示,江南儒士在元代着重开展社会公益和地方教育,重塑自身在地方社会中的权威。[①] 构建地方文化传统,亦是他们塑造自身权威的手段之一。

元亡明兴,随着政治社会背景的转移,常州士人建构本地文化传统的活动被迫中止。直到明中叶的嘉靖时期,政治氛围的宽松、商品经济的发展、思想文化的活跃,又促使常州士人重新塑造本地的文化传统。与此同时,杨时"乡之先师"的角色,不断被加以强调,成为常州地方文化"嫁接"全国性文化传统的重要一环。地方文化与理学主流文化之间的"嫁接",是中国各"地方"融合为一个统一中国的重要方式。

---

① 申万里:《理想、尊严与生存挣扎:元代江南士人与社会综合研究》,中华书局,2012年,第118-243页。

明中叶理学学说与仕宦表现的互动
——以王道与湛若水的师徒关系变化为例

刘 勇

中山大学历史学系

摘 要：本文主要围绕王道与湛若水的论学交往及其转变展开讨论，着重借助对相关各方论学文字的编年考证与解读，呈现王、湛关系前后两个阶段性变化过程：在正德六年确立师徒关系之后，两人直到嘉靖初年仍保持比较融洽的论学交往，这也明显地表现在两人对阳明学说的共同批评上。但随着湛若水在嘉靖"大礼议"中的仕宦言行和出处抉择不孚众望，王、湛关系出现裂痕，二人逐渐疏离乃至对立。这个转变过程，同时与王道试图摆脱朱熹、王阳明、湛若水、魏校等宋明儒学名家的影响，尝试整合三教资源从而建立一己学说的独立追求有关。有别于王道与王阳明之间从师徒到相互批判的转变主要受双方学术认同与学说取向分歧影响，王道与湛若水的论学交往转变，显示出当时人对言行相顾、仕学相应的价值的重视。

关键词：王道　湛若水　王阳明　大礼议　理学

引言

本文是笔者正在从事的明代中期思想史研究的系列个案之一。这项研究的基本考虑是，从15世纪末到16世纪初，明王朝在经济、社会、制度，以及日常生活的各个方面都发生了整体性的重要转变。与此相应，儒学思想领域同样产生了剧烈变化，在经典文本、意识形态、道德观念等各层面都产生了显著变动，旧有的权威解释与新主张之间、不同的新旧学说思想之间，均涌现出激烈的交流与碰撞、对话与交锋、竞争与妥协的复杂情形。我们希望通过对一系列具体案例的深入讨论，在尽可能多地掌握当时剧变情形复杂性的基础上，着重从各方主张的互动角度出发进行考察，希望增进对新旧过渡时期多元情状的了

收稿日期：2019-09-08。

作者简介：刘勇，历史学博士，中山大学历史学系及历史人类学研究中心教授，主要从事明代史、宋明理学史、经学史、中国古代史学史和历史文献学的研究。

基金资助：中山大学高校基本科研业务费专项资金资助（17wkzd04）；教育部哲学社会科学研究重大课题攻关项目"古代环南海开发与地域社会变迁研究"（16JZD034）。

附记：本文初稿曾在复旦大学哲学学院、复旦大学上海儒学院主办的"宋明理学国际论坛"（复旦大学，2018年）会议上报告。

解,进而形成更加深刻的理解,提出更具反思性的解释,同时对晚明以降的种种晚出记载予以批判和省思,澄清它们在层累地迭加或递减、过滤、转述过程中不可避免地带来的误导性影响。

明代正德年间,湛若水和王阳明在南北两京共同倡导理学讲学活动,吸引了不少读书人的注意,新科进士是这类讲学活动的优选目标。正德六年(1511)进士王道在参加讲学活动后,先后拜师王阳明、湛若水,学习他们提倡的理学学说。不过,师徒间的融洽状态并没能持续多久。两三年后,王道就受到以魏校为中心的阳明学批判者的影响,学说立场转向朱子学,并因此与王阳明疏离,逐渐从阳明门人转变成阳明学说的激烈批评者。到嘉靖初年,王道不仅继续批判阳明学说,同时致力于摆脱朱子学立场,追求一己独立学说。① 王道与湛若水之间的学说融洽期维持到嘉靖初年,随着湛若水在"大礼议"中的言行表现不孚众望,反复出现行不顾言、背友恋权的情事,王道则坚持寻求仕学、出处表现上的自决自立之道,与湛若水的分歧越来越明显,最终与之处于尖锐对立立场。

在具体讨论中,本文首先简述王道的生平,然后在着重考订现存相关各方往来文字的基础上,历时性地剖析王道与湛若水之间由融洽到疏离、对立的交往和论学过程,兼及二人在此期间同王阳明之间的论学交涉。

一　王道的生平与著述

王道(1487—1547)字纯甫,号顺渠,山东东昌府高唐州武城县人,②正德六年进士,选翰林院庶吉士。但第二年王道就因"山东寇乱,欲奉祖母避地江南,上疏乞补学职,词极恳切,得应天学教授","居应天学二载,升南京仪部主事"。至正德十年(1515)夏,王道"改吏部验封[司主事],历考功[司郎中]、文选[司郎中]",期间于正德十二至十四年丁父忧,合计"前后在吏部十年"。至嘉靖十一年(1532)九月,因大学士方献夫荐其学行淳正,可任宫僚,遂以吏部文选司郎中擢左春坊左谕德。王道累疏辞疾,获允回籍养病。旋即于嘉靖十二年(1533)六月,起南京国子监祭酒,十月到任,复于次年四月获允回籍养病。至二十五年(1546)六月,起南京太常寺卿,十月升南京户部右侍郎,旋改礼部右侍郎,掌国子监事,二十六年(1547)三月到任,五月改吏部右侍郎,仅阅月而卒,赠礼部尚书,谥文定。③

王道一生著述多种,现存《周易亿》二卷、《系辞亿》一卷、《诗经亿》四卷、《大学亿》二

---

① 参:刘勇《从门人到批判者:明儒王道与阳明学之疏离》,《台大文史哲学报》2018年第90期,第77-114页。
② 按:正德年间另有同名王道者,且别字同样是纯甫,但别号六泉、崆峒,山西陵川人,举人,正德末任朝邑知县,任上刊刻过由韩邦靖纂修的正德《朝邑县志》,详见该志卷首正德十四年康海所撰序、卷末"正德己卯(十四年)九月吉旦知朝邑县事山西陵川王道"撰跋,参见:万历《续朝邑县志》卷五《王道传》;杨廷福、杨同甫编《明人室名别称字号索引》下册,上海古籍出版社,2002年,第47页。
③ 王道:《顺渠先生文录》卷九《先君槐庭先生行状》《升官告祖墓文》《升礼部侍郎告祖墓文》,东京育德财团,1932年影印明嘉靖刻本,第19、28-30页;卷一〇《辞祭酒第一疏》《辞祭酒第二疏》《谢恩疏》《吏部谢恩疏》,第6-13页。严嵩:《钤山堂集》卷三七《明故吏部右侍郎王公神道碑》,《四库全书存目丛书》集部第56册,影印明嘉靖二十四年刻增修本,第318-319页。亦载《顺渠先生文录》卷末附录,第24-27页。另参:《明世宗实录》卷三二六,嘉靖二十六年八月壬寅,第6030页;黄宗羲《明儒学案》卷四二《甘泉学案·文定王顺渠先生道》,中国书店,1990年影印清雍正间紫筠斋贾刻本,第488页。

卷、《大学释疑》一卷、《老子亿》二卷、《顺渠先生文录》十二卷。①

二 正德年间王湛论学融洽情形

(一) 初期论学"无所不悦"

正德六年王道中进士时,王阳明正好是该科会试同考官,双方不仅有座师门生之谊,王道还同路迎、方献夫、黄绾、应良、朱节、徐爱等二十余人"同受业"于阳明。此事先被明确记入徐爱所编专门收录阳明门人的《同志考》中,后又反复载入阳明高弟钱德洪等所编阳明年谱中。② 次年王道疏改应天府学教授,离京之际阳明有《别王纯甫序》以勉之,着重回应了王道关于教授职责之问。③ 不久,王道果然在教职任上出现问题:由于过于严厉管束诸生,引起诸生敌视并诉诸官司。对此,阳明高弟徐爱立即以"同门友"身份出面,致信关说同为正德三年(1508)进士的讼事受理人许立升。④

在正德六年拜师王阳明的同时,王道还通过阳明以及同为阳明门人的同年进士应良的介绍,在北京结识并拜师已是理学名人的湛若水。次年春,应、湛二人因故离京,同路南行,沿途畅游山水并相与论学。据湛氏观察,"应子者实以自信而虚以相受,予间与论充塞流行之理,感通往来之机,乃略去支离,而一归统会"。分别之际,湛氏赠序应良时回忆:

> 正德丙寅(三年),始得吾阳明王子者于京师,因以得曰仁徐子(徐爱)者。辛未(六年),因阳明得吾仙居应子(应良)者,又得武城王子(王道)者,日夕相与论议于京邸。王子于吾言,无所不悦。应子者,忠信而笃学,其于吾与阳明也,始而疑,中而信以固,非苟信也。⑤

所谓"王子于吾言"的"王子",当指王道而非王阳明,观其上文称武城王子"相与论

---

① 中国古籍总目编纂委员会编:《中国古籍总目》经部第1册,中华书局、上海古籍出版社,2012年,第100、333页;经部第2册,第756页;子部第5册,第2337页;集部第2册,第677-678页;丛部第2册,第1050页。其中,史部第8册,第4722-4723页著录的正德《朝邑县志》二卷(或一卷),实为韩邦靖纂修、时任知县山西陵川人王道刊刻,非本文所论之山东武城王道。王道著述的早期著录,参:严嵩《明故吏部右侍郎王公神道碑铭》,《顺渠先生文录》卷末附录,第26页;黄虞稷著、瞿凤起、潘景郑整理《千顷堂目》卷一、二、一〇、一六、二二,上海古籍出版社,2001年,第4、21、28、44、63、268、433、560页。

② 钱德洪编辑、罗洪先考订:《阳明先生年谱》,《北京图书馆藏珍本年谱丛刊》第42册,北京图书馆出版社,1999年影印明嘉靖四十三年刻本,第530-531页。王守仁著,吴光、钱明、董平等编校:《王阳明全集(新编本)》卷三二《年谱一》,浙江古籍出版社,2010年,第1241页。关于两份年谱的关系,参:杨正显《觉世之道:王阳明良知说的形成》附录二《王阳明〈年谱〉与从祀孔庙之研究》,北京师范大学出版社,2015年,第285-323页。其中,穆孔晖、顾应祥、郑一初、方献科为弘治十八年进士,徐爱、唐鹏、路迎为正德三年进士,王道、梁榖、万潮、陈洸、应良、邹守益、费寀为六年进士,萧鸣凤、林达、朱节为九年进士,蔡宗兖为十二年进士。关于这批受业者的近期研究,参:钱明《王阳明及其学派论考》,人民出版社,2009年,第257-265页;George Lawrence Israel(伊来瑞), "Wang Yangming in Beijing, 1510-1512: 'If I Do Not Awaken Others, Who Will Do So?'," *Journal of Chinese History* 1(2017), pp.59-91.

③ 王守仁:《王阳明全集(新编本)》卷七《别王纯甫序辛未》,第247-248页。按:文集编者定为"辛未"即正德六年,误。据王道撰《先君槐庭先生行状》(《顺渠先生文录》卷九,第23页)、《壬申改官南行次韵留别馆中诸同年》(《顺渠先生文录》卷一一,第1页),当在七年。

④ 徐爱:《与许立升书》,见钱明编校《徐爱、钱德洪、董沄集》,凤凰出版社,2007年,第58页。

⑤ 湛若水:《赠别应元忠吉士叙》,见钟彩钧、游腾达点校《泉翁大全集》卷一五,台北"中研院"文哲研究所,2017年,第457-458页。

议",而下文复提应良"于吾与阳明"可知。在此时的湛若水看来,王道不仅与自己"日夕相与论议于京邸",而且对于自己所授理学之言"无所不悦"。双方这种融洽的论学关系至少延续到正德末、嘉靖初。

目前尚未发现正德六、七年间王道与湛若水在北京论学情状的当时记录,但可以从几年后的回顾略知一二。正德十年正月,湛母陈氏卒于北京,二月湛若水丁忧扶柩南归,在南京龙江关与王阳明辩论格物。① 稍后,湛若水致信王道时忆及此前北京论学情形:

> 学无难易,要在察见天理,知天之所为如是,涵养变化气质,以至光大尔。昔者辛、壬之岁(正德六年、七年,1511—1512)在都下,所与贤契语并殊,非悬空杜撰以相周也。若于夫子"川上"之叹,子思"鸢鱼"之说,及《易》"大人者,与天地合其德,与日月合其明,与四时合其序,与鬼神合其吉凶,先天而天弗违,后天而奉天时"等处见之。若非一理同体,何以云然? 故见此者谓之见《易》,知此者谓之知道,是皆发见于日用事物之间,流行不息。百姓日用不知,要在学者察识之耳。此吾所谓察见天理之说也。②

早在弘治十年(1497),湛若水已有"丁巳之悟",明确提出"随处体认天理"宗旨,由此确立起自身学问的根基,并终生大体保持不变。湛氏在继承其老师陈白沙"自然"之教和"勿忘勿助"工夫的基础上,着重强调天理是本来如此地充塞于天地之间,并且自然流行无碍,相应地,学者的工夫就应该致力于不人为干预地去体会天理自然流行过程中"无在无不在"之意。③ 信中的"察见天理"说,正是对天理本来充塞于天地间而"发见于日用事物之间,流行不息"的明确认知。信中湛若水接着提醒王道,当前应该"涵养此知识,要在主敬,无间动静也。贤契用功如是不息,他日当知吾言之不诬也",并勉励王氏在京与几位"同志者闲中当常相聚讲习,并以愚说质之,时致规言"。

对于湛氏的"察见天理"说,王道看来是赞同和接受的。在给同样俱为阳明和甘泉门人的周冲所作赠序中,王道将湛氏此说复述分享:

> 阳羡周道通(周冲)谈学于委顺子(王道)曰:"向也冲见于甘泉夫子而问学,夫子曰:'察见天理。'何谓也?"委顺子曰:"富哉言乎! 儒、释之辨昭矣。夫心也者,天下之至神而不可拘也;夫理也者,天下之至赜而不可离也;夫事也者,天下之至顺而不可祛也。三者一而已矣。儒者之学,本心以应事,即事以观理,是故天理见而内外一矣。释氏之学,外事以求理,外理以求心,是故天理灭而心迹二矣。一也,故极于明庶物、察人伦而参天地;二也,故极于畔伦理、逆天地而不自觉焉。是故邪正大小判矣。"道通曰:"然。是固夫子教我之意也,请附于夫子之

---

① 黎业明:《湛若水年谱》,上海古籍出版社,2009年,第50-51页。关于王、湛之间格物论争的研究已多,本文主要参考:Woo, Ann-ping Chin. "*Chan Kan-Ch'uan and the Continuing Neo-Confucian Discourse on Mind and Principle*", Columbia University Ph. D. Thesis, 1984, pp. 55-79;王文娟《湛甘泉哲学思想研究》,巴蜀书社,2012年,第137-147页;夏长朴《变与不变——王守仁与湛若水的交往与论学》,《儒家与儒学探究》,大安出版社,2014年,第217-270页。
② 湛若水:《寄王纯甫验封》,《泉翁大全集》卷八,第216-217页。按:嘉靖十二年王道任南祭酒后,湛氏《答王顺渠司成》中有"忆昔壬癸之岁(正德七年、八年),卜邻于长安之西,相与甚欢,相信甚笃,自此遂成疏阔",将二人在京相处系于正德七、八年,当是回忆有误。参见:《泉翁大全集》卷九,第265-266页。
③ 王文娟:《湛甘泉哲学思想研究》,第10-43页。

教以自警。"①

(二)对阳明学说的共同批判

王道与湛若水的论学融洽情形,还表现在正德九、十年间两人对待阳明学说的共同批判态度上。正德九年(1514)九月,南京兵部主事路迎北上入京,王阳明有《与路宾阳》赠之:

> 宾阳(路迎)质美近道,固吾素所属望。昨行,必欲得一言,此见宾阳好学之笃。然浅鄙之见,平日已为宾阳尽之矣。君子之学,譬若种植然,其始也,求佳种而播之,沃灌耘耔,防其浅收,去其蟊蟘,畅茂条达,无所与力焉。今嘉种之未播,而切切然日讲求于苗秀实获之事,以望有秋,其于谋食之道远矣。宾阳以为何如?北行见甘泉,遂以此意质之。外书三纸,烦从者检入。守仁顿首,宾阳司马道契文侍,九月八日。余空。②

路迎字宾旸,号北村,山东汶上人,正德三年进士,授南京兵部主事,转郎中,历知襄阳、松江、淮安等府,仕至兵部尚书。在南京兵部主事任上,路迎"与堂邑穆孔晖、武城王道同师事王守仁,专务讲学,以相切劘"。③

路迎从正德七年以来一直任南京兵部主事,即阳明信中"司马"。④ 从正德六年至十二年(1517)间,湛若水在京仅有两段时间,即六年至七年二月,九年春夏之交至十年二月。⑤ 据此,阳明赠书当作于九年九月。

路迎入京后,遵阳明嘱咐"见甘泉,遂以此意质之"。待其南归之际,甘泉为之撰《赠兵曹路君宾阳还南都序》:

> 古之为道也,浑浑尔也。今之为道也,斷斷尔也。夫道,天下之公,四达之逵也。今夫适道,自东至者,或以西至为非,而不知亦犹西之视东也,其可乎?自南至者,或以北至为非,而不知亦犹北之视南也,其可乎?夫自达观大道者,其至一尔。故言有殊立而无殊理,行有异入而无异至。古之学者,传而不议,行而致同。色相受也,意相传也,善相观也,和相饮也,德相化也,殊途而同归,百虑而一致。故曰浑浑尔。夫道,一而已矣。视听言动,皆心也;情性微显,同原也;内外动静,一理也。是故知而至之存乎智,默而成之存乎德,化而裁之存乎义,体而尽之存乎心,溥而通之存乎公,遁而无闷存乎蕴,诱而相之,正而不岐,存乎师友。故夫斷斷者各就其方,自其私见言之,未睹乎大道者也。吾友路君宾阳宦学于南都,志笃而行确,与甘泉子相遇于金台,今归而南也。南中多学者,然吾惧其斷斷,故

---

① 王道:《赠周道通》,《顺渠先生文录》卷七,第 1 页。
② 原载:孔继涑汇集《玉虹鉴真续帖》卷八《王守仁与宾阳司马书四通》,阳明文集失载;此据束景南《王阳明年谱长编》,上海古籍出版社,2017 年,第 789 页。
③ 过庭训:《本朝分省人物考》卷九五《路迎》,广陵书社,2015 影印明刻本,第 2059 页。《兵部尚书路公迎传略》,焦竑《国朝献征录》卷三九,广陵书社,2013 年影印明刻本,第 1626 页。路迎任襄阳知府当在正德十二年始以前,见胡价等编纂:《襄阳府志》卷一九《秩官志》,明万历十二年刻本。
④ 束景南:《王阳明年谱长编》,上海古籍出版社,2017 年,第 790 页。
⑤ 黎业明:《湛若水年谱》,上海古籍出版社,2016 年,第 41-46、50-51 页。

有以赠宾阳,庶闻吾言者,断断之说或息。断断之说不息,浑浑之道不见。①

《赠序》的主旨比较清楚,以古之浑浑与今之断断对举立说,从而批评和警醒今之断断的现状。所谓浑浑,是说道一而适道之途可以多端。断断,争辩貌,是指今之学者是此非彼、是彼非此的门户意气之争,属于未睹大道的私欲之见。

更值得注意的是《赠序》的言说背景和预设听众。此序的写作背景不仅跟湛甘泉本人同王阳明的论学分歧直接相关,同时很可能连带指涉当时以魏校为中心的阳明学批判圈子。王、湛分歧此时已在酝酿和形成中,而魏校与阳明之间的分歧更加尖锐。正德十年前后,京师盛传魏校与阳明的学术分歧已经势同水火。黄绾在试图请托跟魏校关系密切的名贤李承勋居间调停时,明确指出:"近者京师朋友书来,颇论学术同异,乃以王伯安(王守仁)、魏子才(魏校)为是非。是伯安者,则以子才为谬,是子才者,则以伯安为非。若是异物,不可以同。"②

至于预设听众,线索在《赠序》之末。湛氏特别指出,希望借助路迎曾经"宦学于南都"而今南归之便,转达其对南中学者可能陷于"断断"的担忧。明确点出"宦学于南都",该是强调路迎此前和王道一同"师事王守仁,专务讲学,以相切劘"的身份。王阳明于正德八年(1513)十月至滁州督马政,九年四月升南京鸿胪寺卿,五月到南京,直到十一年(1516)九月升南赣巡抚,十月归省至越。故此处的"南中多学者",无疑主要是就任官南京的王阳明及其追随者而言。

整体上,此序可以视为身处北京的湛甘泉借助路迎这个共同门人此次北来南归作纽带,在回应身处南京的王阳明"喊话"的同时,向其追随者释放的和解姿态和意向。在湛氏看来,相关各方的终极目标是完全一致的,分歧仅仅在于达成目标的方式与途径,但即使各方在这点上不能达成一致,至少应该共同努力防止"断断"争辩的裂痕继续扩大。明显地,这种姿态和意向是通过泛泛而论的"论学"修辞来表达的。例如,文中有关"适道"方式的论述,湛若水用东至与西至、南至与北至互以为非来立论,这自然是宋明理学中司空见惯的泛泛之说,但揆诸当时的情势,同时可以是实指身处南京的王阳明与身处北京的阳明学批判者之间围绕"适道"方式的南北论争。在阳明方面的意向并不明朗的情形下,这种表达方式既有助于避免使首先表态的湛氏陷于尴尬境地,也避免将双方直接曝露在针锋相对的情境中,有利于为后续应对和互动留下足够转圜的空间。此外,这种泛泛的修辞性表达,也有助于拓宽指涉范围,使得诸如魏校等阳明学批评者被囊括进来,淡化表达姿态和意向行为的个人化色彩,使其看起来更像是出于公心的"论学"行为。

对于湛甘泉在《赠序》中希望借路迎之口消弭南京阳明学者中"断断之说"的努力,以及同时期书信中表达的试图防止与阳明之间的"纷纷异同之辩"(详后),王道的观感则是同中有异。

路迎携甘泉《赠序》南归后,不负湛甘泉所望,在南京学者中传示,并在此过程中明确请王道发表意见,后者为之撰《书甘泉赠言卷后》:

---

① 湛若水:《泉翁大全集》卷一五,第 461-462 页。
② 黄绾:《复李逊庵书》,载张宏敏编校《黄绾集》卷一八,上海古籍出版社,2014 年,第 334—335 页。此信开篇有"迩闻擢宪敝省,喜慰无量。数年之间,法立仁流,谁不瞻仰"之语,而李承勋从正德九年七月至十一年七月为浙江按察使,见:《明武宗实录》卷一一四,正德九年七月戊子,"中研院"历史语言研究所,1984 年,第 2322 页;卷一三九,正德十一年七月壬午,第 2733 页。

> 宾旸(路迎)与予同游甘泉先生之门。先生之所以期宾旸,与宾旸之所得于先生者,聚在此卷,宾旸之学可知矣。南行,出以相示,且属缀以一言。予学懵于得,而涂辙之眩也,其何敢滕口无已?则申之而已矣。《大学》而"断断"云者,以无所折其中也。杨雄氏曰:"众言淆乱折诸圣。"信斯言也,宜莫如孔子。孔子之言仁也,自视听言动,达于出门使民、居处应接之类,取体天而已,未尝外身以守心也,然而隐显一矣。孔子之言智也,自学问思辨,达于诗书执礼、前言往行之类,取知天而已,未尝扞事以求悟也,然而内外一矣。孔子之言道也,自达道达德,达于三千三百之类,取合天而已,未尝弃万以趋一也,然而一以贯之矣。
>
> 后之学者不然,指方寸以为本心,而不知心体之与天同其大也;指经训以为陈言,而不知圣人先得我心之所同然也;厌烦径约,指万事以为粗迹,而不知道之殊途而同归也。其诸异乎孔子之学矣,其亦弗思甚矣!然而高才明智者见闻胶胶,束书不观者游谈摇摇,靡然师之,又从而为之辞,其益弗思甚矣。无惑乎学之私且异,而断断如也。韩愈曰:"不塞不流,不止不行。"今欲放彼而闲此,则莫急于明吾孔子之学焉尔矣。孔子之学明,则世儒之学息;世儒之学息,则道德可一;道德可一,则风俗可同;风俗可同,则王化可兴。是故君子莫大乎反经。①

此文没有收录在王道的文集《顺渠先生文录》中,而是收录在嘉靖二十八年(1549)刻《武城县志》中。文集和县志的编刻者都是时任武城知县尤麒,很可能是由于县志晚于文集刊刻。县志在此文篇题下署"顺渠王道,吏部左侍"八字,显然有误:其一,如前所述,王道于嘉靖二十六年五月任吏部右侍郎,仅阅月而卒,赠礼部尚书,从未担任吏部左侍郎;其二,王道撰写这篇《书后》是在正德十年,那时更不可能拥有吏部左侍衔。从文中提到"南行,出以相示,且属缀以一言"来看,此文当写于正德十年初路迎南归途经南京时,其时王道在此任官,而同年夏王道就从南京改官移居北京。

毫无疑问的是,王道和湛甘泉都对阳明学说持批判态度,这是两者的共通之处。湛甘泉在前引正德十年二月路过南京龙江关不久所写《寄王纯甫验封》信的末尾,特别将自己与阳明论辩情形告诉王道:

> 过南都,阳明亦有论说。形而上下之说,信有近似者,但为传者又别告。自今且取其疑者致思,取其同者自辅,方是虚己求益。毋徒纷纷异同之辩,恐于道无益,而反有害也。②

尽管甘泉声称"为传者又别告",并自勉应当"虚己求益",但他不仅承认与阳明之间的论辩有近似于"形而上下"的分歧,而且担心这种分歧有导致"纷纷异同之辩"的可能。龙江关辩论格物之后,湛甘泉在返家途中寄信给阳明时,再次提到:

> 昨承面谕《大学》格物之义,以物为心意之所着……兄意只恐人舍心求之于外,故有是说。不肖则以为,人心与天地万物为体,心体物而不遗,认得心体广大,则物不能外矣。故格物非在外也,格之、致之之心,又非在外也。于物若以为心意之着见,恐不免有外物之病,幸更思之!老兄仁者之心,欲立人达人甚切,故

---

① 尤麒修,陈露纂:嘉靖《武城县志》卷八《文章志》,明嘉靖刻本,第6-8页。
② 湛若水:《寄王纯甫验封》,《泉翁大全集》卷八,第217页。

不免急迫,以召疑议。①

不过,王道与湛甘泉在如何对待阳明及其学说的态度和立场上,却有程度轻重之别。湛氏本着"殊途而同归"之说,向阳明方面释放消除分歧和争执的期待。王道则强调,正是由于"后之学者"即王阳明"指方寸以为本心""指经训以为陈言""厌烦径约,指万事以为粗迹"②,不仅这些主张不符合孔子学说的根本精神(即"同归"),而且这种排斥他人他说的举动本身,完全背离了湛氏《赠序》提出的"殊途"主张。此外,认为阳明的这些学说吸引了"高才明智者"和"束书不观者""靡然师之","又从而为之辞",正是导致"学之私且异,而断断如"的根本原因。因此,必须如同韩愈所说,不彻底阻止和打倒阳明学说,儒学正道就不可能有昌明之望。

对阳明学说的批判,王道很快走得更远。至迟在撰写《书后》几个月后的正德十年夏,王道从南京改官北京,不久受到以魏校为中心的反阳明学圈子的影响,对阳明学说提出了极为严厉的批评,其严厉之程度,甚至使得在南京任官的王阳明听说之后,有"纵使散处敌国仇家,当亦断不至是"之慨。③

王阳明方面对此的反应,见于正德十一年(1516)九月二十八日路迎在南京龙江关为其饯行时,阳明所撰《跋甘泉赠兵曹路君宾阳还南都序后》:

> 宾阳视予兹卷,请一言之益。湛子之说详矣,凡予之所欲言者,湛子既皆言之,予又何赘?虽然,予尝有立志之说矣,果从予言而持循之,则湛子之说亦在其中。夫言之启人于善也,若指迷途,其至之则存乎其人,非指迷途者之所能与矣。孔子云:"为仁由己,而由人乎哉!"宾阳勉之,无所事于予言。正德丙子九月廿八日,阳明山人王守仁书于龙江舟次。④

"尝有立志之说"指王阳明于正德十年所撰《示弟立志说》,阐述"学莫先于立志,志之不立,犹不种其根而徒事培拥灌溉,劳苦无成"之理,强调学者须有"求为圣人之志",通过讲求"正诸先觉,考诸古训"等学问功夫去追求成圣目标。尽管在这篇《跋后》中,阳明认为甘泉《赠序》所说"亦在其中"⑤,但从随后的"指迷途"与"至之"来看,两人的学说分歧仍然明显。因甘泉在《赠序》中明确主张大家都有共同目标即"适道",而求道之"途"可以是多样化的,从东、西、南、北至者均可达到"适道"目的,故不应互以为非,即"自达观大道者,其

---

① 湛若水:《先次与阳明鸿胪》,《泉翁大全集》卷八,第216页。并参:黎业明《湛若水年谱》,第51-52页。
② 此前不久,王阳明在致黄绾信中详述自己与王道关系趋恶,大约有暗示黄绾从旁挽救之意,因之黄绾致信王道云:"昨再得书,知不终弃,喜慰何如!且令人言,以尽异同,尤知'与善'盛心。夫圣人事业,广博极乎天地。其道虽大,其本只在一心。盖一心之眇,君临百骸,道德仁义由此而备,礼乐刑政由此而出,《六经》、《四子》由此而作。累于私则蔽而昏,反其本则明而通。蔽而昏则无所不害,明而通故无所不用。用之则三极之道立,害之则三极之道废。今欲学圣人,惟求之吾心而已。不知反之于心,求其累与害者去之,徒以博物洽闻为有事,旁寻远觅为会通,是乃逐物而滋蔽也。故古圣传授,皆以克己去私为至要,私去则心无所蔽,其体清明,而天下之本立矣,故曰'皇建其有极也'。"见:黄绾《复王纯甫书》,《黄绾集》卷一八,第335-336页。
③ 王守仁:《与黄宗贤(五)》,《王阳明全集(新编本)》卷四,第164-165页。并参前引刘勇《从门人到批判者:明儒王道与阳明学之疏离》。
④ 原载孔继涑汇集:《玉虹鉴真续帖》卷八《王守仁与宾阳司马书四通》,阳明文集失载。此据:束景南《王阳明年谱长编》,上海古籍出版社,2017年,第915-916页。值得注意的是,阳明仅仅回应了甘泉赠序,未见其提及王道《书甘泉赠言卷后》,不知是否是路迎并未向其出示王道之文,抑或其虽知有此文而不予回应之故?
⑤ 湛若水方面对于阳明立志说的讨论,详见:《泉翁大全集》卷八《与杨士德》第223页,《再答郑进士启范》第241-242页;卷六七《新泉问辩录》"盘问日用切要功夫"条,第1633-1634页;卷六八《新泉问辩录》"[周]冲窃谓初学之士"条,第1659-1660页;卷七五《问疑录》"今之人不是志不立"条,第1867页。

至一尔。故言有殊立而无殊理,行有异入而无异至","殊途而同归,百虑而一致"。关键在于,甘泉是在默认共同目标即"同归""至一""无异至"前提下,强调途径多样化即"殊途""达观大道""异入"的。但阳明在这篇《跋后》中却针锋相对地指出,"言之启人于善也,若指迷途,其至之则存乎其人,非指迷途者之所能与",显然更加强调途径即"途"的重要性,并未强调"途"的多样性,同时还淡化了目标即"至之"的地位,突显其不可预知性。这个认知,与前引路迎北上入京之际,阳明《与路宾旸》中"譬若种植然"的比喻如出一辙,阳明更为重视和讲求的是"求佳种而播之,沃灌耘籽,防其浅收,去其蟊蟆"的种种实践功夫和过程,而非汲汲于追求"畅茂条达""苗秀实获""有秋"的美好结果。并且,阳明在该信中还特别嘱咐路迎"北行见甘泉,遂以此意质之",看来甘泉完全没有采纳阳明的意见,故此双方随后透过《赠序》与《跋后》再次交锋。

至正德十六年(1521),湛甘泉在答门人杨骥书信中,同样特别指出:

> 吾与阳明之说不合者,有其故矣。盖阳明与吾看心不同,吾之所谓心者,体万物而不遗者也,故无内外;阳明之所谓心者,指腔子里而为言者也,故以吾之说为外。阳明格物之说,谓"正念头",既与下文"正心"之言为重复,又自古圣贤"学于古训","学、问、思、辨、笃行"之教,"博文约礼"之教,"修德讲学","尊德性、道问学"之语,又何故耶?①

批评阳明释格物为"正念头",既与《大学》八条目中的"正心"重复,又完全抹杀了儒学传统中的种种"学问"之功。甘泉后来在新泉书院的讲学活动中也明确发挥此意:

> 圣人之学皆是心学。所谓心者,非偏指腔子里方寸内与事为对者也,无事而非心也。尧、舜"允执厥中",非独以事言,乃心事合一。"允执"云者,吻合于心,与心为一,非执之于外也。②

上述甘泉的这些看法,与王道对阳明的批评"后之学者不然,指方寸以为本心,而不知心体之与天同其大也",显然是相通的。

需要注意的是,王道和路迎都是先师从王阳明,然后借由阳明及其门人才结识并师从湛甘泉的。但在此文中,王道对阳明学说的决裂批判态度,是非常明确地站在甘泉的立场提出的,开篇"同游甘泉先生之门"已表明此意,紧接着"先生之所以期宾旸,与宾旸之所得于先生者,聚在此卷",则是对《赠序》,同时是对自己所撰《书后》的郑重强调,以凸显两文皆非泛泛之作。

(三)门人王道扮演说客

王道与湛甘泉的融洽交往至少延续到嘉靖初年。正德十六年至嘉靖元年(1522)间,③

---

① 湛若水:《答杨少默》,《泉翁大全集》卷九,第256-257页。
② 湛若水:《泉翁大全集》卷六八《新泉问辩录》,第1668页。
③ 魏校于正德十六年下半年始任广东提学副使,嘉靖二年六月以父丧离任。湛若水从正德十二年开始在西樵山讲学,直到正德十六年九月收到部檄起复,次年即嘉靖元年正月十日赴京北上抵韶关。参:陆鳌《嘉议大夫太常寺卿赠礼部尚书右侍郎谥恭简魏公行状》,载朱大韶编《皇明名臣墓铭》兑集,《明代传记丛刊》第59册,影印明刊本,第514-515页;黎业明《湛若水年谱》,第79-85页;任建敏《从"理学名山"到"文翰樵山"——16世纪西樵山历史变迁研究》,广西师范大学出版社,2012年,第24-25页;George L. Israel,"Zhan Ruoshui at his Dake Academy on Mount Xiqiao,1517-1521":Scholarship,Pedagogy,and Philosophy,Journal of World Philosophies 4(Summer 2019),pp.36-54.

广东提学副使魏校在任上大力推毁淫祠,①同本地士大夫湛若水发生冲突后,王道反复居间为湛氏说情。湛、魏冲突的具体情形不易详知,但看来缘由不止一端。湛氏日后的议论中提及一例:魏校认定湛氏之师陈白沙为禅学,以提学身份"欲出乡贤祠(白沙)牌位于西郭",幸"赖潮士薛子修十数人净之,乃免"②。湛、魏之间围绕《大学》文本争议也有明显分歧:湛氏密切关注流行的《大学古本》,并据以制造出自己的改本和解释。当他在广州向魏校出示自己的作品时,魏校不以为然,认为当前出现的几种所谓古本,"如《参同契》人人解之不同,毕竟是实做得神仙者为是,不待解也"。湛氏不能接受,"予以为此说似可喜,只恐错了神仙门路,若实做神仙,连《参同契》亦不用了也"③。

湛、魏之间还围绕田产发生冲突④,致使远在北京的王道出面说情。王道首先通过魏校的送信人黎生,询问湛、魏在广东的冲突情形,然后借黎生之口关说:

> 大意谓:爱憎取舍、至公无私,才谓之"直"。"直"乃圣人"报怨"之道,以之施于泛常,已为无情。何者?公而以人体之为仁,非便以公为仁也。若加之故旧朋友,则太薄矣。语曰:"四海之内皆兄弟也。"甘泉先生于吾兄为同年、同志之交,而吾兄少甘泉者几甘岁,则谓甘泉者,吾兄之兄,非欤?甘泉每书见教,必及吾兄,或述所得,必曰:"不知吾契在南都,与子才(魏校)兄所讲者何如?"观此,则甘泉之于兄,其分义厚薄何如也?
>
> 广中之事,传闻不一,要必有一二近似者,吾兄不已直乎?语曰:"忠告而善道之。"又曰:"隐恶而扬善。"又曰:"亲者无失其为亲也,故者无失其为故也。"又曰:"故旧无大故,则不弃也。"此仁也。原壤登木之歌,孔子若弗闻也者,而过之不忍闻也。闻且不忍,而忍攻之哉?此圣人之仁也。吾兄在广,拳拳以"体仁"之说风示后进,独不念此,何耶?道师事甘泉,而辱吾兄友义甚厚,所望二公同德比义,交进此道,以提警不逮,而乃自相矛盾如此,此道之所以大惧也。每欲修书奉谏,又恐辞不逮意,反成罪过,坐是中止。偶会黎君,面尽此意,托之转达。

但魏校接到这番关说之辞后并未释然,回信有"万里还书,未道所得,而泉(湛甘泉)事详焉"之句,明确表示对王道远道来信不谈学问却汲汲担任甘泉的说客感到失望。然而,王道看来并未就此放弃为湛甘泉关说,复信时借论学为名,从质疑魏校之说入手,行其继续说情之实:

> 来喻曰:"颇窥测天意。"又曰:"益验知天意。"此高明独得之见,所以示道者深矣。愚则窃疑"窥测天意"何如"窥测物理","验知天意"何如"验知人情"。盖

---

① 科大卫:《明嘉靖初年广东提学魏校毁"淫祠"之前因后果及其对珠江三角洲的影响》,载周天游主编《地域社会与传统中国》,西北大学出版社,1995年,第129-134页。井上彻:《魏校的捣毁淫祠令研究——广东民间信仰与儒教》,《史林》2003年第2期,第41-51页。何伟健:《魏校重整广东教化的事业与广东士大夫侵占田产关系之探讨》,香港中文大学学士学位论文,2006年。

② 参:庄兴亮、黄涛《明中叶毁"淫祠"行动中的思想因素——以魏校欲罢祀陈献章于乡贤祠为例》,《中国社会历史评论》第21卷,天津古籍出版社,2018年,第211-221页。

③ 湛若水:《答方ދ部》,《湛甘泉先生文集》卷七,《四库全书存目丛书》集部第56册,影印康熙二十年黄楷刻本,第577页。详参:刘勇《王阳明〈大学古本〉的当代竞争者:湛若水与方献夫之例》,《中国文化研究所学报》2015年第60期,第159-182页。

④ 任建敏:《从"理学名山"到"文翰樵山"——16世纪西樵山历史变迁研究》,《历史人类学学刊》2013年第2期,第118-121页;《明中叶广东禁毁淫祠寺观与寺田处理》,《新史学》2015年第4期,第79-126页。

> 天理平铺于人情物理之间,舜之所以为圣,不过明于庶物、察于人伦而已。所贵乎学问之功,正要在日用应酬人物处观其会通,动中肯綮,如庖丁解牛,洞无凝滞,然后为得。少有扞格龃龉,即是学力未至,便当反己研求,务要推勘到底,使在我者无毫发之不尽,而后委外之通塞于所遇焉。此吾夫子之所以不怨天、不尤人,下学而上达也。知到此地,方是知天,行到此地,方是体天,学到此地,方是天人合一之学……是则欲通天下之志,载天下之物,成天下之务,在极深研几而已;欲极深研几,在人伦物理上做工夫而已。何其平实也耶!"老者安之,朋友信之,少者怀之",此圣人厚德载物气象,可谓至广大矣,然实自极深研几平实工夫中来,不可诬也……慨昔聚首,受益弘多,睽远十年,无以为报,一得之愚,三献请教,未蒙见纳……道卧家六年,贫困益甚,春仲,马伯循(马理)以书见招,黾勉一出,旅食三月而疾复作,行返班生庐矣。①

王道的论述逻辑,是在承认魏校所说"天意"的前提下,认为"天理平铺于人情物理之间"。对于儒者来说,所谓学问功夫,"正要在日用应酬人物处"体现,在平平实实的"人伦物理上做工夫而已"。简言之,"天意"不易窥测和验知,能时时窥测和验知的,是日常生活中体现天理的人情物理。因此,正确和得体地处理与湛甘泉之间的冲突,正是魏校所谓窥测和验知"天意"的具体体现。对此,魏校回信表示,"天道渊乎微哉,校岂能窥测?但所以厚吾之生、玉吾于成者往往而是",同时指责王道来信"英气时复逼人,岂刚大发越,固难自掩耶?"②

与本文的讨论密切相关的是,此信中王道仍然明确以"师事甘泉"和友事魏校身份来扮演说客。

三 "大礼议"之后王与湛的疏离情形

王道与湛若水之间的疏离情形,至迟到嘉靖十一年已经明显出现,这个裂痕与湛若水本人的仕宦表现密切相关。大概在嘉靖十三年(1534)年中,王道有《奉甘泉先生》:

> 三数年来,南北周旋,皆得瞻依杖履,亦云幸矣。而病药缠绵,竟未能朝夕请教,几于不学而居夫子之门者。今又忽尔睽远,岂非命耶?怅叹!怅叹!濒行,承以《新泉问辩录》示教。舟中无事,一一批阅,开警实多。感谢!感谢!但窃观诸贤所问,详于终食、造次、颠沛之功,而略于富贵、贫贱、取舍之辩,谆于学问求放心之说,而忘乎宫室妻妾失其本心之原,似与孔、孟之旨若有不相似者?吾师竟不以一言发之,何耶?岂亦随问而答,竢其触类自悟耶?抑别有说耶?
>
> 道窃尝妄谓孔子之许颜子,惟在于用舍行藏,安于所遇;孟子之学孔子,亦惟在于仕止久速,各得其宜。此为仁之妙,亦"体认天理"之要也。圣贤得力处在此,学者着力处亦当在此。白沙老先生曰:"名节者,道之藩篱,藩篱不守,其中未必有存者。"愚以为此自名节言也,若自道而言,则"明日遂行""接淅而行""不税

---

① 王道:《与魏庄渠(二)》,《顺渠先生文录》卷六,第4-7页。关于"三献请教",此信前文有"庚辰(正德十五年)之秋,奉答书曰……后竟不蒙批示,不知果契尊意否也"云云。

② 魏校:《与王纯甫书》,《庄渠遗书》卷三,第736-737页。

冕而行",皆道也,恐无藩篱内外之可言矣。鄙见如此,不知与《录》中诸贤所见同否?幸惟俯赐一言以印可之,庶不迷于所向也。万万!道仰承尊庇,幸抵弊庐,追念前愆,敢附此以请。冗病不次,伏祈矜亮,不宣。

《献纳编》前已受读,吾师之意,盖欲以此晓天下之人,使知吾道之在今日,其行否何如,吾身之在今日,其进退当何如也。其所以开示后学,已大明白矣。或者不知,乃以"近名"疑之,陋哉!①

湛若水于次年底回信:

友生湛某再拜复大司成顺渠王大人道契执事。知去年一路到家,获百顺之福,知己之庆,远承手谕之及,时即作答,稿具矣,久乏良便,遂尔因循至于今。怠慢之过,夫复何言!

忆昔壬、癸之岁(正德七、八年),卜邻于长安之西,相与甚欢,相信甚笃,自此遂成疏阔。近数年幸两相值,亦颇讶不一相讲究、相疑问。计吾执事从事于圣贤之学且二十年矣,今手谕云云。

夫夫子之文章,于性与天道一也;富贵、贫贱、取舍,与造次、颠沛、终食之不违,一也。富贵、贫贱、取舍,事也;颠沛、造次、终食不违,心也。必有是心而后有是事,故夫子初言富贵、贫贱一节,恐人只于事上制行,便谓之道,而无其本,则行之未必泰然,故又言造次、颠沛、终食之不违一节,欲人于本上用功,贯通只是一理。若无此本,只于制行上便了,则必信必果者,夫子何以谓之小人?克伐怨欲不行者,陈文子、子文之忠清者,何以皆不许其仁?孟子何以有集义、义袭之分?由仁义行、非行仁义之辨?石翁"名节,道之藩篱"耳,非即道也。若为即道,然则东汉之名节,晨门、荷蒉之高尚,皆为得道耶?孔子燔肉若至,犹未行可知也。夫既曰"接淅""不税冕而行"矣,不曰"迟迟吾行,去父母国之道"欤?若只执一边,朱子所谓天理硬矣。天理是活的,所谓"不以道,不处不去"者以此,岂易言哉?孔子之仕止久速,颜子用行舍藏,有本者如是。周子曰:"见其大则心泰,心泰则无不足,无不足则富贵贫贱处之一。"有本之谓也。若晨门、荷蒉之流,东汉名节之士,其能见大心泰否乎?孔子曰:"果哉!末之难矣。"其难者,正在乎仕止久速之时,时即道也。幸深思之,以会斯道之大全。是望!是望!乙未(嘉靖十四年,1535)十一月十二日。②

湛甘泉信末明确署嘉靖十四年十一月,信首谓"知去年一路到家",明显是呼应王道信中"幸抵弊庐"之辞,故知王信撰于嘉靖十三年。

王道于嘉靖十一年九月因大学士方献夫荐举升任左春坊左谕德,但他累疏辞疾,获允回籍养病,旋即于十二年六月起为南京国子监祭酒,十月到任,复于十三年四月获允回籍养病,结合信中"忽尔暌远",待抵家后致信湛氏,当在五六月间。湛甘泉于嘉靖七年(1528)由南京国子监祭酒升南京吏部右侍,八年(1529)改任北京礼部侍郎,十二年(1533)

---

① 王道:《顺渠先生文录》卷六,第10-11页。
② 湛若水:《答王顺渠司成》,《泉翁大全集》卷一〇,第287—288页。按:这通书信亦见于《泉翁大全集》卷九,第265-266页,但该篇缺首句启辞和末句时间署款。本文引用时对标点有所调整。

八月升南京礼部尚书,至十五年(1536)改南京吏部尚书。① 由此看来,王信"三数年来,南北周旋,皆得瞻依杖履",湛信"近数年幸两相值",大约是从嘉靖十一年至十三年间,两人先是在北京相遇,然后在南京相逢。

从两人的书信追述来看,至迟在嘉靖十一年双方已经出现芥蒂。王信既说"瞻依杖履"乃幸运之事,却又以"病药缠绵"为理由,"竟未能朝夕请教,几于不学而居夫子之门者"。湛信则在回忆两人早期交往"相与甚欢,相信甚笃"的基础上,对王道"不一相讲究、相疑问"的近期表现感到讶异,可见两人之间的裂痕已非常明显。

王道与湛甘泉之间的分歧,更明显地体现在嘉靖十三、十四年间,问题的症结在于湛甘泉本人的出处进退表现。这个分歧的浮现,主要围绕湛氏的《新泉问辩录》和《献纳编》两书展开。

《新泉问辩录》由甘泉门下史恭甫、周冲等人所编湛氏师徒截至嘉靖七年底在新泉精舍的论辩问答语而成。编纂成书的时间是在七年十二月,但当时似乎未能立即刻成,付梓前夕史氏请吕景蒙负责校正及撰序,吕序署款为嘉靖十一年三月,因该书分量不大,很可能就在此前后刻成。② 王道获赠的应该就是此本。吕《序》称:

> 学者欲窥先生之蕴,若《格物通》,若《学、庸难语》,若《古文小学》,及此书之类,观之亦可以得其概矣。然此无非教也,若其宏纲大法,则惟在于"随处体认天理"一言而已。斯言也,即孔门求仁之谓。孔门弟子问仁多矣,圣人皆告以求仁之方,初未尝言仁之体,若语曾子"一以贯之"之理,是乃以己及物之仁体也。而语诸弟子以求仁之方者固多,惟克复之功为最大,"随处体认"云者,即四勿之意,乃指示学者以随事用力于仁之功夫也。仁者,至诚也,天之道也;体认天理者,诚之也,人之道也,下学而上达也。先生斯言,其有功于圣门、有补于世道也大矣。士之生于三代以后者,夫何去仁益远,为害益甚,故事惟求可,功惟求成。惟取必于智谋之末者多矣,而能循乎天理正者,几何人哉? 故士之欲复乎天理,必自体认功夫始,然后有所持循,而可以求至于圣人之仁,可以图三代以上之治;否则心术之微、政事之末,皆苟焉耳。故曰:"有天德然后可以语王道。"又曰:"必有《关雎》《麟趾》之意,然后可以行周官之法度。"斯言岂欺我哉! 斯言岂欺我哉! 蒙敬用书之篇端,以为有志者之一助云。③

周冲《题辞》有云:"自下学立心之微,以达家国天下之显,与夫古今圣贤心事,佛老异同之辩,皆略该载,欲知先生之学者,观于此亦足窥其大端矣。"④

《献纳编》则是湛若水从嘉靖元年六月至十二年二月底所上奏疏及颂赋讲章等26篇文字的汇编,同样由门人史恭甫"集而刻之"。

王道对两书的质疑,其实都指向湛甘泉本人的出处进退表现。对于《问辩录》,王道反复质问"略于富贵、贫贱、取舍之辩""忘乎宫室妻妾,失其本心之原""用舍行藏,安于所遇""仕止久速,各得其宜",认为这些才是圣人所说"为仁之妙",也是湛氏提倡"随处体认天

---

① 黎业明:《湛若水年谱》,第143、163、195页。
② 参:吕景蒙《新泉问辩录序》、周冲《新泉问辩录题辞》(嘉靖七年十二月)、洪垣《泉翁大全新泉问辩续录序》,《泉翁大全集》卷六七、七一,第1629-1631、1731-1732页。
③ 吕景蒙:《泉翁大全新泉问辩录序》,《泉翁大全集》卷六七,第1629-1630页。
④ 周冲:《泉翁大全新泉问辩录题辞》,《泉翁大全集》卷六七,第1631页。

理"学说的关键,这是对学者和圣贤都十分关键的用功、收功之处,但湛氏诸门人却舍此不问,作为老师的湛氏竟然也"不以一言发之"。对于《献纳编》,王道认为湛氏目的在于以自己的上奏言行为例来晓谕天下人:儒家之道在当今之世的行否情形与儒学之士在当今之世的进退情形。因此,此处的核心关怀其实与《问辩录》相同,仍然是儒学用舍与个人进退问题,而王道在揣测湛氏以身示例的基础上,最后却借"或者"之口,质疑湛氏反复上疏并将奏疏结集刊行且命名为"献纳编"的种种举动,不无自我标榜的"近名"之嫌。

对此,湛甘泉在回信中辩护:富贵、贫贱、取舍与颠沛、造次、终食不违,是内外合一之道。其中,富贵、贫贱、取舍属事,属末;颠沛、造次、终食属心,属本。必先有此心而后有此事,先有其本而后有其末,不能本末颠倒。因此,《问辩录》中的师徒问答,当然应该详于论心、论本,而略于论事、论末。同理,就个人出处进退而言,关键不在于出与处、进与退这些外在行为表现本身,而在于这些行为表现是否"有本",亦即出处进退等行为必须要在是否符合"道"的前提下来考虑。例如,表示速去的"接淅不税冕而行",与表示不苟去的"迟迟吾行,去父母国之道",问题的关键不在于去还是不去,它们都是在"有本"的前提下、在恰当的时机被实施的行为,因此都是符合"道"的圣贤之行。

这些有关儒学出处进退的泛泛之论,事实上紧密围绕嘉靖初年湛若水的仕宦表现展开。既有研究表明,在嘉靖三年(1524)"左顺门事件"之前的"大礼议"争论中,湛若水是明确站在与嘉靖皇帝对立面的杨廷和一边的。杨廷和是弘治十八年(1505)的会试主考官,不仅与该科进士湛若水有座主门生之谊,同时是嘉靖元年五月湛氏复翰林院编修职的推手。因此,当六月初二日杨廷和等人上疏谏诤时,湛氏随即上《初入朝豫戒游逸疏》呼应杨氏。此后,湛氏反复从这个政治立场上疏支持杨廷和,并多次在群臣反对皇帝追尊其父的联名奏疏中署名。直到杨廷和于嘉靖三年二月被迫致仕,反对皇帝的力量进一步削弱。随后,七月发生著名的"左顺门事件",湛氏极为反常地没有参与。皇帝却已经记住他,次月就以明升实降的方式将其调离北京翰林院,改为南京国子监祭酒。从此以后,皇帝再未改变对湛氏的看法,大概在七年底八年初,皇帝还曾明确批评湛氏为背叛朋友的势利之徒。至十年(1531)十一月,皇帝建祈嗣醮于钦安殿,以礼部侍郎湛若水、顾鼎臣充迎嗣导引官。十二月初八日,湛若水上《劝收敛精神疏》,初十日奉圣旨:"这所言,朝廷已知。尔既欲朕收敛精神,便不须烦扰。该衙门知道。"①显而易见,皇帝对湛氏的不满已经公开化。日后史家谈迁对此评论:"湛氏出新建之门,讲学人也。匍匐芝幛鹤驭之间,独不可奉身而退乎?又上章言:祷储当修其在己,收敛精神。上曰:'既欲朕收敛精神,即不宜烦扰。'盖深窥其微也。近代士大夫信道盖如此。"②然而,湛氏对皇帝的公开批评不以为意,《献纳编》接着收录了十一年十一月的《进演雅疏并序》、十二年二月《进古文小学疏》和《进瑞鹿赋疏并序》。③

不过,对于上述湛若水在当时高层政治中广为人知的情事,湛氏及其门徒显然并不从

---

① 湛若水:《甘泉献纳编》卷下,《广州大典》第30辑第2册,影印明嘉靖十三年史际刻本,第839-841页。
② 谈迁著,张宗祥校点:《国榷》卷五五,中华书局,1988年,第3455页。
③ 湛若水:《甘泉献纳编》卷下,第841-848页。并参:朱鸿林《明儒湛若水撰帝学用书〈圣学格物通〉的政治背景与内容特色》,《儒者思想与出处》,生活·读书·新知三联书店,2015年,第129-176页;胡吉勋《"大礼议"与明廷人事变局》,社会科学文献出版社,2007年,第111页;黎业明《湛若水与"大礼议"之关系述略——兼述嘉靖皇帝对湛若水的态度》,《明儒思想与文献论集》,商务印书馆,2017年,第121-139页;任建敏《从"理学名山"到"文翰樵山"——16世纪西樵山历史变迁研究》,第46-63页。

言行相顾的角度看待,而对此别有理解,这可从负责编刻《献纳编》的湛氏门人所说此书用意来加以印证。卷首嘉靖十三年九月门人叶春芳序言称:"先生忠献焉,圣天子嘉纳焉,宛然唐虞都俞之风也。是故刻之也,昭一时君臣相感之甚也。"①同年十月门人梁宇撰《后跋》亦称:"窃惟吾师泉翁之得君也而能献焉,千圣万贤之心法于兹乎寓;我明皇之得臣也而能纳焉,二帝三王之家法于兹乎明。今观其献纳之言,或直而核,或讽而婉,或婉而入,或核而从,无非所以致其启心沃心之诚也,至矣。是故君不逆于其言,而臣不疑于其心,明良相遇之机,端在是矣;雍熙泰和之治,于是基矣。"②

湛若水本人完全同意门人的看法,相较之下,他能调动更为丰富的理学和历史知识进行论述。在回信回应王道对《献纳编》的"近名"质疑后不久,湛氏还在讲学场合专门跟其他门人解释此事。在湛氏门下编辑的《新泉问辩续录》中,特别摘录了前引王道书信中有关该书的论述文字,接着记下湛氏的口头回应:

> 王顺渠司成问:"《献纳编》前已受读。吾师之意,盖欲……或者不知,乃以'近名'疑之,陋哉!"
>
> (湛若水答:)其谓"近名",固不足辩,只可以自反自警策耳。吾道之行否,吾身之进退,吾自知自信,中立不倚,何与于人?何必以此晓人?盖此编乃门下史进士刻之,然可以告君父者,无不可以告朋友、告人人。盖此编论道也,非论事也。古人不存奏稿者,论事之言,恐彰君父之过。若此编,皆论道之言,又累蒙圣明嘉纳,固无嫌可避,且足以彰君之美也。近日有叶生春芳作跋语,殆识此。若夫疑者自疑、信者自信,吾又何与焉!③

《续录》所收内容,是湛甘泉嘉靖十二年八月从北京礼部侍郎转南礼部尚书之后,直到十四年与门人在新泉精舍论学的记录。④ 其时间跨度,跟湛氏从收到王道来信到嘉靖十四年底回信高度重合。不易确定的是,此处的"王顺渠司成问",是否王道于嘉靖十二年六月至十三年四月任南祭酒期间,亲自参与了新泉精舍讲学时的问答,⑤抑或湛氏师徒在新泉精舍摘录了王道返家后的来信内容并加以讨论?可知的是,此处的"吾自知自信,中立不倚",即覆王道信中的"有本"之说;"论道"与"论事"的分疏,亦即覆王道信中事与心、本与末的区分,因此,两者的立论并无重大差异。

在嘉靖十四年之后,王道与湛甘泉的关系似乎有继续恶化的趋势。晚年的王道致力于建构一己之学,因而努力向《大学》改本、《周易》、三教寻求资源,⑥为此撰书多种。其中,《老子亿》一书认为孔子曾师事老子,故孔、老学说并无不同。湛甘泉获读此书后,认为其学已流于异端,故撰《非老子》一书逐条驳斥。其中记录了湛氏同门人冼桂奇之间的问答:

---

① 叶春芳:《献纳编序》,《甘泉献纳编》卷首,第 809 页。
② 梁宇:《献纳编后跋》,《甘泉献纳编》卷末,第 849 页。并参:黎业明《湛若水年谱》,第 177 页。
③ 湛若水:《泉翁大全集》卷七一《新泉问辩续录》,第 1754 页。
④ 黎业明:《湛若水年谱》,第 143、163、195 页。
⑤ 王道:《奉甘泉先生》,《顺渠先生文录》卷六,第 11 页。按:论述《献纳编》的这段文字处于整篇书信的末尾,却提行另起,不知是否是抄录自湛氏著述之故。
⑥ 参:水野实《台湾"国立中央"图书馆藏希觏本〈大学〉注释书による〈古本大学〉の解释について》,联合报文化基金会国学文献馆编《第一届中国域外汉籍国际学术会议论文集》,联经出版事业公司,1987 年,第 545-562 页;水野实《王顺渠の〈大学亿〉について》,载早稻田大学《フィロソフィア》第 67 号,早稻田大学,1979 年,第 93-121 页;朱湘钰《王道〈大学亿〉析论——晚明〈大学〉诠释之一侧写》,《当代儒学研究》2013 年第 15 期,第 150-182 页。

(冼桂)奇问:昨奉来教,知《非老子》将梓成书,所以闲先圣之道,意甚至也,得无费高年之神乎?注《老子》者多矣,未有如王纯甫(王道)拟老子于孔圣者。虽然,王子未知道,不足怪也。独怪其出于门下,非惟于师道无所发明,反贻名教之累也。此书传于天下,将必有追咎者矣。如何?

(湛若水答:)王子年妙时在长安相从,虚心听受。后又信庄渠(魏校),溺于俗学。今又淫于老子之学,非命也耶?因得《老子亿》读之,即以平日所得圣贤之指非,随笔注于简端,所以闲先圣之道,不劳神也。①

在此时的湛甘泉看来,王道的为学之路经历了三个重要的阶段性变化:首先是正德六、七年在北京"虚心听受"时期,显然这是其学最纯正的阶段;其次是受到魏校影响而流于俗学的阶段,大致是正德末年至嘉靖初年;最后,也是最糟糕的阶段,当时王道"淫于老子之学",已彻底流于异端、贻累名教了。

冼桂奇除了请教老师湛甘泉外,还以更为实际的行动积极响应老师著书批判王道之举,向湛氏呈上自己十年前的旧作《孔子问礼辩》。他声称当初"读太史公传老子,有孔子适周问礼于老子之说而疑其诬",认为这个故事是"老子之徒借孔子以尊其师,故为是说,欲天下后世知孔子者,亦吾师之弟子云尔",并为此撰成《孔子问礼辩》,但当时"未能自信,故不敢出诸人也。兹承《非老子》之教,录上丞丈一览,以为何如"②。湛氏非常欣赏其附和之举,将其文收作《非老子》的附录,其中提到:

霍任问曰:"《老子》一书,只是老子之后有一人,资质之偏、之高、之朴者为之也。何如?"

师(湛若水)曰:"此人非朴非高,直是偏驳狡谲之人也。"又曰:"《老子》始以无名有名论道,中以礼为忠信之薄,及治人事天莫啬之章,又以使民结绳而治之终焉。其言偏曲诡谲,盖似是而实非者也。"

(霍任:)"吾师翁非之,句句的当。中间紧切处,非其分道德为二,离有无为二,昧体用一源之指,谓其不知道而非老聃之所作,诚是也。知学君子看此书,亦莫能惑之矣。夫何王子纯甫(王道)乃惑之而为之《忆》(亿)焉?则王子于吾儒大中之学未究,不见日新之益,盖可知也。我师尊谓为何如?"

师(湛若水)曰:"相与讲学长安,尽有见解。后失其故步,遂至胡涂无所分别尔。"③

湛甘泉在此对王道的评判,一如前引答冼桂奇之问,由最初的"尽有见解",到迷失方向,终至于儒、道不分。只不过此处的表述更笼统些,省略了由佳而劣过程中受到魏校影响这个中间环节而已。

结语

本文的讨论表明,王道与湛若水在正德六年确立师徒关系之后,直到嘉靖初年保持比

---

① 湛若水著,钟彩钧、游腾达点校:《甘泉先生续编大全》卷二七《冼桂奇问》,"中研院"文哲研究所,2017年,第709-710页。
② 冼桂奇:《孔子问礼辩》,《甘泉先生续编大全》卷三二《非老子附录》,第1050-1051页。
③ 冼桂奇:《孔子问礼辩》,《甘泉先生续编大全》卷三二《非老子附录》,第1060页。

较融洽的论学交往。即使从正德八、九年以后,王道受到以魏校为中心的阳明学批判者的影响,在学说立场上倾向于朱子学,并因此与阳明学说疏离直至决裂时,仍然与湛甘泉保持较为融洽的论学关系。王道与湛甘泉关系的裂痕,与湛若水在嘉靖初年"大礼议"中的政治言行,特别是其易进难退的仕宦出处表现密切相关,同时与王道自己试图摆脱朱熹、王阳明、湛若水、魏校等宋明儒学名家的影响,尝试整合三教资源以建立一己独立学说的追求有关。

面对嘉靖三年"左顺门事件"后的政治倒戈、七年底八年初皇帝公开批评其背友势利、十年底皇帝对其《劝收敛精神疏》的"打脸"式批旨等在当时高层政治中广为人知的情事,湛若水试图以儒学的"心-事""本-末"二元观念来加以合理化。在这个二元框架下,外在的言行表现属事、属末,在价值上是不重要的,重要的是这些言行所体现的内在根本。对应到政治领域则是,那些广为人见人知的政治行为并不重要,真正重要的是这些政治行为所体现的政治目的。然而,这个认知显然会导致即使在目标正确的前提下也存在"为达目的不择手段"之弊,遑论如何确保政治目标的正确性。对于他人来说,湛氏宣称的政治目的是不易知见的,可知可见、能知能见的只是其一系列政治行为表现,因而招致包括门人王道在内的"近名"质疑。对此,湛氏只好以"吾道之行否,吾身之进退,吾自知自信,中立不倚,何与于人?何必以此晓人"自解。

王道难进易退的历官表现,清楚说明了他对仕宦出处的重视。正德六年中进士并被选为庶吉士后不久,王道就以家乡治安不佳为由,上疏请求改授教职。此后王道辗转于南北两京礼部、吏部司官。嘉靖初,"大礼议"新贵方献夫荐其"可备宫僚劝讲之职,乃擢春坊左谕德",而王道固辞之;嗣后反复获荐,或辞而不出,或旋出即归,均无恋权求进之表现。对此,王道的碑传作者是高度认可的。嘉靖二十七、二十八年,严嵩应邀撰写神道碑铭时指出:

> 公貌厚而气温,学笃而志远。始也驰骋词翰,既而叹曰:"此无益也。"乃遂研精于义理之学,取宋儒程、朱书读之,既又取《论语》一部,反复潜玩,有悦于心,曰:"圣门平实简易之学,固如是也。"公虽潜心理学,而见世之立门户相标榜者,则深耻之。尝言:"汉以前无名道学者。其人品如张文成、曹相国、黄叔度、管幼安,皆真道学之流。虽老、释二氏,亦各有所见,不可厚非。"凡其言议,不随时苟同,故能表见辈流,大自树立,不为利害所动,进退从容。①

隆庆二年(1568),在王道获朝廷赠"文定"谥号后,致仕家居的内阁大学士严讷为其撰传,同样对此特别措意。② 万历年间的名儒焦竑,在应邀为王道文集撰序时强调:

> 顺渠先生以绝人之资,少游词馆,一切梦华文艺之好不入其心,而直以穷理尽性为志。浏览古今,出入老、释,而得其所谓性者,涣然自信,曰:"道在是矣。"自是莅官行己,率以是为归。方为庶常,清华在望,辄请教职而南,其志固已远矣。至鼓箧京辇,典乐成均,靡不以古道相劘切,士之彬彬兴起者为多。是时大臣,与先生殊趣,犹知重其德学,推毂不已。自太常历卿贰,骎骎柄用矣,先生乃屡退而一进,甫进而辄退。人见为恬于荣禄,不知先生之出处皆有深意,非苟然

---

① 严嵩:《明故吏部右侍郎王公神道碑铭》,《顺渠先生文录》卷末附录,第 25-26 页。
② 严讷:《王文定公传》,载骆大俊纂修:乾隆《武城县志》卷一四,清乾隆十五年刻本,第 44-46 页。

者。然则先生之于道,所谓实允蹈之,非耶?今见是集者,深探奥窔,洞朗关窍,于《易》之所谓"密",《中庸》之所谓"隐"者,三致意焉。虽率然有作,必归于此。学者潜心求之,即圣人所罕言者,必于此问津焉。斯固儒学之潭奥,非群华之桦蕚也。①

焦竑显然是将王道莅官行己的仕宦出处表现,归因于其求道有得、德学充养,故有上佳的外在表现和树立。并且,焦竑没有将王道的德学素养与王阳明、湛若水或任何其他宋明理学名家联系起来,而是着重强调由其独立"浏览古今,出入老、释"所得。

不过,在讲究师承渊源的学派观念中,像王道这样的案例却不易被妥善安顿。由于王道与王阳明、湛若水均有师徒名分,最终却与两人的论学关系均告破裂,故各方在如何书写这种关系时分歧颇多。如前所述,从王道立场写成的严嵩撰神道碑铭、焦竑撰序,皆能尊重王道对于一己独立学说的追求,完全不提他与阳明和甘泉曾经的师徒关系,严嵩甚至含糊地提及王道对这种关系的批判态度。而从王阳明立场撰成的文字中,对于二王的师徒关系却别有书写,并且随着时势和作者的变动而有所变化。②

黄宗羲在编纂《明儒学案》时,也面临不易安顿王道的困境。在《学案》的早期刻本紫筠斋贾刻本中,黄宗羲在详细介绍了王道"初学于阳明,阳明以心学语之","其后因众说之淆乱,遂疑而不信"的转变后,复指出"先生又从学甘泉,其学亦非师门之旨"。对此,《明儒学案》的处理办法是"姑附于甘泉之下"。显然,"众说之淆乱"重点是指以魏校为中心的阳明学说反对者群体;"姑附于"则表明,尽管黄宗羲将王道置于《甘泉学案》中,但他意识到这个安排的勉强之处。问题在于,就《明儒学案》的编排框架而言,从师承来看,既可将王道置于阳明学案中,也可放在甘泉学案中;但从学说宗旨来看,两者都不妥当。黄氏对《明儒学案》的修订情形,更加可以坐实他从"学派"角度看待王道时所自感为难之处——在通常被视为《明儒学案》定本的晚出二老阁郑刻本中,③黄氏干脆彻底删掉王道,既不将其列入《甘泉学案》,也不收入其他任何学案中。

无论是就王阳明、湛甘泉、王道关系的当时实况来看,还是从黄宗羲《明儒学案》的事后观察视角而言,都提醒我们在看待宋明理学脉络中的师承关系时,需要自觉地突破学说传承乃至衣钵继承观念,引入更为复杂和多样化的视角。尽管最终王道与王阳明、湛甘泉之间的师徒关系均告破裂,但裂痕产生的原因明显有别。二王之间的疏离和相互批判,主要是受到学术认同与学说取向方面的影响;王道与甘泉之间,则主要受到仕宦表现和出处抉择这些个人行为取向的影响。不过,虽然王道最终选择追寻一己独立之学,但曾经的师徒伦理仍然带给他很大压力,这在二王交涉中体现得非常明显:当双方的学术分歧已经明确化以后,王道刻意回避直接与阳明本人继续辩论分歧,而选择在阳明弟子或他人面前提

---

① 焦竑著,李剑雄点校:《王顺渠先生集序》,《澹园续集》卷一,中华书局,1999年,第763-764页。值得注意的是,焦竑其实对王道三教合一的论学取向并不满意,《焦氏笔乘·续集》卷二有云:"孔、老、释迦之出,为众生也。《法华》云:'诸佛世尊,唯以一大事因缘,故出见于世。'又云:'诸佛如来,但教化菩萨,诸有所作,常为一事,唯以佛之知见,示悟众生。'知佛,则知孔、老矣。后世源远流分,三教鼎立,非圣人意也。近日王纯甫(王道)、穆伯潜(穆孔晖)、薛君采(薛蕙)辈,始明目张胆,欲合三教而一之,自以为甚伟矣。不知道无三也,三之未尝三,道无一也,一之未尝一。如人以手分擘虚空,又有恶分擘之妄者,随而以手一之,可不可也?梦中占梦,重重成妄。"

② 详参前引刘勇《从门人到批判者:明儒王道与阳明学之疏离》。

③ 关于《明儒学案》的版本情况,参:朱鸿林《〈明儒学案·发凡·自序〉研读》,《〈明儒学案〉研究及论学杂著》,生活·读书·新知三联书店,2016年,第68—70页。

出对阳明学说的直率批判。① 我们不妨尝试性地猜测,在王道与甘泉的交涉中是否有类似的来自师徒伦理的压力？比如,当嘉靖初年魏校与湛甘泉在广东发生冲突时,远在北京的王道反复出面关说,此举究竟是源于王道对事情是非曲直的真切认同,抑或受到自己与甘泉之间师徒伦理的压力,甚至是甘泉方面的主动施压呢？

---

① 详参前引刘勇:《从门人到批判者:明儒王道与阳明学之疏离》。

祁彪佳《救荒全书》之荒政思想再论

陈 慧

华中科技大学人文学院

摘　要：明末祁彪佳所著《救荒全书》，堪称百科全书式的荒政著作。该书延续了传统荒政思想的主线，以民本与重农为基调，表达了作者关于救荒事务的独特见解，同时体现出鲜明的时代特色：其一，强调标本兼治；其二，注重发挥民间力量，积极利用市场规律；其三，将治荒视为政治、法制、经济、军事协同作用的综合性系统工程，统筹规划，务实灵活。另外，该书在展现作者实学思想与济世情怀的同时，收集、保存了大量文献资料，对探究中国古代荒政制度的演变、荒政思想的发展具有重要价值。

关键词：祁彪佳　《救荒全书》　荒政

明代中后期，自然灾害频发，战乱不断，而政府救荒机制废弛，致使灾民得不到充分救济，流民问题严重，加剧了社会动乱。为挽救危机，有识之士积极寻求救荒之策，汇编、创作了诸多荒政文献，推动了整个明代荒政思想的发展。祁彪佳编撰的《救荒全书》，就是其中的集大成之作。

崇祯年间，祁彪佳感于"饥荒遍海内，救者不尽心，或有心无术"[①]，在亲身救荒经验的基础上，总结整理了历代关于荒政的思想和典章制度，"凡有一法之可师，一言之可取，俱行辑录，用备采择"[②]，著成《救荒全书》。但长久以来，《救荒全书》仅有部分内容刊行，研究者难见全貌，以致学界的关注度并不高，直至2010年，该书经夏明方、朱浒主持整理出版[③]，相关研究才开始增多。这其中，夏明方在《救荒活民：清末民初以前中国荒政书考论》[④]一文中，详细介绍了《救荒全书》的体例与流传状况，并高度评价其价值。接着，汪礼霞《祁彪佳及其日记研究》[⑤]、初祎《祁彪佳身份研究》[⑥]、许晨亭《祁彪佳慈善事业研究》[⑦]以及

收稿日期：2020-08-15。

作者简介：陈慧，华中科技大学人文学院历史研究所研究生，主要从事社会史研究。

① 祁彪佳撰、张天杰点校：《祁彪佳日记》，浙江古籍出版社，2016年，第871页。
② 祁彪佳撰，夏明方、朱浒校订：《救荒全书》凡例，见李文海、夏明方、朱浒主编《中国荒政书集成（第二册）》，天津古籍出版社，2010年，第499页。
③ 祁彪佳撰，夏明方、朱浒校订：《救荒全书》，见李文海、夏明方、朱浒主编《中国荒政书集成（第二册）》，天津古籍出版社，2010年。
④ 夏明方：《救荒活民：清末民初以前中国荒政书考论》，《清史研究》2010年第2期。
⑤ 汪礼霞：《祁彪佳及其日记研究》，安徽大学硕士学位论文，2011年。
⑥ 初祎：《祁彪佳身份研究》，中南大学硕士学位论文，2013年。
⑦ 许晨亭：《祁彪佳慈善事业研究》，湖南师范大学硕士学位论文，2015年。

李庆勇《从〈壬午日历〉看祁彪佳的家居生活》①等文,也从各个方面论述了祁彪佳的赈灾活动与《救荒全书》的编撰过程。尤其值得一提的是,蔡小平的《祁彪佳荒政思想探析》②依照灾前预备、临灾赈济、灾后补救的次序,较为详细地论述了祁彪佳的荒政思想和主张。

然而,《救荒全书》"作为先秦至明清传统中国最完备、最系统的荒政巨帙,它无可置疑地代表了近代以前中国救荒思想的最高水平"③,从这个角度上看,该书无论从文献、还是从思想的角度仍有可发覆之处。本文将在以上研究的基础上,进一步探究《救荒全书》对传统荒政思想的继承与创新,总结归纳其思想特色。

一 师古:对历代救荒基本思想的梳理与继承

"灾荒"乃是由于自然界的破坏力对人类生活的打击超过了人类的抵抗力而引起的损害。④ 自进入历史时期,灾荒便与人类社会相伴随,人们也开始不断总结经验,寻求救荒之策。先秦时期的《周礼》便曾提出荒政十二策,并成为历代救荒的基本原则。在中国历史的演进过程中,救荒制度与救荒思想日趋完备。《救荒全书》辑录此前时代经、史、子、集中大量的救荒内容,对历代救荒思想进行了梳理、总结和继承。

1. 天人感应禳弭观

先秦时期,人们对自然的认识有限,往往将灾荒归咎于上天所降,如甲骨卜辞载有"帝令雨弗足其年"⑤、"帝其降堇"⑥等语,从而也就有了祷神消灾之法。《周礼》言"索鬼神",注引郑众云:"索鬼神,求废祀而修之,《云汉》之诗所谓'靡神不举,靡爱斯牲'者也。"⑦即灾荒发生时,要广泛祭祀鬼神。至汉代,"天人感应"之说流行,灾异也与政治紧密联系起来。"天所以有灾变何?所以谴告人君,觉悟其行,欲令悔过修德,深思虑也。"⑧灾荒发生被认为是王政不德的结果,要求统治者反省思过。《救荒全书》继承了传统禳弭观,将"修省"、"祈祷"作为救荒的根本之策,列在"治本"章之首。

"雨旸不时,固有祈祷之法矣,然祈祷岂空文也乎?从来天人一气,征应不爽,必且侧身励行,悔过省愆,自足以御灾召祥。"⑨祁彪佳将自然变化与人事相关联,体现出他对灾害发生缘由的一种朴素认知;而且他相信只要诚心祈祷,便可以抵御灾害。虽然这不免带有迷信色彩,不过,他强调砥砺德行、反省过失,也是在告诫君臣不可漠视民生。祁彪佳列举了历代因灾降而修省祈祷之事,如记录明世宗朱厚熜之言:"他天时亢旱,虽繇朕不德,亦因天下有司暴贪,为民害,干天和"⑩,实际上是借弭灾揭露人事不修的现状,表达了革除弊政的迫切希望。

---

① 李庆勇:《从〈壬午日历〉看祁彪佳的家居生活》,《绍兴文理学院学报(哲学社会科学)》2016 年第 4 期。
② 蔡小平:《祁彪佳荒政思想探析》,《防灾科技学院学报》2013 年第 2 期。
③ 夏明方:《救荒活民:清末民初以前中国荒政书考论》,《清史研究》2010 年第 2 期。
④ 邓拓:《中国救荒史》,武汉大学出版社,2012 年,第 2 页。
⑤ 郭沫若:《卜辞通纂》第三六三片,《郭沫若全集·考古篇(第二卷)》,科学出版社,2002 年,第 364 页。
⑥ 郭沫若:《卜辞通纂》第三七一片,第 366 页。
⑦ 《周礼》卷一九《地官·大司徒》,孙诒让撰、王文锦、陈玉霞点校《周礼正义》本,中华书局,1987 年,第 741 页。
⑧ 班固撰:《白虎通义》卷六《灾变》,陈立撰、吴则虞点校《白虎通疏证》本,中华书局,1994 年,第 267 页。
⑨ 祁彪佳撰,夏明方、朱浒校订:《救荒全书》治本章之修省,第 545 页。
⑩ 祁彪佳撰,夏明方、朱浒校订:《救荒全书》治本章之祈祷,第 548 页。

2. 重农保民为要务

民本思想是中国传统政治思想的核心之一，保民自然是救荒要务。"岁虽凶败水旱，使百姓无冻喂馁之患，则是圣君贤相之事也。"①农业是传统社会的经济基础，更是广大民众的生活支撑，如汉景帝所言"农事伤则饥之本也"②，故而历代救荒均将重农视为治本之策。《救荒全书》继承了传统民本、重农的政治思想，指出"帝王戡乱致治，必在乎拊恤亿兆"③，"播时百谷，蒸民乃粒，为千古救荒之祖"④。

祁彪佳深刻认识到救荒不力会导致社会动乱。"农政修举，则虽天灾流行，亦可人事挽其半。"⑤要以发展生产、重视仓储来预防灾害，劝课农桑，兴修水利，开垦屯田。当灾荒来临，则要及时赈济百姓，帮助其恢复生产。"言拊流者，宽徭减赋，赈恤于方饥之时，此盖治其本也。待其流而后招徕安集，第为治其标耳。然灾荒重大，或不得不轻去其乡，故须标本兼治，乃使民命有瘳。"⑥灾后要采取赎鬻、养孤、安老、保婴、掩骼等系列措施，尽力安置灾民生活。

3. 重视预弭与存备

救荒于已然，不若备荒于未然。早在先秦时期，储粮备荒的思想就已出现，《周礼》记载"遗人"职责为"掌邦之委积，以待施惠"，并强调"县都之委积，以待凶荒"。⑦管子更是利用轻重散敛之术来备荒富民："请以令与大夫城藏，使卿、诸侯藏千钟，令大夫藏五百钟，列大夫藏百钟，富商蓄贾藏五十钟，内可以为国委，外可以益农夫之事。"⑧

《救荒全书》继承了重视灾前预防的战略思想，"饥馑骤至，苟非先事讲求，早有成画，而待临期仓碎，后为调剂，则虽良法在前，亦成弊数耳"⑨，强调居安思危，做好备荒，其主要措施有发展农业、兴修水利、重视储备等。书中"厚储"一章更是详细论述了义仓、社仓、预备仓、广惠仓、丰储仓、济农仓等历代备荒仓储制度，强调仓储"要在主守得人，散敛有法"⑩，重视劝惩稽考，因时、因地制宜。另外，祁彪佳还探讨了置义、社田的好处，介绍了官府内外储谷的备荒办法，并提倡民间自储自粜。此外，"治本"一章中还提及到设置廒官，专以备荒为务。

二 通今：对明代荒政思想时代特色的总结

明代前期，救荒制度尚较为完备，且推行有力。到明代中后叶，始渐废弛，于是有识之士纷纷著书立说，探求救荒之策，这使得传统的救荒思想逐渐成熟化、系统化。《救荒全书》详细记录了历朝皇帝圣谕和朝廷明例，又汇集林希元、屠隆、周孔教、刘世教等"近来诸

---

① 《荀子》卷六《富国》，王先谦撰《荀子集释》本，中华书局，1988年，第184页。
② 班固撰：《汉书》卷五《景帝纪》，中华书局，1962年，第151页。
③ 祁彪佳撰，夏明方、朱浒校订：《救荒全书》举纲章之圣谟，第507页。
④ 祁彪佳撰，夏明方、朱浒校订：《救荒全书》举纲章之古画，第518页。
⑤ 祁彪佳撰，夏明方、朱浒校订：《救荒全书》举纲章之古画，第518页。
⑥ 祁彪佳撰，夏明方、朱浒校订：《救荒全书》宏济章之拊流，第831页。
⑦ 《周礼》卷二五《地官·遗人》，孙诒让撰，王文锦、陈玉霞点校《周礼正义》本，第986页。
⑧ 《管子》卷二四《轻重乙》，黎翔凤撰、梁运华整理《管子校注》本，中华书局，2004年，第1465页。
⑨ 祁彪佳撰，夏明方、朱浒校订：《救荒全书》治本章之豫计，第561页。
⑩ 祁彪佳撰，夏明方、朱浒校订：《救荒全书》厚储章之社仓，第608页。

公所刻赈史、荒政凡二十余种"①,其中体现出来的荒政思想更是具有了鲜明的时代特色。

1. 鼓励民间力量参与

有明一代,至后期呈现出地方官府职能弱化、财政困难、救荒能力不足的社会局面。与此同时,乡绅富户则拥有大量财富,在地方事务中也有一定话语权,在地方治理中发挥着越来越重要的社会作用。

因此,明末普遍注重利用民间力量参与救荒,特别是劝富济贫。比如屠隆辞官回乡后,撰《荒政考》,强调官府应奖劝富户自愿出捐:"夫上躬先仁义,而其下有不望风响应者,否也。又需悬赏格以劝民,颁科条以鼓众,或量其所捐而优以礼貌,风以折节,奖以旌扁,荣以冠带。"②实际上当时许多赈灾官吏的策略与屠隆如出一辙,"视所捐多寡,优以匾额、冠带,仍免其徭役"③,而曾任职县令的刘世教更是直言:"赈之所自出有三,曰朝廷、曰有司、曰富家巨室"④,将富户视为赈灾主力。

《救荒全书》充分吸纳了这些观点,并强调"富民者,国之元气也"⑤,又提出了求"安富"的主张。"督责之法固不可行,惟有遍行申谕,动之以祸福,怵之以利害耳。"⑥这样因势利导,令富户自愿赈灾。祁彪佳还摘录了姚江文学邹光绅的建议,指出官府该如何引导乡绅富户发挥作用:"劝法有三:一者速令粜谷,不许留匿,不许顿粜奸牙,以出境外;二者暂贷通商,数月后即还其本;三者直令捐助,或给匾,或考试加之意。"⑦除了劝勉他们粜谷、捐助、放贷,官府还可以委之赈事,令其参与审户、核饥、除恶等事务。

2. 积极利用市场规律

在明代,南方商品经济繁荣,不少荒政文献的作者正是来自南方,他们普遍懂得利用市场规律来救荒。在当时,禁抑价以促进商品流通从而平衡粮食价格,已成救荒共识。林希元曾在奏议中直指抑价之弊:"尝见为政者每严为禁革,使富民米谷皆平价出粜,不知富民悭吝,见其无价,必闭谷深藏,他方商贾,见其无利,亦必惮入吾境。是欲利小民而适病小民也。"⑧无独有偶,生员张陛在家乡赈灾时,曾"誓众曰,但毋遏粜,石米愿羡市价五分。于是牙家辐辏,集米计千有余石,赈事遂办"⑨,希望通过提高粮价来吸引商贩。

《救荒全书》同样注重运用市场规律,要求官府以"和粜"之法备荒救灾,以济饥民;辖内粮食不足时,则行"告粜"之法,"或借公帑,或劝民贷,或差官役,或委富室",领批文前往外境购粮。然而"告粜"又不若"通商"为便,因此他主张禁止抑价,让利于商,"匪但不抑其

---

① 祁彪佳撰,夏明方、朱浒校订:《救荒全书》凡例,第499页。
② 屠隆撰,夏明方点校:《荒政考》,李文海、夏明方、朱浒主编《中国荒政书集成(第一册)》,天津古籍出版社,2010年,第108页。
③ 钟化民撰,夏明方点校:《赈豫纪略》,李文海、夏明方、朱浒主编《中国荒政书集成(第一册)》,天津古籍出版社,2010年,第156页。
④ 刘世教撰,夏明方点校:《荒箸略》,李文海、夏明方、朱浒主编《中国荒政书集成(第一册)》,天津古籍出版社,2010年,第286页。
⑤ 祁彪佳撰,夏明方、朱浒校订:《救荒全书》当机章之劝富,第698页。
⑥ 祁彪佳撰,夏明方、朱浒校订:《救荒全书》当机章之警谕,第709页。
⑦ 祁彪佳撰,夏明方、朱浒校订:《救荒全书》当机章之警谕,第701页。
⑧ 林希元撰,俞森辑,夏明方、黄玉琴点校:《荒政丛言》,李文海、夏明方、朱浒主编《中国荒政书集成(第一册)》,天津古籍出版社,2010年,第99页。
⑨ 张陛撰,夏明方点校:《救荒事宜》,李文海、夏明方、朱浒主编《中国荒政书集成(第一册)》,天津古籍出版社,2010年,第403页。

价也,而且免其收税,与之告身"①,促使物资大量汇聚,从而改变灾区缺粮窘况。同时还要做好"禁遏""饬贩",放开市场,保障商品流通,并打击无文无引之私贩与抢米索贿之奸邪。

此外,祁彪佳又鼓励官府与富室借贷于民,"藉为货本,展转营运,不但救一时之饥荒,且可成后来之产业"②,并劝勉义当、米当开张,"以物质米,以米取物"③,解决灾民无处典当、购米困难的问题。

三 创新：祁彪佳对荒政思想的独到见解

《救荒全书》是祁彪佳数年心血之作,它不是简单的文献汇编,其书内容框架的构建、辑录内容的选取、救灾次序的排列,都反映了祁彪佳荒政思想的逻辑。全书分为举纲、治本、厚储、应变、广恤、宏济、善后等八章十八卷一百五十则,每一则均以祁彪佳小议开头,还有三十二则在文末附祁氏专门议论,充分表达了祁氏的荒政思想和救荒主张。祁彪佳有着丰富的从政经验,对社会弊病认识深刻,辞官归乡后,更是亲身参与救荒实践,因此他的治荒思考自有独到之处。

1. 统筹规划,务实有序

魏丕信曾称赞《救荒全书》,说它是"一部真正的大型荒政汇编,无所不包而且体例分明。"④纵观全书,既有对历代荒政制度的深入探讨,也有救荒手段与方法的全面总结,更有相关农业技术的具体记录。其篇幅远超以往荒政专著,且将每则内容分为祖宗圣谕、朝廷明例、前代嘉谟、前贤懿绩、朝臣奏疏、私人议论,在体例上亦有所创新,可谓体大思精,叙述详明。

无论是现存最早的荒政专著《救荒活民书》,还是与《救荒全书》成书时代相近的《荒政丛言》《荒政汇编》《荒政要览》等,在内容上均偏重救荒措施,对治本之策的论述有限。《救荒全书》则深入分析了灾荒的起因,以预弭、救灾、善后为次序,详细论述备荒救灾的制度与措施,将治荒视为综合农业经济、社会治安、社会保障、政治体制和宗教文化的系统性工程,展现出相当成熟的荒政思想。

祁彪佳对灾荒发生的认知,尽管没有突破王政不德、天降灾异的迷信思维,但他也意识到自然条件为灾荒发生的直接因素,而农业衰落、政治腐败等社会条件又为深层因素,少有将财政体制败坏与灾荒直接联系。基于此,他提出了一套系统且具体的治荒策略,能够充分考虑到地区差异、贫富差距与个体需求,实现标本兼治,灵活施策。

2. 洞察人心,体恤民情

在《救荒全书》,祁彪佳善于揣摩灾荒事件中不同主体的心理状态和心理活动,这在明代荒政著作中可谓独树一帜。祁彪佳敏锐观察到赈济者的顾虑,"任事极难而敛怨最易",发端易,竟事难,辛劳与谤议令人心生退意,因而他主张予以赈济者行政支持与精神鼓励,助其扫除障碍,坚定信念。"或出之明示,以杜非毁之萌,或呼之诚谕,以坚担荷之念,或赐

---

① 祁彪佳撰,夏明方、朱浒校订:《救荒全书》当机章之召商,第726页。
② 祁彪佳撰,夏明方、朱浒校订:《救荒全书》宏济章之民借,第827页。
③ 祁彪佳撰,夏明方、朱浒校订:《救荒全书》宏济章之米当,第895页。
④ 魏丕信著,曹新宇译:《略论中华帝国晚期的荒政指南》,李文海、夏明方主编《天有凶年:清代灾荒与中国社会》,三联书店,2007年,第106页。

之公见,以示鼓励之意,庶垂成不至复偾也。"①他还关注到役使小吏的家庭也会同样遭受灾荒影响,"倘室家交谪,比门兴叹,其有不灰心者鲜矣"②,指出务必给其禄、书其劳,使之足以自给,从而更好地投入赈事。

祁彪佳同样对灾民关怀入微,且主张采取灵活的救助措施。他提出应该根据灾民的贫富状况,采取给米、施粥、给钱等不同的救助措施,比如以给米之法弥补施粥的疏漏,"使老幼妇女,残疾卧病之人,皆可计口受给"③。为保障灾民各项生活需求,又主张施行有针对性的设寓、赐衣、施药等措施。他还考虑到受施者的自尊心问题,"从来言赈粥,不过设厂已耳。然而中贫者,未必得食也。虽极贫而衣冠之裔,羞于呼蹴者,未肯就食也"④,故而设市粥之法,使其廉价购粥,并要求粥铺"接饥民如遇嘉宾,不可起厌憎心"⑤,尽力保全受施人的体面。

3. 开源度支,崇俭为本

《救荒全书》另一独特之处,在于留心经济,将财政制度纳入备荒范畴。"钱、钞、盐、屯四者,国家之大利也。原不但为救荒设,而当此灾祲之际,搜无可搜,募无可募,倘不讲求大利之源,而仅仅涂饰目前,荒政之所济亦有限耳。"⑥明代中后期,钱法纷乱,弊病丛生,公私用银愈加广泛。盐法败坏,开中纳银取代了边防纳粮,导致屯田废弛,军饷输挽艰难。"一遇旱干水溢,粒米如珠,则虽积金至斗,何所用之?"⑦因此,祁彪佳主张改革财政,整顿钱钞,兴屯裕饷。

崇俭是历代救荒的基本思想主张,而《救荒全书》又将其上升到新高度,即"崇俭为救荒之本源"。"今三浣食十之二矣,食饭减而粥矣,是两日省一日之需。故值虽涌,米尚未乏也。倘自此岁岁而节之,无待命于天时,无仰给于邻籴。"⑧祁彪佳不但反对生活奢侈,更提出平日里也要节食、止酒、禁戏,提倡改变日常的饮食与娱乐习惯。此观点看似极端,却是基于明末灾害频发、物资贫乏的现实考量,从而具有一定合理性。《救荒全书》还注重节省财政开支,"裁一冗食,节一冗费,便足饱几许苍黎"⑨,主张清核军中冒滥之事,裁减官府冗员,减少漕运损耗等。

结语

《救荒全书》是在明末危机重重的社会背景下编纂的,从而不免带有实学思想的色彩和济世情怀。该书延续了传统救荒思想主线,兼具当时社会的时代特征,堪称是一部百科全书式的荒政著作。

从内容上看,该书以民本与重农为基调,既带有禳祓消灾、因果报应的迷信色彩,又注

---

① 祁彪佳撰,夏明方、朱浒校订:《救荒全书》当机章之隆任,第696页。
② 祁彪佳撰,夏明方、朱浒校订:《救荒全书》当机章之恤劳,第696页。
③ 祁彪佳撰,夏明方、朱浒校订:《救荒全书》宏济章之给米,第845页。
④ 祁彪佳撰,夏明方、朱浒校订:《救荒全书》宏济章之市粥,第880页。
⑤ 祁彪佳撰,夏明方、朱浒校订:《救荒全书》宏济章之市粥,第881页。
⑥ 祁彪佳撰,夏明方、朱浒校订:《救荒全书》治本章之钱钞,第580页。
⑦ 祁彪佳撰,夏明方、朱浒校订:《救荒全书》治本章之盐屯,第584页。
⑧ 祁彪佳撰,夏明方、朱浒校订:《救荒全书》治本章之节食,第594页。
⑨ 祁彪佳撰,夏明方、朱浒校订:《救荒全书》治本章之裁冗,第593页。

重发挥人的主观能动性,强调标本兼治,重视预弭、务实救灾、不忘善后;而且基于明代商品经济繁荣、乡绅势力扩张的社会现实,特别注重发挥民间力量参与救荒,积极利用市场规律调配物资。同时,该书还将治荒作为政治、法制、经济、军事协同作用的综合性系统工程,是少有的直接将财政制度与备荒挂钩的作品。另外,本书中作者还特别关注灾荒事件中官吏与百姓的心理状态,颇富人情味。

再就整体而言,《救荒全书》保存了大量救荒文献以及部分罕见的明代诏令疏议,结合了作者的救荒经验,展现出鲜明的个人思想特色,对探究中国古代荒政制度演变、荒政思想发展具有重要价值,或可为当今社会的灾害救济提供一些借鉴。

清代佥妻制度初探

刘雨洁

华中科技大学人文学院

摘 要：作为妇女随犯流罪之夫一同被流放的法律制度，佥妻制度在秦代的司法实践中就已有雏形，但一直到明代，这一制度才被正式命名并以"流囚家属"条例在法典中进行规制。清承明制，佥妻之制的律文基本因袭前朝，而例文却历经多次增删变更，这主要体现在流犯之妻的免佥条件及官府是否提供佥妻在流放途中所需费用等方面。不过，在乾隆八年（1743）强制流犯佥妻的条例即废止，乾隆三十一年（1766），又停止对佥妻官为咨送。虽然如此，佥妻之制在新疆、东北等地区和旗人家奴中仍旧适用，直到光绪十一年（1885）才最终被废止。究其原因，则与该制度本身的缺陷、引发的种种社会问题、国家财政压力、政治局势变化及遣地具体的实际情况等密切相关。

关键词：佥妻 流刑 法制史 妇女史

流刑制度在诞生之初，是将人犯"减刑一等"而遣送到边远地方服劳役的处罚。在此层面上，流刑无疑是一种宽宥之刑、免死之刑。但对安土重迁的国人来说，流放制度则意味着终身远离故土和族人。因此，流刑在"笞、杖、徒、流、死"五刑体系中乃是惩罚力度仅次于死刑的重刑。从《大清会典》所载的"流终身不返"[①]以及其他清代法律文书来看，清代亦是如此。

本文所论的"佥妻"之制，即由流刑衍生而出，是指丈夫被处以流刑，妻子须跟随丈夫一同被流放的法律制度。"佥妻"的雏形在秦时就已出现，"其为士五、庶人者，处苍梧，苍梧守均处少人所，疑亡者，戒胶致桎传之，其夫、妻、子欲与，皆许之。"[②]犯罪被流徙之人，若其妻有意随行，即可与罪夫一同服刑。这可以说是佥妻制度的雏形。而"佥妻"得以正式命名，则是在明代。万历四十六年（1618），"游击万化孚发宁夏左卫充军，终身拘佥妻发遣，仍准各在戍入功赎罪"[③]。对此，《大明律》中也有明文规定：

> 凡犯流者，妻妾从之。父祖子孙欲随者，听。迁徙安置人家口，亦准此。若流徙人身死，家口虽经附籍，愿还乡者，放还。其谋反逆叛及造畜蛊毒，若采生折

收稿日期：2020-07-15。

作者简介：刘雨洁，华中科技大学人文学院研究生，主要从事古代文学及社会性别的研究。

① 光绪《清会典》卷五三《刑部·尚书侍郎职掌一》，中华书局，1991年影印本，第492页。
② 陈松长主编：《岳麓书院藏秦简（肆）》（中），上海辞书出版社，2015年，第225页。
③ 《明神宗实录》卷五七一，"万历四十六年六月戊午"，"中研院"历史语言研究所校印本，1962年，第10766-10767页。

割人、杀一家三人,会赦犹流者,家口不在听还之律。①

此时,流犯可携带的家属范围扩大至父祖子孙,且流犯之妻必须与夫同流。除犯"谋反逆叛及造畜蛊毒""若采生折割人"等重大罪行,夫死,家室不可听还外,因其余缘故被处流刑者身死,其妻均可放还回籍。

目前,学界对"佥妻"制度的研究还稍嫌薄弱。明代"佥妻"的情况,目前的研究主要有刘正刚、高扬的《明代法律演变的动态性——以"佥妻"例为中心》,其中指出,明代"佥妻"之法的形成与明代卫所制度密切相关,首先出现于例文,后被收入《大明会典》,在行用过程中,因应社会需要而不断变化,呈现出一种动态性。另张志军《何处买军妻?——明代佥妻制度研究》一文则结合清解军政,对佥妻条例在明代的形成与具体的司法实践进行了梳理,探讨了佥妻制度对地方社会造成的负面影响。

至于清代的"佥妻"制度,万银红的博士论文《清代妇女社会活动研究》第三章为描述随着罪夫流放妇女在发配途中和遣所的生活状况,也着重提到了清代佥妻制度的发展。此外,朱彤彤的《中国古代流刑妇女适用问题探讨》将因佥妻制度"实发"列为中国古代妇女流刑"实发"的一种类型进行了论述;姜振强《清代"流囚家属"条探析》在各朝"流囚家属"例文、律文的梳理中也对佥妻制度多有论及,并对其进行了法律评析。②

总体看来,尤其是对清朝佥妻制度的研究,少有专题的研究,大多还是集中于文章的某一小节,粗略描述清代佥妻制度的条例变化,篇幅较短,论述也相对较为笼统。本文则将视角聚焦于清朝佥妻制度流变的具体过程,并分别探讨佥妻制度得以应用、废止和废止后在部分地区和人群中依然适用的情况,以期为清朝佥妻制度的相关研究提供一些补充。

一 清朝佥妻制度的施行

佥妻之制存在的必要性在于,对判处流刑的男性,"全其夫妇,免致拆离。亦使该犯到配得有家室可恋,不致逃亡"③。妻子随至配所,表面上符合以全家室的传统伦理,体现清廷对流犯虽流犹恤的"善政","流徙人犯与妻子同解者,本不忍其夫妇分离之故也"④;另一方面,由于被处流刑之人所犯大多是重罪,佥妻之举还有以妻子作为"人质",牵制流犯的目的。乾隆十八年(1753),福建巡抚陈宏谋等奏,"闽省命案起于械斗者居多。揆其所以纠斗之由,多因有事告官,不即公为审断。且案犯抵罪,止问下手之人,而主谋者率多漏网。臣等严督地方官,遇事速审速结,不许拖延。如有械案,必究出主谋纠约之人。按例定拟。并查有家室者,佥妻发遣,俾有所牵制"⑤。一旦罪犯有了逃亡的念头,考虑到妻子与他一同出走的成本和安全问题,就会有所顾虑。因此,佥妻制度也是避免流刑人犯逃亡或再次犯罪的重要手段。

---

① 刘惟谦著,怀效锋点校:《大明律·名例律·流囚家属》,法律出版社,2009年,第8-9页。
② 参见:刘正刚、高扬《明代法律演变的动态性——以"佥妻"例为中心》,《历史研究》2020年第4期;张志军《何处买军妻?——明代佥妻制度研究》,《古代文明》2020年第3期;万银红《清代妇女社会活动研究》,南开大学博士学位论文,2014年;朱彤彤《中国古代流刑妇女适用问题探讨》,苏州大学硕士学位论文,2016年;姜振强《清代"流囚家属"条探析》,中南财经政法大学硕士学位论文,2019年。
③ 光绪《清会典事例》卷七二八《刑部六·名例律·流囚家属》,中华书局,1991年影印本,第59页。
④ 贺长龄、魏源等:《清经世文编(下册)》,中华书局,1992年,第2264页。
⑤ 《清实录·高宗纯皇帝实录》卷四三七,"乾隆十八年四月下",中华书局,1986年影印本,第702页。

清承明制,清初有关佥妻的规定,基本承袭明律。但清盛期有关佥妻制度的例文则不断被修改、细化。兹详述清代佥妻制度之流变如下。

顺治三年《大清律集解附例》载:

> 凡犯流者,妻妾从之。父祖子孙欲随者,听。迁徙安置人(随行)家口,(妻妾、父祖、子孙)亦准此。若流徙人(正犯)身死,家口虽经附(入配所之)籍,愿还乡者,放还。其谋反逆叛及造畜蛊毒,若采生折割人、杀一家三人,(此等人恶极祸延,虽)会赦犹流者(指家口,即使正犯身死,不得如前无罪之家属可还原籍也),家口不在听还之律。①

同样,恶极祸延之犯,妻室及其他家口皆须缘坐,即便流犯身死也不得放还回籍。其他流犯,"于途中病故,及委官相验,果系患病身故并无别情者,移咨刑部销案。例应佥妻者,免其发遣。在配所病故者,该抚查明病故情由,取具该管官印结送部,所遣妻室,准其回籍。"②该条律文至乾隆五年(1740)颁布《大清律例》时,除小注稍有调整之外,此后再无变更,而有关佥妻之制的例文内容自康熙至光绪年间却历经多次增删修改。

康熙三年(1664),清廷针对流犯之妻的免佥情况首次作出补充:"凡佥妻流徙人犯,夫死,其妻免;若有子或无子有仆,仍应流徙;尚未离乳者亦免。"③同年又议准,"如无子无仆,或有乳子无仆者,俱免流徙。"康熙四年(1665),清廷再次对流犯之妻免佥条件作出调整,恢复一旦夫死则妻子免遣的规定,不再对有子或有仆等情况作出区分。康熙四年二月谕旨称,律例规定流徙人犯与妻子一并发遣的目的在于令夫妻完聚,而其妻子原系无罪,因此,"以后除反叛重案连坐,及干连人犯,仍照前旨遵行外,其余流犯身死,妻子俱免流徙。"康熙十二年(1673)又议准,即使叛案牵连流犯身故,其妻子亦免流徙;康熙二十年(1681)覆准,"反案牵连流犯身故,其妻子有子者,仍流徙,无子者,亦免流徙。又钦奉恩诏,流徙人犯,在配所身死,其妻子有愿携骸骨回籍者,该地方官报部,准其各回原籍。"④

雍正年间,佥妻条例几无调整。

但值得注意的是,至乾隆时期,始从流犯之妻的角度增定相关例文。其一是针对犯妻年老笃疾的情况。乾隆元年(1736),御史周绍儒上疏,"军流人犯佥妻发解,如犯妻夙有疾病,年已衰老,不能远行,本犯不愿携往,及妻室患病,病痊补解,许令亲族随行。又因患病遂成笃废,免其补解等语。从前原未著有定例。"刑部议覆:"嗣后军流人犯之妻,如有患病留养,本犯先行发遣者,伊妻子于病痊补解时,许亲属随行。再如犯妻年逾六十,本属老病不能随行,及成笃废不能补解者,仍取具邻族甘结、地方官印结,申详各该上司,报部查核。行文本犯遣所,倘有捏饰情弊,将具结之亲族里邻,照例杖一百,犯妻立即补解。"⑤此处已经提及妻子同流的前提是其年龄和身体状况允许,乾隆五年颁布的法典《大清律例》中关于"流囚家属"的条文,则对此进行了重申并补充,规定凡是拟佥遣的犯人,审判时要切实提供妻子的姓氏、年龄等信息,以便将其"于招详内声明"。"如无妻室,即取具邻族甘结,加具印结,随招申送。若系隔属隔省,一面于招内申报。一面移查原籍取结,俟结到之日

---

① 吴坤修等编撰,郭成伟主编:《大清律例根原》,上海辞书出版社,2012年,第53页。
② 光绪《清会典事例》卷七二一《兵部一八〇·发配·军流》,中华书局,1991年影印本,第946页。
③ 《清实录·圣祖仁皇帝实录》卷一一,"康熙三年正月至四月",中华书局,1986年影印本,第702页。
④ 光绪《清会典事例》卷七二八《刑部六·名例律·流囚家属》,中华书局,1991年影印本,第57页。
⑤ 《清实录·高宗纯皇帝实录》卷二八,"乾隆元年十月上",中华书局,1986年影印本,第598页。

即行加结申送,不得俟结案后再行查佥。"①由此可见,佥妻制度在执行环节的规定也愈发细化和具体。

其二是针对犯妻病故的情况。乾隆七年(1742)定例,"别项发遣人犯,未经到部,及到部之日,妻室病故,将该犯迁回原籍,改发烟瘴。其已由刑部咨送兵部转发者,以山海关为界,如解至关外,妻室病故,地方官一面竟行发遣,一面申报刑部,如在关内,妻室病故,一面申报刑部,一面迁回原籍,照例发落"②。

相较于康熙时期,乾隆五年《大清律例》对流犯之妻免佥的情况也作出了进一步补充:"除强盗减等及情罪重大佥妻发遣外,其他军、流人犯,如父母年已衰迈,家无次丁,愿留其妻侍养父母者,取具地方官印结,咨部免佥。"③即除重大案犯,若为独子,其妻免佥。另外,若存在妻子患病留养的情况,则"将本犯先行发遣者,俟伊妻病痊被解时,令伊亲属随同差役解赴遣所,交与本犯收领。若伊妻年过六十以上,并原系有疾不能随行,及患病留养后成笃发不能补解者,该地方官取具邻族甘结,加具印结,申详各上司行文本犯遣所,俾令知之。"如果邻人存在捏造谎报留养的情节,则将其"杖一百,犯妻立即补解"④。因此,若流犯之妻年过六十且本就身患疾病,留养后病情加重,也可免佥。除上述两种情况,妻子皆须随犯夫佥配,只是遣送时间上存在先后差异而已。

二 清朝佥妻之制的废止

佥妻制度在清前期和清盛期的司法实践,逐步暴露出一些弊端,比如在得知丈夫被判流罪之后,有妇女为逃避与夫同流,会收买他人顶替佥遣,或贿赂官吏称其身死,甚至产生杀夫的极端念头;也有父母爱女心切,为了免除女儿随佥,做出杀婿的举动;此外竟然还产生恋人妻者杀害犯夫的情况。这些弊端直接导致了佥妻制度的议废。

在传世文献中,佥妻之制所暴露出来的问题最早见于康熙三年(1664)。该年刑部题"流徙宁古塔一犯人项知中途病故,伊妻傅氏应否放还原籍"一事中提到,"或妻家冀免伊女,致死其婿,及恶棍欲得其妻,设谋致毙,作何禁止,尔部详议以闻"⑤。由于涉及人命,清廷专门为规避此类事件而开列条例,"若发遣之时,其妻家冀免并流,致死伊婿者,以谋杀人律罪之,恶棍觊觎其妻,设谋行害者,照光棍例立斩。地方官将流罪犯人,称系死逃隐匿者,题参重处"⑥。同年,刑部遵旨议覆,对该条例进一步修正,嗣后"若犯人妻家冀免女流徙,致死其婿,以谋杀人论。或恶棍欲得犯人妻,设谋致毙者,照光棍例立斩。地方官故徇犯人,伪以病故闻者,事觉,交吏部从重治罪"⑦。

除了会诱发危害社会安定的因素之外,佥妻制度本身也存在着缺陷,即官差在司法实践中,无法确保所捉拿之人就是犯人之妻。尽管流刑犯在被审判时,按照律法要求,要确切提供妻子的身份信息,否则将会受到严惩,但这也不能完全规避犯人会为让其妻免佥而

---

① 朱轼、三泰等编撰,田涛、郑秦点校:《大清律例·名例·流囚家属》,法律出版社,1999年,第96页。
② 光绪《清会典事例》卷七四一《刑部十九·名例律·徒流迁徙地方一》,中华书局,1991年影印本,第187页。
③ 朱轼、三泰等编撰,田涛、郑秦点校:《大清律例·名例·流囚家属》,法律出版社,1999年,第97页。
④ 朱轼、三泰等编撰,田涛、郑秦点校:《大清律例·名例·流囚家属》,法律出版社,1999年,第96页。
⑤ 《清实录·圣祖仁皇帝实录》卷一一,"康熙三年正月至四月",中华书局,1986年影印本,第179页。
⑥ 光绪《清会典事例》卷七二八《刑部六·名例律·流囚家属》,中华书局,1991年影印本,第57页。
⑦ 《清实录·圣祖仁皇帝实录》卷一二,"康熙三年五月至七月",中华书局,1986年影印本,第184页。

谎报之，官吏在具体执行时又很难做到一一核实，竟依据手上箕斗作出判断。《大清会典》乾隆八年议准例载，"免死减等缘坐应流等犯，例应佥妻发遣者，其中或有不愿随从之人，亦断非验看两手箕斗，即可以永除顶替之弊。况手上箕斗，原属微茫，虽本夫亦不能尽悉，若止令胥役人等，执持细看，不惟近于玩亵，保无从中需索随口捏报之弊。且查现行颁发律内，并无验看箕斗明文。"对于此，统治者能提供的解决办法也只是嗣后"凡属军流妻室，有愿从者，不必拘唤到官验看，止令本夫开具年貌，同往遣所。至例应妻室同遣者，饬令该州县取具本夫开报妻室年貌，有无疤痣，并该犯之亲族邻佑人等甘结，验明造册发遣，仍加具印结送部备查"①。此法同样无法从根本上解决佥妻制度在实行时确定妻子身份面临的困境。

另外，作为犯人佥妻流放执行者的官吏，其中亦有枉法者。一是由于官员薪俸微薄，为养家糊口，不免在流放途中收取犯人及其佥妻贿赂，助其获得逃脱的机会。二是一些官差会采取各种更加严重的不法手段谋取暴利，如敲诈勒索、强取豪夺等。顺治十八年曾钦奉谕旨，称："凡续解流犯妻子，有亲戚人等随送助给者，听。仍严禁押解，官兵不得横肆扰害。"②康熙四十一年也有刑部议覆，顺天府府尹钱晋锡疏言："各省民人，有在京定罪发配，及免死减等人犯，旧例于顺天府发遣。因其中佥妻流徙，必俟该犯之妻，从本省押解至京，始行发遣，旷日稽迟，且单身女流，长途押解，易受解役之凌辱殊为可悯，请嗣后将各省民人，在京发配者，先发回本省，照各省发遣之例，佥妻解往。"③考虑到在随同佥配的过程中可能遭受到差役的欺扰，法律中对流犯之妻的安全给予了一定程度上的保障，但这依然避免不了犯妻"在途则受解役之凌辱，收监则受禁卒之索诈"④，却也无处状告的情况。

最后不得不提的是，流放过程中，造成"佥妻"非正常死亡的现象屡见不鲜。

就流放地点而言，明朝法律曾规定"流三等，照依地里远近定发各处荒芜及濒海州县安置"⑤。统治者采取将南方流犯及其佥妻流至北方，而北方则流至南方的办法，目的就是为了让流犯远离家乡故土，使其饱受与家族分离之苦。而清朝统治者对犯人流放发遣地区的选择多以国家的政治局势需要和军事目的为主，既为惩治人犯，也为边地开发，因此犯流罪者大多被安排发往各时期尚待开垦的"烟瘴之地"。

清初，大量东北地区的民人随着清军一同入关，导致此地日渐荒芜，此后被处流刑须佥妻的犯人也就多被流放至东北各地。乾隆元年，为避免迁徙人犯的大量涌入，破坏当地抱素怀朴的风气，统治者又将人犯改发至"烟瘴之地"，即当时的边远荒芜之地。《大清律例》规定："云贵川广五省人犯应发黑龙江等处者，照《军卫道里表》内所编极边地方足四千里佥发"，"直隶、江南、浙江、江西、湖广、福建、山东、山西、河南、陕西的人犯发往黑龙江等处者，俱发往四川、广东、广西、云南、贵州烟瘴地方"。⑥乾隆、嘉庆和光绪朝又有大批流犯佥妻前往新疆。这就导致在实际流放中，由于长途跋涉的艰辛与恶劣气候的影响，很多流犯及其妻在前往流放地的途中，生病甚至死亡。由此，朝廷做出了停遣的规定："凡军流及

---

① 光绪《清会典事例》卷七二八《刑部六·名例律·流囚家属》，中华书局，1991年影印本，第59页。
② 光绪《清会典事例》卷七二八《刑部六·名例律·流囚家属》，中华书局，1991年影印本，第57页。
③ 《清实录·圣祖仁皇帝实录》卷二〇八，"康熙四十一年五月至闰六月"，中华书局，1986年影印本，第113页。
④ 哈恩忠：《乾隆朝管理军流遣犯史料（上）》，《历史档案》2003年第4期，第16页。
⑤ 申时行等撰，申时行等重修：《大明会典》卷一六一《刑部三·律例二·名例下·徒流迁徙地方》，广陵书社，2007年，第2264页。
⑥ ［清］朱轼、三泰等编撰，田涛、郑秦点校：《大清律例》卷四五《总类》，法律出版社，1999年，第854页。

外遣人犯,十月至正月终及六月俱停发遣,余月照常发遣"。① 尽管如此,由于男女生理的差异,妇女往往更不堪忍受流放的艰辛。许多佥妻体质本弱,却要"提携襁褓,长途跋涉",以致"困苦备至,痛卒道途"②。

佥妻之制在施行过程中的缺陷和弊端,凡此种种,不一而足,佥妻制度行将废止也在情理之中。

乾隆八年(1743),浙江巡抚常安奏称:"军流人犯佥妻同遣。在立法之初,原令被罪之人,尚获夫妻之聚。但本犯孽由自作,妻妾究属无辜。请将不愿离者,令从夫而行;其愿留者,不必概绳以法",如果"本夫情愿携带妻妾;或其夫不愿,而妻妾愿从者;或本夫情愿携带,而妻妾背义不从者,俱行佥发,不得托故规避。如无以上情节。概令免佥"③。得到刑部议准,要求流刑犯妻子必须同流的条例同年被废止:"本年四月刑部议准:嗣后除缘坐犯属,原系有罪之人,及强窃案内免死减等,并罪应军流者,俱仍严查佥发外,其他军流等犯,若本夫情愿携带妻妾,或其本夫不愿而妻妾从者,或本夫愿带妻妾而妻妾背义不从者,俱行佥发,不准推故规避。如无以上情节,概令免佥,亦不得妄提并解。"④此时虽已不再强制犯人佥妻,但情愿跟随流犯佥遣之妻,仍许同流,并官为资送。也就是说,乾隆八年时佥妻制度被废止,仅在丈夫要求携带妻子佥遣或丈夫不许但流犯之妻情愿随夫流放的情况下,才准犯人佥妻,并官为咨送。

此后,在乾隆十八年(1753),山西按察使唐绥祖曾奏复军流佥妻之例。刑部议覆,"除缘坐应流,及强窃盗免死减等,并罪应军流者,定例原属佥遣外,如犯奸诱拐略卖采生折割、用药迷人、放火发冢、兴贩硝磺、假造印信、造卖赌具、盐枭、矿徒、私铸私销案犯、以及凶恶棍徒、扰害良民、罪拟军流者,均属无赖奸棍,情罪既属可恶。事犯后,形踪叵测,易致疏脱。应如所请。佥妻发遣,不得任其托故规避。到配之日。俾其顾恋室家,不致只身远扬。此外如非本夫愿带,妻妾愿随者,应仍照乾隆八年定例免佥。从之。"⑤由此,涉及上述罪行的重大案犯,犹行佥妻,其余流犯,仍免佥妻发遣。

流犯抵达流放地之后,年少力壮者,官府会给予一年口粮或是提供差事使之营生,避免其在当地因生计问题引发犯罪:"军流等犯初到配所,其少壮军流穷苦无业者,亦准给与一年口粮,并令在于州县驿递衙署充当走役,给与工食,法至善也。"后有按察使上奏,即便是年少力壮者,"充当服役的人犯,每天支付相应的工食,而不能再发给口粮,以免浪费粮食"⑥。而对"流犯年逾六十,老病龙钟"的年老流犯,则"照孤贫之例,拨入当地养济院,给以口粮",该条例在乾隆五年馆修时被删除。⑦

因此,对流犯群体,朝廷尚且感到有较沉重的经济负担,至于同遣之妻在流放路途中和到达遣地之后管理所要花费的银钱,其无法支付也是在情理之中。乾隆三十一年

---

① 朱轼、三泰等编撰,田涛、郑秦点校:《大清律例》卷五《名例律》,法律出版社,1999年,第130页。
② 哈恩忠:《乾隆朝管理军流遣犯史料(上)》,《历史档案》2003年第4期,第16页。
③ 《清实录·高宗纯皇帝实录》卷一八八,"乾隆八年四月上",中华书局,1986年影印本本,第427页。
④ 光绪《清会典事例》卷七二八《刑部六·名例律·流囚家属》,中华书局,1991年影印本,第59页。赵尔巽撰《清史稿·刑法志》记载,"乾隆二十四年将佥妻之例停止。其军、流、遣犯情愿随带家属者,不得官为资送"。此条有误。另,姜振强撰中南财经政法大学2019年硕士学位论文《清代"流囚家属"条探析》,万银红撰南开大学2014年博士学位论文《清代妇女社会活动研究》,将佥妻条例的废除与官府不再为佥妻官为咨送的时间均写作乾隆二十四年,同样有误。
⑤ 《清实录·高宗纯皇帝实录》卷四三二,"乾隆十八年二月上",中华书局,1986年影印本,第641页。
⑥ 哈恩忠:《乾隆朝管理军流遣犯史料(下)》,《历史档案》2004年第1期。
⑦ 吴坛撰,马建石、杨育棠校注:《大清律例通考》卷四《名例律》,中国政法大学出版社,1992年,第199页。

(1766),官府决定停止支付流犯佥妻在流放路途中所需的费用:"凡罪应缘坐及造畜蛊毒、采生、折割人、杀一家非死罪三人等项,犯属仍照例佥发外,其余一应军流遣犯家属,均无庸佥配。如有情愿携带妻室子女者,听其自便,不得官为资送。"①此条例最早由陕甘总督吴达善于乾隆二十四年奏请暂停改发巴里坤人犯摺内时,向刑部附请定例时提出。当年,刑部议复乌鲁木齐办事大臣阿桂奏准定例。从此,除了流放时不再官为咨送外,流犯身死,妻子回籍也不再由官府出资。乾隆三十二年(1767)定例,若"内地军、流人犯身故,除妻子不愿回籍,并会赦不放还外,其余令该地方官给咨回籍。若妇人无子及子幼者,咨明本省督抚,令本犯亲戚领回原籍,不准官为资送"②。自此,不仅因普通罪名被处流刑的流犯不必佥妻同流,愿与夫佥遣的妻子在流放途中所需费用也要自行承担。

三 佥妻之制废止后的例外适用

(一)特殊地域

清王朝疆域辽阔,统治者又是从东北地区南下入主中原,随着所征服土地的增多,便更加注重对边疆新征服地区的控制和域外势力的提防。

雍正二年(1724)有奏称,边内地方宜开垦屯种,"查西宁边墙内,俱属可耕之田。布隆吉尔地方,现在修筑城垣,请将直隶、山西、河南、山东、陕西五省军罪人犯,尽行发往大通、布隆吉尔等处,令其开垦。查西宁本处人民,与驻大通三千兵丁之子弟亲戚,情愿往种者,正不乏人,大通河地方,不必发谴犯人。惟布隆吉尔地方,远居边外,愿去之人甚少,应如所请。行文刑部,并直隶、山西、河南、山东、陕西五省,佥妻军犯内,除盗贼外,有能种地者,即发往布隆吉尔地方"③。修筑布隆吉尔地方城垣亟需人力,然此地又属边外,因此原发西宁地方的犯人及妻子中有劳动能力者,即发往边外增援。乾隆七年也有"免死减等强盗,不论有无妻室,俱照例解部,发遣宁古塔等处为奴"④等语,同年刑部议覆,左侍郎张照奏称,"遣犯妻子,应分别查办""发遣黑龙江、宁古塔当差之犯,例应佥妻"⑤。其目的即在于充实东北地区清廷的龙兴之地。

而自乾隆朝平定准噶尔部,西北局势逐步稳定,清廷"以新辟之土疆,佐中原之耕凿,而又化凶顽之败类,为务本之良民"⑥,开始将内地罪犯发遣至天山北路,强制其从事屯垦生产。佥妻制度在此一直没有被废除,以满足边疆开发的人力需求,其中以发遣新疆伊犁、乌鲁木齐地方的流犯及佥妻居多。乾隆三十一年五月,军机大臣等议奏,据伊犁将军明瑞等奏请,"将发遣伊犁人犯,俱佥妻子遣往等语。查现在发遣乌噜木齐人犯。不分例应佥妻与否,概令携眷前往屯田,议准在案。伊犁亦系新疆,应照乌噜木齐一体办理。嗣后发往伊犁者,概将该犯眷属遣往,又据称赏给屯田兵为奴人犯……嗣后有似此者,应请

---

① 胡星桥、邓又天主编:《读例存疑点注》,中国人民公安大学出版社,1994年,第30页。
② 薛允升撰,胡星桥、邓又天主编:《读例存疑点注》,中国人民公安大学出版社,1994年,第28页。
③ 《清实录·世宗宪皇帝实录》卷二〇,"雍正二年五月",中华书局,1986年影印本,第335页。
④ 光绪《清会典事例》卷七四一《刑部十九·名例律·徒流迁徙地方一》,中华书局,1991年影印本,第187页。
⑤ 《清实录·高宗纯皇帝实录》卷一六二,"乾隆七年三月上",中华书局,1986年影印本,第46页。
⑥ 《清实录·高宗纯皇帝实录》卷五九九,"乾隆二十四年十月下",中华书局,1986年影印本,第695页。

照此办理。从之"①。同年议准,"凶徒因事忿争,执持凶器殴人至笃疾,发边卫充军者,如年力犹壮,佥妻改发乌鲁木齐等处为奴"②。另外,向例抢窃满贯,及三犯窃盗,赃至五十两以上,拟绞各犯。秋审缓决三次者,俱改发乌噜木齐伊犁等处,给兵丁为奴。但此等人犯,情罪本不甚重。既经议缓,即可仰邀宽典。若必羁禁多年,始行改发,恐有年力渐衰,不任耕作之人。请嗣后秋审缓决一次之后,查明该犯年在五十岁以内者,即行佥妻改发。③ 抢窃满贯应绞,及三犯窃盗赃至五十两拟绞各犯,缓决至三次以上者,也"俱改发乌鲁木齐,伊犁等处给兵丁为奴。通行各省在案,嗣后此等人犯秋审一次之后,除情实外,其余缓决人犯,查明年在五十以内者,即佥妻改发新疆"④。

在新疆一带,除了佥妻制度仍旧适用之外,同时流放发遣官为咨送。乾隆五年曾有例文,"仍令原配地方官,将回籍妻子,每名每日给米一升,计其程途远近,先行按数拆给,年终于司库项银两内请领,仍将给过人口米石,造送刑部转咨户部核销"⑤。但这一规定在乾隆三十二年被删除,定为"不准官为资送"。但是发往乌鲁木齐等处的犯人家属仍适用"官为资送":"例应发往乌鲁木齐等处人犯内……如有情愿携带子女者,一体官为资送。其军、流内改发乌鲁木齐等处人犯,有情愿携带妻子者,亦一并官为资送"。⑥

实际上,此时前述佥妻制度的弊端在新疆仍然存在。乾隆三十二年就有一遣犯彭杞,携妻女流放至昌吉,刚抵达流放地,妻女就皆犯病。由于无钱医治,妻子重病去世,女儿亦愈病愈重。彭杞由于要耕作官田,无法照顾女儿,无奈之下,竟将其女"弃置林中,听其生死"⑦。另有妇女在流放地遭受管理遣犯士兵的侮辱,并由此引发暴力冲突。乾隆三十三年中秋之夜,管屯官员置酒山坡,犒诸流人,男女杂坐。该官员醉酒后,"醉逼流妇使讴,遂顷刻激变"⑧。这也直接导致了乾隆年间昌吉遣犯作乱,攻打乌鲁木齐城一事。此外,也有流犯死于配所,而妻子流离异乡无所依赖。但人口意味着劳动力,佥妻制度在新疆的施行,不仅使犯妻本身增加了新疆地区的开垦所需的人力,她们所生育的子女同样能充实当地人口。

然而,流放到新疆的流犯过多,为避免流犯集中于一地产生变乱,就要停止佥妻发遣,或将犯人佥妻改发他地,形成因时因势调整的灵活政策。乾隆五十八年(1793),军机大臣等议覆乌噜木齐都统尚安疏称:"屯田差操兵丁向由陕甘绿营派拨,嗣念换防往返之劳,改为携眷常住。其只身应募者,准其呈明搬取。自奉行日久,凡移来兵丁眷口,及携眷出口户民,佥妻发配之遣犯人等,互为婚姻,地广生繁,与内地绿营无异。自足供挑取差防之用。此后各营遇有名粮缺出,应先尽该处兵丁子弟挑验拔补。至官为搬眷之例,竟行停止。"⑨

无独有偶,嘉庆六年(1801)也因"新疆等地,生齿日增"停佥,而定例"察哈尔等处牧

---

① 《清实录·高宗纯皇帝实录》卷七六一,"乾隆三十一年五月下",中华书局,1986年影印本,第371页。
② 光绪《清会典事例》卷八〇七《刑部八五·刑律斗殴·斗殴》,中华书局,1991年影印本,第818页。
③ 《清实录·高宗纯皇帝实录》卷七六六,"乾隆三十一年八月上",中华书局,1986年影印本,第411页。
④ 光绪《清会典事例》卷八四八《刑部一二六·刑律断狱·有司决囚等第五》,中华书局,1991年影印本,第1203页。
⑤ 光绪《清会典事例》卷七二八《刑部六·名例律·流囚家属》,中华书局,1991年影印本,第52页。
⑥ 吴坛撰,马建石、杨育棠主编:《大清律例通考校注》,中国政法大学出版社,1992年,第231页。
⑦ 纪昀:《阅微草堂笔记》,上海古籍出版社,2010年,第128页。
⑧ 转引自王希隆:《清代西北屯田研究》,兰州大学出版社,1990年,第120页。
⑨ 《清实录·高宗纯皇帝实录》卷一四三〇,"乾隆五十八年六月上",中华书局,1986年影印本,第122页。

场,如有偷卖在官牲畜,及宰食,并作为私产者""牧丁不分首从,佥妻发往黑龙江等处给兵丁为奴"。但嘉庆十七年(1812),又改为佥妻发新疆给官兵为奴。① 嘉庆二十四年(1819),也有"逃人绩供之窝家,提来审问,又属诬扳,如年力强壮者,改发乌鲁木齐等处分别种地为奴,移往拉林闲散满洲,有犯二次逃走者,发往伊犁等处充当折磨差使,派往各省驻防满洲兵丁,临行及中途脱逃被获者,发往伊犁充当步甲苦差,俱照例面刺外遣字样,毋庸佥妻发遣。如有情愿携带者,不准官为咨送。"道光六年(1826),为调剂新疆遣犯,又将原例内发新疆各地条例均摘出,另载停发新疆,改发内地条内。道光十四年(1834),又查照督捕例,将逃人诬扳窝家一项,仍该归本条。②

光绪十年(1884)新疆建省后,为进一步开发新疆,巩固西北边疆,清廷又再次实行佥配制度,官为资送,地方也要给佥妻捐资,重点加强北疆的开发。一年后再次定例,"至甘肃省所称检查犯册,未见配所有家而逃者,如寻常命案情有可原者,拟令携带家口充役营生等语,系属安插军流第一良法。惟佥妻之例,久经停止。一旦遽行议复,不特地方官沿途咨送,需费浩繁。即各犯家室,亦未必尽愿到配,似不如于定案之时,询明各犯是否情愿携带家室,如有愿带而无力者,地方官可量为资送,以示体恤。其不愿者,听。庶情法两得其便。应由各该省督抚按照所奏,自行定立详细章程"③。此后,佥妻条例再无重要变化。要而言之,在光绪十一年(1885),照例于定案之时,仅询问流犯是否情愿携带妻子,无力资者则由地方官量为资送,以示体恤。

因此,佥妻制度废止之后,对清廷而言,该制除了其自身对充实新疆地区人口、促进劳动力的增长有利之外,妇女繁衍后代的能力也对此地的人口增长和生产力提高方面有着不可或缺的作用,因而复行。而当发遣之地生齿日繁,人口趋于饱和之时,清廷又会采取停佥或佥妻前往别处等方式缓解此地各方压力。总的来说,佥妻之制在新疆这块土地上上演着废除、重新适用、再次废除的循环,这反复的变化都是为了适应清廷管理和开发疆土的需要而进行的灵活变通。

(二)特殊身份

除了对常犯的一般规定之外,旗人、觉罗这类特殊身份者,在佥妻制度的适用上另有特殊的细则规定。雍正十年(1732)曾议准,"发遣黑龙江地方之觉罗等,子孙生育甚繁,有在彼披甲者,历年久远,觉罗等之子孙,或致难于查考。嗣后觉罗等应行佥妻发遣者,俱免其发遣,永远拘禁于该旗高墙之内"④。因此,佥妻制度在乾隆八年废止之前就不再适用于觉罗。

佥妻之制废止后,记载于《刑案汇览》卷一《名例》的嘉庆二十三年(1818)说帖《流囚家属·呈送家奴发遣妻子一并发配》,其中又载明旗人家奴被发遣时,佥妻之制仍然适用。此案经刑部堂审,主持堂审者是刑部最高行政首脑。

在福建司审拟提督咨"回公巴巴克霍卓呈送家奴苏勒比酗酒滋事"一案中,查《名例》载:"旗下家奴吃酒行凶,经本主报明,该旗送部发遣之犯,所有妻室子女俱一体发遣,赏给

---

① 光绪《清会典事例》卷七九一《刑部六九·刑律贼盗·盗马牛畜产》,中华书局,1991年影印本,第670页。
② 光绪《清会典事例》卷七四三《刑部二一·名例律·徒流迁徙地方三》,中华书局,1991年影印本,第209页。
③ 光绪《清会典事例》卷七四六《刑部二四·名例律·徒流迁徙地方六》,中华书局,1991年影印本,第241页。
④ 光绪《清会典事例》卷七二五《刑部三·名例律·应议者犯罪》,中华书局,1991年影印本,第24页。

兵丁为奴;其有年老残废及子女幼小、不能随带者,或令于亲属依栖,或听本妇另嫁,不准仍留原主家服役"等语。

此案:家奴苏勒比因屡次酗酒滋事,不服伊主管束,被伊主呈送发遣。被送之家奴苏勒比既照例发驻防为奴,其妻子自应照例一体发遣。该司议将苏勒比之妻子交主管束,与例未符,应请交司照例更正。

职等复检查本年浙江司审拟刘恩宝因酗酒滋事,经伊主霍顺武呈送发遣一案,将该犯拟发驻防给官员兵丁为奴,其妻子据伊主霍顺武呈报,情愿跟随赴配,讯之该犯,亦愿自行携带,准其自行随带,不得官为资送等因。是刘恩宝一案因系正犯之妻子情愿跟随赴配,是以酌情准令随带,并声明不得官为资送,与例义稍有未协。嗣后有各旗呈送家奴发遣之案,其妻室子女悉行照例办理,以免歧误。①

由此可以判断,妻子是否须随夫金配还取决于其丈夫的社会身份,若是旗人家奴,那么在丈夫因普通罪名被判处流刑时,其妻子与犯谋反、叛案的重大罪犯一样,必须随夫流放。

结语

任何法律制度的产生、发展和演变都不是偶然的,其背后必然涉及方方面面的原因,金妻之制亦然。但归根结底,金妻制度的实行与废止同国家政策紧密相连,旨在最大限度地为统治阶级维护社会秩序服务。为了"禁暴止奸",在有力打击罪犯的同时感化和安抚流犯,使其少生脱逃之念,并防范流人再次犯罪,从而维护社会秩序和国家统治秩序的安定,清朝的金妻制度伴随着流刑的实施开始在司法实践中广泛应用。尽管立法者极力标榜此举意在兼顾儒家伦理,"全其夫妇,免致拆离",对流犯虽流犹恤,但无罪之妻也变相地被判处流刑,以致遭受流放的长途颠簸和在流放地艰辛度日之苦。

自汉代以来,法律儒家化的进程不断推进。其"仁政""慎刑"的思想,在法典条例和司法实践中的一个重要表现就是对属于社会弱势群体的妇女予以一定程度的宽恤。女子体弱,在生理上与男性存在着明显的差别,出于同情怜悯,即便妇女被判流刑,清王朝的立法者也遵循着传统上"妇女无刑"的原则,以收赎或援引较轻刑罚代替的方式,给予妇女刑罚上的优恤。而金妻制度对女性群体而言,既背离了流刑设立的初衷,也有悖于妇女恤刑的司法理念。而金妻制度最终的废除本质上也是由于在制度施行后,社会问题频发,弊端日益凸显,一定程度上威胁到了遣所地区社会安定的局面,绝非完全出自统治者对女性在被遣之后陷入的困苦境遇的怜悯。同样,在边境之地亟需开发以维护边疆稳定之时,即便不顾仁慈、宽厚的美名,当政者也要牺牲女性权利,迫使其为开垦蛮荒之地贡献劳动力。总而言之,金妻制度的或废或行,皆是统治者出于结合整个家庭、整个社会乃至整个国家的需要,为巩固和维护当朝的政治统治服务的。

---

① 祝庆祺等编:《刑案汇览》卷一《流囚家属》,北京古籍出版社,2004年,第23-24页。

《金瓶梅》中"瓜子儿"功能性符号论

李东东

上海师范大学人文学院

摘　要：瓜子儿作为《金瓶梅》物象书写中的典型代表，其在具体文本环境中，分别表现出结构人物命运全局、强化叙事情节、补叙人物形象以及琐碎审美等功能性符号意义。分析以瓜子儿为例的功能性符号，有助于理解《金瓶梅》的细节书写。

关键词：《金瓶梅》　瓜子儿　功能性符号　物象

世情小说《金瓶梅》的勃兴，开辟了中国古典章回小说题材内容与发展方向的全新领域。小说自开篇至结尾均有涉笔瓜子儿之处，但小说所写瓜子儿分属几种不同层次的类别，为了便于讨论，先对其中有关瓜子儿的内容进行统计梳理。《金瓶梅》中涉及瓜子儿共有26次，依据文本情景可以分作三类：食用的瓜子儿[①]、游戏的瓜子儿、设喻的瓜子儿。首先，作为食用的瓜子儿共有22次。尤以潘金莲8次、李瓶儿4次、宋惠莲2次作为代表，另有郑爱月、王六儿、于春各送（卖）西门庆1次，其余玳安、小玉等人共有5次。其次，游戏的瓜子儿指的是"挞瓜子儿""打瓜子"，[②]2次游戏皆与宋惠莲相关。最后，玳安与陈经济皆用瓜子儿为例的俗语，隐喻潘金莲言行"琐碎"，这个层次的瓜子儿均由食用的瓜子儿转借而来。

梳理《金瓶梅》中瓜子儿书写的分类，可知将瓜子儿看作《金瓶梅》细节书写的一个功能性符号是合理的。当然，《金瓶梅》中的瓜子儿并没有似《水浒传》中武松打虎的哨棒、《红楼梦》中隐括全局的石头一般夺人眼球。但不可否认，瓜子儿在不经意的琐碎细节之中连带展现了人物命运的整体结构，又具有强化情节、琐碎审美等特征。因此将瓜子儿称

收稿日期：2019-09-20。

作者简介：李东东，文学博士，上海师范大学人文学院师资博士后，主要从事中国古代文学研究。

① 有关《金瓶梅》中食用的瓜子儿为何物的讨论文章，以张箭《〈金瓶梅〉、〈红楼梦〉之瓜子考》和李昕升、丁晓蕾《再谈〈金瓶梅〉、〈红楼梦〉之瓜子》两篇最具代表。张箭《〈金瓶梅〉、〈红楼梦〉之瓜子考》从历史文化角度梳理，"《金瓶梅》、《红楼梦》中的瓜子、瓜子脸、瓜仁、瓜仁油皆指向日葵子（脸、仁、油）"。（张箭《〈金瓶梅〉、〈红楼梦〉之瓜子考》，《黑龙江社会科学》2010年第3期，第88页）与此相反，李昕升、丁晓蕾则从农业文明发展角度考证，"《金瓶梅》、《红楼梦》中记述的瓜子确实就是西瓜的变种，子用西瓜的瓜子，今天又称之为黑瓜子"。（李昕升、丁晓蕾《再谈〈金瓶梅〉、〈红楼梦〉之瓜子》，《云南农业大学学报（社会科学版）》2014年第4期，第121页）综合考量《金瓶梅》中郑爱月等"亲口磕的瓜仁儿"送与西门庆，及形容孟玉楼等人"瓜子面皮"等因素，笔者以为张箭考证的向日葵子结论更为符合原文情景。

② 挞瓜子、打瓜子："是一种小儿游戏的惩罚手段，即用手指或掌侧骤击大臂上的肌肉，使短时凸起并有麻胀感。"（白维国《古代的儿童游戏》，《文史知识》2006年第12期，第60页）同时参看：白维国《打瓜子》，《红楼梦学刊》1990年第2期；纪三《这瓜子不是那瓜子》，《红楼梦学刊》1999年第2期；周方黎《瓜子儿》，《文学遗产》1981年第2期。

之为一种功能性符号,既可以看出其与哨棒、石头之类的弱化区别,又可以追溯其作为功能性符号的多层意义。

一 结构全局的功能性符号

正如古典小说批评中的草蛇灰线之法一般:"如一线穿去,却断断续续,遮遮掩掩。"(张竹坡评本第二十八回)作为功能性符号的瓜子儿,最为突出的特点在于结构潘金莲命运的全局;瓜子儿物象的择取在潘金莲出场—得宠—失宠—复宠—死亡的人生轨迹上点染运用。

首回出场的潘金莲便是每日"只在帘子下磕瓜子儿"①,这时的磕瓜子儿是在"每日打发武大出门"之后。美艳妇人百无聊赖之时,临街楼上帘儿低垂的磕瓜子儿,是在观察,是在卖弄——因为伴随"一对小金莲做露出来"。此时所磕的瓜子儿是消闲,更是寂寞,又是风流少妇抑郁不平的生活碎屑,尤其是回目"潘金莲嫌夫卖风月"表明了此种行为乃是招摇帘外世界的隐喻性符号。与瓜子儿伴随出现的还有帘子与金莲。帘子是隔断潘金莲与外部世界的障碍设置,使得内心如火如荼的妇人无论如何"勾引的这伙人,日逐在门前弹胡博词",仍然只能以眺望的姿态隔帘送意、卖弄风月。因此,从小说结构全局来看,"在小说的开端时,对潘金莲漫不经心地嗑瓜子的描写,是色调鲜明的一笔,充满了轻佻调戏的味道"②。

但是我们同样应该注意到伴随性出现的帘子是私密生活的另一层隐喻性符号。李清照词中常用"(卷)帘"意象,最为隐晦的便是其晚年之作《永遇乐·落日熔金》:"怕见夜间出去。不如向,帘儿底下,听人笑语。"所谓夜间出去、帘儿底下、听人笑语,不过是听窥他人私密生活的隐喻书写而已。同样,此时卖弄风月的潘金莲,"只在帘子下磕瓜子儿",偷窥的是浮躁喧闹的街市,是生命不可遏制的欲望。直到"挑帘"③一节的出现,"帘子下磕瓜子儿"的潘金莲生命出现转机。而那"一对小金莲做露出来",更是传统文化中隐喻的性描写符号。这更是以"金莲"命名的潘金莲最为得意、值得炫耀的身体资本。瓜子儿、帘子与金莲共同构成首回"潘金莲嫌夫卖风月"的隐喻符号,这些符号用于嫌夫之时,未遇见西门庆之前。

潘金莲第二次磕瓜子儿时,已是第十五回作为西门府的五娘身份,受邀去狮子街李瓶儿家元宵赏灯之时。"那潘金莲一径把白绫袄袖子搂着,显他遍地金掏袖儿,露出那十指春葱来。带着六个金马镫戒指儿。探着半截身子,口中磕瓜子儿,把磕了的瓜子皮儿都吐下来,落在人身上。"相较前次,此时潘金莲可谓志得意满,但她依旧磕瓜子儿。只是这时的瓜子儿不再是寂寞,而是富贵,是炫耀,是睥睨楼下人来人往的得意洋洋,更是一种得志便张扬的浅薄与轻狂姿态。"把磕了的瓜子皮儿都吐下来,落在人身上",无疑也为引人注目,但是目的并非限于卖弄风月,更为"显他遍地金掏袖儿"与那"六个金马镫戒指儿"。乍贫乍富、由卑转尊的潘金莲,此时借助瓜子儿的炫耀,是人生新阶段的风光无限,也是品位

---

① 本文所引《金瓶梅》原文为香港艺苑出版社1993年版《初刻本金瓶梅词话》(全四册),同时参看张竹坡评点本,下不赘述。
② [美]浦安迪:《中国叙事学》,北京大学出版社,1996年,第90页。
③ 京剧等戏曲均有《挑帘裁衣》折子戏本展示"挑帘"关目带来的情节舒展。假设一种灰暗的想象:每日"只在帘子下磕瓜子儿"的潘金莲勾引浮浪子弟是一种物色行为,那么她的挑帘也许并非"无意失手"之举,而是自主选择的一个契机。

艳俗、内心空虚的潜在表现。同样的行为再次引得楼下浮浪子弟的瞩目,不管别人眼里自己是"艳妾"亦或"粉头",对于潘金莲而言,这是她人生最得意的时节,是借助瓜子皮儿嘲弄楼下众人取得充分关注之后的心满意足。

第三次吃瓜子儿是第二十回,衔接前回"李瓶儿情感西门庆"。此回西门庆恼怒李瓶儿招赘蒋竹山之事而责打于她,潘金莲与孟玉楼门外偷听。看似毫不经意地吃瓜子儿,流露的却是潘金莲的迫切心态。她急于知道西门庆对待李瓶儿的态度,守在门外等候春梅报信。此回的瓜子儿既是消闲的姿态又是焦灼的心情,是她面对丈夫对待新宠的紧张心态,也是她人生隐隐不安因素的符号象征。相对而言,第二十一回潘金莲与孟玉楼、李瓶儿第四次门前买瓜子儿,是西门庆府妻妾之间片刻安宁的表现。此时的瓜子儿是等待丈夫归来的怡情之物,也是姊妹看似和睦的共同分享。

但是随后第三十回的瓜子儿却已显现剑拔弩张之态。此回李瓶儿产子,合家忙乱之际,独有"潘金莲用手扶着庭柱儿,一只脚跐着门槛儿,口里磕着瓜子儿"。看似不以为意的看客姿态,内心的不满与愤恨却又公然宣之于口:"仰着合着,没的狗咬尿胞虚喜欢。"一面是嗑着瓜子儿,一面是咒骂不绝;愤恨的心态与看似消闲的姿态矛盾结合为一体。此时的瓜子儿是为了掩盖内心的嫉妒与不安、忧伤与哀怨。直至李瓶儿顺利产子,合家欢喜之时,潘金莲"自闭门户,向床上哭去了",这才彻底释放借助磕瓜子儿所掩盖的复杂心绪。

需要注意的是,自李瓶儿产子得宠至其病逝的三十多回之间,小说勾连展现过玉箫、书童、小玉等人吃瓜子儿的细节,却再无一次写及潘金莲。此时的潘金莲忙于和李瓶儿争宠,而又时常设计害死官哥儿,大抵再无闲情逸致磕瓜子儿。直至李瓶儿死后的第六十七回与七十二回,才又重现潘金莲磕瓜子儿的描写。此时潘金莲每次磕瓜子儿既是日常消闲的细节展现,又要"满口哺与西门庆吃"。可以看出,李瓶儿死后,潘金莲的瓜子儿又变作一种得意自满的符号,同时又是她"把拦着汉子"的风月伎俩之一。

当第七十六回最后一次正面描写潘金莲磕瓜子儿时,是她人生中最后的辉煌。此时潘金莲恩宠复初、气焰日盛:"王婆进去,见妇人家常戴着卧兔儿,穿着一身锦缎衣裳,搽抹的如粉妆玉琢,正在房中炕上,脚登着炉台儿,坐的磕瓜子儿。"气定神闲的潘金莲安享富贵之中嗑着瓜子儿等待王婆的恩求。王婆见证了潘金莲帘儿底下的人生,又见证了其最后辉煌的时刻。二人相见,金莲的高高在上对比王婆的寒酸卑微,此刻磕瓜子儿的再也不是昔日王婆间壁的贫贱之交,而是眼高于顶的西门庆妾。值得一提的是,随后七十八回贲四娘子因为勾搭西门庆而惧怕潘金莲威视,在玳安的唆使教导之下,"梯己再送一盒瓜子与俺五娘(潘金莲)",显示的是潘金莲最后的气焰与地位。然而辉煌之后,伴随着西门庆的骤然离世,潘金莲的人生再与瓜子儿无缘,迅速归于死寂。[①]

作为结构全局的功能性符号,瓜子儿成为穿引潘金莲一生的细节物象,并在其人生起伏较为重要的节点上伴随性出现。因此,瓜子儿在不同情境中扮演着同中存异的功能性符号角色。所谓同,瓜子儿是潘金莲日常生活中最为常见的消闲性食品;所谓异,时隐时现的瓜子儿是潘金莲或起或伏的生命轨迹的潜在标点。瓜子儿这一物象结构了潘金莲命运沉浮的全局,成为一种看似细碎、弱化,却又极具隐喻特色的功能性符号。

---

① 有关《金瓶梅》中潘金莲嗑瓜子儿的情节研究,王凌《〈金瓶梅〉"重复"叙事与潘金莲形象新解》(《名作欣赏》2012年第23期)等文章也用"重复"作出解释。笔者以为在"重复"的前提之下,《金瓶梅》中的瓜子儿物象之于潘金莲这一人物形象最为重要的内涵是结构其命运全局的功能性符号意义。

二 叙事情节的功能性符号

瓜子儿在结构全局之外,同时具有叙事情节的功能性符号特征。所谓叙事情节的功能性符号,是指在特定情节叙事范围内,瓜子儿依存文本环境担当一定的叙事功能;同时也对情节叙事的推演、逻辑关系的勾连,甚至人物形象的补叙塑造等,作出功能性贡献。

作为叙事情节功能性符号的瓜子儿,首先表现在仆妇宋惠莲身上。勾搭西门庆之前,宋惠莲是府奴来旺的媳妇,每日与众仆妇上灶。成功勾搭西门庆之后,宋惠莲便常露出"乔张致模样儿"。首先是与丫鬟玉箫等厮闹、与小厮玳安等犯牙;"甚至瓜子儿四五升量进去,散与各房丫鬟并众人吃"。勾搭西门庆带来的经济利益,是宋惠莲自我身份认知转变的潜在动力。借助瓜子儿拉拢人心的手段,既是宋惠莲彰显自己特殊身份的信息传达,又是其借机讨人欢喜、稳固地位的浅薄行径。

更为精彩的是,第二十四回元宵夜宴之时,小说凭藉瓜子儿的叙事功能,将宋惠莲为人物核心的故事情节,结构得极具张力,从而凸显了宋惠莲张狂的人物形象。

> 那来旺儿媳妇宋惠莲不得上来,坐在穿廊下一张椅儿上,口里磕瓜子儿。等的上边呼唤要酒,他便扬声叫:"来安儿,画童儿,娘上边要热酒,快燂酒上来!贼囚根子,一个也没在这里伺候,都不知往那里去了!"……画童儿道:"这地上干干净净的,嫂子磕下怎一地瓜子皮,爹看见又骂了。"惠莲道:"贼囚根子!六月债儿热,还得快就是。甚么打紧,教你雕佛眼儿?便当你不扫,丢着,另教个小厮扫。等他问,我只说得一声。"画童儿道:"耶嚛嫂子,将就些儿罢了,如何和我合气。"于是取了苕帚来,替他扫瓜子皮儿。这宋惠莲外边磕瓜子儿,不题。

此时的瓜子儿不再单纯只是宋惠莲口中的零食,而是其借助随意丢弃瓜子儿皮张扬身份姿态的一种功能性符号。宋惠莲磕的不是瓜子儿,是其可以坐在椅儿上吆五喝六、扬声指挥的特殊地位;丢弃的也不再是瓜子儿皮,是她不怕爹(西门庆)骂、"甚么打紧"的恩宠身份。急于张扬、迫切表现的宋惠莲,"口里磕瓜子儿"传递的是一种讯息,张扬的是一种身份。瓜子儿的表达,是她致力于成为西门庆第七个小老婆的符号表征,也是她努力区别于"贼囚根子"们的明证。张竹坡《读法·三二》指出"宋惠莲是不识高低的人",在以瓜子儿为例的叙事情节中表现得淋漓尽致。若将瓜子儿为例的叙事情节看作宋惠莲命运书写的高潮象征,那么这个不知收敛的高潮,则成为她登高跌重因果逻辑链条上的重要一环。对照其悲惨自缢的结局,宋惠莲不过是西门府上"贼囚根子"中的一员,犹如自己磕过的瓜子儿皮一般,任人践踏。

同样在叙事情节中具有功能性符号特征的瓜子儿,还表现在六十七回郑爱月寄予西门庆的瓜仁儿:

> 郑春悄悄跪在西门庆跟前,揭开盒儿,说:"此是月姐捎与爹的物事。"西门庆把盒子放在膝盖儿上揭开,才待观看,一边伯爵一手挺过去,打开是一方回文锦双栏子细撮古碌钱同心方胜结穗桃红绫汗巾儿,里面裹着一包亲口磕的瓜仁儿。这伯爵把汗巾儿掠与西门庆,将瓜仁两把喃在口里都吃了。比及西门庆用手夺时,只剩下没多些儿,便骂道:"怪狗才,你害饿痨饿痞!留些儿与我见见儿,也是人心。"

妓女郑爱月的瓜子儿,首先不是瓜子儿,是其亲口磕出的情愫与暧昧,是同心汗巾儿包裹着的心意,更是借机勾引西门庆的蜂媒蝶使。此时的瓜子儿,与传统小说戏曲中表情达意的汗巾儿、珠花儿,甚至头发、指甲相类似,都是男女传情的功能性符号。但是需要指出的是,经由妓女郑爱月"亲口磕的瓜仁儿",比其他任何一类表情达意的物象更具浓情蜜意,更显大胆泼辣;同时也更符合其妓女身份。然而这种心意却被应伯爵"两把噙在口里都吃了",在此情节之中,瓜子儿又成为显现应伯爵无赖帮闲身份的功能性符号。同样懂得借助瓜子儿传情的,还有七十九回的王六儿,手段与郑爱月儿近相同。但是,此回传情的瓜子儿质变成催命的瓜子儿。当西门庆与其密约赴会后,终于爆发了积蓄已久的病厄,迅速归于死亡。

在叙事情节之时,瓜子儿还有作为人物形象补叙塑造的功能性符号存在,重点表现在李瓶儿身上。第十六回李瓶儿赏赐机灵说话的玳安:"即令迎春拿二钱银子,节间叫买瓜子儿磕。"此时瓜子儿是托辞性符号,可以置换为任何类似的事物。但是小说所要借机表达的是李瓶儿的财富实力与大方处事。同样的描写还在第二十四回赏赐贲四女儿长姐:"李瓶儿袖中取了方汗巾,又是一钱银子与他买瓜子儿磕,喜欢的贲四娘子拜谢了又拜"中有体现。通览《金瓶梅》全文可以看出,赏银买瓜子儿只是李瓶儿人际交往中的一种谦辞,小说借此补叙的是其财富与身份,也是其嫁与西门庆时的温和大方性格的一瞥。换而言之,赏银买瓜子儿是李瓶儿主子身份符号的表现,获赏是玳安、长姐奴仆地位符号的象征。

作为表情达意功能性符号的瓜子儿,在强化小说叙事情节方面显示出特殊价值,同时也为补叙塑造人物性格、勾连逻辑关系等方面作出了贡献。此一层面的瓜子儿,在特定叙事情节环境之中,充当功能性符号,这种符号时而可以替换(如李瓶儿赏银买瓜子儿),时而却是绝对存在(如郑爱月、王六儿的瓜子儿)。不论怎样,瓜子儿作为叙事环节中强化情节的功能性符号意义则是毋庸置疑的。

三 琐碎审美的功能性符号

袁中道用"琐碎中有无限烟波"来评价《金瓶梅》的艺术成就。事实而言,《金瓶梅》的审美风格确实存在琐碎的特征。张竹坡《读法·六三》指出:"似有一人亲曾执笔,在清河县前,西门家里,大大小小,前前后后,碟儿碗儿,一一记之,似真有其事,不敢谓为操笔伸纸做出来的。"这种"大大小小,前前后后,碟儿碗儿"式的审美特征,即是日常生活琐碎细节的真实笔录。

而瓜子儿这种细微物象,作为审美的功能性符号代表,最为显著的特点便是琐碎。这种琐碎审美在小说之中,首先便是语言修辞方面的特征。第八回玳安形容潘金莲说话:"骑着木驴儿磕瓜子儿——琐碎昏昏。"无独有偶,第五十一回陈经济打趣潘金莲交代事情也是:"卖瓜子儿开箱子打喷嚏,琐碎一大堆。"玳安与经济二人皆用瓜子儿的琐碎符号性特征,揶揄讽刺潘金莲的麻烦与啰嗦。这种层面上,瓜子儿是小说语言修辞审美表达的功能性符号。小说借助瓜子儿这一"物源"的外在形象特征,通过修辞语言的加工,将其置换成为"琐碎"审美的功能性符号。这种审美符号的构建,既是基于对瓜子儿这一"物源"的形象阐释,又是对于人物(潘金莲)语言行为方式的艺术概括。

当然,借助修辞方式设喻精辟的琐碎审美功能性符号,同样呈现在小说中有关瓜子儿的多次描写之中。无论是潘金莲首回出场"一对小金莲做露出来"的动作,还是后文多次写及的"一只脚跐着门槛儿""脚登着炉台儿"的行为,小说对其磕瓜子儿前的动作形态皆是不厌其烦地细细描摹,由此显现《金瓶梅》日常琐碎生活气息的审美化表达。需要注意的是,《金瓶梅》中的瓜子儿作为琐碎审美的功能性符号,只是小说琐碎物象审美符号中的一个。瓜子儿与金莲(红绣鞋)、帘子、洒金扇儿、汗巾儿一类细节物象共同完成小说琐碎审美的功能性符号表达。但是,惟有瓜子儿这一"物源"在语言修辞和符号表达两个层面,同样担当琐碎审美的功能性符号。

可以看出,《金瓶梅》借助语言修辞指示的"瓜子儿"式琐碎审美的功能性符号特征,恰恰吻合了小说"碟儿碗儿"式的艺术手法。尽管张竹坡将这种风格视作"得天道也"的神来之笔,但是琐碎审美背后彰显的是小说逼真还原现实的细节描摹。无论是潘金莲言语行为的"琐碎昏昏",还是宋惠莲随意丢弃一地的瓜子皮儿,琐碎审美表现的皆是小说近于"实录"的艺术手法。故而张竹坡认为《金瓶梅》是一部《史记》"(《读法·三四》)。

考察《金瓶梅》中瓜子儿的功能性符号意义,有助于把握小说叙事艺术的谋篇布局与审美内涵的张力表现。通过对以瓜子儿为代表的细微物象进行分析,可以举一反三地理解小说物象择取与结构全局、强化情节及审美表达等诸多方面的交叉关联。瓜子儿物象作为功能性符号的特殊意义,不仅在《金瓶梅》中得到极致表现,在其后的《红楼梦》等章回小说之中也有一定书写。至民国,丰子恺先生的散文《吃瓜子》,也曾特别谈到具有"消闲"功能的瓜子在中国社会中所代表的文化意义。

再论"文学区"
——《论文学区》商榷兼谈学术概念的推广与创新

夏 军

复旦大学历史地理研究中心

摘 要:《学术研究》2017年第4期发表的《论文学区》一文提出"文学区"的概念,然而通过认真分析文化地理学中文化区的性质以及分区技术,则可发现该文存在的某种缺失,致使该文所提出的"文学区"概念根本无法成立。文学地理学的发展,仍需要借鉴其他学科的理论,实现学术创新,以推进学科整体研究水平的提高。

关键词:文学区 文化区 文学地理

引言

文学与地理环境的关系自来是文学学者十分感兴趣的话题。早在百年前,刘师培先生就撰有《南北文学不同论》,揭示出自先秦至明清南北文学在本质、功用、审美标准、创作方法等方面的差异。[①]进入20世纪80年代,这一领域成果逐渐丰富。金克木先生倡导突破以往文艺研究的线性思维,扩展到以面为主的研究,展现出文艺的地域差异,还择出分布、轨迹、定点和播散作为重点考察的方向。[②]章培恒先生通过对《诗经》和《楚辞》的比较,分析南北文学在思想上的差别,认为"以《诗经》为代表的文学强调集体,以《楚辞》为代表的文学则比较注重强调个人",并进而思考差别背后的根源。[③]袁行霈先生在《中国文学概论》第三章中专门讨论了文学的地域性与文学家的地理分布。[④]至此,在文学地理研究中引入地理学思维,其意义已经完全突显出来,剩下的只是具体开展的问题。

因此从20世纪90年代以来,一些学者开始借鉴文化地理学的理论与方法,分别开展文学地理的具体研究。这方面的相关成果很多,令人印象深刻的是胡阿祥先生在卞孝萱

收稿日期:2019-04-08。

作者简介:夏军,复旦大学历史地理研究中心博士生,主要从事区域历史文化地理和文学地理研究。

① 刘师培:《南北文学不同论》,《国粹学报》1905年第9期。又见《中国中古文学史讲义》,凤凰出版社,2011年,第257-263页。

② 金克木:《文艺的地域学研究设想》,《读书》1986年第4期,第85-91页。

③ 章培恒:《从〈诗经〉、〈楚辞〉看我国南北文学的差别》,《中国文化》1989年第1期,第60-65页。

④ 袁行霈:《中国文学概论》,高等教育出版社,1990年,第33-47页。

先生指导下于1998年完成的博士学位论文《魏晋本土文学地理研究》。① 该书不仅相当精彩地复原了该时期本土文学地理的基本面貌,而且在附篇中提出了文学地理的理论思考。综合历史地理和文学两方面的要求来看,胡阿祥的思考是非常深入、非常前沿的。

与此同时,也有相当多文学背景出身的学者投入到文学地理学的研究中来,如杨义先生提出要重绘中国文学地图。② 最近曾大兴先生也借鉴文化地理学的理论,对文学地理的一些理论问题提出了思考。

应该说,借鉴多学科的方法,建构文学地理的一些基本规范,是很有意义的。但问题是,这种借鉴,必须贴近文学地理的实际,同时也必须对这种借鉴的意义给予合适的评估。如果只是简单粗暴地套用一些概念,就难以对学术的进步起到真正的推动作用。

曾大兴先生于2017年发表《论文学区》一文,提出了"文学区"这一概念,并给出了他所理解的"文学区"的内涵、类型以及划分依据。③ 该文一出,便有学者撰文提出不同意见。左鹏于2018年2月在《理论建构的边界与问题——〈论文学区〉商榷》中认为曾文简单套用地理学理论,忽视前人既有成果,缺乏自己的发明与创见,并指出相关细节存在矛盾与谬误。④ 不久,2018年7月,李仲凡又对左鹏的文章提出商榷,其在《〈论文学区〉的理论创新与超越——〈理论建构的边界与问题〉商榷》一文中,肯定了曾大兴构建"文学区"理论的价值与贡献,甚至称赞其丰富和发展了文化地理学相关理论。⑤

"文学区"与文学地理学的问题引起"热议",笔者对文学地理研究虽积累不多,但对文化地理学的理论和方法也略有所闻,兹不揣浅陋,略陈管见,希望为相关讨论备一参考而已。欠妥之处,祈请方家教正。

一 区域的性质

在研究任何对象时,首先有必要弄清楚研究对象的性质。因此这一部分,笔者想讨论文学区究竟属于何种性质的区域,换句话说,即什么是文学区。这一问题是所有试图进行文学分区研究的学者无法回避、必须回答的问题,因为不同的区域性质决定了实际分区中采取不同的思路和技术,故这一问题是所有讨论的核心。

文学是文化的重要组成部分,故而文学区在性质上首先是属于文化区,这是所有讨论展开的逻辑前提。曾文在第一部分同样指出"文学是文化的一个组成部分",并"参考文化区这个概念的定义",对文学区加以定义。⑥ 可见在文学区属于文化区这一点上,曾文是承认的。

既然明确了文学区属于文化区,按照正常逻辑,接下来该回答的当是文学区属于哪种类型的文化区。文化地理学中将文化区分为三种类型:形式文化区、功能文化区和感觉文

---

① 胡阿祥:《魏晋本土文学地理研究》,南京大学出版社,2001年。
② 杨义:《重绘中国文学地图》,《文学遗产》2003年第5期,第17-28页。
③ 曾大兴:《论文学区》,《学术研究》2017年第4期,第165-170页。为行文方便,下文再引此文简称曾文,仅标注页码。
④ 左鹏:《理论建构的边界与问题——〈论文学区〉商榷》,《江汉论坛》2018年第2期,第96-102页。
⑤ 李仲凡:《〈论文学区〉的理论创新与超越——〈理论建构的边界与问题〉商榷》,《江汉论坛》2018年第7期,第54-57页。
⑥ 曾大兴:《论文学区》,《学术研究》2017年第4期,第166页。

化区。具体而言,形式文化区是依据具体文化指标划分出来的区域,这些指标是由研究者根据自己的研究需要所选取的。功能文化区是受政治、经济或其他社会功能影响而形成的空间区域,通常表现为功能的辐射范围。感觉文化区基于人们对区域的一种认同,既扎根于区域内居民的心目之中,又得到区域外人们广泛承认。[1] 那么文学区究竟属于何种文化区呢?

遗憾的是,曾文却对这一核心问题避而未谈。曾文的第一部分名曰"文学区的定义与特征",本应重点讨论文学区属于何种文化区的问题。可此部分中,曾文除了通过适当调整语序、改换陈述的方式,简单套用文化区的相关概念外,[2] 根本没有回答上述问题。可能研究者缺乏对研究对象的深入理解,没有意识到这一问题的重要性。

在曾文的第二部分,套用文化区的分类将文学区分为三类:形式文学区、功能文学区和感觉文学区。[3] 如此分类当然可以,但关键是,概念的成立需要经得起检验。也就是说,既然曾文说"文学区"存在这三个类型,就有义务解释它们何以存在、存在的意义是什么等问题。比如谈文学的功能区,需要指出影响文学的功能是什么,划分这种区的意义是什么。可曾文对这些问题完全没有说明。

也许有人会认为曾文在第二部分有提到"文学地理学所研究的文学区既不是指功能文学区,也不是指感觉文学区,而是指形式文学区",[4] 看似交代了所划"文学区"属于形式区。但既然曾文认为"文学区"属于形式区,就有必要证明为什么是形式区,为什么不能是功能区或感觉区等问题。这些问题都要从事实上、科学上加以说明,万万不能没有解释而直接下结论。

况且仅交代"文学区"属于形式区也是不够的,因为形式区下面又分为两种类型:单质区和综合区。它们的思路、分区技术都不一样。顾名思义,单质区仅依靠单一明确的文化要素进行划分,相对比较简单;综合区则需要综合分析多个文化要素才能划出,相对复杂。曾文的"文学区"究竟是单质区还是综合区呢?同样没有任何交代。

至此,笔者认为曾先生提出"文学区"这一概念是在没有深入理解文化区实质、没有思考所划文学区性质的前提下,仅靠简单套用文化区相关概念,贸然展开全国性文学分区,至少是失之草率了。

以上只是就"文学区"的性质展开讨论,曾文中尚有更多细节反映出对文化区相关概念缺乏深入的理解,在此不妨略举几例。如曾文在罗列文学区第三个特征时说到,"同所有的文化区一样,文学区都有自己的中心区、边缘区和过渡带"[5]。可见,根据曾文的说法,所有文化区都是由中心区、边缘区和过渡带三个部分组成。然而,这仅仅是形式文化区的特征。文化地理学中明确指出,功能文化区的边界是比较清晰的,并没有模糊的过渡地带。[6] 曾文的说法显然太过绝对,以偏概全。

---

[1] Mona Domosh & Roderick P. Neumann & Patricia L. Price & Terry G. Jordan-Bychkov, "*The Human Mosaic: A Cultural Approach to Human Geography*", New York, W. H. Freeman and Company, 2009, pp. 6-10.
[2] 左鹏已列表详细比对,见左鹏:《理论建构的边界与问题——〈论文学区〉商榷》,第97-98页。
[3] 曾大兴:《论文学区》,《学术研究》2017年第4期,第167页。
[4] 曾大兴:《论文学区》,《学术研究》2017年第4期,第168页。
[5] 曾大兴:《论文学区》,《学术研究》2017年第4期,第166页。
[6] Mona Domosh & Roderick P. Neumann & Patricia L. Price & Terry G. Jordan-Bychkov, "*The Human Mosaic: A Cultural Approach to Human Geography*", New York, W. H. Freeman and Company, 2009, pp. 8-9.

再如曾文在第二部分指出功能文学区和感觉文学区存在缺陷,理由是"功能(机能)文学区内部的文学特征多是异质的",感觉文学区"其内部的文学特征也缺乏一致性"。① 可见,曾文误以为所有性质区域的一致性的判断标准都是文化特征。其实三种性质区域的内在一致性的判断标准是不同的。文化特征的一致性只是判断形式区的标准。而功能区和感觉区是以功能和感觉的一致性作为指标,与文化特征是否一致毫无关系。任何性质的区域,只要符合内在的分区逻辑,就应当被尊重。

二 分区的技术

按照地理学的工作规范,进行综合区划一定要先展现分区过程,后才能得出分区结果。就分区过程而言,必须首先交代分区原则、方法。其次,在分区原则的制约下选取合适的分区指标。具体步骤是对这些指标进行列表,将各指标的区域分布状况直观地展现出来,逐个进行单质的区划,先划出单质区,然后整合起来,就可以得出综合性的区划方案。此外,地理学上的综合区划方案一定都是地域等级系统,分为大区、区、亚区等范围不同、等级高低的空间体系。

目前全国性的综合性文化区划还未见有人做过系统的研究,但区域性的案例已有不少。比较成功的都是借鉴综合自然区划的理论和方法,将它应用到文化分区上。如司徒尚纪在对广东历史文化地理进行综合区划过程中,将自然区划的原则具体运用,选取方言、风俗、宗教等指标,将广东文化分为粤中广府文化区、粤东福佬文化区、粤东北-粤北客家文化区、琼雷汉黎苗文化区四个区,其中各区内又包含若干亚区。② 几乎同时,张伟然先生在开展湖南历史文化地理区划工作时,提出文化发生学的指标有居民(土著民族和移民)和长期稳定的政区两项,文化主导因素有方言、信仰、民风、民俗四项,并且从学理上解释了选择这些依据的原因。他通过列表将各项指标在湖南省内各区域的分布特征直观地展现出来,由此得出分区方案:将湖南全省分为湘资区和沅澧区两大区,其中湘资区内包含长衡岳、郴永桂、宝庆3个亚区,沅澧区包含常澧、辰沅永靖2个亚区。③

既然文学区属于文化区,那么划分文学区理应遵循地理学分区的基本规范。反观曾文的分区,却很明显存在以下四个方面的问题:

(一)所谓依据没有分区原则的指导

在地理学中,任何综合区划都是在一定原则的指导下进行的。因为分区原则决定着选择哪些要素作为分区依据,二者之间有着紧密的对应关系。若没有分区原则,则会导致在制定依据时出现一系列问题。前述司徒尚纪和张伟然在综合区划中的成功实践,都是在一定原则的指导下展开的,足以证明分区原则的重要性。

曾文在第三部分直接给出划分"文学区"的三个依据:地理依据、历史依据和文学依据,却没有解释何以选择这三个依据。这同样犯了没有论证就下结论的错误。之所以如此,根本原因就在于曾先生没有思考和交代分区原则。若严格按照地理学规范,在分区原

---

① 曾大兴:《论文学区》,《学术研究》2017年第4期,第168页。
② 司徒尚纪:《广东文化地理》,广东人民出版社,1993年,第379-418页。
③ 张伟然:《湖南历史文化地理研究》,复旦大学出版社,1995年,第189-197页。

则指导下制定依据,很容易就能解释选择依据的原因。

此外,正因为没有分区原则的指导,曾文的三个依据从学理和实际操作上也站不住脚。在地理依据中,曾先生认为"一个文学区如果不能在地理上相对独立,那么它的地域文学特征就无由彰显"。而文学特征归根结底是通过文学作品来展现的,与是否是独立的地理单元关系没有必然联系。在历史依据和文学依据中,曾先生强调的历史背景与文学传统,①都是无法通过列表加以处理的,缺乏可操作性。

(二)没有具体分区依据

前文已述,地理学上的分区依据是通过具体指标得以表现的,而表现形式则是列表。因为综合区划的前提是先划单质区,要想划分单质区最好的方式便是通过逐一对各指标进行列表,才能将各项指标的地域分布在地图上直观地展现出来。也就是说,对各指标进行列表是综合区划的基础性工作,剩下的才是整合和分析。若没有列表的基础性工作直接给出分区结果,便是缺少分区过程,是严重违背地理学规范的做法,所给出的分区方案也是毫无学术价值的。

地理学上成功的经验同样证明列表的必要性。在进行综合自然区划时,学者们首先对气候、地貌、土壤、植被等自然要素进行列表,综合分析各区域自然特征后得出自然区划方案。进行文化分区也是如此。司徒尚纪在开展广东历史文化地理综合区划工作时,先对方言、风俗、宗教等指标进行列表,划分出相应的单质区,最后通过综合分析将广东文化分为粤中广府文化区、粤东福佬文化区、粤东北-粤北客家文化区、琼雷汉黎苗文化区四个区。张伟然在处理湖南历史文化地理区划的过程中也是异曲同工,先逐个将方言、信仰、民风、民俗四项指标进行列表,揭示出各项指标在湖南省内各区域的分布状况,并绘制在地图上,综合分析后才得出分区方案,将湖南全省分为湘资区和沅澧区两大区。

曾文认为自己的分区方案有地理、历史和文学三项依据,却没有对三项依据进行列表的工作。换句话说,曾文所谓的分区依据通篇没有任何表现,最后的分区方案是在没有分区过程的情况下划出的。尽管曾大兴先生在文末表示将另文撰述这14个区的形成过程、包含的文学要素及其地域特征,②可这种行为明显是违背学术规范的。在开展任何研究时,科学的工作顺序必是先有过程,后有结果,断然没有先给出结果,再另文撰述过程的道理。

(三)分区依据与分区结果自相矛盾

退一步说,即便按照曾文所谓的地理、历史和文学三条依据,检视最后的分区结果,也会发现自相矛盾之处。在此笔者分三点依次论述。

1. 地理

尽管曾大兴先生在地理依据中声称文学区必须是一个相对独立的地理板块或地理单元,可最后的分区结果却并非如此。如东北文学区包含有大兴安岭北部山地、东北东部山地、东北中部平原等多个独立的地理单元,吴越文学区包含江南丘陵、长江中下游平原等多个独立的地理单元,巴蜀文学区包含四川盆地、秦巴山地等多个独立的地理单元。

---

① 曾大兴:《论文学区》,《学术研究》2017年第4期,第169页。
② 曾大兴:《论文学区》,《学术研究》2017年第4期,第170页。

此外曾大兴先生一再强调不能把今天的行政区划（如省、直辖市、自治区等）作为划分依据，可分区结果同样没有做到。如齐鲁文学区直接等同于山东省，三晋文学区直接等同于山西省，新疆文学区直接等同于新疆维吾尔自治区，青藏文学区直接等同于青海省和西藏自治区，滇黔文学区直接等同于云南省和贵州省。

2. 历史

曾文的分区结果中，有很多是以地域概念命名的文学区。这种区域的地理范围并不是固定的，而是在历史不同时期不断变化的。以中原为例，先秦秦汉时期，中原在华夷之辨的观念下，泛指华夏族所统治区域，有别于蛮、夷、戎、狄所在的边疆地区。进入魏晋南北朝，中原的范围逐渐明确，指代整个黄河流域，并常与江东对举，如诸葛亮在《出师表》中所云："当奖率三军，北定中原"①，还有《晋书·五行志》有载："自中原大乱，宗藩多绝"②。隋唐时期，中原仍多代指黄河流域，如《太平广记》中谓："天宝末，禄山作乱，中原鼎沸，衣冠南走"③。宋辽金时期又是一个南北分裂时期，中原的范围也大体与南北朝时期一致，表示北方黄河中下游地区，如《宋史·李纲传》有云："自古中兴之主，起于西北，则足以据中原而有东南"④，《建炎以来系年要录》中也有"中原士民扶携南渡，不知其几千万人"⑤。及至元明清时期，中原的用法多有变化，但仍以指代黄河中下游地区为主，如《明史·食货志》记载"中原则大河南北"⑥，又有李岩为李自成制定战略为"据中原，取天下"⑦。

另外，曾文的分区结果中，许多地方在历史上并不属于所划文学区。仍以中原为例，按照历史地理学的解释，中原的地域范围有广义和狭义之分。狭义的中原指今河南省一带；广义的中原或指黄河中下游地区，或指整个黄河流域。⑧ 曾文所划的中原文学区却包含皖北和苏北等地，而这部分地区在历史上一直属于淮河流域。即便黄河曾有夺淮入海的经历，但也是宋金以后的较短时期。无论是广义还是狭义，这部分地区都不属于中原。

3. 文学

在文学依据中，曾先生承认，"并非每个省、市、自治区和特别行政区都有丰富的文学积累和悠久的文学传统"⑨。但分区结果却令人大跌眼镜，中国 34 个省、市、自治区和特别行政区无不囊括其中，文学素不发达的新疆、青藏、滇黔等地甚至被单独列为一区。

此外，曾文还明确指出遵循文学依据的目的是"突出重点，彰显特色"⑩。而在曾文的分区结果中，除了毫无来由的地理范围外，区域的文学风格和特色没有任何彰显。可以说，曾文的分区是纯粹为了分区而分区，根本没有考虑到各个区域的文学内容。

（四）分区方案不是地域等级系统

前文已述，地理学上的综合区划方案必须是一个地域等级系统，分为大区、区、亚区等

---

① 陈寿撰，裴松之注：《三国志·蜀书》卷五《诸葛亮传》，中华书局，1982 年，第 920 页。
② 房玄龄等：《晋书》卷二八《五行志》，中华书局，1974 年，第 845 页。
③ 李昉：《太平广记》卷四〇四，中华书局，1961 年，第 3254 页。
④ 脱脱等：《宋史》卷三五八《李纲传》，中华书局，1985 年，第 11257 页。
⑤ 李心传：《建炎以来系年要录》卷八六，"绍兴五年闰二月辛酉"中华书局，1956 年，第 1422 页。
⑥ 张廷玉等：《明史》卷七七《食货志》，中华书局，1974 年，第 1885 页。
⑦ 吴伟业撰，李学颖点校：《绥寇纪略》卷九《通城击》，上海古籍出版社，1992 年，第 231 页。
⑧ 辞海编辑委员会编：《辞海·地理分册·历史地理》，上海辞书出版社，1982 年，第 39 页。
⑨ 曾大兴：《论文学区》，《学术研究》2017 年第 4 期，第 170 页。
⑩ 曾大兴：《论文学区》，《学术研究》2017 年第 4 期，第 170 页。

范围不同、等级高低的空间体系。这是由区域的相对一致性决定的。对于不同级别的区域,内部的一致性显然有所差异。区域级别越高,内部一致性越弱,而区际差异性越强。反之,区域级别越低,内部一致性越强,而区际差异性越弱。所以地理学意义上的综合区划方案不能是所有区域都是同一级别,一定是不同级别相互嵌套的地域系统。

这一点在地理学的自然区划和文化区划上都体现得十分明显。综合自然区划将全国分为东北、华北、华中、华南、西南、内蒙古、青藏等8个自然区,区下又分为32个副区。司徒尚纪在对广东历史文化地理进行综合区划时,将广东文化分为粤中广府文化区、粤东福佬文化区、粤东北-粤北客家文化区、琼雷汉黎苗文化区四个区,下面又分为10个亚区。张伟然同样将湖南分为湘资区和沅澧区两大区,下分5个亚区。

曾文的分区方案却是一种"摊大饼"式的做法,划出了14个相互并列的区域,全然不考虑有些区域根本不处于同一地域级别。其中,东北文学区、新疆文学区、青藏文学区的地域范围大体上可对应于自然地理区划中的东北地区、西北地区、青藏地区,这是第一级的自然区划。与之并列的是华北、华中、华南、西南、内蒙古等地区。[①] 而燕赵文学区、齐鲁文学区的范围在自然地理区划中是从属于华北地区的第二级副区,荆楚文学区、吴越文学区的范围是从属于华中地区的第二级副区,闽台文学区、岭南文学区的范围是从属于华南地区的第二级副区,滇黔文学区、巴蜀文学区的范围是从属于西南地区的第二级副区。

三 结论与讨论

综上所述,曾文所划"文学区"既无分区原则,也无分区依据。它只给出一个分区结果,却忽略了分区过程,让读者无法重复和检验分区的思维过程。可以说,曾文提出的"文学区"完全是一个形而上的东西,只是脑海中先验的结果。

笔者最后想讨论的问题是,文学区这一命题到底能否成立。在性质上,我们当然可以把文学区看成综合性形式区加以处理。但在技术上,作为综合性形式区的文学区根本划不出来。因为它首先牵涉到分区指标的选择。选择指标既不能随意,需要有理论指导,同时还要有可操作性。如前所述,作为形式区的文学区,它的分区指标一定要是各种具体的文学要素,如文学家、文学作品、文学观念等。可综合这些文学要素,在操作上根本无法将文学区落实在地图上。

道理十分简单。若以文学家为指标,那同一区域文学家创作的文学作品风格各异,并非都与区域的地理环境有密切联系。若以文学作品为指标,那受同一地理环境刺激而产生的文学作品同样可能大相径庭,亦不能反映创作地点的地域特征。

正如张伟然先生在2018年4月接受《上海书评》采访时所言:文学与地理环境之间的关系极其复杂。至少目前为止,用常规的地理学分区手段无法划出所谓的形式文学区[②]。既然划不出来,那属于形式区的文学区就不能成立,是个伪命题。

我们当然也可以把文学区视作功能区。不过文学创作存在极强的主观性,与文学家的天赋、经历等多种因素息息相关,无法找出制约和影响它的某种功能。是故,属于功能

---

① 《中国自然地理》编写组编:《中国自然地理》(第二版),高等教育出版社,1979年,第156-160页。
② 张伟然:《张伟然谈跨学科视野下的文学与地理》,《上海书评》2018年4月29日,https://www.thepaper.cn/newsDetail_forward_2102417。

区的文学区同样不能成立。

既然以上两种情况都无法成立,因此笔者认为文学区在性质上或许可以当做感觉区。也就是说,可以运用感觉区的方法实现文学分区。前文已述,划分文学区面临的最大麻烦便是找不到合适的分区指标,而这恰恰是感觉文化区的优势所在。感觉文化区是基于人们对区域的认知,它的一大特征是不需要硬性的分区指标,只依赖一些感性的理据。文学分区既然找不到合适的指标,不如干脆就放弃形式区那套做法,转而复原古人心目中的文学区域,这才是文学地理研究未来正确的发展方向。材料上,古代文学作品中有大量对地域文学风格的记载,也足以支撑这种分区方法。最有代表性的是魏征在《隋书·文学传》序言中云:"江左宫商发越,贵于清绮;河朔词义贞刚,重乎气质。气质则理胜其词,清绮则文过其意。理深者便于时用,文华者宜于咏歌。此其南北词人得失之大较也。"①这段话高屋建瓴地概括了南北文学的风格。类似的评价还有王世贞在《曲藻》中说:"北字多而调促,促处见筋;南字少而调缓,缓处见眼。北则辞情多而声情少,南则辞情少而声情多。北力在弦,南力在板;北宜和歌,南宜独奏;北气易粗,南气易弱。"②此外,还有诸多对具体地域文风的描述。如大历、贞元年间,以皎然、顾况为代表的吴中诗派吸取吴楚民间的吴声、西曲,创造出独特的诗风,时人评价"采吴楚之风,虽俗而正"③。又如钱起在《送兴平王少府游梁》中评价梁地文风有云:"梁国遗风重词赋,诸侯应念马卿贫"④。

只不过,属于感觉区的文学区没有必要单独拿出来研究。因为治感觉文化区的学者早已发现,文学作品能够很好地反映作者心目中的文化认知,是研究感觉文化区的绝佳材料。换言之,感觉文化区的研究已经囊括了文学区。

最后,笔者想说的是绝不能将学术概念的推广等同于学术创新,二者之间存在天壤之别。而曾文所提出的"文学区"只不过是对文化地理学中的文化区概念的推广而已。若这样的做法可算是创新的话,那笔者在文学概念之下,提出"诗区"、"赋区"、"小说区",是不是也算是创新呢?

坦白说,文学地理学发展到今天,学科间的界限正逐渐被打破。文学具有很强的地域性这一论断已得到多学科学者们的广泛认可。下一步我们需要思考的应是如何用今天的科学概念去认识、分析、描述文学的地域性,而不是急于去划分所谓的文学区。

当然,笔者无意阻拦学者们尝试从划分区域的角度揭示文学的地域性,也认为这样的尝试是有意义的。但前提是要准确理解文化地理学理论,通过积累大量的实证研究,对其加以总结和提升。目前看来,相关的实证研究还稍显薄弱,我们更应该将宝贵的时间投入到实证研究中去。文学地理学还有很长的路要走,需要地理学者、历史学者和文学学者的共同努力。

---

① 魏征、令狐德棻:《隋书》卷七六《文学传》,中华书局,1973年,第1730页。
② 王世贞:《曲藻》,中国戏曲研究院编:《中国古典戏曲论著集成(四)》,中国戏剧出版社,1959年,第27页。
③ 皎然撰,李壮鹰校注:《诗式校注》,人民文学出版社,2003年,第53页。
④ 彭定求等编:《全唐诗》卷二三九,上海古籍出版社,1986年影印本,第600页。

陈寅恪与中国宗教史研究

曹旅宁

华南师范大学法学院

陈寅恪先生(1890-1969),我国著名历史学家。早年留学日本、西欧、美国,归国后历任清华大学、西南联大、岭南大学、中山大学等校教授。他学识渊博,精通我国历史学、古典文学和宗教学等,通晓多种文字,尤精于梵文、突厥文、西夏文等古文字的研究。陈寅恪先生的学术成就是多方面的。本文着重论述他在中国宗教史上的研究成果。

早在20世纪30年代,胡适就指出:"锡予(汤用彤)与陈寅恪两君为今日治此学(宗教史)最勤的,又最有成绩的。"[1]陈寅恪先生自己亦有这样的表述:"寅恪昔年略治佛道二家之学,然于道教仅取以供史事之补证,于佛教亦止比较原文与诸译本字句之异同,至其微言大义之所在,则未能言之也。"[2]这当然是他的谦逊之词。

我们首先来论述陈寅恪先生在佛教史上的研究成果。

陈寅恪先生早年在德国、美国学习东方古文字,继承了欧洲近代研究佛典的传统。故他最早多注意佛经异本的比勘,用力甚勤,成果颇丰,但这只是他成果的一个方面。陈寅恪先生佛教研究最可贵的是他注意到许多新的研究课题,给我们留下了许多启示。

陈寅恪先生在读《高僧传》时发现来华传教的高僧,极大部分是中亚人。他在《读高僧传笔记》中写道:"自汉明迄梁武四百五十年间,译经诸大德,天竺(印度)人居四分之一,其余皆罽宾、西域及凉州之人。"中亚人"能直接通习梵文,能直接研究天竺之学术本源",而且在中亚"大小乘俱盛——于阗盛大乘,而天山北路,小乘夙盛"。据此,陈寅恪先生认为佛教是通过一种间接传播方式传入中国的,他还认为这种间接传播文化有利亦有害。"利者,如植物移植,因易环境之故,转可发挥其特性而为本土所不能者";其害"则展转间接,致失其原来精意"。[3]

佛教输入中国后,其与本土文化之间的关系是陈寅恪先生注意的又一问题。他指出:"佛教初入中国,名词翻译,不得不依托较为近似之老庄,以期易解。后知其意义不切当,而教义学说,亦渐普及,乃专用对音之'菩提',而舍置义译之'道'矣。"[4]陈寅恪先生还敏锐地观察到儒家伦理道德对佛典汉译的影响。他在《莲花色尼出家因缘跋》一文中写道:莲花色尼七种恶报被有意删削一种,检印度原文则为"莲花色尼屡嫁。而所生之子女皆离

收稿日期:2019-12-01。

作者简介:曹旅宁,历史学博士,华南师范大学法学院教授、博士生导师,主要从事中国法制史及历史文献学的研究。

① 胡适:《胡适的日记》,中华书局,1985年,第526页。
② 陈寅恪:《论许地山先生宗教史之学》,《金明馆丛稿二编》,上海古籍出版社,1982年,第316页。
③ 蒋天枢:《陈寅恪先生编年事辑》,上海古籍出版社,1981年,第83-84页。
④ 陈寅恪:《大乘义章书后》,《金明馆丛稿二编》,上海古籍出版社,1982年,第161页。

夫,不复相识,复与其所生之女共嫁于其所生之子。迨既发觉,乃羞恶而出家焉"。此"与支那民族传统之伦理观念绝不相容",故遭删削。汉译佛典"至男女性交诸要义,则此土自来佛教著述,大抵嗫嚅不置一语。如小乘部僧尼戒律中,颇有涉及者,因以'在家人勿看'之语标识之"①。

般若学是魏晋时期与禅学并行的佛学两大派别之一。以支谶、支谦最先介绍的《般若经》为根据。这种学说,和当时盛行的玄学有许多类似之处。由于对《般若经》的解释不同,后来般若学分为六家七宗。陈寅恪先生撰《支愍度学说考》对七宗之一的心无宗进行了详实的论述。《世说新语·假谲篇》:"愍度道人始欲过江,与一伧道人为侣。谋曰:'用旧义往江东,恐不办得食。'便共立'心无义'。既而此道人不成渡,愍度果讲义积年。后有伧人来,先道人寄语云:'为我致意愍度,无义那可立?治此计,权救饥尔,无为遂负如来也!'"刘孝标《世说新语·假谲篇》前条注云:"旧义者曰:种智有是,而能圆照。然则万累斯尽,谓之空无。常住不变,谓之妙有。而无义者曰:'种智之体,豁如太虚。虚而能知,无而能应。居室至极,其唯无乎?'"陈先生认为"孝标所引新旧之义,皆甚简略,未能据此,遂为论断。然详绎'种智'及'有、无'之义,但可推见旧义者犹略能依据西来原意,以解释《般若》'色空'之旨。新义则采用周易老庄之义,以助成其说而已。"

支愍度创立的心无义与"格义"有密切关系,所谓"格义"就是以内典与外书互相比附。支愍度所创"心无义"的特色就在于"其为我民族与他民族二种不同思想初次之混合品"②。

陈寅恪先生对佛教与中国文化的关系进行了深入研究后指出:"释迦之教义,无父无君,与吾国传统之学说,存在之制度,无一不相冲突。输入之后,若久不变易,则决难保持。是以佛教学说,能于吾国思想史上,发生重大久远之影响者,皆经国人吸收改造之过程。其忠实输入不改本来面目者,若玄奘唯识之学,虽震动一时之人心,而卒归于消沉歇绝。"③

佛教输入中国后,与中国的政治也发生了密切的关系。陈寅恪先生曾说:"世人或谓宗教与政治不同物,是以二者不可参互合论。然自来史实所昭示,宗教与政治终不能无所关涉。"④陈寅恪先生所撰《武曌与佛教》则论述了"凡武曌在政治上新取得之地位,悉与佛典之教义为证明,则知佛教符谶与武周革命之关系,其深切有如是者。"⑤佛教传入对中国文学的影响也是陈寅恪先生注意的问题。陈先生撰写的《三国志曹冲华陀传与佛教故事》及《西游记玄奘弟子故事之演变》非常有趣地揭示了这一内容。⑥

本世纪初敦煌文书的发现是中国学术史上的一件大事。敦煌石窟所出四万余件写本中,汉文写本在三万以上,而其中佛典占95％以上。陈寅恪先生曾指出:"一时代之学术,必有其新材料与新问题。取用此材料,以研求问题,则为此时代学术之新潮流。""敦煌学者,今日世界学术之新潮流也。"⑦取用敦煌文书研究佛教史是陈寅恪先生的重大学术贡献之一。陈寅恪先生根据敦煌本坛经,澄清了关于慧能的若干附会之说。世传六祖坛经及

---

① 陈寅恪:《寒柳堂集》,上海古籍出版社,1980年,第155页。
② 陈寅恪:《金明馆丛稿初编》,上海古籍出版社,1982年,第154页。
③ 陈寅恪:《冯友兰中国哲学史下册审查报告》,《金明馆丛稿二编》,上海古籍出版社,1982年,第250页。
④ 陈寅恪:《陈垣明季滇黔佛教考序》,《金明馆丛稿二编》,上海古籍出版社,1982年,第249页。
⑤ 陈寅恪:《金明馆丛稿二编》,上海古籍出版社,1982年,第151页。
⑥ 陈寅恪:《三国志曹冲华陀传与佛教故事》,《寒柳堂集》,上海古籍出版社,1980年,第157-161页;《西游记玄奘弟子故事之演变》,《金明馆丛稿二编》,第192-197页。
⑦ 陈寅恪:《陈垣敦煌劫余录序》,《金明馆丛稿二编》,上海古籍出版社,1982年,第236页。

传灯诸书所载禅宗六祖传法偈,是后来经过修饰的句子。而敦煌本坛经偈文尚略存原始形式,并且还考证出六祖的偈文其实是袭用前人之旧文,集合为一偈。这个论断证明了慧能学派对前人遗产的传承关系,也是禅宗史研究的重大突破。① 陈寅恪先生在研究北图及傅增湘藏敦煌本《大乘稻芊经随听疏》时,考定法成其人为吐蕃沙门,生当唐文宗太和之世,译经于沙州、甘州。其与玄奘相比,两人都是"沟通东西学术,一代文化所托命之人。"陈寅恪先生是学术界第一位论述藏族杰出翻译家法成事迹的学者。② 敦煌佛经中有些经卷写于南朝或南方,考其题记年月地名可知。陈寅恪先生认为这些经卷是隋太祖武元皇帝杨忠(隋文帝杨坚之父)携往西北,遂散在人间,留传至于今日。因为杨忠曾是西魏遣攻梁诸将中的一员,其人最为信佛,江陵既下,城内所藏佛经尽为其所有,后为泾豳灵云盐显六州总管,居西北之地凡五岁之久。这当然是陈寅恪先生的一个大胆假设,但也并非没有道理。③

陈寅恪先生对中国高僧的著述也多有研究。《大乘起信论》相传为古印度马鸣所作,有南朝梁陈间真谛的译本,但近人多认为是南朝时人所伪撰。《大乘起信论》前有真谛弟子智恺序,有人亦认为是伪序。陈先生在《梁译大乘起信论伪智恺序中之真史料》一文中认为智恺序中"值京邑英贤慧显智恺昙振慧旻与假黄钺大将军萧公勃以大梁承圣三年岁次癸酉九月十日于衡州始光郡建兴寺敬请法师敷演大乘,阐扬秘典,示导迷途,遂翻译斯论一卷"一节为实录。陈先生从两个方面加以证明:一为年月地理之关系,二为官制掌故之关系。陈先生进一步提出:"至以前考证大乘起信论之伪者,多据《历代三宝记》立据,其实费书所记真谛翻译经论之年月地址亦有问题,殊有再加检讨之必要。"陈寅恪先生在《南岳大师立誓愿文跋》一文中对佛教天台宗创始人智顗发愿文的真伪进行了研究。陈先生从誓愿文中年历、地理二事及当时社会文化状况背景,还有天台宗学说的根据来源论证了誓愿文决非伪作,从而恢复了"其书不独研求中古思想史者,应视为重要资料,实亦古人自著年谱最早者之一"的历史地位。《大乘义章》《大乘法苑义林章》《宗镜录》是我国集录佛教各宗教义的三部专书。陈寅恪先生《大乘义章书后》:"当六朝之季,综贯包罗数百年间南北两朝诸家宗派学说异同之人,实为慧远。远公事迹见道宣《继高僧传》捌。其所著《大乘义章》一书,乃六朝佛教之总汇。道宣所谓'佛法纲要尽于此焉'者也。"④

最后我们来谈一谈陈寅恪先生在道教史上的研究成果。

道教创始于东汉后期,是中国土生土长的宗教。陈寅恪先生在20世纪30年代撰写了《天师道与滨海地域之关系》一文,这是研究早期道教最有功力的文章之一。陈先生详细考证了天师道的起源及与滨海地域的关系,还论证了早期道教与两晋南北朝政局的关系。由于"魏晋南北朝之学术、宗教皆与家族、地域两点不可分离",陈先生在该文中还详细论述了两晋南北朝的天师道世家及天师道在全国的传播情况。但是,陈先生对早期道教"悉用滨海地域一贯之观念以为解释"似嫌牵强;将张角混同于天师道,又属失考。这当然是白璧微瑕。继《天师道与滨海地域之关系》一文之后,陈寅恪先生于1950年又发表了《崔浩与寇谦之》一文,阐述了北魏时期儒道相互利用,少数民族统治者与汉人大族互相利用

---

① 陈寅恪:《禅宗六祖传法偈之分析》,《金明馆丛稿二编》,上海古籍出版社,1982年,第132-136页。
② 陈寅恪:《大乘稻芊经随听疏跋》,《金明馆丛稿二编》,上海古籍出版社,1982年,第254-255页。
③ 陈寅恪:《敦煌石室写经题记汇编序》,《金明馆丛稿二编》,上海古籍出版社,1982,第200-206页。
④ 陈寅恪:《金明馆丛稿二编》,上海古籍出版社,1982年,第161页。

的政治特点。该文考证,寇氏为秦雍大族,世奉天师道,在曹魏时与张鲁一起迁入中原。崔浩为清河望族,也是天师道世家。该文又指出,道教每一次改革,必受一种外来学说的刺激,寇谦之即袭佛教律学改造旧天师道。该文可以看作《天师道与滨海地域之关系》的续篇。陈寅恪先生这两篇关于道教史的文章淋漓尽致地发挥了他关于宗教与政治终不能无所关涉的见解,给了我们以许多有益的启迪。①

  我们从上述陈寅恪先生的研究成果不难看出,陈先生的研究着眼点很高,结论很精僻。陈寅恪先生一生研治的重点是魏晋南北朝隋唐时期的历史。大家知道,中古时期的历史具有极其丰富的内容,中古时期是中国思想文化最活跃的时期,也是外来文化与中国文化交汇冲突最激烈的时期,最突出的表现就是佛教的传入及道教的兴起。陈寅恪先生把它们当做中古历史的组成部分来研究,将它们放到当时的社会状况中去考察,因而也就取得了许多超越时人的成就。

［本文原刊《社会科学通讯》1990 第 18 期（总第 248 期）,1990 年 9 月 20 日出版,署名"吕凝",重新发表时由华中科技大学人文学院研究生刘雨洁录入并整理,已经作者审校。］

---

① 陈寅恪:《金明馆丛稿初编》,上海古籍出版社,1982 年,第 1-47、89-140 页。

谭其骧：悠悠长水，滋润大地

雷家宏

华中科技大学历史研究所

"历史是最艰难的学问，各种科学的知识它全部需要。因为历史是记载人类社会过去的活动的，而人类社会的活动无一不在大地之上，所以尤其密切的是地理。历史好比演剧，地理就是舞台；如果找不到舞台，哪里看得到戏剧！所以不明白地理的人是无由了解历史的，他只会记得许多可佐谈助的故事而已。"

1934年2月，旨在研究中国沿革地理的禹贡学会在北平（今北京）燕京大学旁成府蒋家胡同3号顾颉刚家中成立，同时创办《禹贡》半月刊杂志。发起人之一、协助顾颉刚创办该学会和刊物的谭其骧为《禹贡》撰写了《发刊词》，上述话语就是该发刊词中的第一段。从此，中国古代地理沿革史的研究开始向历史地理研究迈进。

谭其骧，字季龙，浙江嘉兴人。在家乡谭氏慎远小学读完三年级后，插班进入县立第一高等小学。12岁考入嘉兴基督教会办的秀州中学，15岁考上大学。大学毕业后就读燕京大学研究院，1932年毕业进北平图书馆当馆员，同时在大学里兼课。1935年辞去图书馆里职务，先后在辅仁大学、燕京大学、北京大学、清华大学教书。1940年春进入大后方，任贵州浙江大学副教授，两年后升任教授。解放后第二年到复旦大学任教授，直至1992年辞世，工作单位没有再变。他一生中的绝大部分时间都在大学里度过，在大学里学的是历史，教的是历史，教得最久的一门课是中国历史地理。从22岁登上讲台开始，不是给学生上课，就是潜心研究工作。在长达60个春秋的学术研究生涯里，为中国历史地理学科的奠基、发展和繁荣作出了卓越贡献。

刚进大学，谭其骧读的是上海大学社会系，没过多久就通过考试改读上海暨南大学中文系。当时任教中文系的教师主要有夏丏尊、夏衍、林语堂、余上沅等，师资力量雄厚。系主任夏丏尊提倡新文艺，讲授新文学，正合谭其骧的口味。不料，第二学期崇尚旧学的陈中凡接替去职的夏丏尊任系主任，请来上课的教师都讲旧学。谭其骧深感不满，只得转入外文系。才上了两星期的课，谭其骧又转入刚刚成立的历史社会系。第三次转系，谭其骧曾经寝食不安地反复思考了好几天，究竟转不转系，转向哪个系，颇费一番思量。当时不少人对他转系的想法不以为然，但他最终还是决定转到历史社会系，主修历史，兼修社会学。他认为自己的逻辑思维能力强于形象思维能力，搞文学创作未必能成器，而学历史并且侧重于考证则相当合适。这一年他写下了这样的话："其骧十五以前浑浑噩噩，十六十七献身革命，十八而志于学，从今而后，矢志不移。"谭其骧后来的学术道路和业绩，证明他当初的选择是正确的，"三次转系"之后的"矢志不移"，给中国造就了一位杰出的历史地理

收稿日期：2017-12-01。

作者简介：雷家宏，华中科技大学历史研究所教授、所长，主要从事宋史和社会文化史的研究。

学家。

20世纪20年代末至30年代初,在读大学和研究生期间,谭其骧以其出众的才华深得老师和一些知名学者的赏识,这对他走上史学研究道路起到了重要作用。在暨南大学,谭其骧选修了著名社会学家和人类学家潘光旦开的社会学基础和种族问题两门课,深受启发,师生之间还就一些问题进行探讨。谭其骧为潘光旦撰写《明清嘉兴的望族》一书提供了《谭氏家谱》,潘光旦指导谭其骧完成大学毕业论文《中国移民史要》,论文原稿上有潘光旦用红笔写下的批语,谭其骧一直珍藏身边。

谭其骧于1930年9月进入燕京大学研究院学习,结识了著名历史学家顾颉刚,并从其治学。在听顾颉刚"《尚书》研究"课程时,酷爱钻研的谭其骧觉得顾在讲义中所列举的十三部(又称十三州)不是西汉时的制度,而是东汉的制度,于是向顾口述了自己的看法。顾鼓励谭其骧将自己的观点写出来。谭按照顾的意见,查阅了《汉书》《后汉书》《晋书》的地理志部分,用史料阐述了自己的看法,指出顾的讲义将西汉、东汉十三州制弄混淆了,由此开始了顾、谭师生之争。谭两次写信阐述观点,顾两次回信,肯定谭一部分意见,否定另一部分意见。通过师生间的讨论,把2000年来学者没有搞清楚的问题基本上弄清楚了。顾颉刚在讨论中不以权威自居,谦虚诚恳,把学生当作一个平等的讨论对手看待,给谭其骧留下了极深刻的印象。半个世纪后,谭其骧忆及往事,仍感慨不已。这场师生之间的辩论,使谭其骧对历史地理产生了浓厚的兴趣,增强了学术研究的能力,对他今后的成长起了很大的作用。

《禹贡》是中国历史地理沿革史上最早的一篇著作,但历史地理学成为一门独立的学科则是近现代的事。1934年,顾颉刚创办《禹贡》半月刊,全部人员只有顾颉刚和谭其骧师生两人。他们要让一般学历史的人,将一部分注意力转换到地理沿革方面来,从而使史学研究建立在稳固的基础之上。顾颉刚十分器重谭其骧的才气,他在给大学者胡适的信中说:"谭君实在是将来极有希望的人,他对于地理的熟悉,真可使人咋舌。任何一省,问他有几县,县名什么,位置怎样,都能不假思索地背出。对于地理沿革史,夙有兴趣,且眼光亦甚锐利,看《禹贡》半月刊、《史学年报》、《燕京学报》诸刊物所载可知,他在燕大研究院毕业生中应列第一。今年我所以敢办《禹贡》半月刊,就为有了他,否则我一个人是吃不住的。"后来,由于在治学方法、性格等方面存在差异,师生间出现了不和谐音。谭其骧南下广州执教于学海书院,同时继续给《禹贡》半月刊撰文审稿,保持了与顾颉刚"和而不同"的学术交往和师生情谊。

邓之诚是谭其骧在燕京研究院读书期间的另一位恩师,比谭其骧年长24岁,兼通文史,熟悉历代典章制度,对谭其骧的才识极为欣赏,经常邀请谭其骧到家里聊天和食宿。谭其骧耳濡目染,对魏晋南北朝隋唐五代史有了更深的见解,对历代典章制度发生了浓厚的兴趣。谭其骧完成学业,先到北平图书馆工作了一段时间,得益于邓之诚的大力举荐,谭其骧先后登上了辅仁大学、燕京大学的讲台,讲授中国地理沿革史。他教的课颇受学生青睐,培养了一批研究历史地理的专门人才。

对谭其骧来说,主编《中国历史地图集》是他一生中最重要的学术活动和学术成就。1954年,毛泽东同著名历史学家吴晗谈起《资治通鉴》,说它写得好,但旧本无标点,不分段,读起来不方便。又说读历史最好有一部历史地图放在手边,以便随时查阅历史地名的方位。吴晗根据毛泽东的意见,组织专家对《资治通鉴》进行点校整理,对清末民初杨守敬编绘的《历代舆地图》(简称杨图)进行改绘。标点本《资治通鉴》在专家通力合作下很快出版了,但改绘杨图要复杂得多。

杨图从春秋至明代,一个朝代有一册图,将古地名与清朝同治年间的地名对照,地名详细,凡见于诸史《地理志》的州县,图上一般都有。但它同20世纪50年代的"今"已经有了很大的差异,对其进行改绘很有必要。谭其骧早年就有编制一部规模较大、内容详赡的中国历史地图集的愿望,所以当吴晗邀请他主持改绘杨图时,他欣然应允,从此将自己全部精力和学识贡献于这项前无古人的工作。

口说容易动手难。改绘杨图一开始就遇到了各种各样的问题。如采用什么样的图作为今底图。起初打算就采用杨图所用的底图,只将图中晚清的政区地名,改成20世纪50年代的政区建制。谭其骧认为把经过近百年的历史变迁后的政区设置和地名移绘到晚清时的地图上是根本不可能的,坚决主张采用新测绘的精确度高的今图作为底图。经过一番争论,谭其骧的主张得以采纳。这就意味着初步突破了杨图的框架。又如疆域问题,杨图只画中原王朝的直辖领域,不包括少数民族建立的政权。谭其骧认为祖国的历史是由各族人民共同缔造的,各少数民族在各个历史时期建立的政权,都是中国的一部分,而仅仅编绘一部中原王朝的地图集是不适宜的。后来在操作中虽有反复,但都根据谭其骧的科学论说进行编绘。这样中国历史上各个民族建立的政权,无论是在中原地区,还是在边疆,都得到了反映,准确地再现了中国历史上的疆域。

历史上的每一个王朝或政权,甚至某个民族的分布,其范围、政区、治所等情况并不是一成不变的,而且文献也没有把它的变化全面记载下来,只是重点记载了某一年代或时期的相关状况。为了避免把不同年代的情况拼凑混杂于一图,谭其骧选择了比较稳妥的标准年代,按此实行严格断限。为了做到这一点,在每一图组开编之前,谭其骧都要花费极大的精力,认真反复考虑图组的总体设计,拟订编例草案,然后召集全体编稿人员,详细讲解这一历史时期中原王朝和边疆政权的疆域变迁、各级政区建制沿革、选用标准年代的依据和理由,以及标准年代前已废和后置政区的处理办法,一旦图组编例定稿,就要严格遵照执行。

谭其骧为《中国历史地图集》辛勤工作,耗费了30多年的心血。十年动乱中,谭其骧的主编之职被剥夺,编绘的图集遭到毫无道理的改动,并出版了内部本,错误较多。1981年由谭其骧主持,对图集进行重新修订,质量得以大大提高,1987年出齐8册。《中国历史地图集》早已成为学者进行学术研究的重要参考工具书。它的编绘出版,是中国历史地理学的巨大成果,它犹如一个里程碑,标志着中国历史地理学迈入了一个新阶段。谭其骧在编绘图集过程中体现的科学精神、奉献情怀令人称道、为人钦佩。图集由28个图组构成,制图304幅,编入历史地名约7万个,其规模之宏大,体例之完备,内容之详赡,都是前所未有的。出现在图上的一条线或一个点,都是反复研究考证的结果,蕴涵着编绘者的辛劳和智慧。

谭其骧是研究历史地理的,20世纪30年代初发表的第一篇论文《湖南人由来考》,是近代中国第一篇深入研究一个省区移民历史过程的专题论文。他成功地运用抽样调查和计量方法探讨移民史,从方法论上对后来学者指明了路径。几十年来,谭其骧发表了大量学术论文,涉及中国历代疆域、政区、都市、河流湖泊、海陆的变迁,人口和民族的分布和迁徙,中国历史文化的地域差异等内容,受到学术界的高度评价。后来,这些论文汇集为《长水集》(上、下册)和《长水集续编》。1984年,谭其骧在《长水集》自序中说,这个集子之所以以长水为名,"并无深意,不过因为我是嘉兴人,据六朝人记载,嘉兴在秦始皇以前本名长水"。后来一些学者将"长水"理解为"细水长流",概括了他的学术成就和影响。他在历史地理研究领域辛勤耕耘60个春秋,"正像那长年的流水,始终在滋润大地,催人奋进!"

谭其骧以"锲而不舍,终身以之"作为自己的座右铭,一生不知疲倦地从事科研和教学。早年身处大后方,中年参加政治运动,晚年遭遇病魔,他都能坦然处之,笔耕不辍。他做学问讲究厚实的基本功,不求快,不求多,只求是求真。文章千古事,学术研究不能赶时间。他擅长小心求证,没有十分把握不发议论,没有十分证据不写文章。在《长水集续编》的汇编过程中,谭其骧将"补白"一类的文章编在一起,命名为"四毋斋丛考",取孔子《论语》中"毋意、毋必、毋固、毋我"之意,"四毋"在一定意义上反映了他的学术追求和理念。他把一部《汉书·地理志》几乎翻烂了,杨守敬的《水经注图》翻烂了一部,无法再用,只好又买一部,因而这两部书的内容他能了然于胸。

谭其骧是一个纯粹的学者,从心灵深处到交往游学都浸透着一个真正学者的气节和人格。在20世纪30年代的北平,胡适是学界的大名人,青年人都以结交胡适为荣。顾颉刚不止一次向胡适介绍过谭其骧,但谭从未见过胡适。后来他的学生葛剑雄问他为什么,他回答说:"不为什么,就是因为没有什么事要见他。"淡泊的心境于此可见一斑。谭其骧说:"学术之趋向可变,求是之精神不可变。"他在任何场合都敢于表达自己的真实想法。1989年底,他应邀在复旦大学召开的"儒家思想与未来社会"国际学术讨论会开幕式上讲话。他坦诚地说:"在我脑子里,儒家思想和未来社会扯不上关系。一定要讲这两者有关系,是违心之论。"他认为中国之所以长期持续发展,汉族之所以长期屹立于世界民族之林,主要是因为长期吸收各种文化,兼收并蓄,不排斥其他优秀文化的结果。民族虚无主义、"全盘西化"行不通,以为传统文化就是儒家思想文化同样行不通。有人说谭其骧的讲话,是大家想说而不敢说的。

谭其骧从来不回避或掩饰自己在学术研究中的失误或不足。1934年谭其骧在《燕京学报》第15期发表《晋永嘉丧乱后之民族迁徙》一文,经常被学术界引用。后来有学者发现该文采用侨州郡县户口数统计到的不是第一批南迁移民的数量。谭其骧得知后,执意在生前最后一篇论文中写进一段自我批评的话,说该文不是一篇完善的论文,"以大明侨州郡县的户口数为南渡人口的约数,从而得出南渡人口占当时南朝人口百分之几,又占西晋时北方人口百分之几这样的结论,实在很不严谨"。他希望有志于此项课题研究的学者,经过十倍的努力,作出完备的论述。

就在《中国历史地图集》修订工作初步告成的时候,国家决定编绘《中华人民共和国国家地图集》,其中《历史地图集》由中国社会科学院承担。中国社会科学院提名谭其骧任总编辑,主持图集的编绘。当时他年逾古稀,且因病而半身不遂。不少人劝他不要承担这样大的项目,但他顾不上考虑自己的利益得失,毅然受命,亲自拟订图组和大部分图目,审定工作条例,主持历次编委会和工作会议,审阅大多数已完成的图幅。1991年,谭其骧精力明显不济,他说他固然不会等到图集出全的,"但希望能看到第一册"。不久,他再次病重卧床,次年辞世,终究没能看到《历史地图集》的出版。但在他开创的学术土壤上,中国历史地理学正在一步一步地向前推进。

谢谢您，邹逸麟先生

孟 刚

复旦大学历史地理研究中心

2020年8月31日，是邹逸麟先生85周岁诞辰纪念日，复旦大学历史地理研究所特地举行邹先生追思会，给大家提供一个缅怀邹先生的机会。邹先生去世以后，得到社会各界、各级领导的关注，我想一方面是对邹先生长期以来参加《中国历史地图集》编绘工作的肯定，另一方面也是对史地所和历史地理学科的殷切期望，希望历史地理学科能继续为国家和社会做出更多的贡献。

31日这一天，87岁高龄的王文楚先生也亲自参会。他和邹先生都是从1957年初就跟随谭其骧先生到上海"改编重绘杨守敬《历代舆地图》"的老战友，见证了史地所从无到有、从研究室发展到研究所的全部过程。他们之间有着63年的友谊。5月底的时候，王先生还曾专程到医院去看望邹先生，老辈人的深厚情谊令人感动。

邹先生生病和去世后，张修桂先生非常伤心，不愿面对，所以这天张先生请假了。2019年邹先生刚入院时，一些老师想去看他，我跟邹先生讲了，邹先生说"等我回家了再来吧"。后来我又跟邹先生讲，大家都向他问好，想来看他，他说"不敢当啊，不要来看"。我理解他是担心多年的老同事看到他伤心，身体吃不消。邹先生是一直为他人着想的。

我是2002年7月5日到史地所CHGIS（中国历史地理信息系统）项目小组"打工"的，这时，我才算是正式认识邹先生。这十八年来，我深受邹先生、满志敏老师和所里各位老师的关怀和教诲，这种恩情永生难忘。邹先生生前，我没有向他当面表示过感谢，这也是一种中国式的遗憾，我想借这个机会写写与邹先生的来往，表达我深深的怀念。

我第一次见到邹先生还是在1995年，那时我上大二。当时他在第一教学楼西侧一间小教室上《中国历史地理概论》课，我和几个同学慕名去旁听。听课的人很多，去晚了还要央求里面的上课学生帮忙开门。邹先生也不管我们这几个旁听的人，他继续讲他的课。他那时比较瘦，穿一件咖啡色的西装，笔挺的西裤，锃亮的皮鞋，戴一副宽边眼镜，不苟言笑。邹先生讲课是不看下面的学生的，当时令我很吃惊的是，他讲的内容和教材上完全一致，字词句段落都丝毫不差，可见这些内容他早已烂熟于心。和我一起旁听的一个同学课后跟我感叹：大教授上课，讲的都是结论，不含含糊糊。

从2002年7月初到2007年12月底，我一直呆在CHGIS小组。2006年夏天搬到光华楼之前，大家都在文科楼8楼的一间大房间里集体办公。满志敏老师把他的办公桌让给了我，所以我就坐在邹先生的右侧。在文科楼的四年时间里，常常可以听到邹先生天南海北地闲谈。每当听到身边的他咳一声，点上一支烟，我就知道邹先生要开讲了，就赶紧

收稿日期：2020-08-31。

作者简介：孟刚，复旦大学中国历史地理研究所馆员，主要从事历史地理文献整理工作。

放下手头上的事情,转过身来,听他和各位老先生们聊天。《邹逸麟口述历史》一书中的不少故事都曾听他讲过,当然还有一些没有写进去,诸如听梅兰芳唱戏、政协小组讨论的趣事等。

  印象中有几次较为深刻的聊天。比如 2002 年 8 月 3 日,我在办公室加班,邹先生也来了,听他讲对苏州、湖州、嘉兴三地历史演变的看法,启发了我对历史地理学的兴趣;9 月 4 日,听邹先生讲李学勤先生逸事;10 月 30 日晚,陈伟庆老师请吃饭,和邹先生一起聊天到八点。邹先生讲到他的祖父和家史,讲到他家在宁波有一处老宅"椿庐"是以祖父名讳命名,还回忆起他在青岛山东大学读书的经历,讲大学时期的衣食住行,说那时"生活十分惬意"。邹先生还讲到:到史地所读书,要跟周振鹤先生,周先生是与钱大昕、王国维一样的人物。我当时只知道周先生的《西汉政区地理》,还不知道周先生解决了钱大昕、王国维没有解决的问题,成绩卓著,得到了谭其骧先生的肯定。

  2003 年"非典"爆发,邹先生很关心我的吃住和安全,6 月 12 日,他还亲自到我新的住处来看望。2004 年秋天,邹先生 70 岁生日,他请陈伟庆老师和我参加他们的家宴。2005 年春天,邹先生第一本论文集出版,他还把我刻的"椿庐"印章用在赠书上。

  2019 年 4 月份,安徽教育出版社出版了邹先生和我一起编的《晋书地理志汇释》。我是 2005 年接手这个事情的,2011 年完成初稿,2012 年做过一次大的增补修改,到出版前后总共经过了 14 年的时间,要不是在 2017 年申请到国家出版基金,估计现在也还印不出来。邹先生一直很关注这本书的编纂工作,催促过我多次,批评过我进度太慢。

  在一堆当时的工作笔记中,我找到一张纸片,上面写道:2005 年 4 月 8 日上午,邹先生找我,叫我帮他汇释《晋志》,希望我先弄出一个大框,再加注,仿《华阳国志校补图注》一书,一个郡一个郡的搞,把清代人的考证收入,同时也要把《本纪》《列传》中的记载一并收入,进行"异同校"。那天邹先生给我两份资料,一份是《晋书斠注》"地理志"部分的复印件,还有一份是中华书局点校本《晋书》地理志部分的电子文档。我就按照邹先生在复印件上的标点体例做了起来。中间好多问题的处理都一一向邹先生请示过。

  书稿完成后,2010 年 5 月 5 日,我把说明和书稿用电子邮件发给邹先生。大概 11 月初,邹先生把电子稿退还给我了,提了一些具体修改意见,建议我修改后提交给出版社,还特意说到他不署作者名,只署审校。后来邹先生告诉我,出版社的彭克明老师告诉他,这份稿子是符合汇释体例的。该书在出版社编辑加工的几年,我又校过五六遍,最后一次又把今地统一改为 2015 年的行政区划。

  2019 年 4 月份的一天,都快中午了,邹先生忽然挂着拐杖到资料室来,跟我说:"稿费收到了,太多了,谢谢你。"我脸腾的就红了,明明是邹先生提携教导我,却变成他老人家来感谢我。那个时候邹先生在吃进口药,送钱给他他也不肯收,只好用替他编书这种方式来表达一下我的心意。那天走的时候,邹先生还说:"你有这本书,将来可以评职称了,我也放心了。"记得 2005 年邹先生给我布置这项工作时,特别强调:"你要先做学者,再做文人。"然而很惭愧,后来这些年不求上进,实是有愧于邹先生的期望。

  2008 年秋天,邹先生退休了。他找我商量,可不可以在资料室的某个角落里摆一台电脑,他可以来看看书写写文章。我和同事商量了一下,就在最北边靠窗位置给邹先生设了一个小桌子,直到今天,这个小桌子还在,邹先生用过的一个水杯也还在。

  2011 年 9 月,邹先生查出前列腺疾病,经手术恢复后,仍然常来资料室看书。2014 年以后,偶尔来看看新书、报纸,借点书回去。晚年邹先生还承担两个大项目,一个是《清史地理志》，一个是《中国运河志》，所以，他很关注运河史研究的新成果，我们还一起聊过南京大学马俊亚的书。2015年以后所里曾经叫我为退休老师们服务，每个月组织老先生们聚餐一次，大家见见面、聊聊天。每当这个时候，邹先生是常来的，我就有意地点一些他能吃的菜。在2017年学校春节团拜会上，邹先生提到当年是谭先生编图移师上海60年，也标志着历史地理学在复旦发展60年，学校党委书记听了，很重视，特意要求相关部门在学校门口布置了史地所发展历程的展览。2018年的一天，邹先生来查资料，是要写一份推荐信，就是再次向中华书局"宋云彬古籍整理奖"推荐王文楚先生整理的《肇域志》。后来听王先生讲才知道，这件事邹先生事前从没和王先生讲过。

从2019年秋天开始，所里启动一个出版项目，编纂复旦大学历史地理学科发展史，同时也推出几位先生的学术自传、经典论著和论著目录。我把所里开会时大家讨论的建议带去医院报告给邹先生，听取他的意见。邹先生讲了一些历史地图集编纂的历史，还有当年一些细节，诸如学科史如何分期、解放初期私营地图出版社编绘人员的情况，建议通过这个项目把谭图的编纂史搞清楚。还提到要了解本所的情况，必须查阅复旦《校刊》和《文汇报》，所里的大事大都刊在这两份报纸上。说到他自己的学术自传，他讲到自己已经不能写了，建议征求段伟的意见，请段伟做几次访谈，做好记录，在他自己写过的相关学术史文章的基础上，整理成书。具体还谈到，先把他的论著目录整理出来，再把《中国历史地理十讲》吃透，书中还可以配一些学术活动和资料照片。他说完成这活儿也是蛮吃力的，需要对他的学术成果完全理解并融会贯通。2019年复旦大学出版社出版了他的《中国历史地理十讲》，邹先生很满意，这里面收的都是他自己最满意的论文，还有他晚年的重要思考。比如有一次他讲到政治意义上的江南：在古代社会，当政者对江南是又爱又恨，爱的是江南的财富和人才，恨的是江南发展带来的威胁。

2019年的5月，邹先生住在医院，还打电话或者发短信，叫我找一些可消遣的刊物借他看看，比如《传记文学》之类的。最后一次短信是8月26日，只发了一个"〈"的符号。所里举行邹先生追思会的这一天，邹先生的女儿把我最后一次借给邹先生的三本书还给了我。

根据所里的安排，我兼职做过几年《历史地理》的编辑工作。朱毅老师退休时我就接手这个事情，一开始完全摸不着头脑，都是依靠所里的领导、编委会老师们的把关和外审专家的审稿以及助管同学、出版社编辑的认真工作。2018年底，《历史地理》由集刊改成期刊以后，出版社对编辑的工作要求更高了。2019年4月下旬所里专门开了期刊启动会，邹先生也来了。这大概是邹先生最后一次出席这样的学术会议，在会上他讲了15分钟，讲到了刊物未来的发展，任重道远。

为了筹备《历史地理研究》的第一期，编委会决定组一下谭其骧先生、侯仁之先生和史念海先生的遗稿，以表明本刊"不忘本源"的继承性。所里把这个打算跟邹先生讲了以后，他非常认真整理了一篇谭先生给安阳史志办人员的信，亲自把整理的稿子和原信复印件送来编辑部。后来编辑部把文章修改成以谭先生遗著、邹先生整理的形式出版，也得到了邹先生的理解。文章中第二封信的内容从未发表过，刊登出来以后，影响很好，安阳当地的学者也曾来询问过。正如邹先生自己在整理后记中写到的，从谭先生这几封信中"可以看出老一辈学者对学术的认真态度和科学精神"。这几年我经手几件邹先生的审稿意见，感觉他是很严格的，该否定的就否定。有时候，我遇到一些具体的难以处理的事情也会向他请教，闲谈中，他告诉过我，做好刊物工作要一手抓质量，一手平衡好各方关系；另外不能一开始把标准定得太高,否则以后难以坚持下去。

  2012年,我爷爷和爸爸相继去世。我没写纪念文章,不愿意再想起他们,怕自己难过,也不愿意去医院探望病人。邹先生去世以后,我很伤心,一次在睡梦中梦见了邹先生,醒来十八年来的过往,便一一又浮现在眼前。我现在写怀念邹先生的文字,写着写着,就突然想起来,有一次去新华医院探望邹先生,病房的楼层很高,可以看见上海的夜景,天空很漂亮,深蓝深蓝的,星星特别明亮。

李唐的"马基雅维里时刻"：
陆扬《清流文化与唐帝国》的意义与限度

刘 顺

黑龙江大学文学院

2016年，陆扬《清流文化与唐帝国》（以下简称《清流文化》）出版，并在随后的一段时间内，引起文史学界的热切关注；虽然其中杂有意见之争的浮泛之语，但更多专业性的讨论，有效推进了相关话题的深入拓展。[①]作为一部问题导向的史学著作，《清流文化》出版的意义，无疑首先在于其尝试于内藤湖南唐宋转型说之外，为中晚唐研究提供一种颇具原创色彩的解释框架。相较于上世纪的史学研究在宏观解释上的集体偏好，陆扬的著作则表现出明显的文化史转向的特点。其对中晚唐政治与社会文化的解读，在内在的史学追求上已迥异于内藤氏的"唐宋转型说"。甚而可以说，对"长时段"的覆盖律式的解释，已相悖于其史学旨趣。以"重构现场"的方式，展现历史的偶然与可能，并由之呈现事件参与者所面临的机遇与挑战，以及其所能够利用的资源、实际采用的策略，从而凸显参与者在历史事件中的作用与意义，是"新文化史研究"、也是《清流文化》一书在方法上的自觉。特定时期的惯例与共识、实践中的技术、观念与情感体验以及某种可以清晰观察的社会现象，在陆扬构建中晚唐历史图景中的作用尤为基础，而《清流文化》也因之成为一部"跨学科"的学术专著。在序言中，陆扬也言及，此类研究需要制度史、文学史、社会史、政治史等学科的协同合作，方能有效推进。然而，学科交叉在强化《清流文化》问题导向特点的同时，也让此部著作成为一部有待补足的"未完成之作"。虽然"未完成之作"的定位，并无损于此书在中晚唐乃至中古史研究中的开创性，但重构现场的难度以及学科交叉的内在限制，却意味着关于此书所涉及问题的讨论，尚有作内在延伸的必要。此一点无关于研究资料范围领域的宽窄与类型的多寡，也同样无涉于话题横向推延的意愿与结果。《清流文化》出版后的多篇书评，大多出于史学界，但相近学科背景下的"本色当行"，却并不一定意味着评论者对于新文化史研究所面临之挑战，有着切实的体验。故而，褒贬之间，难免与作者的境遇与旨趣存有隔膜。毕竟对于一部在思想资源与方法选择上已作出坦诚、详尽说明的著作而言，对"新文化史之作"的提示，相较于对其在具体问题上意义与限度上的说明，并不应成为关注的焦点。或许，由于深化相关问题的压迫，周边学科的"非专业性"批评，因

收稿日期：2019-06-06。

作者简介：刘顺，文学博士，黑龙江大学文学院教授、博士生导师，主要从事中国思想与文学研究。

基金资助：国家社科基金项目"初盛唐的儒学与文学"（2016XZW003）。

① 陆扬此著出版后，有以下数篇评论颇值得关注。陈志坚：《陆扬〈清流文化与唐帝国〉》，《唐宋历史评论》2017年；李鸿宾：《陆扬〈清流文化与唐帝国〉》，《唐宋历史评论》2017年；李碧妍：《新文化史视野下的中晚唐政治史研究》，《文汇报》2017年1月6日；高士捷：《富于洞见，引人深思——陆扬〈清流文化与唐帝国〉评介》，《华中国学》2017年第1期。

为问题域上的交叉性,反而更可适应文化史研究的内在要求。

一　一个时刻:"德宗—宪宗"的时代

在经历安史之乱的剧烈动荡之后,唐王朝何以能展现出强韧的生命力,维持一百余年的统治,以及其对于五代与宋初的政治文化有何种影响,是《清流文化》一书的核心问题。虽然,此一问题的提出,在唐研究的传统中,殊非孤明先发,但对于德宗在中晚唐政治文化中枢纽位置的强调,却是陆扬极具识见的重要判断。即使《清流文化》对宪宗时期所用笔墨更多、分量更重,但宪宗时代的意义相对于德宗方始有恰当的定位。故而,"德宗—宪宗"的时代,可以被视为一个确立惯例与共识、同时加以调整以适应时局变化、并最终形成较为稳定的政治秩序的特殊时期。在序言中,陆扬对于昆廷·斯金纳关于"言语行动"理论在《清流文化》中的影响,作了极为坦诚的说明。虽然,波考克并未被同样强调,但陆扬在行文中,对于"时刻"的借用,却透露出《马基雅维里时刻》的示范意义。

总体来说,和唐前期相比,唐后半期的社会更是一个各种力量汇聚纷争的场所,因而也是一个价值观念冲突加剧而颇为混乱的时代。这并不是说这一阶段的社会在政治文化上不再具有共识和凝聚力,而是说这种共识因政治和社会的不稳定而变得游移不定。所以对于唐后半期政治和社会行为的分析必须特别注意其在世变下所具有的特殊意义。藩镇和中央的关系就是体现游移不定的政治价值观的典型例子。①

在波考克《马基雅维里时刻》一书中,"时刻"具有多重含义。② 它既意味着一个特定人物、特定思想出现所具有的思想史以及政治史的历史意义,也意味着特定时段历史意义的发现。"时刻"在波考克的理解中是一个可能性、不确定性以及危机交织而充满矛盾与紧张的历史时期。《清流文化》对"时刻"或隐或显的借用,为其解读中晚唐的历史与政治提供了极为适用的理论参照。但其价值并不在于提示中晚唐是一个不确定的危机四伏的时代,而在于一个"马基雅维里"式人物的确立,以及一个具有转型或突破意义的价值观念的发现。在《清流文化》中,8世纪的最后二十年内,出现了一个以制度化皇帝权威为核心的政治新秩序,这是中晚唐政治史最值得书写的历史时刻。而作为新秩序创立者的唐德宗,则由之而具有了"马基雅维里"式人物的特别光环。陆扬对中晚唐的研究持续有年,即以本书而言,其跨度也几近十五年。但作为一位对于文字发表有着严苛标准的学者,其公诸于世的作品极为有限,这也一定程度上限制了学界对其相关研究与思想的了解。在《清流文化》的序论中,唐德宗无疑是陆扬中晚唐研究的焦点人物。这位在常规的接受印象中,揽权而不识大体的皇帝,在陆扬的独特解读中,具有了中晚唐政治秩序奠基者的历史地位。德宗在统治后期,"更倾向一种'内敛的'统治模式,倚重以少数亲信为核心、以内廷为决策场所的政治运作,这一偏向造成平行系统的失衡,最终导致了所谓'二王事件',引发外朝的普遍不满。这种向内廷过度倾斜的情况随即在宪宗时代得到了纠正,朝廷大政的

---

① 陆扬:《清流文化与唐帝国》,北京大学出版社,2016年,第19页。
② "如我在《初版前言》中所说,它既可以指马基雅维里的出现及其对政治思考的冲击这样一个历史'时刻',也可以指他的著作所指出的两个理想'时刻'之一:或是指'共和政体'的形成或奠基成为可能的时刻,或是指这种政体的形成被认为带有不确定性并在他所属的历史中引发危机的时刻。我认为这两个时刻不可分割,所以才出现了'马基雅维里'时刻。"见:波考克《马基雅维里时刻》,译林出版社,2013年,第582页。

宰相负责制、学士院秩序的建立和知枢密地位的确立都是重新调整决策系统的关键步骤。这些调整使得内外廷权力更为均衡,但总体而言,德宗所做的是一种化腐朽为神奇的权力重组,一种新型的君主独裁。"①但是,在正文的八篇文字中,宪宗所受到的关注无疑要远大于其祖父德宗,后者似乎更多地作为一个被挑战的形象而出现。若阅读者对于陆扬的研究缺少延伸阅读的意愿或能力,德宗作为"奠基者"的地位在内廷权力系统的制度化之外,似乎难以得到应有的材料支撑。而"唐代后期的社会更是一个各种力量汇聚纷争的场所",但却并不一定可由之认定这是"一个价值观念冲突而颇为混乱的时代"。在安史之乱后所出现的个体或群体出处与选择的困难,即以在正文中出现的韦羽、薛丹为例,也很难见出价值观念冲突相较于利益与情感考量的重要性。在序论中,作者明言此书是两部著作的缩略版,这也让读者有恰当的理由去期待其新作的后续刊布。

书写"时刻",对于著者是极大的挑战——复杂而充满矛盾的历史描述,依赖于书写者高超的重构现场的能力,而梳理观念之间及其内部的对立、焦虑与反思,则要求书写者具有阐幽入微的辨析力以及对于历史人物之情绪、体验切实把握的体察力。陆扬在《清流文化》中展现了极佳的文字能力,其文字绵密而清晰,具有颇易辨识的个人风格。其对复杂事实的有效编排、对历史文本的细致解读以及对于行动逻辑与情绪体验的周密体察,让此书的阅读具有了一种侦探历险的特殊体验。即使这在一定程度上带来了"见树不见林"的批评,②但也无损于其在展现"时刻"上的巨大成功。

二 一个人与一个群体:制度化的皇帝权威与内廷权力的系统化

"唐后期皇帝权威的特殊性对于唐代政治秩序的影响",是陆扬问题意识在中晚唐研究中的极佳体现,对此问题的回应也是德宗"时刻"得以成立的重要依托。在序论中,陆扬以"制度化皇帝权威"作为8世纪最后二十年新政治秩序建立的重要标志。新政治秩序以内廷权力系统与外朝官僚体系之间的平行运行为表现形态,两者之间的动态平衡依赖于皇帝的维系。作为新政治秩序的主导者,皇帝既是秩序的构成者,同样也具有凌驾于秩序之上的特殊位置。在《清流文化》中,制度化的皇帝权威的建立或强化,是唐后期唐廷自我调节能力的展现,也是其维持政治生命力的重要举措。在序论中,陆扬并不讳言,其解释理论的提出受到了西方中古史研究的影响,特别是约瑟夫·斯特雷耶等人关于法国君主以及坎托洛维奇对"国王的双重身体"的相关研究。如果说,前者的影响主要在于为如何理解皇帝在复杂政局中实际影响的观察提供路径参照,后者则成为《清流文化》构建中晚唐政治秩序的基础理论,其影响尤为深刻。"从德宗以来,皇帝在唐代政治格局中所能发挥的权威越来越基于具有象征意义的体制化皇权,作为个人的皇帝要能真正发挥稳定政局的作用,就必须依照此种新政治格局的要求来行事,否则即便有求治之心,也难以达成目的。"③"体制化皇权"在过往的中古史研究中并未受到特定的关注,陆扬对于此概念的运用,无疑具有产生知识增量的刺激作用。"体制化皇权"源自其对伊丽莎白时期英国法学家创制的"国王的两个身体"概念的借用:国王有一个"自然之体",其肉体生命,会有生老

---

① 《清流文化与唐帝国》序论,第8页。
② 维舟:《晚唐帝国的落日余晖》,《经济观察报》2016年6月27日,第33版。
③ 《清流文化与唐帝国》,第135页。

病死,可朽坏,是"不完美"的身体;同时,国王另有一个"政治之体",作为超越性的身体,国王是不死的,完美的,也是正义的源泉。"国王的两个身体"在《清流文化》中变形为"作为个人的皇帝"与"作为一种制度的皇帝"的双重身份。但与作为抽象的"超越的身体"不同,"作为一种制度的皇帝"依赖于内廷与外朝的双平行系统而有具体的历史样态。而在此意义上,"作为一种制度的皇帝"似乎又具有了双重特性。皇帝作为权力体系之"头",在不可一日无君的共识中,具有不死的超越性,并由之拥有巨大的合法性权威;而作为制度化皇帝权威体现的具体的行政制度却有着"肉身"上的更替变迁,又是有死的。在序论中,陆扬曾特意提及唐德宗在应对危机时,对于皇帝权威与合法性资源的利用。"制度化皇权"在政治运作的历史实践中,不断构建着政治生活的惯例与基本共识,因而其作用的发挥更近于一种氛围的营建。陆扬的工作,也因此具有了方法论上的意义与价值:

> 20世纪90年代以前,"势"在古代政治中的作用甚少为研究者所重视,我的看法间接受到罗志田分析民国北伐胜利的舆论因素的启发。但我的最终目的,是要通过这两个例子说明新的政治史不再只是关于人物和事件的历史,更是关于行动中的人或群体对权威和合法性的不同认知的历史。这种不同认知以及导致的政治行为的错位常常是冲突的根源所在,这一认识在史学上的意义要比解释具体事件深远得多。①

对于"权威与合法性的认知",会深度影响行动者的行动策略的选取以及目标诉求的设定,行动者须具备相应的"洞察力",方能在复杂的政局之下,谋求利益的合法增值。而作为"观风察势"的研究者,其对于研究工作的胜任,同样须具有一定的技巧与经验,并于人的需要和解释力有敏锐的感觉,进而对人物的心态与行动作出合理的想象与推断。② 陆扬在《清流文化》中对细节与心态的把握,业已展现出其高超的洞察力。但令人颇觉意外的却是,其似乎忽视了李唐自前期以来,在强化"制度化皇权"上的持续努力——诸如"称圣"、加尊号以及逐步成为政治、伦理以及学术领域至上权威的形象营造,均在加重制度化皇帝权威的砝码——而将焦点对准了皇帝权威呈现的制度性管道的构建,"作为制度的皇帝"的超越性价值也由之退隐幕后。由于外朝系统的存在并非唐后期的新创,故而,体制化内廷的出现,遂成为"体制化皇权"的重要体现。"所谓制度化的皇帝权威,是指这种权威看似直接来自皇帝本人,实则必须通过制度化的内廷机构来彰显,而不是任由皇帝的私人意志来左右。"③在陆扬关于中晚唐政治理念与政治运作的描述中,制度化的皇帝权威的巨大象征意义和积极作用,才是唐后期政治局面得以维持的秘诀之一。④ 但随之而来的问题即是,体制化的内廷如何能够在作为体制化皇权之体现的同时,成为唐后期王廷应对危机的有效举措?

对于宦官群体正面价值的认定,是《清流文化》一个极为鲜明的特性,也可视为作者对于中古史研究的另一突出贡献。在史学研究的传统中,对于宦官的群体性排斥是一个极易观察的接受现象。宦官的高度污名化不仅意味着史学研究中,价值判断相对于事实陈述的优先地位,也意味着研究者对于史料性质缺少批评考察的自觉。陆扬的研究通过梁

---

① 《清流文化与唐帝国》,第4-5页。
② 参见:以赛亚·伯林著,潘荣荣、林茂译《现实感》,译林出版社,2011年,第36-37页。
③ 《清流文化与唐帝国》,第8页。
④ 《清流文化与唐帝国》,第6页。

守谦与刘弘规两个具体案例,具体展现了内廷机构的制度化,并依据详实的历史资料树立了宦官在唐后期政治生活中的正面价值,其研究所具有的开拓性令人击节赞叹,但也隐含着对其意义过度放大的危险。内廷权力系统的制度化,作为一种与外朝平行的权力系统,或许可以视作"使职化"在内廷的扩大化延伸。皇帝以此作为介入与干预官僚常规权利的重要手段,对抗官僚群体的自利取向并由此提高行政体系的能力与效率。而制度性的设置也可以形成对特殊人物干政揽权的有效制约,确保皇帝对于权力系统的整体掌控。但由于皇帝作为体制的构成要素又超越于体制所导致的制度"缺陷",内廷的制度化同样也难以作为天子私人的服务者与行政官僚之间作出清晰的区分。而对内廷制度化意义的过度凸显,也会在一定程度上,弱化政治共识与惯例在中央与地方互动中的实际影响;同时也会压制对"大一统"在国家有效治理中负面影响的考察,进而忽略地方的相对独立在政治生活中的正面价值。即使,其对于内廷制度化在唐后期政治生活中的意义赋予能够成立,也依然存在需依赖于读者利用想象力加以弥补的缺环。

三 一种文化:唐后期的清流文化

1997年的一个深秋的午后,作者在阅读孙国栋先生《唐宋之际社会门第之消融》一文时,所产生的对于唐宋间政治精英的考察兴趣,在近二十年的时间内,一直伴随着其对于唐后期政治文化的研究。直到2014年《唐代的清流文化》一文的发表,陆扬才首次对当年产生的疑问作了较为系统的回应。此文后来收入《清流文化与唐帝国》一书,并在该著中占据极为重要的位置。陆扬选择以"清流"这个对于唐研究而言较为陌生的语词概括唐后期的新型政治文化精英,"最主要的原因是'清流'这一概念不仅存在于当时的公共话语之中,而且有越来越清晰的指涉,同时也包含了一种特殊的社会认知。而不仅仅是一种制度上的身份,这正可以涵盖一个依托社会想象和政治成功双重力量而形成的精英群体。"[①]"清流"是以翰林学士等词臣为重要身份象征的政治文化精英,其与以大明宫为中心的文化想象、以代朝廷立言为最高目标的文学实践以及进士词科及其相关礼仪,共同构成了中晚唐清流文化的四大要素。[②] 陆扬将清流文化视作一个能够感受中晚唐乃至五代宋初特殊氛围的"事件",并以此现象为核心考察中晚唐政治和社会的变迁。"清流"概念的提出,不但直接挑战了原有的门阀世家与新兴士族对抗升降的解释系统,也以具体现象的考察与结论的得出消解"唐宋转型"说的解释效力。作为一个极具生发效应的概念,"清流文化"的讨论,理应会对唐后期的研究领域与方法选取产生焦点移转的作用。而其对"文"的关注,也将会对周边学科特别是文学史研究产生极大的挑战。但"清流文化"的成立,不仅需要对其构成要素的清洗梳理,同时也依赖于研究者对于"文"与政治关系的系统考察,《清流文化》一书在此问题上则存在需进一步加以完善的空间。

对于文学在政治生活中作用与影响的说明,曹丕《典论·论文》中已有"文章者,经国之大业"的表述。但在传统的文学史研究中,此种表述更多地被视为关于文学功能的修辞性表达,而忽视了其作为一种事实称述的可能。文学史研究对于学科交叉性问题的主动回避,弱化了其对于周边学科产生影响的可能。故而,当陆扬将文学与政治关系的讨论重

---

① 《清流文化与唐帝国》,第214页。
② 《清流文化与唐帝国》,第240页。

新置回中古研究的焦点域时,所面临的困境在于,其必须在近乎零起点的基础上展开研究工作。《清流文化》通过《上官婉儿和她的制作者》《论唐五代社会与政治中的词臣与词臣家族》及《冯道的生涯》三篇文章,系统分析了词臣群体的发展脉络,并展现了文学书写与唐代政治的密切关联。但相关研究,并不足以得出"'文'才是传达道德政治的理念和朝廷意志的终极手段"的核心判断。① 对《清流文化》而言,在文学与政治关系的考察上,"文学作为政治行动"的意义,是得到较为系统分析的维度。但即使是在这一维度上,文学书写之所以能够作为行动策略以完成自我诉求之合理化的社会条件,以及文学书写在实质权威与符号权威间的相对独立化中的作用,却并未得到应有的关注。而对文学或特定话语形式对"政治之成立"意义的考察,则尚未能成为一个较为重要的问题。政治生活之所以在某种意义上是"文学的",乃是因为政治生活的形式化、合法化、权威化以及公共性,必须依赖于文学或特定的话语形式方能成为可能。② 对于中古时期而言,文学书写实可视为政治生活得以成立的基本条件。但由于文学史研究,在文学与政治关系的考察上,惯于在基础与建筑式框架中理解两者间的关系,每每将文学视作政治生活的反映,即使对于文学独立性的强调,也在特定意义上成为此种反映论的一种独特表现。文学史研究的传统,窄化了此问题研究拓展的可能。陆扬在《清流文化》序论中,慨叹当下学界对于"在古代的政治和礼仪空间中曾拥有至高权威的文辞表达"的钝感,应是文学史研究的强大影响使然。③ 文学与政治的密切联系,并非一个时至唐后期方始存在的历史现象,而是贯穿于政治生活的始终,甚而文学在体式上的变化亦足以成为政治观察的风向标符。唐后期文学与政治关系的特殊,在于文学作为政治行动的历史样态,以及文学在适应政治生活重心转移上的变化。例如,在今日的唐研究中,君主地位强化的判断已可被视为共识。但文学史或中古史研究极少能够注意到文学书写、特别是官方的诏令书写在"景观化"与"破体为文"上所体现出的对于政局变动的适应。陆扬的工作,虽然存有需要补足的空间,但"清流文化"所具有的潜在影响力,却足以确立其(《清流文化》)作为一部不可忽视的唐研究名作的学术位置。

《清流文化》是一部问题意识极为明确的史学著作,即使其对唐宋转型说的挑战,透露出了对于覆盖律式的历史理解的反抗,但它在对历史复杂、偶然与可能性的关注,以及对于历史人物情绪情感的细致体察等问题上,并未让作者对唐后期的考察停留于细节推演的层次。其尝试通过将"清流文化"作为理解唐宋间政治与社会的枢纽现象的设定,依然展现出某种整体理解的明确追求。但也是在此问题上,由于文学史研究无法提供应有的理论参照,《清流文化》的相关研究也由此留下了一定的、有待补足的空间。

---

① 《清流文化与唐帝国》,第 224 页。
② 参见:刘顺《经国之大业:中古文学与政治分析初步兼及张说的政治观念》,《上海师范大学学报(哲学社会科学版)》2019 年第 4 期。刘顺《许敬宗与唐高宗时期的政局兼及其与"龙朔初载,文场变体"之关系》,《求是学刊》2020 年第 6 期。
③ 《清流文化与唐帝国》,第 15 页。

历史书写与田野考察的双重考量
——评张安福《唐蕃古道:重走文成公主西行路》

段 伟

复旦大学历史地理研究中心

自公元7世纪吐蕃崛起之后,神秘的青藏高原随着吐蕃的出场闯入了唐人的视野,如范文澜先生所言:"原来寂寞无所闻见的中国广大西部,因强有力的吐蕃的出现,变得有声有色了。"[①]著名的唐蕃古道正是唐蕃双方试图打破原始障碍、拉近彼此距离的交通要道,这条连接长安与逻些(今拉萨)的道路,跨越了今陕西、甘肃、青海、西藏四个省、区,见证了唐蕃两百余年的战争与和平,其深厚的文化积淀也成为后世研究的重要内容。

史籍记载中的吐蕃本西羌属,"畜牧,逐水草无常所"[②],是"僻处大荒"[③]的小寇;开元年间,僧人慧超的《往五天竺国传》也记载了吐蕃的社会风貌,与传世史料的内容大同小异。但较为奇特的是,在藏地流传的史籍中,藏地从传说中的"猕猴神变"繁衍众生到发展农业、经济、文化、军事等,却是一派国力昌盛的情形。唐蕃两地记载中迥然不同的藏地形象,反映了古人对未知区域的臆想和单一、片面的形象塑造。汉地史料对于青藏高原的社会风貌、历史文化、制度传承等相关记载多含糊其辞,正如林冠群所言,唐人对于吐蕃内部的记载有许多与实际情况有所出入,甚至有许多错误的地方[④]。而基于田野实践的历史书写正是弥补这一缺憾的有效途径。

17世纪始,欧洲天主教传教士进入西藏,他们根据亲身经历和调查所获的关于西藏历史、宗教、民俗的资料,成为西方学者研究西藏的开端;20世纪初,斯文·赫定企图进入西藏时,雅鲁藏布江北面在欧洲地图上还是一片空白,几乎同一时期,法国人杜特雷依在考察中葬身青海玉树一个叫做"唐布达"的没有任何地图标识的区域;随之进入藏区的俄国人罗里赫、意大利藏学家G.杜齐、英国人黎吉生等人,相继在散乱的考古材料中进行着不系统的尝试发掘,其中G.杜齐甚至认为"西藏的考古是处于零的状态"[⑤],但这并没有阻止西方学者进入藏区考察的热潮。与其说是学术研究的动力推动他们进入西藏,倒不如说是有着"世界的第三极"之称的青藏高原的魅力吸引着后来者。新中国成立后,曾专门组织团队对青藏高原进行考察,但侧重于古地质地理、古生物、古植物、古动物、古气候等方

收稿日期:2020-03-02。

作者简介:段伟,历史学博士,复旦大学历史地理研究中心教授,主要从事历史地理和中国经济史的研究。

① 范文澜:《中国通史简编》第三编第二册,人民出版社,1965年,第490页。
② 欧阳修:《新唐书》卷二一六上《吐蕃传上》,中华书局,1975年,第6072页。
③ 周绍良主编:《全唐文新编》第一部第一册卷二六《叙录薛讷等征吐蕃功诏》,吉林文史出版社,2000年,第329页。
④ 林冠群:《汉文史料记载唐代吐蕃社会文化"失实部分"之研究》,收入《唐代吐蕃历史与文化论集》,中国藏学出版社,2007年,第65页。
⑤ G.杜齐著,向红笛译:《西藏考古》引言,西藏人民出版社,1987年,第2页。

面的综合科学考察;1951年西藏和平解放后,先后涌现了王毅、宿白等根据实地调查撰写的学术专著,在学界产生了重大影响。

然而,专注于唐蕃历史文化资源的实地考察还沉寂在漫长的等待中,这也导致了长久以来关于唐蕃古道的研究依托于传世文献的记载,以史料为基础进行理论阐发,同时也缺少了应有的现实关照。为了走出这一困境,实现历史书写与田野考察的相互结合,考察并系统梳理区域内遗址遗存情况成为研究唐蕃古道的重要方式,具有其他考古发掘、地质勘测等学科不可替代的重要价值。

近日,上海师范大学张安福教授《唐蕃古道:重走文成公主西行路》(广东人民出版社2020年版)一书出版,就是循着历史书写与田野考察相结合的道路,图文并茂,阐述唐蕃关系的一部兼具学术与趣味的专著,是了解唐蕃关系的重要读物。2018年夏,作者组织了8人的"唐蕃古道"学术考察队,从西安(唐长安)出发,沿途考察了甘肃天水(唐属秦州)、临洮(唐属临州)、临夏(唐属河州)、青海西宁(唐属鄯州)、湟源(唐属鄯州)、贵德(唐属廓州)、共和、门源、都兰(以上为吐谷浑故地)、玛多、玉树、昌都、琼结(以上为吐蕃故地)、拉萨(吐蕃逻些城),历时半个多月,横跨陕、甘、青、藏四省区,对沿途进行了大量考察。作者以考察唐蕃古道的亲身经历为基础撰写了本书,将沿途所见所感与唐蕃史事巧妙融合,把唐蕃古道沿途遗址遗存展示在相应的历史背景下。全书分为"风云际会""和亲吐蕃""金城遗韵""河湟谷地""柏海迎亲""入藏天路""唐蕃一家""金声玉振"等八章,详细阐述了吐蕃从首次登场并经过两百余年的战争与和平,最后形成唐蕃一家的大一统格局,对涉及到的人物、部落、地理环境等都有所描述,首尾圆融,别出心裁。本书含有两条明暗相交的发展脉络:一是唐蕃古道开通后唐蕃关系几度变迁的客观历史事实;二是考察团队沿着唐蕃古道的走向依次推进考察,感悟并阐述这一段历史事实的前因后果。作者将历史书写与现实活动紧密结合,用实际考察行踪推动行文发展,叙述方式别有特色,主要体现在以下三点。

第一,在古代文献记载的基础上,根据考古实物和实地调查的方法,通过调研纪行的方式描述历史遗存的分布与现状。一般人认为田野考察对近现代的历史研究有很大帮忙,对古代史研究的价值就很有限了。近代以来,我国西部地区虽然也有很大变化,但因为有山川的限制,相对于东部平原地区来说,交通变化非常小,民众的生活方式也保留着很多历史遗存。所以,要研究中国古代历史的发展,对西部地区进行田野考察也是必不可少的方式,会获得意想不到的收获。民国以来,已经有学者开始关注唐蕃古道的考察。民国时期吴景敖著《西陲史地研究》,对"吐谷浑通南朝罽宾之路""河湟洮岷吐蕃之通路""党项故道与尼波罗故道"等道路以及涉及的岷州、洮州等地进行了实地考证,绘制了"唐蕃茶马市易干线图""唐蕃交通要道清水界路图"等,为唐蕃史地研究奠定了基础。马鹤天《甘青藏边区考察记》叙述了作者自西宁南行经玉树入藏的经历,对沿途的社会风貌、自然环境做了详细的记录。青海省博物馆与青海省文物考古研究所等单位在1983-1985年间,进行了六个月的"唐蕃古道"实地考察,出版了《唐蕃古道考察记》[①]。此书副主编之一的考察队成员陈小平还著有《唐蕃古道》一书,先阐述从长安到逻些(拉萨)涉及的地名、路程及其历史记载,而后用近一半篇幅讲述了自己参与"唐蕃古道考察队"的见闻[②]。胡戟、齐茂椿

---

① 唐蕃古道考察队编:《唐蕃古道考察记》,陕西旅游出版社,1989年。
② 陈小平:《唐蕃古道》,三秦出版社,1989年。

历史书写与田野考察的双重考量——评张安福《唐蕃古道:重走文成公主西行路》

根据2006年10月从拉萨出发沿唐蕃古道至西安的考察,著有《重走唐蕃古道:接文成公主回娘家》》[①]。《从长安到拉萨:2014唐蕃古道考察纪行》则记录了陕、甘、青、川、藏五省区考古院所联合在2014年对唐蕃古道进行的考察资料[②]。这些学者考察的视角不一,行文撰写方式也不同,多偏重于纪行,历史感不是很强,但这种亲身前往实地考察的精神一直鼓舞着后世学者,为今人的研究打下基础。张教授《唐蕃古道》一书,正是对前人躬亲探索精神之继承,他自驾一辆桑塔纳小轿车,克服各种困难,以文成公主和亲吐蕃为线索,对于涉及到的遗址遗存都尽量亲自前往踏查并搜集一手资料。

第二,以唐蕃古道为线索,体现出青藏高原相关遗址考察与沿途广大区域的点与面的有机结合,为历史考察活动提供了新视角和思路。古往今来汉藏两地之间大规模的地理变动极少,从遗址遗存的实地调研与考察来分析历史事件具有相当的可行性。《唐蕃古道》在实地走访调查的基础上,梳理了从长安至逻些相关的历史文化遗存。尤其在青海、甘南一带,那里是唐蕃拉锯的重点地区之一,分散着大量遗址点,是历史事件的重要载体,如石堡城遗址、日月山遗址、大非川遗址等,都是唐蕃之间曾经爆发的重要战役的见证。本书以唐蕃古道为线,通过实地走访和观测将沿途的遗址点串联起来,在相应的历史背景下对比其地理形态,对唐蕃之间战略、战术的分析有着极为重要的作用,与前人的考察纪行相比,更具有学术性。本书涉及的考察范围广阔,以唐蕃关系为主要背景,但并不囿于唐代,上溯昌都澜沧江畔的卡若遗址、柴达木盆地都兰县诺木洪等史前时期遗址,探索当地的历史渊源;下至清代治理西藏的策略、相关历史遗迹以及当今西藏交通网络建设、社会经济发展状况的历史借鉴。行文中又以文献记载与调查实况相互印证,如将河西走廊上的弘化公主墓、凉州会谈的白塔寺等遗址作为相关文献记载的史料补充,并广泛吸取前人的见闻记录,与当下的实景进行对比,尽量保证历史事件和遗址调查信息的完整性,展现不同区域、不同时代的文化联系。

对于有着丰富人文内涵的自然遗迹,书中也着墨较多,青藏高原雪山林立,湖泊众多,是大江大河的发源地。本书对吐蕃进入西域的天然通道之一昆仑山、松赞干布迎亲的鄂陵湖畔等皆有论述。在史学论述中也能够守正出新,将历史知识融入考察行纪中,突破了长久以来青藏高原历史研究过于注重文献的局限,增加了实地考察的印证,有助于我们进一步了解唐蕃之间关于政治、军事、经济、文化的交流情况。

第三,阐发了唐蕃古道新的时代特征。在"一带一路"倡议的推动下,唐蕃古道作为丝绸之路南线的重要交通网络,将青藏高原纳入了东西文明交流的体系中,同时又从拉萨延伸至琼结、日喀则,越过喜马拉雅山脉至尼泊尔、印度等国家,连通东亚大陆与南亚次大陆,使得西藏打破了封闭的自然地理的局限,成为经济文化互动的交通枢纽。唐蕃古道成为青藏高原文明最终融入到中华文明体系强有力的纽带,并与"高原丝绸之路"共同体现了道路交通对于青藏高原经济文化发展的重要价值,这正是对"一带一路"愿景与行动的全新阐释。

当然,对于大众读物来讲,资料的丰富程度更能提升图书的吸引力,该书在资料使用方面还可进一步完善,一方面尽可能多利用自己拍摄的图片,注明拍摄时间,另一方面如若不得不使用他人的图片时要详细注明出处。由于藏区同汉地之间存在的地理阻隔与语

---

① 胡戟、齐茂椿:《重走唐蕃古道:接文成公主回娘家》,陕西师范大学出版社,2007年。
② 陕西省考古研究院等编:《从长安到拉萨:2014唐蕃古道考察纪行》,上海古籍出版社,2017年。

言文字的障碍,使得藏地一直处于神秘、封闭的态势,大众对其历史渊源的了解有限。唐代虽有诸多关于吐蕃的记载,但局限性较大,如吐蕃势力曾在西域活动了170余年,在新、旧唐书的《吐蕃传》以及《册府元龟》《资治通鉴》《全唐文》等史料对此都有所记载,但侧重于军事争夺,对吐蕃在当地的行政组织、社会生产等情况语焉不详,这就突出了藏地史籍材料的重要性。公元7世纪吐蕃本土文字产生之前,民间流传着大量传说,可作为史实的重要辅助材料,后世又不断产生了大量藏地史书,诸如《红史》《青史》《郎氏宗谱》《汉藏史集》《萨迦世系史》《新红史》《西藏王臣史》《卫藏圣迹志》《西藏王统纪年》《巴协》等著述,虽然其中一些史籍不可避免地蒙上教法的色彩,但不失为通俗读物中丰富的原材料。藏族历史名著《贤者喜宴》中记载了这样一则故事:达日年塞赞时幼为盲童,请"小邦吐谷浑王"前来医治,吐谷浑王前去医治王子时,并未见到吐蕃王,而是从悬挂着饰以松耳石的王子小靴之门穿门而入。而当吐谷浑王的母亲得知此事,便作出了"将被置以吐蕃统治之下"的预言,后来吐谷浑果然被吐蕃所灭,属民尽归吐蕃[①]。《唐蕃古道》一书有选择性地吸纳诸如此类的史料,使得历史事件的描述更为生动,史实阐述更为通俗,强烈的代入感使得读者对于唐蕃关系的变迁有着更为深刻的体会。

总的来讲,该书作为一本大众读物,打破了学科藩篱,内容丰富翔实,视野开阔,体现了对考古、历史和地理等多学科的并举,也涵盖了水文、物候、疾疫等内容。依托于历史,又高于史实的单一叙述,历史现场感强,文笔流畅,古今结合,附有两百余幅彩图,既可以撼怀旧之蓄念,又可以发思古之幽情,是值得推荐的优秀历史读物。一般来说,历史专业学者写普通读物较为困难,《唐蕃古道》一书则可为历史专业书写和大众的学术普及提供一条尝试途径,正如马大正先生在序言中说:"让学术走向大众,让大众了解学术。让文化充满雅趣,让大众在雅趣熏陶下揭谜心醉。"让我们期待读者更多的评判!

---

① 巴卧·祖拉陈瓦著,黄颢、周润年译注:《贤者喜宴——吐蕃史译注》,中央民族大学出版社,2010年,第14页。

《晋书地理志汇释》评介

黄学超

复旦大学历史地理研究中心

研究中国古代地理,二十四史中的十六部正史地理志是最基础的资料。历代学者研治舆地,对正史地理志多有着意,产生了诸多研究成果。谭其骧先生主编"正史地理志汇释丛刊",试图对历代正史地理志研究成果进行汇辑,并作简要的辨析与补正,便于学者观览与利用。孟刚、邹逸麟编著的《晋书地理志汇释》(以下简称《晋志汇释》)就是这套丛刊中新近的著作,于2018年12月由安徽教育出版社出版。

在正史地理志中,《晋书·地理志》质量较差,问题较多。虽然前人已经有一些专门的注释类研究成果,但未经系统的整理与辨正,且前人未论及的问题仍有存在。所以,《晋书·地理志》的汇释工作,是比较艰难的。在这种情况下,《晋志汇释》对唐代以降关于《晋书·地理志》的研究成果进行了全面搜罗,将这些成果的文本进行了合理编排,并增加按语,阐发观点。全书共95万字,内容丰富,体例严谨,编著历经十余年,殊为不易。

《晋志汇释》的体例是先誊录《晋书·地理志》原文,而后在每一文句下依次列出"中华校""斠注""集释""编者按"四项(若某项无内容,则不列出),其中,"中华校""斠注""集释"是对前人研究的迻录("中华校"录中华书局点校本校勘记,"斠注"录吴士鉴《晋书斠注》,"集释"则录其他研究成果),而"编者按"是作者的个人观点。换言之,本书的内容可以分为三个部分,即"正文""汇释""编者按"。以下即以此划分,略陈本书之特色。

《晋志汇释》正文部分,以中华书局点校本《晋书》为底本誊录《晋书·地理志》原文。但由于《晋书·地理志》文本有许多错误,包括文字讹误和内容误植等,故需要进行补正。《晋志汇释》依据前人研究,在底本上将文本错误以括注形式进行了增删订正,既呈现了底本的旧貌,又提供了更加准确可用的文本。

汇释部分是《晋志汇释》的主体,所占篇幅最大。在这一部分,作者对旧式的注释式研究和晚近的论说式研究进行了全面展示,揭示了这些既有研究的价值。

《晋书·地理志》的旧式注释式研究主要包括毕沅《晋书地理志新补正》、方恺《新校晋书地理志》、吴士鉴《晋书斠注》及马与龙《晋书地理志注》等,这些著作均在清代及民国时刊行,向未经校点整理。作者过录原文,态度严谨,务求呈现原貌,遇原字不清者,亦特别加以说明,使读者读汇释如见原书。遇原文有误或有可疑之处者,则以括注形式进行校订,得出这些注释著作的更佳文本。也就是说,作者在辑录这些文献进行汇释的同时,兼做了对这些文献的点校整理工作,而且十分细致,质量精良。

汇释部分收录了部分《中国历史地图集释文》和《中国历史地理信息系统释文》。《中

收稿日期:2019-10-28。

作者简介:黄学超,历史学博士,复旦大学历史地理研究中心讲师,主要从事历史政区地理、历史地理文献和《水经注》等方面的研究。

国历史地图集》和"中国历史地理信息系统"是研究中国历史地理的重要工具,二者的释文是二者地名定点的依据,本身也是历史地名考释的重要成果,具有重大学术价值,但未曾公开出版。《晋志汇释》对这两种释文的收录,为学界提供了丰富的资料,也为学者使用《中国历史地图集》和"中国历史地理信息系统"提供了便利。

在"编者按"部分,作者用凝炼的语言,来提出一些自己的观点,或者对汇释所涉问题进行简要的辨析。

国家图书馆藏杨氏海源阁旧藏宋本《晋书》对于《晋书》的校勘有重要价值,但由于此本不易获致,在以前的校勘中未见使用。《晋志汇释》将此本《晋书》与中华书局本对校,并在"编者按"部分将相异之处指出,便于读者了解这一宋本《晋书·地理志》的面貌,从而加深对《晋书·地理志》文本的认识。

作者在《晋志汇释》之序言中说,在汇释工作中,发现了一些值得研究和探讨的问题,这些问题在"编者按"部分也有一定的讨论。如濮阳国濮阳县条下,作者对小注"公国相"进行了讨论,认为"县下注明公国相,应该是指此县为五等爵的县公",并指出"县下注明为公国相者有几个是曹魏宗室"。[①] 这样的讨论无疑是很有启发性的。

《晋书·地理志》所载地名的今地比定是"编者按"部分最重要的内容。作者努力搜集既有研究,尽可能精确地写明志中所载各地的今地所在。地名今地比定或有不同观点者,作者亦一一列出。在这一部分,作者亦加入一些自己的见解。如,利用新近出土的苏仙桥晋简,作者大致判断出了向来无考的湘东郡利阳县的地望[②],可以据信。

作者在《晋志汇释》后记中说,"注得细致,错误也就会越多",这固然是作者自谦之语,但这样一部近百万字的著作,涉及面广,工作量巨大,存在些许疏失也的确在所难免。例如,在河东郡杨县条的"编者按"部分,作者称"杨县故城,在今山西洪洞县东南十六里范村东古县"[③],杨县故城确实在范村,但其地并无"古县"地名,因此这里的描述实际上是不准确的。当然,这样的疏误很少,并不影响"编者按"部分关于古城邑定点描述的整体价值。

整体而言,作为一部汇释类著作,《晋志汇释》远绍清儒地理考据的研究传统,近循"正史地理志汇释丛刊"的编著范式,复有所创新,有其独具的学术价值。全书眉目清晰,搜罗齐备,各类关于《晋书·地理志》各段文句及条目的注释与研究一览无余,可谓完全达到了"汇释"的目的。同时,作者并未限于迻录、采撷前人研究,也对前人的成果进行了一定的辨析,并提出自己的观点。凡此种种,皆便于读者观览与使用。即使今日电子检索手段已很发达,这样的汇释仍然有其便利性,能够节省学者寻找前人相关研究的精力,减少遗漏。故可言,《晋志汇释》是《晋书·地理志》研究、晋代历史地理研究的重要成果,也是相关领域研究颇可利用的资料。

---

① 孟刚、邹逸麟编著:《晋书地理志汇释》,安徽教育出版社,2018年,第109页。
② 《晋书地理志汇释》,第548页。
③ 《晋书地理志汇释》,第72页。

关注中国历史的海洋面向
——读谢湜《山海故人：明清浙江的海疆历史与海岛社会》

翟 佳

华中科技大学人文学院

对于中国历史的认识，人们普通存在着一种"刻板印象"，即在山海阻隔、相对封闭的地理空间中，中国传统社会具有一种内向性和重农的精神特质。而且这一看法往往成为解读中国历史上各种政治、经济、文化、社会事象的前提和基础，在"大一统"的历史书写策略之下，构建出一种若有若无的、或显性发扬或隐藏在意识深处的"中原史观"。

如果我们不是站在内陆的立场上，而是转换成一种海洋的视角，或可发现一个全新的中国历史。首先，中国传统社会的发展，并不一定全然是一个由中心向边缘扩散的历史过程，海洋因素的影响让古代中国至少在局部的区域范围内，带有一种跟我们以前想当然认为的中国印象完全不同的认识和"观感"。比如历史时期泉州城市的发展，它不是传统上作为治所的行政型城市的惯常发展模式，而是一种基于"靠海吃海"、依赖海外贸易的商业城市发展模式，这一城市发展的道路虽然说不是中国城市发展史上的主流，但也至少给中国传统社会的演进提供了一种多元性的可能。亦即从海洋的视角上看，古代中国的城市体系存在着多元化发展的路径，这就进一步揭示了中国历史内容的丰富性和发展道路的多样性。

另外，唐宋以降，随着中国经济中心的东移南移，东南沿海人多地狭，靠海谋生成为这一地区居民最重要的生产、生活方式，但在"中原史观"的历史撰述下，华夏边缘的居民往往是被忽视的。对朝廷来说，海岛居民尤其是前往海外求生的中国人，被当作是"自弃化外"的"天朝弃民"，他们的生活、经历和命运往往被遮蔽，成为中国历史上的"失踪者"。

然而，从海洋的视角看中国，华夏边缘的海岛社会，与传统社会中的内地相比较，却有着天然的历史魅力。比如，由于海岛居民以捕渔或贸易为生，他们充满了流动性和不确定性，那么基于大陆上"固定"的编户齐民社会控制体系是否适用于海岛？海岛的行政治理是否在中国传统行政体系中有特殊性？海岛上的行政区划又应该如何规划和设置？又比如，海岛居民的生产方式具有天然的交换性，诸如合伙、合股、借贷、抵押等经营方式生成了类似近代的商业制度、金融制度和雇佣关系的社会关系，这对中国晚近社会的发展又有着什么样的作用和意义？凡此种种，都是中国历史研究中有价值且有趣的论题。

好在近期已有不少学者开始关注中国历史进程中的海洋和海洋因素。在这其中，谢湜的《山海故人：明清浙江的海疆历史与海岛社会》（北京师范大学出版社，2020年）堪称代表作。该书依托历史人类学的方法，采取田野调查等途径，通过对海岛这样一个特殊的地

收稿日期：2020-11-15。

作者简介：翟佳，华中科技大学人文学院研究生，主要从事海外汉学、中西文化交流及历史地理研究。

理区域如何与内陆行政体制接洽融合,岛上人员如何因地制宜地开展生产、生活等人地关系的考察,为读者展现出一幅生动的明清海岛的迁遣与展复史。

《山海故人:明清浙江的海疆历史与海岛社会》一书,整体看来可分为三个部分。

第一部分为《岛链》一章。该章以作者自己年少时的经历引入,将读者带入了中国东南海疆的村落生活环境。中国狭长的东南海岸线上的岛屿在明清海外贸易和文化交流中一直扮演着重要角色:它们是连接中国大陆与海洋乃至海外国家的重要贸易枢纽,更是沟通中外文明的纽带。而生活在岛链上的人民以岛为山,讨海为生,靠着渔业和海外贸易延续了一代又一代。与传统内陆地区依附在土地上的人口不同,海岛人群流动性极强,交错流动中充斥的各种混乱与不确定性让习惯于"安分守己"的内陆官员感到危险。除此之外,更有游曳在周边海域的"倭寇"和海盗不断刺激地方官府神经。种种殊异使得如何管理和编制群岛人群成为地方官府乃至中央探讨了几百年的难题,并由此引发了一系列的尝试。

第二部分则是分别讲述了中国东南沿海的三个岛屿——舟山、玉环、南田的地方建制史。自元末起,由于难以对流动的海岛人群实现有效掌控,且受到沿海异己势力的反复侵扰,明廷以布防迁遣作为主要的海疆政策。但总体来说,东南海岛始终处于迁而未绝的状态。到了清朝初年,虽在与南明的军事冲突中夺回了对海岛的控制权,但清廷尚无对群岛社会的掌控能力,于是下达更加严格的"迁界令",令群岛人口搬至内陆生活,中国东南沿海的群岛一度被封禁。然而封禁政策时紧时松,大量人口迫于生计又涌回沿海禁区。就这样,清廷很快便开始了对海岛开禁与否的讨论,一些官员也尝试对如何建立海岛行政体系提出政策建议,并展开了一系列的实验,沿海群岛渐次展复。

从作者的叙述中可以得知,海岛的开复是异常艰难的历程。

首先,海岛一旦封禁,想再开启对它的展复议程就变得十分困难。作者在书中介绍道,舟山、玉环、南田的展复之议经历了多次提出和放弃,甚至出现愈请复愈封禁的情况。在这样的多次循环中,展复变得越来越难,官僚集团也逐渐变得僵化,对于海岛的开复总是互相推诿,常以因循封禁、率由旧章之类的托辞互相推卸责任。结果就是,南田等岛屿在很长时间内始终处于封禁状态,难得开复。

其次,在海岛真正得到朝廷展复的允许后,展复的过程中又会经历很多波折。由于海岛的官员鲜有海洋生活的经验,绝大部分的地方官都是从内陆地区调配而来的,陆地官员的统治思维难以与流动性高、不确定性大的海岛社会相融合接洽。在很长的一段时间内,地方官员难以真正掌握对海岛的控制权,实行的开复政策也很难取得很好的实际效果,甚至造成很大的社会混乱。在长达几十年的尝试与探索后,沿海官员才终于摸索出一套能够适应于沿海社会的统治方式,并逐渐取得了一定的成效。

舟山、玉环、南田的封禁展复史,是本书最主体的部分。作者从国家的角度来考量海疆治理的政策理念发展,为读者呈现出了海岛社会历经曲折走向内地化治理的过程。同时,他还将目光落于海岛社会自身,探察其自我机制的形成与发展。

本书的第三部分是作者对上述三岛封禁到展复过程的机制的说明,同时也是对其中一些具体问题的介绍与研究。总的来说,中国东南海岛的展复有以下两个主线,一是"就渔卫商",二是"化私为公"。

明清时期海疆政治地理的焦点问题之一就是流动社会的安全和秩序。在以船只作为民众谋生手段和出行工具的沿海地区,对社会安全和秩序的管控,涉及对船只的管理制度和调整问题。

康熙五十年(1711),闽浙总督范时崇提出"就渔以卫商"的方案:每有渔船出海时,水师也必须陪行巡游。渔船在外洋打鱼,内海则供商船进行贸易。"商船行于内,渔船卫于外。"此种"就渔卫商"的理念既保护了商船,获取了海贸之利,又管制了渔船,保证了海运的无虞。官府还会根据船只的性质分别发放船照,但商船和渔船的界限并没有那么清晰,渔船也可以经商,商船也可以捕鱼,官府对船只的管制政策随之也越来越灵活。海上船政的变动也影响到了官方对海岛社会的管控,官府逐渐放松了对海岛人员的各种禁闭限制。

而另一条主线"化私为公",则是中国海岛社会得以真正展复的根本路径。明朝时期海岛的封禁大多来源于明朝官府对东南海岛社会了解的不充分,以及对海上秩序控制力的缺乏。而到了清朝,一些有识官员选择了顺应明清之交海岛的人居情况和社会动向,在前期重整土地赋役的过程中采取了较为弹性的措施,开始正视大量私垦存在的事实,接纳私垦者的报垦和认垦,解决他们的合法编户身份问题。这样一种"化公为私"的态度和方法才是实现海岛展复和振兴的关键所在。

而"封禁"政策说到底,其实就是一种传统国家对权威性资源的配置行为。海上、山区社会由于长期充满流动性和不确定性,官府无法以权威式的赋税管理进行社会管控,就只好选择低成本的远观式监控。

在本书的第四部分,作者则回顾了自己撰写这本书的过程与感悟。从写作博士论文时起,作者即受到"年鉴新史学派"的影响,关注"长时段"的变动,立意将历史地理问题放到人类社会活动历程中作为一种社会要素来考察。同时,作者也十分重视田野调查,积极参与到田野与文献相结合的考察实践过程中,将历史地理与历史人类学相结合,从地方民间文献和底层社会发现更多的问题视角与历史信息。

作者强调,在把海湾、海岛或是海域作为一个研究区域时,必须始终看到长期频繁的人群流动所造成的多维宽广的空间联系。在海域社会日常生活和人群交往中,所谓"文化界限"是不存在或者说不重要的。所以在对区域进行研究时,首先要淡化各种族群或籍贯符号,将身份和地域融入到文化建构的整体中去。此外,还有类似于定居生活和持续迁移、聚落的转移和消亡等一系列的矛盾结构,都需要从结构和过程的相对关系中做更加深入的辩证思考。

作为一项结合了历史地理学和历史人类学的研究,《山海故人:明清浙江的海疆历史与海岛社会》一书在很多方面都有所创新。

首先是史料之新。以往的历史地理研究大多将关注的重点放在官方传世文献之上,然而文献在经历多年的传衍后,如今的读者对当时记录的信息就会有一种"不知庐山真面目"的朦胧感。这种结果除了有研究者自身能力不够的因素之外,更是因为文献本身存在着一定的局限性。

在被中央政府或长期忽视,或严加管控的背景下,中国海岛的历史本就呈现出断裂的样态。与其从稀少薄弱的文献记载中拼凑出一段模糊的历史,不如抛开那些沉寂的文字,转向鲜活的社会现场,去做实地考察,"进村找庙,进庙找碑"。读者可以从该书的很多地方看到作者多次进行田野调查的过程。如最初从一个"鸡拍"的地名引入沿海人群海上活动的历史;各种各样的海岛人群、地点、地形照片;来到舟山时去往复翁堂调研,从当地的一个庙宇去追溯历史人物脉络;去往乐清县和黄岩县去搜集族谱家谱等,都表明作者在撰写该书时做了多次且大量的社会调查和走访。这样一种不断扩宽搜集材料的路径和范围,走出封闭环境,将民间文献与官方资料结合的研究方法,将地理空间与文字信息一一对照的书写模式,将原本只存在模糊影像的海岛历史不断具体化、生动化,最终为我们还原出中国东南海岛的迁复史。如此劳心劳力的研究过程得出的结论,其说服力不言而喻。

同时,受到作者国际视野的加持,该书史料的国际性特征也很鲜明。一方面,海岛自古以来都是连接中国和世界的重要纽带,在研究海岛历史时,国际性史料不可或缺;另一方面,作者多次走出国门,去往东南亚,从曾经与中国东南沿海来往密切的地区也搜集到了很多意想不到的史料信息。如在菲律宾圣地亚哥古堡铭牌上记录的林阿凤;英国航海地图上记录的舟山群岛地理位置;纽黑文港与鸡山蚝塘的相似性等等。这些充满国际化特征的信息从外部视角进一步补充了海岛社会的历史沿革过程,让海岛的形象显得更加丰满和生动。

中国东南海岛社会历史的研究之难众所皆知。而作者通过以上这两种途径,尽可能地将历史真相从层层迷雾中剥离出来,最终呈现出该书这样一种清晰明了的脉络,让读者认为这都是很明显的事实。能做到这样的效果,作者在前期史料的准备上下的功夫可想而知。

其次,是对社会史、对下层人民的关注之新。依作者之言,该书是"尝试以岛述史,从国家的视角考察明清海疆政策的渊源和演变,从人群活动出发追述具体岛屿、海湾、海港的史事,探求制度沿革背后的能动性关联,体会政治地理思想与实践的演进,思考社会的流动性和稳定性,尝试串起东南沿海地域的历史之链"。① 纵观全书,作者用意是达到了。他始终着眼于社会的底层,从很小的切入点引出了对社会重大问题的思考。比如说从海岛渔业社区的性别比例引出渔民社会结构和人群组织的特点,从海岛闽粤方言和浙江方言的混杂引出海岛社会同盟战略和社会重组的历程等。虽眼光向下,但站位很高。作者以三个岛屿为案例,从村落及人群出发,将实地调查所得与文献解读、问题分析充分地结合起来,复原明清浙江海岛地域社会的建构过程,称得上是践行了科大卫所主张的"脚踏实地的社会史"②的研究路径。

对下层社会的关注还体现在作者的叙述方式之中。作者通过该书构建起了一种"全民众"的历史,在写作过程中,他以一种娓娓道来的叙述方式,将自己的经历和体验融入到历史叙事当中,让人感觉到历史并不遥远。如第一章的亲身经历的引入,散文式的语言叙述着日常生活的点点滴滴,带领读者逐渐融入海边世界的场景。就算是从来没有接触过海边社会的读者在前期这样的铺垫中也会觉得之后的历史考证水到渠成,我们正生活在历史的延续中的感觉油然而生,该书可谓是树立了历史人类学研究的典范。

最后也是最重要的,则是视角之新。作者从国家的视角考察明清两朝海疆治理的政策理念发展史,追溯内陆治理思维如何施诸海疆,从迁弃海岛乃至沿海地带,最终走向内地化治理的政治地理过程,不仅开创了历史地理研究的新领域,同时也开启了一个历史政治地理研究的新视角和新方法。

正如前文所说,在"中原史观"主导下的中国历史叙述中,我们很少能看到海岛社会的身影。但这并不代表海岛社会不重要。相反,自元朝以来,东南沿海地区兴起的海上贸易

---

① 谢湜:《山海故人:明清浙江的海疆历史与海岛社会》,北京师范大学出版社,2020年,第272页。
② 科大卫:《告别华南研究》,见华南研究会编辑委员会编《学步与超越:华南研究会论文集》,香港文化创造出版社,2004年,第9-30页。转引自谢湜《山海故人:明清浙江的海疆历史与海岛社会》,第320页。

一直是连接中国与世界的重要途径。同时,海岛社会拥有与内陆截然不同的社会生态,更加具有流动性、变化性和独特性。作者挑选了这样一个与众不同的研究对象,讨论海岛社会怎样融入内陆治理体系中的话题,从海岛人群、海岛官员、朝廷三个维度进行了全方面的剖析,不仅填补了之前研究史的空白,使得中国历史进程的海洋面向的重要性凸显出来,其跨学科的研究方法也给其他历史地理研究者提供了诸多可资借鉴之处。

如今,国家正在大力推进海洋战略和海洋强国的建设,中国历史的海洋性被越来越多的历史研究者所关注,且终将会在未来成为一个研究热点。作为一项结合了历史地理学和历史人类学的研究成果,《山海故人:明清浙江的海疆历史与海岛社会》一书无论是在问题视角、研究方法、论述方式方面,无疑都是一次十分重要且成功的尝试。我们也期待在本书之后,未来能够涌现出更多对海洋社会话题的探讨,并掀起一股重建中国历史海洋性特征的浪潮。

稿　约

《华中国学》是华中科技大学国学研究院编辑出版的大型学术辑刊,每年春秋各出一卷。春之卷每年11月截稿,5月出版;秋之卷每年5月截稿,11月出版。

1. 本刊面向海内外征稿,主要登载国学通论、中国历史、中国哲学、中国古代文学、中国古典文献学以及汉语史、古文字学等方面的学术论文;书评、研究综述亦适量刊发。

2. 本刊只接受电子稿;编者可酌情根据出版规范对来稿进行编辑甚至删改,若有特殊要求,请在来稿中注明。

本刊审稿期为三个月;来稿一般不退。

来稿一经录用,即表明作者将文章的出版权、网络传播权、复制权和汇编权授予本刊;本刊已加入中国知网,作者著作权使用费与本刊稿酬一次性给付。作者向本刊提交文章发表的行为视为同意我刊上述声明;如作者不同意将该文章编入该数据库,请在来稿时说明,本刊将做适当处理。

3. 文责自负,如发生对他人的侵权行为,与本刊无关。

4. 为编辑方便,文稿在技术上请遵行以下约定:

——请在正文之前冠以300字左右的摘要及三或四个关键词。

——除不宜简化的人名、地名和古文字学、汉语史研究中必须使用的繁体字外,应使用规范汉字。

——文稿行文格式(特别是注释)请参照《〈中国史研究〉文稿技术规范》;正文字体请使用小四号宋体,注释一律采用脚注,每页单独编号,文末不开列参考文献。

——请务必仔细核对引文,以保证文稿质量。

5. 来稿请另页附作者的真实姓名、性别、学位、工作单位、职称、研究方向等简介信息及详细通信地址、E-mail和电话等联系方式。

本刊 E-mail:guoxue@mail.hust.edu.cn

华中科技大学国学研究院
《华中国学》编辑委员会
2018年2月1日